科尔沁右翼前旗文史资料（第十一辑）

科尔沁右翼前旗非物质文化遗产

保护名录

岳嵩山　主编

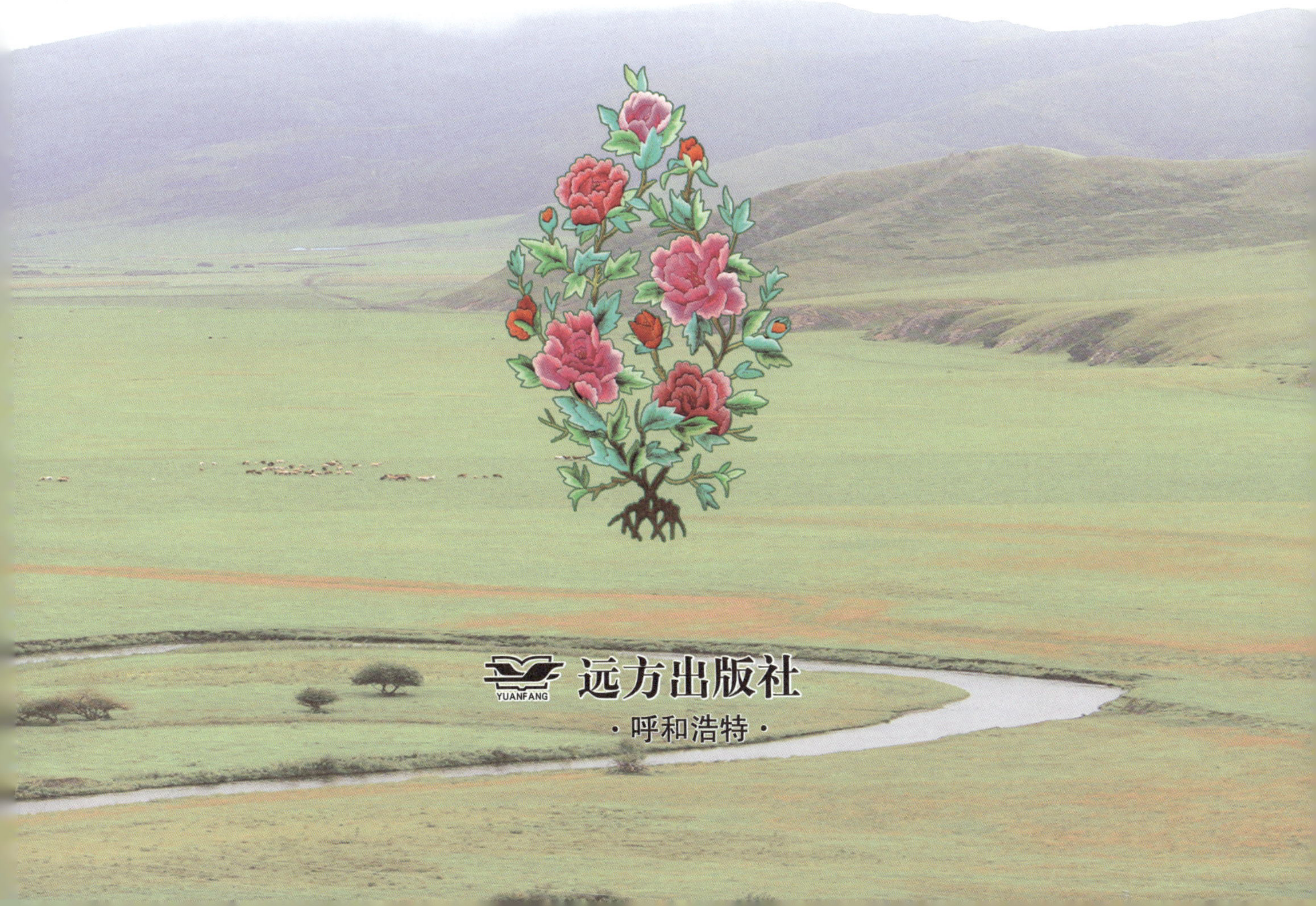

YUANFANG 远方出版社
·呼和浩特·

图书在版编目（CIP）数据

科尔沁右翼前旗文史资料. 第十一辑，科尔沁右翼前旗非物质文化遗产保护名录 / 岳嵩山主编. -- 呼和浩特：远方出版社，2024. 12. -- ISBN 978-7-5555-2094-8

Ⅰ. K292.64

中国国家版本馆CIP数据核字第2024JK6065号

科尔沁右翼前旗文史资料（第十一辑）
科尔沁右翼前旗非物质文化遗产保护名录

KEERQINYOUYIQIANQI WENSHI ZILIAO DI SHIYI JI
KEERQINYOUYIQIANQI FEIWUZHIWENHUAYICHAN BAOHU MINGLU

主　　编	岳嵩山
责任编辑	云高娃
装帧设计	乌云山丹
版式制作	内蒙古纸享印数码快印有限公司
出版发行	远方出版社
社　　址	呼和浩特市乌兰察布东路666号　邮编010010
电　　话	（0471）2236473总编室　2236460发行部
经　　销	新华书店
印　　刷	哈尔滨永恒彩色印刷有限公司
开　　本	880毫米×1230毫米　1/16
字　　数	630千
印　　张	24.5
版　　次	2024年12月第1版
印　　次	2024年12月第1次印刷
标准书号	ISBN 978-7-5555-2094-8
定　　价	288.00元

如发现印装质量问题，请与出版社联系调换

科尔沁右翼前旗文化瑰宝

扫码打卡

享 云端精彩
配套电子书在线读，随时随地感受非遗魅力。

查 文化名录
欣赏艺术魅力，快速搜索了解非遗动态。

看 传承故事
致敬匠心匠意，查阅『守』艺人的幕后故事。

游 草原盛景
图赏草原风光，开启非遗文化探索之旅。

编委会

主　　任：岳嵩山

副 主 任：陈凤华　张国军　侯海山
　　　　　魏荣晟　高玉荣　朱晓红
　　　　　王宝全

主　　编：岳嵩山

副 主 编：张国军　陈宝龙　杨淑清

民俗顾问：陈　玲　张塔娜　乌云格日勒

编　　委：白　昀　裘美娟　白图雅
　　　　　代俊义　孟黎明　乌云嘎
　　　　　那仁朝格图　王宝力道

序 言

山林、草原、河流、牛羊，这里是乌兰毛都杭盖草原，一个绿色静谧的地方，一个让人停下脚步放飞心灵的地方。这里较好地保留了科尔沁地区的生活习俗和传统文化，这便是科尔沁右翼前旗。生活在这方土地上的祖先给后人留下了厚重的文化，留下了具有草原文化、绿色生态文化和具有地方特色的非物质文化遗产，滋养着一代又一代生活在这片草原上的人们。

非物质文化遗产是在生产生活中被人们创作并被不断活态传承的文化。它来源于人们的日常生活，又回归于生活日常，深刻影响着人们的思维理念、审美意识、价值追求，在促进生产生活的同时又在丰富人们的精神生活。多年来，在旗委、旗政府的高度重视下，从事非物质文化工作者深入农村牧区，走访非遗传承人，对非遗文化项目和传承人进行普查、采录、收集、整理，开展项目申报、宣传推介等传承与保护工作，付出了大量的辛勤汗水。

科右前旗定称于清崇德元年（1636年），全称为科尔沁右翼前旗，又称札萨克多罗札萨克图郡王旗，是嫩科尔沁十旗之一。这里从元朝至16世纪中叶是斡赤斤家族的领地。在明万历年间（1573—1620年），哈布图·哈萨尔第十五世孙奎蒙克塔斯哈喇的儿子博第达喇一系陆续南迁，归流河、洮儿河流域成为科尔沁部的新领地。在此后长达4个多世纪的岁月里，这里一直是科尔沁部生活的舞台。这里也是嫩科尔沁十旗中开垦最晚的一个，较好地保留了绿色生态的自然环境和科尔沁人的生活习俗。同时，这里又是各民族文化融合发展的地方。清康熙六十年（1721年），札萨克图旗骁勇善战的敖力布仁钦在立下战功后与公主萨木嘎其其格成婚，婚后他不习惯宫廷生活，于是请旨康熙恩准回乡。在以后的漫长岁月里，他们的后人沿洮儿河逐水草游牧定居于今天的满族屯满族乡。

几百年的时光里，在这片草原上生活的人们相融相处，繁衍生息。他们以坚毅的性格和聪明才智战胜生活中的困难，留下了绚丽多彩的饮食、服饰、娱乐、竞技等非遗文化。无论是绚烂而古朴的服饰文化，还是充满热烈与激情的竞技娱乐文化，乃至悠扬的科尔沁长调以及独具匠心的马具制作等传统工艺，汇成了科右前旗厚重斑斓、多姿多彩的非遗文化。这些非物质文化遗产是祖先留给后人的宝贵财富。

为助力非物质文化遗产保护工作，用以史留存的方式更好地传承我旗珍贵的非遗文化，政协科右前旗第十五届委员会于2023年拟定出版《科尔沁右翼前旗文史资料（第十一辑）——科尔沁右翼前旗非物质文化遗产保护名录》，对科右前旗非物质文化遗产项目与传承人事迹进行整理汇编，让非遗走进文史，走向更加久远的未来，为子孙后代留下一份可寻找、可借鉴的文化参考资料。历时两年时间，历经基层采写、搜集整理，该书终于与大家见面了。

本辑文史资料涵盖了民俗、民间美术、传统体育、传统音乐、传统技艺、民间文学、传统舞蹈、传统医药等项目和百余位非物质文化遗产项目代表性传承人小传，梳理了这些非物质文化遗产的发展脉络，归纳分析了它们的内涵特征，对非遗传承人给予记录。这是对科右前旗非物质文化遗产的一次系统展示与保护，也是对非遗文化和非遗工作的一个侧面展现，具有一定的历史价值、人文价值、社会价值。

本书是生活在这片土地上的人们勤劳智慧的结晶，是历史与文化历经岁月淘洗后的厚重积淀，是从人们内心深处绽放出的绚烂花束。我们出版本辑文史旨在更好地抢救、留存、保护、传承中国古人创作的非物质文化遗产，记录科右前旗的历史，留住科右前旗的文化根脉，推动全旗文化事业发展，提升全旗文化软实力，用文化助力其他各项事业的发展。

衷心感谢为本书提供支持与帮助的单位与专家学者，感谢为本书编撰付出辛勤劳动的专业人士和编撰工作者！

科尔沁右翼前旗政协党组书记、主席

二〇二四年十月

科尔沁右翼前旗各级非物质文化遗产项目保护名录 / 001

国家级非物质文化遗产名录 / 003

民 俗
巴音居日合乌拉祭 …………………………………………………………… 004

自治区级非物质文化遗产名录 / 007

传统美术
札萨克图刺绣 ………………………………………………………………… 008
蒙古族图案 …………………………………………………………………… 013

传统体育
乌兰毛都草原那达慕 ………………………………………………………… 018
科尔沁哈日靶 ………………………………………………………………… 022

民间美术
科尔沁蒙古族民间剪纸 ……………………………………………………… 025

传统技艺
查干伊德 ……………………………………………………………………… 029
乌兰伊德 ……………………………………………………………………… 033

传统音乐
科尔沁民歌 …………………………………………………………………… 036
科尔沁长调民歌 ……………………………………………………………… 040

民间文学
札萨克图传说故事 …………………………………………………………… 043

民 俗
满族文化（满族婚礼）………………………………………………………… 045
札萨克图婚礼 ………………………………………………………………… 050

盟级非物质文化遗产名录 / 055

传统体育
蒙古族搏克 …………………………………………………………………… 056
蒙古象棋 ……………………………………………………………………… 058

传统舞蹈
满族太平鼓舞 ………………………………………………………………… 061

传统医药
传统中医（蒙医）中药（蒙药）［哈斯巴根中医（蒙医）术］…………………… 063

中医（蒙医）放血疗法……066
民　俗
　　满族屯义莫·甘珠尔经集会……068
　　敖包祭祀……069
　　满族屯民俗……071
　　札萨克图祭火……075
　　五月节祭祀……077
　　满族服饰……079
　　札萨克图服饰……081
　　札萨克图饮食习俗……086
传统技艺
　　札萨克图马具制作技艺……091
　　擀毡技艺……093
　　马铃薯制粉技艺……095
　　蒙古族策格（酸马奶）酿制技艺……097
传统美术
　　科尔沁根雕……099
曲　艺
　　科尔沁右翼前旗好来宝……101
民间文学
　　巴拉根仓的故事……105

旗级非物质文化遗产名录／107

传统体育
　　札萨克图赛马……108
　　札萨克图传统沙嘎游戏……110
民　俗
　　齐木合日习俗（去势）……113
　　蒙古族幼儿摇篮……114
传统技艺
　　蒙古族拉弦乐器制作技艺……116
　　蒙古包营造技艺……118
　　蒙古族枕头制作技艺……121
　　传统烟袋缝制技艺……123

蒙古族皮雕画…………………………………………………… 124
传统舞蹈
　　蒙古族安代舞…………………………………………………… 126
传统美术
　　兴安黄蜡石玛瑙石赏石艺术…………………………………… 129

科尔沁右翼前旗民间传统文化之乡／131

民间传统文化之乡
　　满族屯满族乡——全区民间艺术之乡………………………… 133
　　全区民间文化艺术之乡（札萨克图刺绣之乡）……………… 135

科尔沁右翼前旗各级非物质文化遗产项目代表性传承人／137

自治区级非物质文化遗产项目代表性传承人／139

蒙古族刺绣（札萨克图刺绣）代表性传承人
　　敖特根其其格……………………………………………………… 140
　　良　花……………………………………………………………… 143
蒙古族图案代表性传承人
　　玉　英……………………………………………………………… 146
乌兰毛都草原那达慕代表性传承人
　　道布沁……………………………………………………………… 149
科尔沁蒙古族民间剪纸代表性传承人
　　巧　云……………………………………………………………… 151
科尔沁哈日靶代表性传承人
　　白晨光……………………………………………………………… 154
乌兰伊德代表性传承人
　　那仁朝格图………………………………………………………… 156
科尔沁民歌代表性传承人
　　乌　云……………………………………………………………… 157
　　张金虎……………………………………………………………… 159
科尔沁长调代表性传承人
　　白音都冷…………………………………………………………… 162
满族婚礼代表性传承人
　　王宝力道…………………………………………………………… 165

札萨克图婚礼代表性传承人
　　额日很巴雅尔 ································ 167
巴音居日合乌拉祭代表性传承人
　　王焕柱 ·· 169
查干伊德代表性传承人
　　白雪梅 ·· 170

盟级非物质文化遗产项目代表性传承人／171

蒙古族搏克代表性传承人
　　朝格图 ·· 172
乌兰毛都草原那达慕代表性传承人
　　色音乌其日图 ································ 174
科尔沁民歌代表性传承人
　　福金将 ·· 176
　　陈老虎 ·· 178
　　包陶特格 ···································· 179
　　李海青 ·· 181
　　包富贵 ·· 182
　　贺喜格图 ···································· 183
　　哈斯达来 ···································· 184
科尔沁长调代表性传承人
　　额尔敦套格特格 ···························· 186
　　乌支其木格 ································ 187
科尔沁蒙古族民间剪纸技艺代表性传承人
　　葛桂琴　王淑兰 ···························· 188
科右前旗剪纸技艺代表性传承人
　　包玉荣 ·· 190
　　乌日嘎 ·· 191
　　鲁沙茹拉 ···································· 194
蒙古族神话传说代表性传承人
　　阿民巴图 ···································· 196
　　础古兰 ·· 197
札萨克图传说故事代表性传承人
　　白图雅 ·· 199

巴音居日合乌拉祭代表性传承人
  李毕力格图 …………………………… 201
  陈青山 ………………………………… 202
  何锁柱 ………………………………… 202

查干伊德代表性传承人
  金　荣 ………………………………… 203
  白敖敦格日乐 ………………………… 205

乌兰伊德代表性传承人
  那申得力格尔 ………………………… 206

科尔沁哈日靶代表性传承人
  韩双龙 ………………………………… 207
  宝音达来 ……………………………… 209
  白佈仁吉日嘎拉 ……………………… 211

满族屯义莫·甘珠尔经集会代表性传承人
  王阿日本合喜格 ……………………… 212

蒙古象棋代表性传承人
  戴海玉 ………………………………… 213
  吉日和 ………………………………… 214

满族太平鼓舞代表性传承人
  包海全 ………………………………… 215

中医（蒙医）放血疗法代表性传承人
  宝　连 ………………………………… 216

传统中医（蒙医）中药（蒙药）代表性传承人
  包长海 ………………………………… 219
  文　平 ………………………………… 221

中医（蒙医）少儿巴日乎疗法代表性传承人
  包色音巴雅尔 ………………………… 223

满族屯民俗代表性传承人
  王松来 ………………………………… 224
  王照那木拉 …………………………… 225

札萨克图祭火代表性传承人
  邓常福 ………………………………… 226
  希恩巴雅尔 …………………………… 227

满族婚礼代表性传承人

　　王古日本 228

蒙古族图案代表性传承人

　　包胡达古拉 230

蒙古族刺绣（札萨克图刺绣）代表性传承人

　　扎力玛 231

　　乌仁其其格 233

　　苏布道 234

　　苏布敦格日乐 235

　　蔡代小 237

　　桃 拉 238

　　敖敦格日乐 240

　　都达古拉 242

　　梅 荣 244

　　斯 琴 246

　　努恩都特 247

　　塔 娜 248

　　包春花 249

蒙古族服饰代表性传承人

　　斯琴高娃 251

　　乌仁其其格 253

　　布 佰 254

　　秋 英 255

　　敖特根 256

　　斯 琴 257

　　孟黎新 258

札萨克图饮食习俗代表性传承人

　　白那森乌日塔 261

札萨克图马具制作技艺代表性传承人

　　阿拉坦巴根 262

　　白玉昆 264

擀毡技艺代表性传承人

　　包银花 266

　　白达来其其格 267

马铃薯制粉工艺代表性传承人
　　朱天甲 ………………………………………… 269
蒙古族策格（酸马奶）酿制技艺代表性传承人
　　开　花 ………………………………………… 271
　　舍楞那木吉拉 …………………………………… 273
科尔沁根雕技艺代表性传承人
　　包格日乐图 ……………………………………… 275
　　础古兰 …………………………………………… 276
好来宝代表性传承人
　　包苏德门 ………………………………………… 277
　　陈福山 …………………………………………… 278
巴拉根仓的故事代表性传承人
　　于达林台 ………………………………………… 279
　　宝　顺 …………………………………………… 280

旗级非物质文化遗产项目代表性传承人 / 281

科尔沁民歌代表性传承人
　　孟黎明 …………………………………………… 282
　　李常岁 …………………………………………… 283
　　宁铁壮 …………………………………………… 284
　　包玉龙 …………………………………………… 285
　　包苏那 …………………………………………… 285
　　拉斯嘎 …………………………………………… 286
　　吴连山 …………………………………………… 287
　　连　壮 …………………………………………… 287
　　梅　花 …………………………………………… 288
　　艾牡丹 …………………………………………… 288
好来宝代表性传承人
　　包金海 …………………………………………… 289
　　吴玉兰 …………………………………………… 289
　　高海全 …………………………………………… 290
　　那木拉 …………………………………………… 290
札萨克图刺绣代表性传承人
　　乌仁塔娜 ………………………………………… 291

包正月 …… 292
乌日嘎 …… 294
萨日那 …… 295
达来其其格 …… 297
王扎拉嘎胡 …… 298
张桂花 …… 299
吴高娃 …… 300
乌　兰 …… 301
包那仁通拉嘎 …… 302
正　月 …… 303
白结籽 …… 303
白乌仁塔娜 …… 304
白长春 …… 305
兰青春 …… 305
包乌云其木格 …… 306
都达古拉 …… 307
龙　杰 …… 308
图　雅 …… 309
王苏布达 …… 310
齐艳红 …… 310
乌日花拉 …… 311
吴红格 …… 312
包都达古拉 …… 313

蒙古族服饰代表性传承人
乌仁其木格 …… 314
闫晓杰 …… 315

科尔沁蒙古族民间剪纸代表性传承人
杜　特 …… 316
施丽红 …… 319

科尔沁哈日靶代表性传承人
王金花 …… 320
斯日古楞 …… 322
包乌吉木斯 …… 323
都　特 …… 324

刘昌杰 ·············· 325
　　王金宝 ·············· 326
蒙古象棋代表性传承人
　　王国镜 ·············· 327
　　吴六斤 ·············· 327
传统中医（蒙医）中药（蒙药）代表性传承人
　　何娜布其 ············ 328
　　铁　明 ·············· 330
　　张黎明 ·············· 331
　　吴金宝 ·············· 332
查干伊德代表性传承人
　　胡拉乌苏 ············ 333
五月节祭祀代表性传承人
　　朝日吉乐 ············ 335
科尔沁根雕技艺代表性传承人
　　高奎永 ·············· 336
蒙古族安代舞代表性传承人
　　包斯琴格日乐 ········ 337
　　桂　兰 ·············· 337
蒙古族拉弦乐器制作技艺代表性传承人
　　袁立伟 ·············· 338
蒙古包制作技艺代表性传承人
　　于成林　于　林 ······ 339

附　录 / 341

科尔沁右翼前旗各级非物质文化遗产项目保护名录一览表············· 342
科尔沁右翼前旗各级非物质文化遗产项目代表性传承人一览表········· 349
科尔沁右翼前旗各级非物质文化遗产项目保护工作大事记（2006—2023年）··· 367

资料、图片提供 ············ 372
参考书目及资料 ············ 373
后　记 ·················· 375

为庆祝中华人民共和国成立70周年,科右前旗56位绣娘绣制了包含北京天安门和56个民族人物图案的70米刺绣长卷,被授予"大世界吉尼斯之最——最长的蒙古族刺绣长卷"。图为刺绣长卷中的蒙古族妇女。

科尔沁右翼前旗
各级非物质文化遗产项目
保护名录

★ 国家级非物质文化遗产名录
★ 自治区级非物质文化遗产名录
★ 盟级非物质文化遗产名录
★ 旗级非物质文化遗产名录

国家级非物质文化遗产名录

民 俗

巴音居日合乌拉祭

巴音居日合乌拉是一座具有丰富历史文化的大山，位于科右前旗中部，归流河镇巴音居日合嘎查北，海拔883.9米。"巴音居日合"系蒙古语，意为富饶的中心之山，当地人尊称其为阿爸山。登上它的山顶，全旗境内的高山和归流河、洮儿河流域美丽的风景尽收眼底。

清朝时期，札萨克图旗（今科尔沁右翼前旗）郡王将此山封为旗王府公祭的大山，并在每年的农历四月二十七前来祭祀。巴音居日合乌拉山顶立有十字形排列的49座敖包，其中以一座高3米的敖包为中心，东西南北方向各有12座子敖包。敖包群的排列寓意深远，目前有两种解释，一是按照"3、7、9"为尊的习俗，在此以"七七四十九"表示最大；二是寓意当时的漠南蒙古49旗。

巴音居日合乌拉峻拔幽胜，雄伟壮丽，集札萨克图历史文化于一身。主峰被连绵的扇形山头所包围，右侧耸立的7个山头，被称为七星台，如同7位大将守护着主峰，为大山增添了灵秀和神奇。山上草木翠茂，还有挺拔的五角枫、蒙古栎和白桦等树种，彰显着北国山川的壮美

巴音居日合乌拉山神庙全景

和富饶。

巴音居日合乌拉祭由来已久。据传,在敖包文化盛行的清代,札萨克图旗王爷召集王府官员和众台吉商议在哪座山上立旗敖包一事。他们当中有一部分人认为应立在本旗中部的巴音居日合山,还有几个幕僚则坚持立在北部的辉勒合山上,他们各抒己见,争执不下。由此,郡王只好请风水师来定夺。风水师在王府哈番(职员)带领下,骑马走了好几天,登上北部的辉勒合山和中部的巴音居日合山。经过认真勘察后,风水师向王爷禀报:"辉勒合山高大巍峨,如果选在辉勒合山上立敖包,须选1000匹札萨克图白马来振威,不然难以令山神愉悦。巴音居日合山雄伟壮观,连绵起伏的山峦显得分外壮丽,山的顶部端严方正且居于全旗群山之中心。"王爷听完他的话,与协理台吉和文武梅林等人商定在巴音居日合山上立旗敖包。

巴音居日合乌拉山神像(清代原版)

按照规矩,立敖包有一套程序,须在主敖包下埋下五宝和五谷种子等,叫作押宝装藏。当王府召集高僧喇嘛和台吉们准备装藏时,来了一位骑着黑鬃栗色马,身着铠甲、脚蹬虎皮靴,右手高举宝剑,左手持金刚杵的人。据说这位武将模样的人,是上天派来守护此山的神灵。因此,人们尊崇他为巴音居日合山守护神,并请来一位喇嘛画师,按照他的形象画出巴音居日合山守护神旺楚克扎拉布。"旺楚克扎拉布"系藏语,意为尊贵富饶的高山。这样,每年的农历四月二十七日,由旗王府官员和山下茂好庙喇嘛主持祭祀活动。

2005年,恢复祭祀活动。人们开展祭祀活动,以保护生态为主,传承中华优秀传统文化。2010年,人们将古敖包修葺一新。

2013年,成立了以归流河镇白音嘎查、乌兰尔格、查干础鲁嘎查的牧民和参与祭祀活动成员为主的巴音居日合乌拉祭祀协会。同时,在大山脚下修建了150平方米的巴音居日合山山神庙。

2015年,内蒙古自治区民俗学专家对巴音居日合乌拉敖包祭祀这一非物质文化遗产项目给予充分肯定,并认定巴音居日合乌拉敖包为内蒙古著名敖包。同年12月,巴音居日合乌拉祭被列入内蒙古自治区非物质文化遗产名录。

经过十余年的时间,从民间搜集到巴音居日合乌拉山神像、藏文《祈祷神主焚香供养经》和《巴音居日合乌拉颂》《札萨克图旗敖包祭祀之歌》等与巴音居日合乌拉祭祀文化相关的珍贵资料。尤其是搜集到丹麦探险家、人文学家哈士伦于1936—1937年间采集的民歌《巴音居日合乌拉颂》等资料。

在举办巴音居日合乌拉祭祀仪式前要对敖包进行修复，从西南方登山，将系有哈达的柳枝插进主敖包石间，然后在主敖包和子敖包旗杆上系五色哈达，再由主敖包向外挂风马经幡等对敖包进行装饰。祭祀仪式的程序为：①主祭、祝颂人、主持人、歌手及服务生就位，在祭台前煨桑（焚香）；②主持人宣布祭祀仪式开始，祝颂人诵《祭祀词》；③主祭带领协会会员敬献哈达，祝颂人诵《哈达颂词》；④歌

手唱传统祭祀之歌《巴音居日合乌拉颂》和《札萨克图旗敖包祭祀之歌》；⑤在主祭的带领下，献供品。协会成员依次献九供——鲜花、圣水、奶、酒、哈达、奶食品、砖茶、糖果、水果和全羊；⑥放生白马；⑦主祭献祭文；⑧喇嘛齐诵《祈祷神主焚香供养经》；⑨招福仪式，由协会副会长领队，协会会员手持招福桶，高举招福箭，其他参加祭祀人员紧随其后绕三周，祝颂人诵《招福词》；⑩参加祭祀活动的群众向山神敬供品，绕敖包三周；⑪祭祀仪式结束，为全体参加祭祀活动的信众发福分。

2021年，巴音居日合乌拉祭经国务院（国发〔2021〕8号）批准，被列入第五批国家级非物质文化遗产代表性项目名录。

自治区级非物质文化遗产名录

传统美术

札萨克图刺绣

札萨克图刺绣也被称为乌兰毛都刺绣，是蒙古族刺绣不可或缺的一部分。目前，札萨克图刺绣工艺主要分布于兴安盟科尔沁右翼前旗的乌兰毛都苏木、桃合木苏木、满族屯满族乡等地。札萨克图刺绣纹饰融入了两方面的元素：一是受札萨克图旗满族公主陪嫁户满族那拉的影响，融入了满族服饰款式和纹饰元素；二是在刺绣技法方面吸纳了19世纪末迁入札萨克图草原的卓索图盟土默特、昭乌达盟、喀喇沁蒙古旗纹饰缝制技法和纹饰元素。

札萨克图刺绣一般以家庭母女之间代际传承为主。少女从十来岁开始学习刺绣，一般从基础的针法入手，绣绣花鞋，到十五六岁掌握了一定的刺绣方法后开始绣各种靴子上的图案，同时剪裁各种衣服，如此循序渐进。现在，札萨克图刺绣是科右前旗传统文化中最瑰丽的一部分。札萨克图刺绣做工精巧、针法细腻均匀、样式古朴典雅、图案生动形象，从抽象的蒙古族传统图案到具体的自然景观、花草树木、飞禽走兽，无不体现着札萨克图服饰高尚的审美情趣

针线包 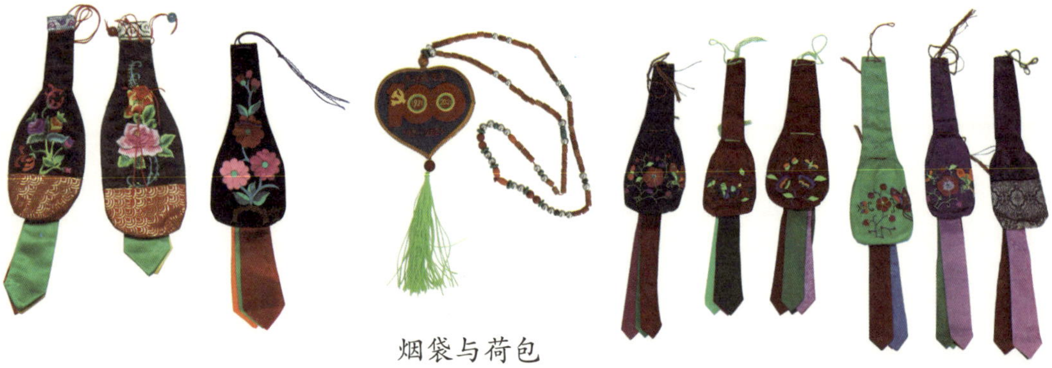　　　　　　　　　　　烟袋与荷包

绣花靴

布鞋绣片 　　　衣服上的绣片 　　　靴靰绣片 　　　布鞋

绣花包和绣花垫

枕顶

和巧妙的艺术构思。

札萨克图刺绣针法有拱针（沙格拉呼）、纳缝（西日呼）、回针（图其呼）、缲针（胡布日德呼）、平针（胡西呼）、疏针（套布黑呼）、寨针（西德呼）、串针（呢布特格其呼）、绗针（哈布呼）、绣花（哈塔嘎麻拉）、盘花（敖绕呼）、贴花（纳哈呼）、刻花（塞乐呼）等13种。其中纳缝（西日呼）又分为单一针纳缝、喜鹊爪子形状纳缝、韭菜花形纳缝、九针纳缝；盘花（敖绕呼）分为单行盘花、两行盘花、十字形盘花、用三根针回针盘花；绣花（哈塔嘎麻拉）分为齐针法（布胡力哈塔嘎呼）、参差针法（萨麻拉呼）、散针法（哈嘎拉呼）、滚针法（古哟乐呼）、球形针法（乌日乐呼）、交叉针法（哈那形）。

耳帽

传统札萨克图刺绣针法以盘花（敖绕呼）、贴花（纳哈呼）、刻花（塞乐呼）、拱针（沙格拉呼）、纳缝（西日呼）等针法为主，绣花较少，主要原因就是比起

全身绣花的蒙古袍

刺绣其他针法更加结实、耐用，更适合以放牧方式生活的蒙古族。札萨克图民族服饰中靴子主要用这些针法制作。这种靴子不怕被草木刮坏、被水浸泡，即使每天穿着放牧，行走在山水湖草田中也不容易穿坏。刺绣相对于这些针法就显得有些矫情，绣花时如果绣娘的手稍微粗糙点都会刮坏丝绸线，从而影响靴子外表的美观。所以以前札萨克图服饰绣花占比较少，一般只有新婚女子的服饰以刺绣为主。加之以前社会发展缓慢、经济条件落后，绣花用的线都是稀有物，很多家庭负担不起。近几十年随着社会的进步，经济的发展，绣花线也不再是稀有物品，刺绣兴起，每件作品上都有绣花。同时，随着城镇化的发展，绣娘也不用考虑绣花会给牧民劳作时带来不便。

札萨克图刺绣图案的底样大概分为花草树木类、动物类及蒙古族传统图案等。以前这一地区的蒙古族妇女在科尔沁草原上过着放牧生活，因此刺绣图案主要为日常生活中的花草树木、昆虫动物、云彩等。花草树木有山杏花、牵牛花、萨日朗、西瓜花、葡萄花、松柏等；昆虫动物有蝴蝶、蜻蜓、鸟、野兔、狮子、老虎等。此外蒙古族传统图案还有云纹、水纹、铜钱纹、叶子纹、犄纹、鼻纹等。札萨克图刺绣图案从寓意上可分为描绣现实生活的图案。山杏花代表着坚强，也寓意母亲希望即将出嫁的姑娘在婆家能够有像杏花一样在山石中扎根的生命力。云纹

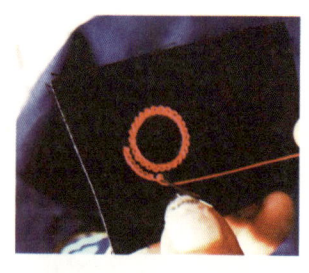

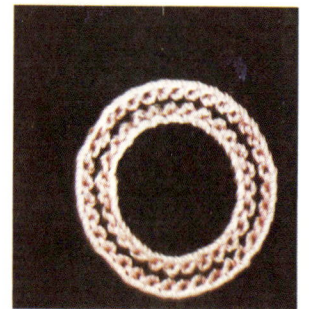
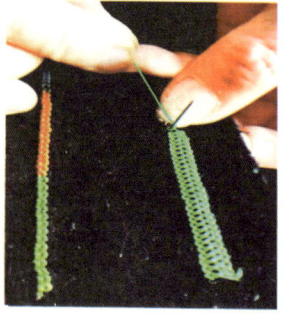

盘花绣

回针绣

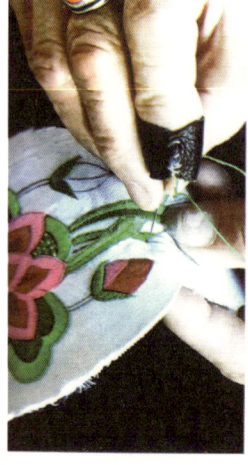

刺绣

贴花绣

绣花蒙古袍和绣花蒙古坎肩

用于衣领上的绣片

寓意希望草原风调雨顺、草木茂盛。札萨克图绣娘们通过一针一线记录着所见所闻，用花草树木装饰服饰，满足自身的审美需求。这些图案表达了他们对自然的热爱和敬畏。莲花、牡丹、佛手作为草原上并不常见的事物也频频出现在札萨克图绣娘的作品中。每一个图案都包含了札萨克图绣娘在刺绣时真挚美好的祝愿。

札萨克图刺绣图案中常常出现蝙蝠，他们认为蝙蝠是吃害虫的有利于人类的动物，又因"蝠"与"福"同音，所以蝙蝠绣在作品中寓意"福到"。有的刺绣作品集桃花、石榴、佛手于一体，代表着一个家庭中的三代女人，即婆婆、婆婆的婆婆，还有儿媳妇。把这三种花绣在一根枝上，表示来自三个不同家庭的女人因为缘分组成一家人，每个人都在为这个家变得更好而努力，寓意家庭和睦、友善、团结。这些传统图案自然而然地在札萨克图绣娘的绣花针下绽放，成为札萨克图刺绣一个温暖的闪光点。

随着社会的发展，在国家重视和保护非物质文化遗产的大环境下，大众保护和传承札萨克图刺绣技艺的意识也愈发提高。加之科右前旗对于非物质文化遗产的挖掘、保护、传承，不断举办刺绣培训班，大力扶持刺绣合作社成立，让很多绣娘通过绣花针"绣"出了好日子，当地

刺绣画

各种荷包

牧民不仅以此增收致富，而且增强了文化自信。科右前旗对于刺绣文化的重视不仅让很多刺绣艺人重拾搁置多年的绣花针，同时培养了很多年轻的刺绣传承人，让札萨克图刺绣得到了进一步发展。年轻血液的输入，让札萨克图刺绣的表现形式从传统向多元、开放和时尚发展。如今，从事蒙古族刺绣的绣娘设计作品时，在继承传统的基础上开拓创新，刺绣也不仅仅局限于传统服饰，还开发了抱枕、挂件、胸针、坐垫、口红盒、箱包、镜子、办公用品等刺绣作品，种类愈加繁多，真正做到了在传承中创新。经过历史文化沉淀的札萨克图刺绣是中国民间艺术的传承，是非遗文化的瑰宝，也是各族人民智慧的结晶。

2011年，札萨克图刺绣经内蒙古自治区人民政府（内政发〔2011〕97号）批准，被列入内蒙古自治区第三批非物质文化遗产保护名录。

集桃花、石榴、佛手于一体的绣片

绣娘探讨刺绣技艺

绣品

蒙古族图案

蒙古族图案即纹饰或图纹，蒙古语称为"贺乌嘎拉吉"，就是将类似盘羊犄角类型的卷曲纹饰称作"乌嘎拉吉"，其他类型的纹样称作"贺"。随着民间工艺制作的发展，人们把各种载体上的造型、色彩、纹饰统称为图案。图案普遍应用于蒙古族的衣、食、住、行、用等方面，有自然界的花鸟动物图案、含有美好向往寓意的吉祥图案、几何图案等。蒙古族图案最初以几何图、点、线形式出现，之后由点线逐步形成各种形状，甚至还衍生出描绘自然界各种物体的图案。这些图案的产生与蒙古族的生活习惯有着密切的联系。

蒙古族图案纹样都有奇特的蒙古语名字，这些名字生动地表现了图案纹样的最初来源。如哈木尔纹（鼻纹）、额布尔纹（犄纹）和乌嘎拉吉纹（吉祥纹、盘肠纹）、汗宝古纹（圆胜纹）、哈顿随赫（方胜纹）、哈那纹（网格纹）等。其中的哈木尔纹在蒙古族装饰中最为常见，

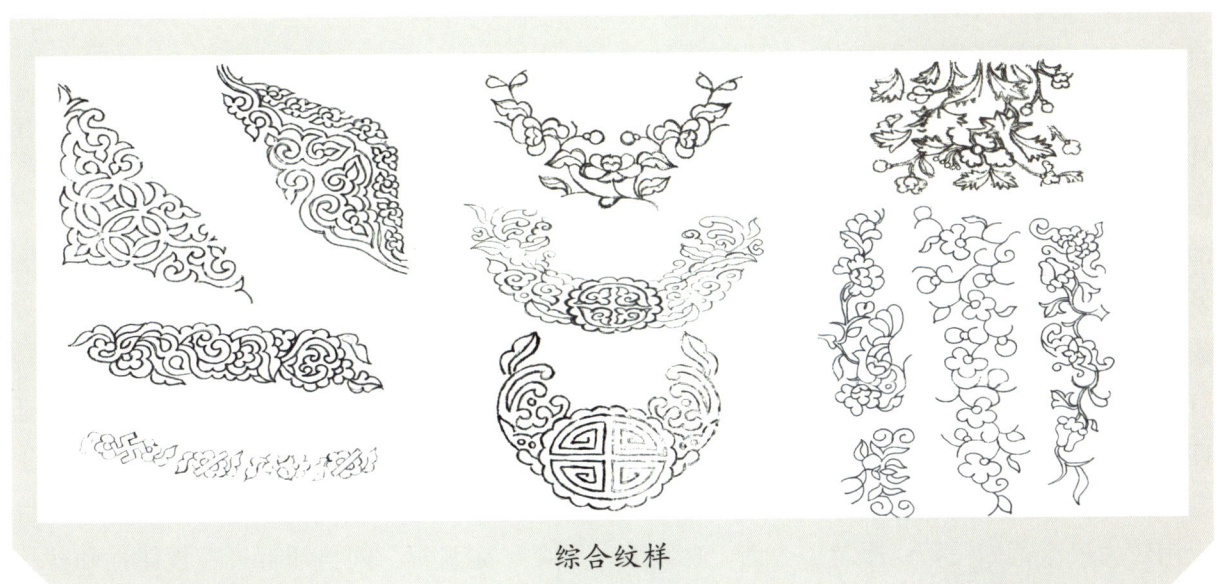

综合纹样

铜钱纹

乌力吉贺（吉祥纹）

额布尔纹（犄纹）

云纹

阿鲁汗贺（回纹）

哈木尔纹（鼻纹）

其造型多变、种类繁多。哈木尔的意思是鼻子，这点从哈木尔的形态上也能看出来。哈木尔纹很像牛的鼻子，是将牛鼻子形象艺术化的表现效果。哈木尔纹被广泛地应用在建筑、家具、服饰和生活用品上，并且出现了单、双、连续、边缘哈木尔纹，成为蒙古族图案中使用较多的纹样。

蒙古族图案最明显的特征就是构图饱满、华丽精致，精美的线条纹样蔓延到画面的每个角落。与此同时，图案舒卷自如，与平坦的草原、蜿蜒的河流、绵延不绝的山脉等自然环境有着密切的关系。蒙古族图案以流动的线条，蜿蜒交织的形态绽放着绚丽的色彩，散发着浓郁的民族气息，装点着人们的生活。每一种图案都具

花草纹与其他蒙古族传统纹样结合形成的图案

有美好的象征意义和内涵，图必有意，意必吉祥。随着时间的流逝，蒙古族图案不断沉淀、延伸、衍变，逐渐形成独特的艺术美学。哈木尔纹寓意蓬勃生机、吉祥如意、幸福长寿；额布尔纹寓意幸福安康、吉祥美好、五畜兴旺；乌力吉贺寓意纳福迎祥、幸福绵长、万事如意，并且应用较为广泛，如马鞍、服装、头饰、摔跤服、鞋靴、碗盘等。阿鲁汗贺具有规律性和秩序性，象征吉祥幸福和长寿。石榴寓意吉祥多子、家族兴旺、团结协作等，被广泛应用在蒙古袍、靴子、枕头和烟袋上。这些图案都体现了人们对自然、对美好未来、幸福生活的赞美和企盼，体现了人们对真善美的追求和渴望，也体现了人与自然亲密和谐的关系，传达出人们热爱自然、热爱生活、热爱家乡、热爱祖国等质朴、积极、乐观、豁达的思想。

图案是艺术中最直观的表达方式，蒙古族图案的形态、色彩及寓意离不开当时人们的意识、向往、追求和审美情趣，它集艺术价值、文化价值、历史价值、实用价值和经济价值于一体。

纵观蒙古族图案，独特的地域环境对其图纹风格的形成产生重要影响。蒙古族崇尚自然，敬畏天地，这样的生活环境赋予他们独特的创作灵感，使他们创作出许多以自然元素为灵感的刺绣纹样。

蒙古族图案受多元文化的影响，刺绣纹样题材丰富，包括自然纹样、动物纹样、花卉植物纹样和其他寓意丰富的吉祥纹样。

一、自然纹样

崇尚自然的蒙古族对日月纹、云纹、山纹等有着独特的崇拜和喜爱，日纹和月纹是蒙古族刺绣题材中的流行纹样。

蒙古族对山纹尤为喜爱，赋予其永恒之意，象征着坚毅、勇敢。

二、动物纹样

动物纹样大多是用线条勾勒而成，其中代表性的就是羊头形象。除此之外还有各种鸟兽的形象，如马、牛、驼、鹿、虎、豹子等，还有飞禽形象，生动活泼而又富有情趣。鹿是十分常见的动物，是蒙古族刺绣中深受人们喜爱的动物纹样之一。蝴蝶也较为常见，它被视为吉祥的象征。

三、花卉植物纹样

在古代，蒙古族刺绣将中原地区的刺绣技艺与本民族结合，形成种类繁多、造型丰富的花卉植物纹，广泛应用于服饰中。

如以莲花纹为题材的绣品占比很大，纹样简洁优雅，花瓣饱满，多以正面、侧面形象突出表现莲花的特点。莲花纹象征着圣洁和美好，如莲花与鸳鸯等成对禽鸟纹样相结合，象征着夫妻和睦、幸福美满。在古代，蒙古族受中原文化的影响，极为喜爱具有富贵吉祥寓意的牡丹纹样，它也是蒙古族刺绣中使用较多的纹样之一。其造型丰富，特征鲜明，简洁大方。

禽鸟纹也是蒙古族刺绣中应用较多的一类纹样，禽鸟纹常与花卉植物纹搭配出现，组合成含有吉祥寓意的图案，是人们情感的寄托和审美价值的体现。禽鸟纹主要有鸾凤、白鹭、大雁、仙鹤、鸳鸯等。蒙古族刺绣多将动物纹样与四季花卉、山石和禽鸟纹进行组合，体现生机勃勃的景象。

四、吉祥纹样

蒙古族刺绣中常见的寓意吉祥的纹样有吉祥纹、长寿纹、云纹等，象征吉祥幸福的生活，起到衬托主体纹样、填充画面的作用，与主题纹样结合表现出不同的寓意。

蒙古族刺绣纹样中常见的还有蝴蝶，其是吉祥的象征，多与四季花卉、山石和禽鸟纹进行组合，体现生机勃勃的景象。

靴子上的传统纹样

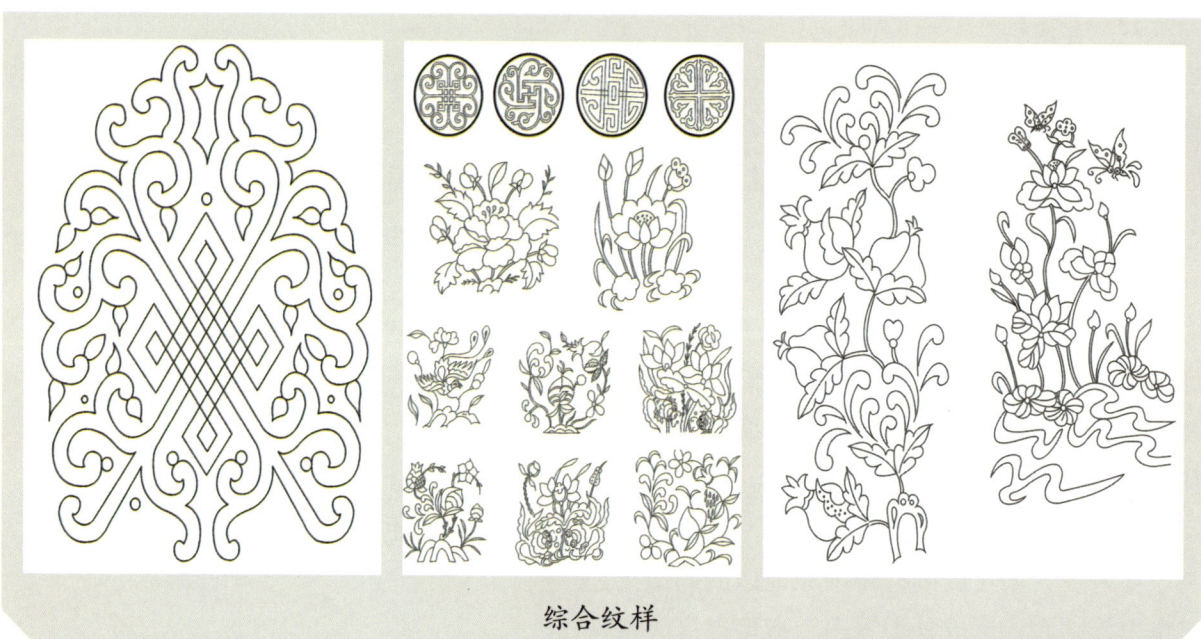

综合纹样

无论是蒙古包、蒙古袍、坎肩，还是头饰、首饰、马鞍、奶茶碗、帽子、耳套、香囊、摔跤衣、赛马服、布靴、布鞋、烟荷包、鼻烟壶、褡裢、针线包、马鞍垫，都有各种图案装饰。如錾花包银的奶茶碗、嵌宝石的头饰、纹饰考究的雕花马鞍、精雕细琢的民族乐器、彩绘的家具、带有刺绣的蒙古族服饰、精美的地毯等，都以传统图案来衬托这些物品的华贵之美、古朴之美、内在之美。从基本特点来说，在民间流传的蒙古族传统图案以质朴、简洁、明快的表达方式，追求均衡与对称，成双成对，既追求美观又兼顾实用。

进入21世纪，人们的审美经历了现代与传统理念的碰撞，不断变化与发展，蒙古族图案艺术已成为现代创意文化产业的丰富资源，以独特的特色和美感出现在服装设计与建筑装饰设

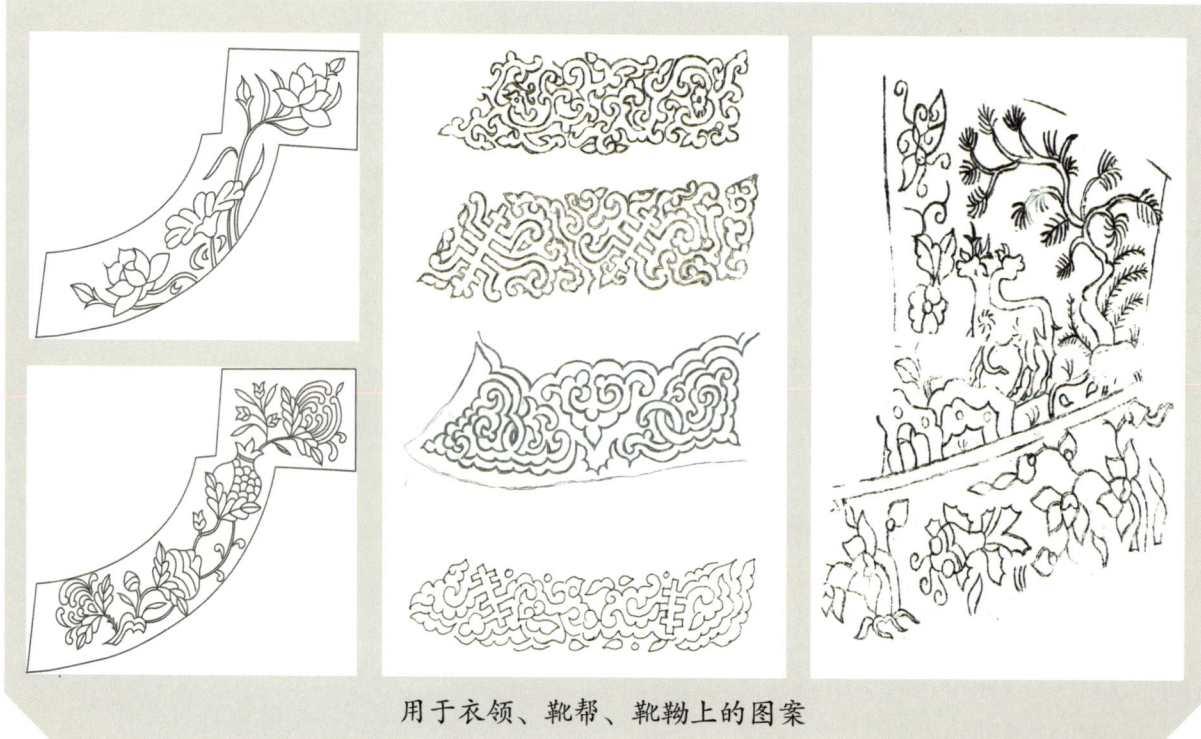

用于衣领、靴帮、靴靿上的图案

动植物纹样

计中,成了新的创意点和启示点。人们在不失传统审美观的同时,运用地域文化元素不断创作出新的精美图案,使人感受到传统艺术的神韵。

札萨克图图案的艺术价值远远超越了民间美术本身,具有极为丰富的哲学、美学、考古学、历史学、社会学和人类文化学内涵,是中华优秀传统文化的凝集和结晶。

2013年,蒙古族图案经内蒙古自治区人民政府(内政发〔2013〕287号)批准,被列入内蒙古自治区第四批非物质文化遗产保护名录。

# 传统体育

乌兰毛都草原那达慕

"那达慕"系蒙古语,意为娱乐或游戏,蒙古族习惯称其为"乃日",盛会的意思。在蒙古族地区,那达慕有着久远的历史,是草原牧民在长期的游牧生活中,创造和传承下来的具有独特民族色彩的体育、技艺和游艺盛会。

乌兰毛都草原位于科尔沁草原腹地,科尔沁右翼前旗西北部,包括乌兰毛都苏木、满族屯满族乡、桃合木苏木、绿水种畜场等以畜牧业为主的苏木乡和场。这里地域广阔,水草丰美,是由树林、灌丛、河流、湿地、浅丘和草原构成的杭盖草原,是科尔沁右翼前旗乃至兴安盟地区唯一的保存完整的山间疏林草原。

蒙古族在举行庆典、祭敖包等重要活动时,那达慕成为蒙古族约定俗成的活动。乌兰毛都草原那达慕大都在每年夏末秋初七八月举办。七八月是草原上最美的季节,草木茂盛,牛羊肥壮,百花盛开。牧民身穿节日盛装从各自的牧点带着家人乘马驱车,从四面八方赶来,通过赛马、搏克、射箭和布鲁等传统竞技来强健体质、欢庆牧业生产的丰收。蒙古族男子以搏克来强健体魄和提高用力技巧,以弯弓射箭来比试射击技艺的精准,以赛马来比试马的耐力和骑手的

射箭

搏克

赛马

掷布鲁

那达慕现场

骑术,用这三项技艺活动训练技能,锤炼意志。

草原那达慕具有很强的民间性。为了召开草原上的盛会,牧民们纷纷捐赠牛羊支持那达慕大会,直到现在仍保持着这种传统。

乌兰毛都草原上的那达慕逐渐增加了套马、掷布鲁、蒙古象棋、女子摔跤等比赛活动,制定和完善了搏克、赛马、掷布鲁、射箭等比赛规则,统一了比赛办法、场地、器材,修改了比赛的奖励办法,使那达慕比赛更加规范,更具观赏性和竞争性。

乌兰毛都草原那达慕是科右前旗各族人民的传统节日,至今在民间流传着很多著名搏克手和骑手的奇闻趣事。1957—1984年,原乌兰毛都公社曾在合力木、勿布林、哈日淖尔、乌兰毛都等地举办过20多次乡级和旗级那达慕大会,涌现出很多技艺高超的搏克手、骑手和射箭手。1984年,由于行政体制改革,恢复乌兰毛都努图克建制,将原乌兰毛都公社划分为乌兰毛都苏木(今德伯斯镇)、勿布林苏木(今乌兰毛都苏木)、满族屯满族乡、桃合木苏木

骑手入场

颁奖仪式

牧民赶着勒勒车参加那达慕

评比牲畜优良品种

后，勿布林苏木、满族屯满族乡、桃合木苏木每年举办那达慕，庆祝中国共产党、中华人民共和国、苏木成立及畜牧业丰收等庆祝活动。

改革开放以来，随着经济、文化生活的发展，乌兰毛都草原那达慕不断融入新的内容，在体育比赛的同时，举办奶制品制作和蒙古族传统服饰走秀、诗歌朗诵等传统项目，将那达慕办成集文化娱乐、艺术欣赏、信息交流、经济贸易于一体的文化体育盛会。2017年后，还举办冬季那达慕，丰富了那达慕文化内涵。那达慕规模更加扩大，赛事更加精彩，活动更加丰富。

如今在科右前旗，以夏季那达慕、冰雪那达慕、旅游那达慕为主的活动竞相开展，异彩纷呈，由传统搏克、赛马和射箭三项竞

冬季那达慕入场仪式

技为核心内容的那达慕，融传统体育竞技、服饰比赛、奶食制作比赛、歌舞表演、诗词朗诵、经贸活动于一体，通过竞技、展示、表演、交流等模式，促进各民族交往交流交融。草原盛会那达慕吸引着越来越多的海内外朋友来到富饶美丽的乌兰毛都草原观光。

2009年，乌兰毛都草原那达慕经内蒙古自治区人民政府（内政发〔2009〕47号）批准，被列入内蒙古自治区第二批非物质文化遗产保护名录。

科尔沁哈日靶

射箭

"哈日靶",又称"苏日哈日靶",系蒙古语,意为射箭,是生活在北方草原地区蒙古族传统的"男儿三艺"项目之一。"科尔"意为箭袋,"科尔沁"意为专门持弓箭的人。1206年,科尔沁部落的首领为成吉思汗的二弟哈布图·哈萨尔。成吉思汗曾说:"哈萨尔之射,别勒古台之力,此朕之所以取天下。"在成吉思汗统一蒙古各部后,虽然由狩猎经济逐渐转向游牧经济,但拉弓射箭的本领依然保留了下来,以防外敌侵略和野兽袭击畜群。

清末,随着热兵器的发展,弓箭逐渐退出历史舞台,但科尔沁弓箭仍作为打猎工具、射箭作为传统的娱乐项目被传承下来。

古代,蒙古族射箭使用的是牛角弓、皮筋弦和木制箭,箭镞多为动物骨头或铁。箭靶是几道圆环的毡片靶,靶中心是活的,箭射到中心就会掉下来。还有一种比赛是不设箭靶,从几十米处射击地面上的目标,目标是堆砌起来的实物,射中目标即为胜。如今弓有钢弓、塑料弓、尼龙弓、玻璃弓,箭采用金属箭,箭镞也被钝头硬塑所代替。

科尔沁传统角弓长150厘米,弓体材质是天然材料,竹和木为弓胎,当地牛角和牛筋为弓面,用桦树皮和蛇皮进行装饰并保护弓体,弓体上均不得设置任何箭台。弓弦(古代是用

射箭比赛

生牛皮、生牛筋或生鹿皮、生鹿筋制成）为飞速弦。靶牌是牛皮包毡子的圆圈，直径为45厘米，由5个活环圈组成并染上5种颜色。从中间往外依次按照5分、4分、3分、2分、1分来计算分值。箭是传统的竹木箭，箭头是响声钝头（古代用骨头制成，今用塑料制成），箭羽是禽类真羽劈成两半粘贴在箭杆末梢，箭长一般为70厘米、75厘米、80厘米、85厘米、90厘米等。固定靶牌、靶中心至地面的距离为130厘米。射法为大拇指勾弦射法，并且大拇指套扳指，箭搭推弓手外侧。男女老少都可以参加射箭活动。射靶距离为20米、30米、40米等，按分数由高到低依次排序，裁判组织进行比赛。

传授技艺

冬季那达慕入场式上的射箭手

蒙古族射箭比赛分立射、骑射和远射三种。立射即站立射靶，步呈八字，重心向下，弓的弹力与人的弹力相和谐。射箭距离有25步、50步、100步之分。比赛规则为3轮9箭，即每人每轮射3支箭，以中靶次数多少评定胜负，前三名获胜。骑射即跑马射箭。《黑挞事略》云："凡其奔骤也，跂立而不坐，故力在跗者八九，而在脾者一二，疾如飙至，劲如山压，左旋右折如飞翼，故能左顾而射右，不特抹秋而已。"蒙古族骑马多直乘鞍上，无拱背坐马之势，因而疾驰如飞，左顾右射。骑射的场面非常壮观，射手身穿彩袍，脚蹬马靴，在颠簸的马背上拿弓、抽箭、搭箭、发箭，要在规定的跑道上射完。大型骑射比赛参加者达数百人，比赛跑道为宽4米、长85米、深0.66米的一条沟，共设3个靶位，靶位与靶位之间相距25米。第一靶是在2米高的木垛上挂一个约1尺见方的3个彩色布

上弦

袋，布袋里装的都是棉花，第一、二靶位在射手的左侧，第三靶位在射手的右侧。比赛规定1马3箭，即每人每轮射3支箭，共射9支箭，不分男女老少，参赛者自备马匹和弓箭。弓箭的式样、拉力和箭的重量、长度不限。远射，即从远处射击。

近十年，科尔沁哈日靶传统运动在科尔沁右翼前旗得到广泛发展，成为具有一定群众基础的项目，并迅速传播到其他旗县市。札萨克图科尔沁弓箭协会巩固、修订、完善了科尔沁哈日靶各项赛事的规则、奖励办法以及场地、器材标准。该协会和其他盟市旗县的协会组织，联合开展不同形式的经验交流比赛，举办各类射箭活动。协会相关人员无偿在科尔沁右翼前旗举办培训活动，传承、保护和弘扬科尔沁哈日靶活动。同时，当地制作科尔沁弓、箭、扳指等特色产业也得以培植，一批民间艺人和传统哈日靶项目参赛选手得以培养。

科右前旗及周边几个旗县每年都举行多种多样、不同规模的哈日靶比赛。如兴安盟也松格哈日靶邀请赛，不但吸引了兴安盟科尔沁右翼中旗、乌兰浩特市、扎赉特旗、阿尔山市射箭爱好者，还有黑龙江省杜尔伯特蒙古族自治县、吉林省前郭尔罗斯蒙古族自治县、辽宁省阜新蒙古族自治县和其他盟市的选手参赛。

科尔沁哈日靶这一传统体育运动，不受地理环境的限制，不受年龄、性别限制，男女老少都可以参加。哈日靶运动因其靶牌小，需要射箭手有很好的瞄准功力，不仅能达到锻炼体质的目的，还能培养射箭手的专注力和沉稳的性格。科尔沁哈日靶是宝贵的中华优秀传统文化遗产，它展示了传统体育的魅力。

2018年，科尔沁哈日靶经内蒙古自治区人民政府（内政发〔2018〕29号）批准，被列入内蒙古自治区第六批非物质文化遗产保护名录。

民间美术

科尔沁蒙古族民间剪纸

传承人巧云传授剪纸技艺

清咸丰六年（1856年）前后，民间剪纸艺术开始在札萨克图旗流行，逐渐成为当地人民群众日常生活中的重要组成部分。

剪纸艺术贯穿于科尔沁蒙古族的文化与生活当中，是蒙古族的艺术源泉。逢年过节，人们剪福字、福娃、牛、马、骆驼、羊等，为节日增添祥和气氛。如赶上那达慕盛会，人们便会剪赛马、摔跤、射箭等场景，悬挂于比赛场地，渲染赛场的热烈氛围。平时人们也会剪山水、动物来表现生活。

科尔沁蒙古族剪纸技艺，将传统图案灵活地运用于剪纸作品，使其体现出粗犷、洒脱、自由、恬静的韵味。经过无数代剪纸艺人，尤其是劳动妇女的不断积累和传承，科右前旗蒙古族民间剪纸在内容和形式上不断创新。如在造型表现上，剪纸艺人擅于抓住事物本质，不追求过多的细节，重视大轮廓，定好大轮廓，再开始在内部进行必要的装饰和美化。她们恰到好处地运用锯齿纹、月牙纹、雨点纹，并将其发挥到极致。为了丰富艺术表现形式，她们对锯齿纹做了处理，即不留锯齿纹常有的间隙，凡剪刀过处，冗密而生动，不落俗套，较好地突出主题。

民间剪纸

又如表现马的质感，采用不同的运剪方式，或剪、或裁、或雕、或挤、或搓、或压，一剪多用，充分拓展了剪纸艺术的表现空间，熟练地运用艺术夸张，极大地增添了剪纸的艺术魅力和欣赏趣味。剪纸艺人通过双手抒发真情，把自己感受到的或埋藏于内心的情感通过剪纸形式自然抒发，将其淋漓尽致地表现出来。

科尔沁蒙古族民间剪纸是人们在长期的生产生活中，通过细致观察，运用临剪、重剪、画

科尔沁民间剪纸区级传承人巧云设计的图案

剪等技巧描绘自己熟悉而热爱的自然景物，如鱼、虫、鸟、兽、花草树木、草原风景等，表达人们对美的感受，展现草原风情，体现了独特的审美趣味。

与其他蒙古族民间剪纸技艺相比，科尔沁蒙古族民间剪纸的独特之处是图案素材。剪纸作品的图案素材大都来自于现实生活，运用较多的有哈木尔纹（鼻纹）、额布尔纹（犄角纹或犄形纹样）、乌力吉贺（中国结或吉祥结）、阿鲁汗贺（回纹线）、照森贺（大钱纹样）、那布琴贺（叶形图案）、额古楞贺（云状纹样）、嘎啦贺（火形纹样）、希布恩贺（鸟形图案）、都日博乐金贺（方形纹样）、乌素恩贺（浪花纹样）等。

科右前旗民间剪纸产生于生产生活中，它以独特的艺术魅力生长着，有着顽强的生命力。它来自并融入人们的日常生活中，与人们的喜怒哀乐、衣食住行紧密相连。它是劳动人民为了满足自身的精神生活需要而创造的。它存在于劳动者深厚的生活土壤中，体现

位于乌兰毛都苏木的蒙克丽剪纸工作室

了人类艺术最基本的审美观念和精神品质，具有鲜明的艺术特色和生活情趣。

　　蒙古族民间剪纸是民间文化的体现，是民俗文化的重要组成部分，是中国民间艺术的一块瑰宝。它像一面镜子反映了一个地区的风土人情和生活百态。蒙古族民间剪纸对于增进民族团结，促进各民族交往交流交融，构建和谐社会都具有十分重大而深远的意义。

　　2007年，科尔沁蒙古族民间剪纸经内蒙古自治区人民政府（内政发〔2007〕57号）批准，被列入内蒙古自治区第一批非物质文化遗产保护名录。

传统技艺

查干伊德

"查干伊德"系蒙古语，即白食，是乌兰毛都草原蒙古族对奶食品的统称。在当地蒙古族心中，白色代表吉祥与财富，因此十分崇尚白色，把白色奶食品视为圣洁的食品。除日常生活中食用外，奶食品还被用作祭祀，他们也用来招待、馈赠贵宾与亲友。

乌兰毛都草原蒙古族有着悠久的食用奶食品历史。元代著名的诗人萨都剌，在其《上京杂韵》一诗中就曾写道："牛羊漫散落日下，野草生香乳酪甜……"诗人在诗中提到的"乳酪"，即奶豆腐。意大利人马可·波罗在他的游记中也曾描述过元代蒙古族士兵食用奶食品的情况。

乌兰毛都草原地处大兴安岭南麓，海拔较高，草的种类较多，以耐寒植物为主，草场质量好，奶源优质，营养丰富。在乌兰毛都地区完整保留了众多奶食品的传统制作技艺，种类丰富。传统的奶食品制作技艺程序规范、制作考究、步骤完善，与当地的自然环境、人文环境做到了有机结合。

乌兰毛都草原的奶食包括白油、黄油、奶皮子、奶豆腐、奶酪、奶果子、奶茶、酸奶和奶酒等20多个品种，其中也有奶食品和面食结合的具有地域特色的奶食。

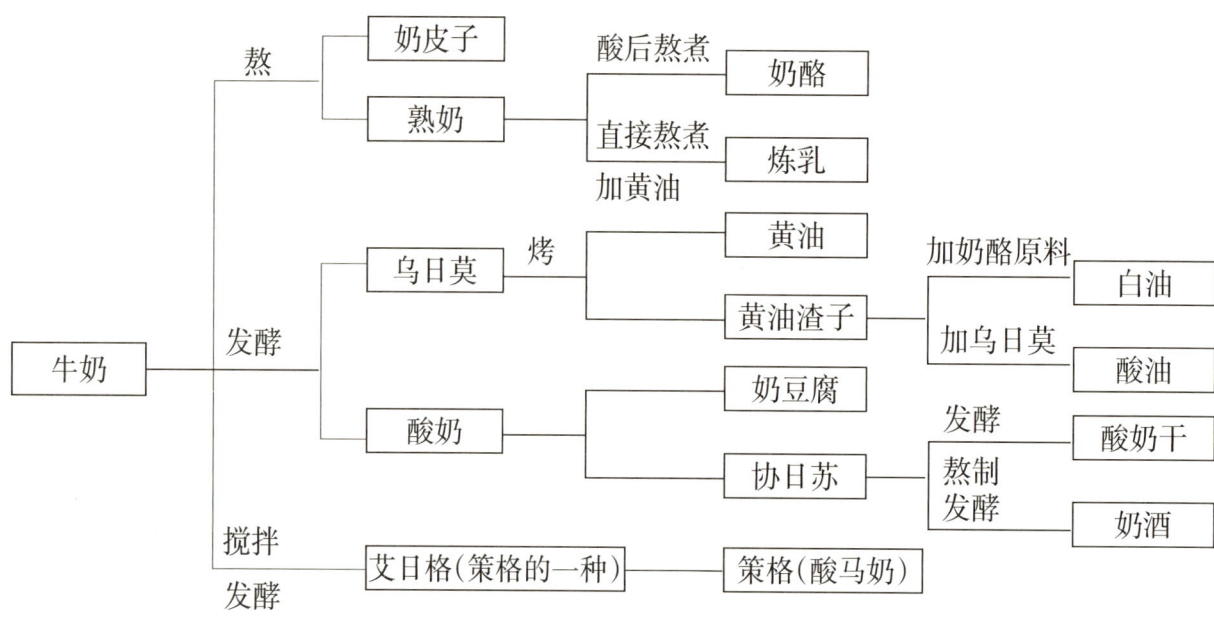

白油：蒙古语称为"查干陶苏"。是从生奶油中提取出的油脂。将生奶油放置在过滤袋中，挂在高处进行过滤，去除生奶油中的水分，然后将去除水分的生奶油放入容器中进行搅拌，将奶水分离出去，剩余的物质就是白油。

乌日莫：将鲜奶装在容器里，在20℃左右的温度下放置，不用任何东西遮盖，待鲜奶自然发酵形成酸奶。七八个小时后，凝固的酸奶上面浮着一层乳油，这就是生奶油——乌日莫，是奶食品中的上品，可拌炒米和米饭吃。

奶皮子（锅奶皮子）：蒙古语称为"陶根乌日莫"。是把鲜奶放在容器中加热煮沸后不断用勺翻扬，使奶锅中的牛奶产生很厚的泡沫，再用文火煨，泡沫逐渐凝结成一层奶肪，放置10个小时左右，待其冷却后，从奶锅中将蜂窝状的奶肪挑起，呈半圆形，放到盖帘上在阴凉处晾干，奶皮子制作完成。奶皮子酥脆适口，是奶食中的佳品。牧民们吃早茶时用奶皮子泡奶茶。

奶豆腐：蒙古语称为"乎日德"。是将酸奶倒入锅内加热，蒸发水分后，将协日苏（酸奶水）撇出，剩余的干物质用勺背搅和，直到凝固成一团，然后装入模具成型阴干，即成奶豆

各种奶食品

腐。食之半硬半软，微酸不腻，能够增加食欲。

艾日格：蒙古族习惯把查嘎和艾日格都称为酸奶。即把新鲜的牛奶常温放置2—3天，鲜奶变成酸奶。利用曲种发酵的则被称为活酸奶。

奶茶：奶茶是蒙古族日常生活中不可缺少的上乘饮料。将开水倒入装有碎砖茶的锅内，以文火熬2—3分钟，然后兑入牛奶和食盐。熬茶时要掌握好火候，若在茶还没泡好之前兑入牛奶、食盐，便会影响茶的味道。熬奶茶时不可用散发臭味的燃料，熬茶时间不宜过长，更不能兑入变质的奶汁。

展销奶食品

奶酒：蒙古语称为"阿日扎"。传统制作程序较为繁琐，大致是先将马奶制成奶酒。先将大曲放入坛子或大缸里加奶培养，这一环节叫作养曲。随着曲的发酵，逐渐增加奶量并换器皿，对发酵的酸奶进行回锅，点火慢慢加热，再冷却锅，这样就制成马奶酒了。

黄油：用粗布过滤白油，然后倒入锅中，温火熬炼，用勺频频搅动，待色泽微黄，黄油就做成了。黄油吃起来醇香不腻，余味绵长。

奶酪：将制奶皮子剩余的熟奶放在热处，待其发酵、沉淀，把沉淀的粉块装入布袋压榨，捏成各种形状，晾干后，奶酪就做成了。

苏恩汗达：即炼乳，将熟牛奶用文火熬制变稠后冷却，加少许白糖和黄油搅拌即可食用，用作蘸料。

卓嘿：即黄油渣，将稀奶油（乳脂）加热，反复搅动，提炼出黄油后，沉在锅底的渣子便是卓嘿。黄油渣油香适口，微酸。

初础圭：即白油，黄油渣冷却后，将稀奶油（乳脂生奶油）和刚出锅的奶豆腐搅拌均匀便是初础圭。

酸油：将黄油渣和生奶油搅拌均匀后制成酸油。

协日苏：即乳清。做奶豆腐时，从酸奶中分离出的乳水，味稍酸。

额吉格：即酸奶干。将熬制奶豆腐析出的乳清用文火加热，乳清中的奶汁逐渐凝结后装入白布袋中，直到水分沥尽，将其取出捏成条或块，放在平板上晾干即成额吉格。

策格：即酸马奶。酿制马奶酒时沉在锅里的酸奶被称为策格，味极酸。

艾日格：艾日格是用做奶豆腐剩下的酸奶汤制成的。当地牧民在夏天做奶豆腐时，把用纱布挤出的酸奶汤倒在干净的坛罐中，然后用布蒙上置阴凉干燥处，过一段时间就可饮用。艾日格既能解渴、充饥，又能防止中暑。

乌兰毛都草原奶食传统技艺凝结了当地群众智慧、勤劳的品质，它和其他非物质文化遗产

制作奶豆腐的模具

一样，是活态传承，是当地一项重要的传统文化。随着时间的推移，乌兰毛都草原蒙古族制作奶食品的技艺得到进一步发展，奶食品制作小作坊日益增多，奶食品加工制作基地更具规模。牧民自愿组成合作社，规模化制作、生产奶食品，借助生产、流通、销售等手段，对乌兰毛都草原奶食品进行生产性保护。同时，与文旅相结合，走上了精加工、深加工的路子，创新开发出了更适合现代人食用、便于存放和携带的产品，被越来越多的人所喜爱。查干伊德获得食品生产安全许可SC认证，走出盟旗，走向全国各地。

乌兰毛都草原奶食制作技艺作为当地民俗文化，具有很高的文化价值、使用价值和经济价值。

2013年，查干伊德经内蒙古自治区人民政府（内政发〔2013〕287号）批准，被列入内蒙古自治区第四批非物质文化遗产保护名录。

乌兰伊德

"乌兰伊德"系蒙古语，意为红食，指肉食。乌兰伊德是蒙古族传统饮食文化的重要组成部分，是蒙古族在长期的生产生活过程中，逐渐形成的饮食文化。乌兰伊德通常以绵羊、山羊、骆驼和牛肉为主，马肉次之。

分发乌兰伊德阿迪斯（福分）

科尔沁右翼前旗地处祖国北疆，其草原辽阔，自然优美，是乌兰伊德文化传承区域之一。草原牧民在生活中不仅熟谙乌兰伊德烹煮技艺，也较好地传承了相关礼俗。常见的乌兰伊德主要为手扒肉，其食用场合和用途各有不同。一般在举行祭祀仪式、寿宴、婚礼、春节等节庆时多用全羊。如在祭祀敖包时，将全羊作为上等供品来使用；在祝寿礼、婚礼或招待客人时用全羊或羊背子；在腊月二十三招待女贵宾时用羊胸叉。

以传统习俗而言，宰羊是分时节的。按照牲畜生长周期，五六月牲畜开始抓水膘，七八月开始抓油膘，所以通常在秋季宰杀3岁以上的成年羊。

乌兰伊德种类有几十种，大体分为全羊、羊背子、胸叉（额布楚）、烤全羊（珠玛）、羊（牛）头、肉干、羊内脏（羊杂碎）等。

全羊：蒙古语称为"布呼勒熟斯"。全羊

乌兰伊德

手扒肉

羊背子

用全羊招待客人

晾晒牛肉干

席是科尔沁蒙古族最高的待客礼仪，多用于大型宴会、婚庆喜宴、生日祝寿等场合，也用于招待非常尊贵、德高望重的客人。上全羊席所需的羊肉是1个羊背子、2块肩胛骨、2根肱骨、2根股骨、6节胸椎、8条肋骨。一般不上羊蹄、羊脖、短肋、小腿骨和羊杂碎。

烤全羊：蒙古语称为"珠玛"，元朝时又称"诈玛宴"。烤全羊色、香、味、形俱佳，别有风味，是全羊席中最讲究烹调技艺的上乘大餐。

烤全羊的做法与煮全羊不同，煮全羊是卸开了煮，烤全羊是整烤。将羊开膛之后，去掉内脏和蹄子，把食盐等调味品放入羊腔中，架在木炭上边烤边翻转。有的做法是先在羊腔内放入调料，把腹腔缝合后，用大锅慢火煮熟，然后取出调料，再用火烤干。

羊背子：蒙古语称为"乌查"。羊背子宴，是蒙古族款待贵宾的传统宴席大餐，其烹制及食用方法特别讲究。民间在祝寿、婚嫁、喜庆佳节时设此宴。烹制羊背子，要选肥绵羊，从后往前数在第四根长肋骨处割断腰脊椎骨，再把后面的肋骨分别展开，去腿骨留尾，然后用清水煮，烧开后，加入适量食盐，直至煮熟为止。羊背子宴用的材料有1个羊头、1个羊背子、4根肋骨、6节胸椎、2条后腿，比全羊宴的用料少了一半多。在盘中摆放羊背子也有讲究，腿骨、椎骨和肋骨分别放在盘子的底部，然后在上面放羊背，羊头放在羊背子上，上席时羊头要朝着客人。

手扒肉：烹制手扒肉时，把肉放入凉水锅内，适当控制火候，使水沸腾，然后加适量的食盐，煮到肉色发白即可，这样可以保持羊肉的原汁原味。如果过了火候，羊肉反而变硬，不好吃。手扒肉是草原牧民招待客人必不可少的食品。手扒肉鲜而不膻，肥而不腻。

涮羊肉：涮羊肉是蒙古族特色食品之一。涮羊肉所用之肉，精选不肥不瘦的里脊肉和腿上的腱子肉，太肥或有筋腱的肉要去除。札萨克图传统火锅除羊（牛）肉外，还加干豆角、酸菜、冻豆腐、肥肠等。

羊血肠：蒙古语称为"格德斯"。先彻底清理羊肠，反复多次往里面灌水把肠子洗净，然后把用板油、葱和适量荞面或白面拌好的羊血灌到羊肠中，扎紧口子，盘成一团，放入凉水锅中煮。羊肠不能挨着锅底，否则容易粘锅，导致肠壁断开。羊血肠是内蒙古地区的特色食品，招待客人时可作为配餐。

羊杂：羊杂是深受蒙古族群众喜爱的风味食品。正宗的羊杂包括羊肝、肺、小肠、心脏、腰子、羊头肉等，讲究色、汤、料、味俱全。汤要老汤，料要新鲜，味要奇香。做好的羊杂碎香味扑鼻，鲜红油亮，诱人食欲；吃到口中，肥而不腻，令人胃口大开。尤其是严寒的冬日，吃上一碗又烫又辣的羊杂碎，既能补五脏、健筋骨，还可开脾暖胃。

牛肉干：牛肉干是札萨克图传统的风味食品，蒙古语称为"哈塔森玛哈"，也称"包日其"。其特点是易保存、方便携带、味美可口。以前，每到秋季，牧民们会把宰杀后的牛肉切成长条，用盐卤后晾干即食。由于肉干体积小，易保存，转场时携带方便，所以成为蒙古族能够传承下来的独特食品之一。

2015年，乌兰伊德经内蒙古自治区人民政府（内政发〔2015〕310号）批准，被列入内蒙古自治区第五批非物质文化遗产保护名录。

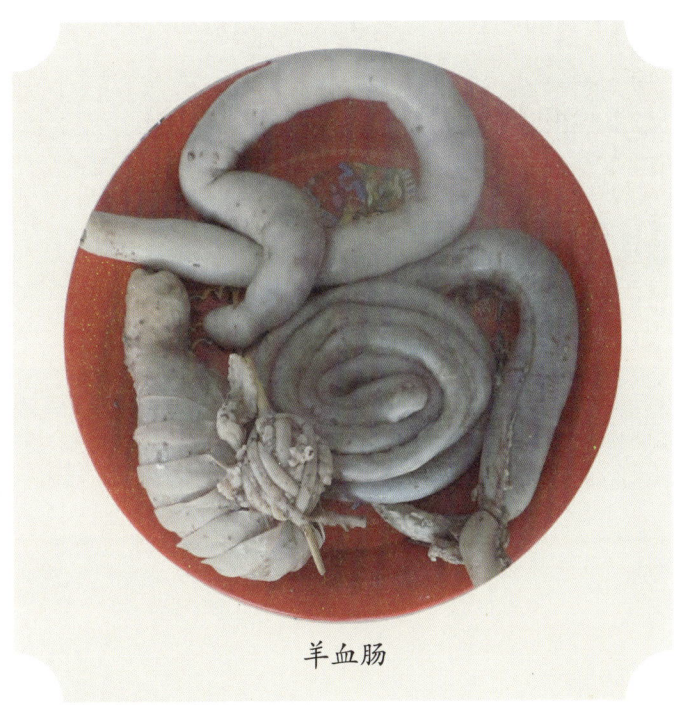

羊血肠

用篷车和柜子车晾晒储存羊肉

传统音乐

科尔沁民歌

科右前旗出版的科尔沁民歌图书

科右前旗流传着大量的科尔沁民歌，如蒙古族长调、短调，叙事民歌、抒情民歌等，深受群众的喜爱。科右前旗科尔沁民歌属于大兴安岭以南包括兴安盟、通辽全部和赤峰市一部分在内的科尔沁音乐，民歌题材广泛，内容丰富，是科右前旗蒙古族智慧的结晶，具有鲜明的地域特点、浓郁的草原气息和强烈的艺术感染力。

科尔沁民歌的发展历史，大体上可分为三个阶段，即狩猎经济时期、畜牧业经济时期、农业经济与畜牧业经济并存时期。

在古代，蒙古族长期生活在额尔古纳河流域的山脉和山林地带，过着狩猎生活。因此，最早发展起来的蒙古族民歌便是包古尼道（短调歌曲），音乐风格一般是曲调简短、节奏鲜明，具有强烈的舞蹈性，内容大多表现人们狩猎、生产劳动场景与生活，也有刻画小动物的可爱形象以及叙述动物生活的寓言体叙事歌。

约在公元9世纪，蒙兀室韦开始由额尔古纳河流域西迁，纷纷跨入蒙古高原，游牧于鄂嫩河与克鲁伦河之间的广阔地区，从以狩猎为主的经济形态，逐渐过渡到以畜牧业为主、狩猎为辅的经济形态。这一时期产生了绵延至今的科尔沁乌日图音道（长调）体裁的歌曲，这一独特的民歌体裁及其演唱风格形式，对蒙古族音乐（赞歌、宴歌、思乡曲、婚礼歌、情歌乃至器乐曲）产生了巨大影响。

15世纪20年代，科尔沁部迁徙到大兴安岭以南，游牧于嫩江平原和西辽河沿岸地区，并逐渐同那里的喀喇沁人的祖先相融合。19世纪末至20世纪初，喀喇沁部的农牧民大批流入科尔沁地区，南迁北移的结果，使民族音乐在交流和融合中形成了独特的科尔沁风格。大兴安岭东侧的广袤大地是松辽平原的一部分，土质肥沃，灌溉便利，生活在这里的蒙古族逐渐放弃了畜牧业，过渡到以农业为主，从而走向定居，陆续出现了人口较集中的大小村落，涌现出一批职业和半职业的民间音乐家。他们走村串户常年进行演唱活动，不但丰富了群众的文化生活，而且对蒙古族民间音乐的流传和发展起到了促进作用。因生产方式的改变，经济生活的繁荣，

老艺人说民歌

相互交流

四胡表演

科右前旗四胡协会下乡表演

以及各民族间的文化交流，这一地区的音乐文化获得了新的发展，这里也成为蒙古语说书的发源地。特别是长篇叙事歌曲非常流行，使民歌调式、调性变化更加丰富，常用同主音调式变换的手法。民歌中调式色彩音常出现微声和微降现象。微声一般发生在语调语类调式的羽音和角音上。音律上的这种变化给蒙古族民间音乐带来了独特的魅力和丰富的表现力。

科尔沁民歌的歌词一般要求谐头声（每句开头的声母相同），词句章法严谨，善用比兴，讲究对称，含义隽永，耐人寻味，在修辞手法和抒情方式上，富有民族特点。

科尔沁民歌内容丰富，题材有牧歌、叙事民歌、爱情歌曲、祝酒歌、思念歌、颂歌等。被大量传唱的歌曲有《嘎达梅林》《陶格特胡》《仁钦哥哥》《达那巴拉》《龙梅》《诺恩吉雅》《新刷儿》等。

流传在科尔沁右翼前旗的科尔沁民歌，在形式和演唱上分为潮尔音道、乌日图音道、包古尼道。

潮尔音道，即潮尔歌曲，它的内容通常严肃庄重。"潮尔"系蒙古语音译，有多种含义，指科尔沁地区的一种类似马头琴的乐器，其琴头为螭首型，音响上宽下窄。潮尔音道是指蒙古族古老的多声部民歌体裁，以前只在庄严隆重的群众集会场合演唱。

乌日图音道是蒙古族民歌中最富有特色的一种体裁，悠长、舒缓是其旋律的主要特点。

包古尼道结构严谨、规范，大多为单乐段，每乐段包括2—4个乐句，乐曲之间平衡呼应，也有些歌曲用衬词插句来扩充结构。因其简单灵活、易学易唱，所以具有广泛的群众性，主要在农业区和半农半牧地区流行。属于包古尼道形态的民歌还有产生较晚些的叙事民歌（也被称为"呼日尼勒道"），它与包古尼道形态的民歌相比很多地方相似，但其旋律的说唱性和内容的情节性更具特点。科尔沁叙事民歌所吟唱的大都是真人真事，歌曲的名字往往以主人公的名字命名，题材上有以反抗封建社会压迫为内容的悲剧题材，有以爱情为内容的悲、喜剧题材。其旋律起伏不大，常用级进和同音进行。演唱时一般由演唱者自拉自唱，演唱者根据故事情节和刻画人物需要，往往夹叙夹议，有说有唱。

20世纪中期，很多科尔沁民歌的一手资料遗失，科尔沁长调民歌的传承和独特的演唱方式面临失传的境地。科右前旗为传承保护科尔沁民歌，于20世纪70年代末开始着手抢救整理旗域内流传的民歌。旗文化馆和当时的乌兰毛都公社文化站图门仓、哈斯巴根等人，走遍乌兰毛都公社辖区牧业大队乡村牧点，记录了上百首民歌曲谱和歌词，使流传数百年的珍贵文化遗产得以保留，为科尔沁民歌的搜集整理工作打下了基础。2006年，科右前旗文化馆工作人员历时2年下乡搜集、整理科尔沁民歌，对在科右前旗境内产生、传唱的500多首民歌进行严格筛选后精选100首民歌，出版了《科尔沁蒙古族民歌100首》一书。该书于2007年荣获第二届内蒙古自治区民间文化"阿尔丁"优秀成果奖。2008年8月，由内蒙古教育出版社出版的《札萨克图民歌与民间艺人》（上下册），收录了166首民歌，同时，记录了民歌产生的历史背景、民间艺人故事等鲜活资料，曲目上下跨越700余年，拓展了蒙古族民歌的历史空间。这是科尔沁民歌一笔宝贵的财富。

丹麦著名旅行者哈士伦于1936年9月至1937年9月，走遍科尔沁、布里亚特、巴尔虎、察哈尔等地，搜集整理了蒙古族民歌。他来到科尔沁区时，遇到札萨克图民歌歌手桑如布，发现了他的惊人天赋，录下了桑如布演唱的歌曲《八大洲》《齐木德的巴达玛》《巴达仍贵查干》等歌曲。这些歌曲中，有的是

在中华人民共和国成立60周年大型文艺汇演中，涌现出很多年轻的科尔沁民歌歌手

民歌大奖赛上的小选手

2021年，科右前旗第三届科尔沁民歌培训班合影

当地流传的民歌集

在札萨克图形成的民歌，有的是在札萨克图广泛传唱的歌曲。桑如布曾在今科右前旗归流河镇巴达仍贵嘎查和满都呼嘎查居住过。在中华人民共和国成立之前，为纪念桑如布，这两个嘎查曾被叫作北桑如布和南桑如布。桑如布从小无父无母，以在札萨克图旗阿格纳尔努图克毛哈拉家唱歌为生，后被札萨克图王爷相中，成为王府歌手。在一次婚宴上，他所唱的歌曲内容与当时的气氛不相称，王爷动怒，一气之下将其投入狱中。在狱中，他通过别人介绍与哈士伦相识，后被哈士伦从狱中救出，二人成为民歌搜集路上的朋友。

科尔沁民歌的伴奏乐器有马头琴和四胡。马头琴是蒙古族独有的乐器。因琴顶端雕刻马头而得名。四胡的蒙古语为"胡日""胡奇"，是好来宝、乌力格尔伴奏的特色乐器。

科尔沁民歌形态留存较远，歌曲曲调优美、节奏舒展、调式丰富，具有草原般的宽广气息，表达方式自然淳朴简洁，文化内涵丰富，真实反映了人民的心声。科尔沁民歌在情感表达上朴素大方，含蓄内敛，内在情感丰富，并且将强烈的抒情性和深刻的哲理性巧妙结合在一起，给人以情感上的愉悦和人生的启迪。

科尔沁民歌就其内容而言，可分为叙事民歌、抒情民歌两大类。这些民歌从不同的角度反映了蒙古族豪迈奔放、勇敢顽强、热爱生活、热爱草原的性格，具有鲜明的民族风格和完美的艺术特色，具有很高的文化价值，是一份珍贵的文化遗产。

2011年，科尔沁民歌经内蒙古自治区人民政府（内政发〔2011〕97号）批准，被列入内蒙古自治区第三批非物质文化遗产保护名录。

科尔沁长调民歌

乌兰毛都苏木勿布林嘎查牧民白音都冷曾获得科尔沁民歌演唱金奖

蒙古族长调是蒙古族多种音乐形式中最具代表性的音乐品种。蒙古族长调民歌于2005年被正式确定为人类口头非物质文化遗产。科尔沁长调民歌（乌日图音道）的产生和发展与广阔无垠的大漠草原、逐水草而居的游牧生活紧密相连。科尔沁右翼前旗流行的长调民歌保留了科尔沁民歌最原始的韵味与特点。

悠长、舒缓是科尔沁长调的主要特点，其句式呈大波浪的起伏，句中、句尾的拖腔更是发挥了旋律的丰富表现力。长调民歌主要是运用乐汇的贯穿发展或者乐句的派生引申等手法来延展旋律。乐句的长短不拘一格，差异很大，常常插入或长或短的衬词拖腔。但长调民歌并非散漫无边、毫无章法，而是有自己的规律和内在的分寸感。它追求的是气势连贯和前后呼应，讲究更深层次的结构平衡。一般来说，典型结构是由两个长大乐句构成的单乐段，每个乐段有四次起落，每个分句的旋律线大都呈一次起伏的波浪形。较复杂的结构均是在这一基础上的扩充。由于一个乐段只能唱两句歌词，而反复一次才能完成一个四句歌词的完整诗节，因此从整体上看，长调民歌的旋律是一种乐段的重复结构。

科尔沁长调民歌在特殊的地域文化背景下，形成了多样、包容的音乐风格。在演唱方面，

民歌比赛

自治区级科尔沁长调民歌传承人乌云其其格（右）传授民歌

切磋技艺

科尔沁长调民歌传承人白音都冷与国家级蒙古族拉弦乐器制作技艺传承人哈达在展厅内排练

科尔沁长调民歌分为高腔唱法、颤音唱法、甩音唱法。在结构方面，科尔沁长调民歌可分为小型长调、中型长调、大型长调，三者具有不同的结构。在艺术特色方面，科尔沁地区蒙古族长调民歌不但与说书和其他音乐相结合，而且吸取其他地区长调民歌的精华，形成多样化的艺术风格。

长调民歌以其独特的风格和特点反映了蒙古族的生活，赞美辽阔的草原、山川、河流，歌颂亲情、爱情、友情。它音域高亢，节奏舒缓，曲调悠长，热情奔放，散发出强烈的辽阔苍茫的草原气息，形成了独具特色的音乐文化。

在科尔沁长调民歌艺苑中，科尔沁右翼前旗传承下来的札萨克图长调民歌在音乐表现方面存在不同于其他科尔沁地区音乐的独特风格。可以说，札萨克图长调民歌留存曲目、音乐形态及风格特征是当地人民在悠久的历史变迁中与其他文化交融的产物。因为在历史的长河中，喀尔喀部、乌珠穆沁部到科尔沁右翼前旗生活，在原有的长调民歌基础上，诞生了融多元化于一体的长调民歌，并传承至今。所以说札萨克图长调民歌吸取了喀尔喀、乌珠穆沁和呼伦贝尔长调民歌的精华，给科尔沁地区长调民歌增添了瑰丽色彩。

札萨克图长调民歌留存曲

目有《吉古日散丹》《富饶辽阔的金色世界》《浩瀚的大海》《苍天般的》《春之苦》《春天的鸿雁》《云青马》《西河的水哟》《哈拉哈老吉冈》《西边的杭盖》《八大洲》等。

科尔沁草原曾经是蒙古族文化的富集区，同时也是历史上长调民歌流行的地区之一。但是近百十年来，科尔沁地区长调民歌独特的演唱方式濒临失传，整体传唱情况呈现低落的态势。长调民歌具有"口传身授"的特点，传承人的逝世有可能导致长调民歌传承链条的断裂，进而危及长调民歌的保护与发展。因此，需要我们深入牧区实地调查，寻找和保护科尔沁地区蒙古族长调民歌的传承人，调动民间艺人保护、传承科尔沁地区蒙古族长调民歌的积极性。同时，培养专门人才，建立民族音乐队伍，坚持继承和发展民族艺术，大力弘扬和保护科尔沁地区蒙古族长调民歌这一民族音乐的瑰宝，从而使这种具有中华民族民歌体裁的优秀文化艺术得以源远流长。

2015年，蒙古族长调民歌即科尔沁长调民歌经内蒙古自治区人民政府（内政发〔2015〕310号）批准，被列入内蒙古自治区第五批非物质文化遗产保护名录。

民间文学

札萨克图传说故事

有关札萨克图传说故事的图书

传说、神话和民间故事是民间文学中的重要题材，是以口头语言为载体的一种特殊文学，是劳动人民创作并口口相传的具有虚构内容的口头文学作品。千百年来，札萨克图草原上代代传承着富有地域特色的民间文学，内容丰富，题材多样。札萨克图传说故事包括神话传说、山水传说、民间故事、谚语、谜语、祝赞词、民歌、乌力格尔、好来宝、史诗等。神话传说是幻想性口头散文作品，它产生的基础是远古时代生产力水平低下和人们为争取生存、提高生产能力而产生的认识自然、支配自然的积极要求，内容包括神、仙、鬼、怪，以及历史上的名人。

《洮儿河和归流河传说》中的插图　　　　《神马救主》故事插图

传奇故事的主角大部分是侠客、清官等为老百姓所关注的人物。民间故事，即生活故事，都是小人物的故事。这些故事在老百姓中广为流传，其中有爱情故事、哲理故事等等。

在科右前旗流传的民间文学有《宝格达山传说》《索伦山十三台扎拉嘎传说》《归流河和洮儿河传说》《哈日雅玛图山传说》《辉勒合山传说》《巴音居日合山传说》《哈日乌和日图山传说》《道兰哈宾达坝和敖伦敖包图达坝传说》等札萨克图山水传说及山水名称的由来。如《索伦山十三台扎拉嘎传说》以康熙皇帝北巡，由索伦山进索岳尔济宝格达山时走过的山山水水，讲述了沿途的哈日根台扎拉嘎、图布台扎拉嘎、浩特台扎拉嘎、吉日嘎斯台扎拉嘎、草根台扎拉嘎、胡斯台扎拉嘎、呼础台扎拉嘎、乌木格西台扎拉嘎、吉布根台扎拉嘎、扎木格台扎拉嘎、努很台扎拉嘎、高台扎拉嘎、道格楞台扎拉嘎等13道山沟的风格和名称的由来。这些传说故事通常涉及特定的历史人物、事件、地点和时间，通过夸张、虚构、幻想等手段，创造曲折离奇、峰回路转的情节，具有浓郁的地方语言特征和乡土气息。

《狂人嘎日玛传说》《说唱艺人陶都那森》《硬汉都固日扎布》《智勇双全的阿敏乌日图老总》《能言善辩的玛日扎扎兰》《搏克手朗布仁钦》等故事，从生活本身出发，但并不局限于现实以及人们认为真实的和合理范围之内，表现了人们的良好愿望。

《神马救主》《巴依娜》《追宝》《长两个犄角的女人》《高粱种的故事》等神话故事，歌颂了人世间的真、善、美，揭露了假、恶、丑，表达了人们对美好社会生活的理想与追求，对于人与人之间真诚、友善、关爱的渴望与向往。

在民间广为流传的《巴拉根仓的故事》《巧捉盗羊贼》《吝啬的巴音》《调皮的小班弟》《巧计娶亲》等很多生活故事，涉及生活的方方面面，人物在品格，行为等方面的主要特征是共同的。如巧媳妇型、呆女婿型、机智人物型等，赞美正直、勤劳、善良、智慧的人；批评懒惰、自私、愚蠢的人；讽刺剥削者和压迫者，充分表现了劳动人民的机智和乐观主义精神。

民间寓言则是以动物为主人公的拟人化故事，这类故事有的借动物之间的纠葛表现某种社会现象、人与人的关系，有的着重解释动物的习性，也有的寄寓着比较明显的教育意义。如《神马救主》的故事，讲述了貌美如花的草原牧人家的姑娘，被一个豪横的王爷抢走，她饲养的白马不顾一切把她从王爷的手中救出后，因疲惫至极而死去。白马死后变成一只火鸽子将王爷烧死。

这些生活故事一般比较短小，人物性格单纯，风格较为朴实、明快，以朴素的语言、简单的情节和启迪的形式讲述人与人之间的关系，体现了劳动人民对社会生活和爱恨情仇的认知，以及对真善美的追求和美好生活的愿望，具有朴实无华的特点。

2022年，札萨克图传说故事经内蒙古自治区人民政府（内政发〔2022〕37号）批准，被列入内蒙古自治区第一批非物质文化遗产保护名录。

民 俗

满族文化（满族婚礼）

满族婚礼是居住在科右前旗满族屯满族乡地区人民的民俗遗产。当地满族在长期发展过程中与蒙古族相互结姻，繁衍生息，形成了集满族、蒙古族特色于一体的独特婚礼习俗。这种独特的婚俗流传至今，是宝贵的文化遗产，已有300多年的历史。

满族婚礼包括24个程序：

一、提亲

男方前去女方家提亲。一般是男方的父亲去女方家提亲，如果父亲故去、患病或者年老行动不便，便由男方的伯父、叔父或者长兄代替前往。在征得女方父母同意后，再征求姑娘的意愿，并明确双方的属相与年龄是否相冲相合。如果姑娘的父母相中了男子，姑娘也愿意，姑娘的父亲就说："骏马的小驹，良家的后代，多次求婚被尊重，求婚者少被人贬。虽说让求婚者青马变瘦，虽说喝干求婚者的囊酒，但姑娘不可在家度一生。"然后女方的父母接受对方的哈达酒，商定订婚的日期。

二、定亲

男方去女方家献哈达，但是不直接去女方家，而是在女方家不远的地方支起蒙古包，架起锅，在那里吃住。次日到女方家拜佛献哈达，向女方父母敬酒，定下一生金缘。

三、商定聘礼

男方委派长者或者威望较高的人做首席联系人，去女方家商量送聘礼的有关事宜。满族的习俗是无论儿子娶媳妇，还是女儿出嫁，不把礼金礼物看得很重，而是重视男女双方的生活是否幸福、美满。所以女方只向男方索要女儿生产生活用品，诸如乘马、乳牛、羊、衣服、毡子、耳坠、手镯、戒指等物品。女方父母认为女儿是家庭成员，享有得到家产的权利，所以陪送一些牛羊。

四、交聘礼账单

女方家要准备一桌宴席。席间，男方把详细的聘礼清单交给女方。主要是坐骑、乳牛、小畜、羔羊皮衣、单衣、夹衣、五色簪子等首饰，同时确定举行婚礼的日期。

提亲

五、迎请

双方需要商定送姑娘的人数和车辆、坐骑的数量，以及送姑娘的亲友是住宿还是当日返程等事宜，以便男方事先做好准备。

六、磕头宴

女方亲属聚齐之后，女婿及随从人员向女方亲属敬烟敬酒并磕头行礼。

七、请安礼

男方委托威望较高、能说会道的2个或者4个人向女方的父母请安。女方看到男方请安的亲友后，当即摆酒宴，拿出美酒，请男方请安人入席。请安人迈进女方的门槛，并唱道："为幸福的联姻向您请安，代表你的贤婿特来请安。"女方的首席亲家也唱道："前来的客人平安吧，远路来的亲家没疲劳吧！愿联姻情深意长，愿结对的夫妻幸福美满。"然后向前来请安者敬酒。

八、野外迎亲

迎亲方不能直接进入姑娘家，要在姑娘家附近的草甸子上支起蒙古包，架起锅灶，歇息。之后再去女方家请安，女方父母接待之后，还会到蒙古包过夜。

九、确定出行方向

在太阳刚刚升起时，女婿乘骑骏马，背着弓箭来到女方家。新郎背着弓箭与新娘坐上棚子车。此时安放法轮，点燃香，将法轮按顺时针方向转三下。新郎举起弓箭，向蹬下射箭，并下马踩在剑落之处。然后新郎新娘两个人面对面跪坐，新郎用火镰点烟。此时女方派出专抢火镰的人来，测试

野外迎亲

野外迎亲礼

如同照亮四方的日月	在此迎接贵宾
让大家和睦的贤达贵宾们	首席首要的亲家
带着掌上明珠般的姑娘	跟随亲家的尊贵夫人
跋山涉水向寒舍靠近	我们向你们请安了
我们点燃炊烟	不顾寒风凛冽
让飘渺的炊烟飞向高空	把心肝儿宝贝姑娘陪送
遵循前人的教诲	请你们烤火御寒
方桌摆满大羊手扒肉和佳酿	用圣泉阿尔山煮奶茶
从十里之外迎接尊贵的客人	用饮食之王美酒佳肴
向择取黄道吉日	用动人心弦的歌声
顺利送亲而来的亲家们	迎接尊贵的客人
在宽阔的草甸上架起蒙古包	未来的一切吉祥与幸福
我们点燃炊烟	全靠前世定下的姻缘
让缭绕的炊烟升上天空	为了前程更加美满幸福
遵循祖先的规章	为了平安吉祥
用洁白的哈达	请大家举杯吧，一饮而尽
用甘醇的美酒佳肴	

新郎是否是好汉。新郎点烟，抽一口之后交给新娘，新娘接过烟之后抽一口，然后新郎和新娘一同启程奔向吉利的方向。

十、向火神爷磕头

女婿向女方火神爷磕头之后，女方给女婿及其随从吃肉汤饭。饭后女婿及其随从回到女方家附近支起蒙古包过夜。

十一、装扮新郎

新郎新娘开辟出路线回来之后，女方摆宴席招待男方的客人。女方给女婿赏全鞍马，然后铺上崭新的毡子，毡子上用小米做印记，让女婿及其随从坐下，新娘的嫂子及其同辈的妇女给女婿穿上华美的新衣服。期间，女方家的妹妹抢夺新郎的靴子，如果新郎的靴子被夺走，新郎及其随从要向女方的嫂子或者妹妹敬酒、献哈达或者献歌求回靴子。在此环节要摆上全羊宴。陪酒人动第一刀之后，新郎取出沙哈并放入靴子里。这时，女方派4个机灵的女孩与女婿争夺沙哈，以考验女婿的机智和力气。如果沙哈被女孩们夺走，女婿随从里善变者则说："你们的姐夫如果得到沙哈，会有儿子的，小姨子们抢走了沙哈，只会有女儿。"这样新娘的妹妹会把沙哈塞入新郎的靴子里，使新郎走路疼痛难忍。接下来，让女婿解羊脖子，再一次考验新郎的智慧与才干。如果女婿解不开，女方就会嘲讽："羊脖子的六个关节找不到，六十以内的书目查不清。"为了折腾女婿，有人在羊脖子里插入木棍子以增加解开的难度。

十二、新娘启程

女婿前往女方家迎亲

送亲

装扮新郎

待新郎打扮完毕，女方主持人宣布："落雨有晴时，来的客人返回，新娘启程时辰已到。"新郎则乘上骏马，新娘坐在棚子车出发。新娘启程的时间一般定在午时，未时到达男方家，表示平安吉祥。女主持还要致辞，然后给每个人敬两杯上马酒，人们接过上马酒敬天敬地，余下的酒洒在马鬃和车辕子上，让马和车辆也分享此刻的快乐。

确定新娘启程的时间、方向等事宜

拜灶神

新郎家人及亲戚朋友出门迎接新娘

十三、迎新娘宴

新娘出发后，事先到家的新郎及其随从和迎亲人在路旁支起蒙古包，拿出全羊招待新娘家人，并向他们敬献哈达，问候一路劳顿。

十四、辞令辩论

新娘被迎接到男方家，新娘向火神磕头行礼后，送新娘的善辩者站在门口与男方的家人争辩论道，对诗词、赛诗歌，把婚礼的喜庆气氛推向高潮。

十五、拜灶神

新媳妇踩着事先铺好的洁白毡子下车进婆家门，新郎新娘拜天地，新娘拜灶神，以示已经成为这家媳妇，并祝福婆家生活美满。

十六、认新媳妇

新郎新娘给火神磕头后，由新媳妇的首席亲家领着新娘给其公公、婆婆、哥嫂及亲属磕头相认，以示将新娘托付给男方父母。新娘把娘家备好的绣花靴及衣服敬献给婆家人作为认亲礼物，公公、婆婆及长辈赏给新娘带犊牛、乳牛、母羊等。

十七、主宴

宴请送姑娘的诺彦乌日嘎（首席姥爷亲家）全体人员和留宿人员。宴席最隆重、热烈。每桌上有全羊手扒肉，主婚人主持，每桌均安排陪酒人，歌手献歌，新郎新娘向每桌客人敬酒。

十八、宝力嘎宴

为接待送新娘的嫂子而安排的宴席。席间，新郎及随从向嫂子们敬酒、献歌。嫂子们说各种笑话、谜语，考验新郎的智慧。

十九、认奈吉父母宴

请来子女双全、家庭齐整并信誉良好的长辈，让新娘拜他们为奈吉父母，即干爹干妈、梳头爹娘，期望奈吉父母像亲爹亲妈一样疼爱和教诲新娘。

《满族婚礼》摄制组

二十、新郎新娘饮酒宴

专为新郎新娘准备的饮酒宴。宴席上，用红线把沙哈和羊前肢骨连在一起，让他们对饮喜酒，祝愿他们永生不分离，白头偕老，并吃长寿面。

二十一、铺被褥

新郎新娘入洞房，奈吉母亲给新娘解衣扣，让新郎新娘入洞房。

二十二、点灶火

次日清晨，新娘首先点燃婆家灶火。在新媳妇点炉灶之前，奈吉母亲用长把的簪子分梳新娘头发，意味着新娘从此成为媳妇，并把头发编成两条辫子，插上五色簪子，头戴闪闪发光的额箍，耳戴金银耳环和耳坠子，身穿金丝绒镶边的长袍和带有波浪纹的坎肩，脚穿绣花大绒靴子，手戴银镯子和戒指。然后新娘点燃婆家灶火，以祈求婆家运气如灶火，平安幸福。

二十三、加深亲情宴

为了加深与女方父母的感情，男方备丰盛的宴席，致酒辞，祝亲家一切吉祥美好。

二十四、敬送行酒

送亲人启程时，男方铺洁白的毡子，敬酒送行，祝福他们一路顺风。

在姑娘出嫁后的半个月，娘家人前去探望，探望时以羊作为主要礼物。男方备酒席，招待前来探望的女方亲戚。其规格不亚于结婚时的盛宴。探望过后，新娘随同亲人回娘家。为答谢母亲的养育之恩，新娘要带一些羊回去。

2007年，满族文化（满族婚礼）经内蒙古自治区人民政府（内政发〔2007〕57号）批准，被列入内蒙古自治区第一批非物质文化遗产保护名录。

札萨克图婚礼

札萨克图婚礼包含蒙古族婚俗、满族婚俗，具有丰富的地域文化内涵。在整个嫁娶过程中，各种程序、礼仪环环相扣，形成了独具特色的札萨克图婚俗，大致有24个程序。

一、提亲

通常是由男方提亲，男方父母先对女方进行全面了解，如果各方面相当，便从亲属或乡邻中选一位年长的全人（即夫妻、儿女俱全的）且能说会道的人做媒。选定吉日动身时，男方家备上烟酒等礼物，到女方家后，向女方家长献上哈达和酒。提亲也叫作惦姑娘或问姑娘。

二、哈达嘎宴（定亲仪式）

男方得到女方认可后，由男方出资在女方家办定亲仪式，叫"哈达根阿日和"，俗称换盅酒。男方的媒人和家长准备酒及其他礼物，送到女方家。女方请来亲属朋友，确定双方联姻关系。

定亲仪式后，通过媒人商定聘礼。聘礼通常是10、12、14等偶数的大小畜，后来还出现五畜、九九八十一个礼物。

哈达嘎宴

送聘礼

三、送聘礼

按照哈达嘎宴上商定的结果，男方准备好彩礼后，由说媒人和未来女婿及家长等人将彩礼交给女方。同时，男方表达迎娶之意。通常在办完哈达嘎宴的第二年举办婚事。

四、定日子（送婚贴）

结婚日子由男方请喇嘛或风水师定迎娶之期，然后给女方送婚贴或直接派人告知，商定婚宴上所用的肉、酒等事宜。

五、送熟斯（送馔）

确定结婚日期之后，男方按照商定的内容提前一两天向女方送去婚宴用的酒、羊等。

六、新郎启程（接亲）

亦称"撒达格茂日德胡"，在结婚日的前一天，男方启程到女方家。男方从长辈中选出一位德高望重的人当图如胡达（接亲的首席亲家），还有能说会道的祝颂者、伴郎和与新郎同辈的能说会唱的歌手等若干人（必须是奇数）组成迎亲队伍。伴郎必须是比新郎年纪小的人，协助新郎直到婚礼所有

出阁宴　　　　　　　　　　　　　　报母乳恩

程序结束。接亲队伍启程时，新郎穿上蓝色的蒙古袍，系上橙色或黄色腰带，头戴瓴帽，佩带撒袋（箭囊）、火镰和烟袋等。新郎乘骑的马具全部更新。每个成员都要穿上盛装，用五彩绸带装饰马鬃马尾，待把人马装饰一番后，接亲队伍在祝福声中向女方家启程。

七、出阁宴（女方喜宴）

主婚日的前一天（若距男方家较远还可提前），女方设办喜宴，招待亲朋好友，同时迎接、招待迎亲队伍。来宾都要带礼品或许诺给牛、羊来祝贺新人。女方喜宴日与迎亲队还有很多规矩和礼数。

八、阻撒袋

迎亲队伍到达女方门口时，女方的祝颂人等若干人出来堵住门口，隔着门与迎亲队伍相互问答，阻拦新郎和迎亲人。双方说唱者各自代表一方，用诙谐、幽默的语言或诗词进行问答，对口抢白，设法捉弄对方。

九、报答母乳恩

报答母乳恩意在回报女方父母亲的养育之恩，是婚礼重要的礼节之一。因此，男方特别重视这个程序，把对女方父母的感激之情全部倾注在其中。对于怀胎十月，用初乳喂养的母亲的恩德，对于给予此身，用吉祥的山荆树来做摇篮，为女儿付出心血的父亲的养育之恩，给他们金山银山都难以报答，因此所说的报恩实际上就是为了慰藉为女儿出嫁而难舍的父母。男方为新娘父母准备的礼物通常是带犊的乳牛或带羊羔的母羊。首先由男方的首席亲家代表新郎父母为新娘父母捧上鲜奶和哈达。鲜奶代表母亲慈祥的心，哈达代表父母亲无限而神圣的慈爱。接着按"父亲的依靠是兄长，母亲的依靠是嫂子"这个习俗，向姑娘的兄嫂献报恩礼物。

十、装扮新郎

姑娘的嫂子在地上铺毡子让新郎站在其上，给他穿上女方家精心制作的长袍，系上腰带，穿上盘花靴子。这时，新娘的弟弟、妹妹会一拥而上设法抢新郎的靴子。如果新郎不被抢且能顺利地穿上靴子，就算是机灵聪明；如果被抢了，那么小姨子小舅子逼他唱歌或设法捉弄他。新郎唱得好的话，女方弟弟、妹妹马上把靴子归还给他，否则新郎再出其他的节目。札萨克图婚礼抢新郎靴子的习俗能够活跃婚宴气氛。

十一、新郎认亲

将新郎装扮完之后，还专设酒桌，新娘在场的所有长辈按辈分顺序入席，新郎一一敬酒，叩首认亲。

十二、求名宴（问知名庚）

所谓求名，就是女方喜宴当日男方向女方的嫂子探问新娘的属相、年龄、姓名等。男方祝颂者和其他成员向姑娘的嫂子敬酒，祝颂者施展口才与她们打腔问话。可她们也非一般人物，故意捉弄男方祝颂者。这是一场斗智、取乐的环节。

十三、沙安图宴（胫骨宴）

男方由新郎、伴郎等年轻人参加。女方由出嫁的姑娘、坐沙安图宴的4位姑娘和女孩的弟弟妹妹参加。沙安图宴上，用手扒肉招待新郎，托盘里除羊胸叉、脖肉，还必须有带沙哈的胫骨肉。当新郎吃出拐子时，姑娘们争相去抢。如果新郎先掰掉，就用哈达把羊拐子包起放入靴筒，据说新郎先掰出羊拐子会早得贵子。如果姑娘们先抢到，新郎就要向姑娘们递烟、敬酒，然后唱歌或出个节目，才能要到羊拐子。在沙安图宴上，女方会让新郎折寰骨看手劲，如果新郎折不断，就会被人们取笑。

十四、送亲

等到送姑娘的时辰一到，娘家首席亲家母、坐沙安图宴的姑娘们或嫂子们与新娘同坐一车。送亲队出发时，还有招福环节。同时，唱起《河滩上的柳树》《理想的枣骝马》等歌。这时由男方的迎亲队伍领路。

女方将内放被褥、服装、靴子等嫁妆的箱子或柜子放在车上。

新郎认亲

求名宴

沙安图宴

送亲

十五、转撒袋、抢帽

送亲队伍快到新郎家的时候，新郎与迎亲队提前回家，换乘新马，挎上弓箭，由右侧绕行新娘的芳车一周，叫作转撒袋。这时，送亲队伍中的年轻人策马前来抢新郎的帽子。如果帽子被抢，新郎就得下马跪着敬献哈达，说好话将其索回。

十六、野迎宴和家迎宴

当送亲车队到达新郎家附近时，男方已在野外扎营准备迎接送亲队和新娘，拿出酒、熟肉、奶食品、炒米等招待他们，这一程序叫野宴。如两家比较近，可免去野迎宴。

野外迎亲

送亲队伍到达新郎家门口时，迎亲人上前接下送亲者的车马，把马拴到马桩上。男方找与新娘相生（不犯属相）的妇女或主婚母，把新娘接到白毡上，让新娘品尝牛奶或黄油，这一环节叫"家迎宴"。

十七、门槛上的论辩

新娘在婆家嫂子们的簇拥下走到婆家门口时，女方嫂子们抛荷包，男方想探试女方说唱者的智慧而故意阻拦，于是双方的说唱者站在门口争辩论道，对诗对歌，互相取乐。这叫门槛上的辩论。女方的祝颂者将婚礼气氛引向高潮。

门前辩论

十八、新娘拜火、认磕头爹娘

男方在乡亲中挑选出与新娘不犯属相的夫妻健在、儿女双全且家风良好的夫妻作新娘的磕头爹娘。其意在婆家这边也好有个疼爱照顾姑娘的人，也叫分发娘。分发娘领着

新娘拜火

新娘拜婆家火神，以求婆家薪火旺盛。之后从新郎腰间佩带的装饰中抽出象牙筷子，来给新娘分发，梳头（五簪头）。接着给新娘戴上头饰，换妇女装。

十九、婚礼

主婚日，男方首先招待娘家客人。先设茶宴，上奶制品、油炸馃子、炒米等，然后摆酒宴，上手扒肉。前来祝贺的客人们欢聚一堂为新郎新娘致以美好的祝愿，男方歌手还献上祝酒歌和喜宴歌。

二十、认婆家亲

新娘换装完毕，另设一桌，男方的长辈们围坐一起，等新娘来认亲。新娘到桌前，行叩拜

新娘认婆家亲

托付姑娘

礼，并向公公、婆婆敬献亲手缝制的靴子等，然后依次向其他长辈献靴鞋等亲手缝制的礼物，给远亲也要备烟荷包等礼物。接受新娘礼物的长辈祝福一对新人，并回赠礼物或者牛羊等。

二十一、托付姑娘

认亲仪式后，女方的首席亲家母将新娘托付给新郎的父母，希望新郎的父母视如己出，疼爱调教。托付者还嘱咐新娘要孝敬公婆，爱护兄弟姐妹，与婆家亲属和睦相处。

二十二、上马酒

送亲的人退席后，男方酒席官给女方的客人敬饯行酒。女方首席亲家一只脚蹬马镫，一只脚站在地上，接过两碗斟满的上马酒后一饮而尽，将杯子往上一掷后上马，送亲队伍启程。歌手们唱送行的酒歌送一程。送亲队伍返回时，娘家长辈中留下一位年长的女人与姑娘做伴。札萨克图旗努图克人也会在婚礼晚上让新郎新娘祭祖，以告慰祖辈家里添了新人。

二十三、引入洞房

婆家嫂子引一对新人入婚房，让新郎新娘吃上热腾腾的晚饭，饭后由分头娘为新人铺被褥。

二十四、探望（回看）姑娘

成婚的第三天，娘家的亲属带上礼物前来看望姑娘，这叫作"义很额格乐特"，也称作暖女。新郎家设宴隆重招待前来探望新娘的客人。酒宴在宴歌和祝颂中达到高潮。探望礼节之后，姑娘方可和新郎回门。

2017年，札萨克图婚礼经内蒙古自治区人民政府（内政发〔2017〕57号）批准，被列入内蒙古自治区第一批非物质文化遗产保护名录。

引入洞房

盟级非物质文化遗产名录

传统体育

蒙古族搏克

"搏克",意为摔跤,是蒙古族十分喜爱的一项传统体育运动,也是那达慕上必不可少的比赛项目。搏克有独特的服装、规则和方法,因此也叫作蒙古式摔跤。比赛时,摔跤手要身着坎肩式摔跤服昭德格。昭德格多用香牛皮或鹿皮、驼皮制作,上有用铜或银制作的镶包,亦称泡钉。昭德格前襟饰有精美的图案,有龙形、鸟形、花蔓形、怪兽形,给人以古朴庄重之感。摔跤手的套裤是用十五六尺长的白绸子做成,肥大多褶,裤套膝盖处绣有别致的图案,呈孔雀羽形、火形、吉祥图形或摔跤手现籍的文字,底色鲜艳。摔跤手足蹬马靴,腰缠宽皮带。著名的摔跤手脖子上缀有各色彩条,即江嘎,这是摔跤手曾经获奖的标志。

依照传统习俗,搏克比赛分男女搏克,有传统规则。参赛人数采用双数成倍增加的方法,如2、4、8、16、32、64、128、256、512、1024等。比赛前先推一位长者为裁判组组长,将参赛运动员分为两组,然后抽签。当召唤搏克上场的"搏克恩塔力巴(摔跤吧)!力大无比的健将们"的乌日雅赞歌响起,摔跤手挥舞双臂、跳着鹰步舞入场。这是赛前的预热动作,也是壮声威之举。舞毕,摔跤手向主席台行礼,在摔跤场地顺时针旋转一圈后,由裁判员发令,比赛双方握手致意之后便开始交锋。比赛者不分体重大小,不受时间和场地限制,均采用淘汰赛,一跤定胜负。抽到单数的与对应单数的摔跤手交手,双数的与双数的摔跤手交手。如此摔下去便是第一轮。一轮结束后,把头一轮获胜的摔跤手再分成两组,直到决出冠亚军为止。

蒙古式摔跤——搏克

搏克手的风采

搏克的技巧很多,有"大招三十六,小招如牛毛"之说。摔跤手通常用捉、拉、扯、推、压等13个基本技巧演变出100多个动作。可互捉对方肩膀,可互相搂腰,还可以钻入对方的腋下进攻,可抓摔跤衣、腰带、裤带等。蒙古族摔跤的最大特点是不许抱腿、不准打脸、不准突然从后背把人拉倒;用脚的招数时,脚部不许超过对方臀部;不准触及眼睛和耳朵;不许拉头发、踢肚子或膝部以上的任何部位。判定胜负的标准各地不一,通常以选手

巾帼风采

那达慕开幕式上的搏克手

江嘎

较量

膝盖以上部位着地为负。

比赛后，一般给予前六名或前八名丰厚的奖赏和荣誉称号。在盟级那达慕摔跤比赛中夺冠，被称为"阿尔斯兰"，意为狮子；在旗级那达慕上夺冠，被称为"扎那"，意为大象；在苏木级那达慕上夺冠，则被称为"那钦"，意为大鹰。蝉联冠军的被称为"阿布日古"（力大无比），他们的名字享誉草原，成为草原牧民的美谈。

2015年，蒙古族搏克经兴安盟行政公署（兴署字〔2015〕40号）批准，被列入兴安盟第四批非物质文化遗产保护名录。

草原上的搏克手

蒙古象棋

博弈

蒙古象棋，蒙古语为"喜塔尔"，已有3500多年的悠久历史。蒙古象棋是世界上古老的智力游戏之一，是我国北方游牧民族的重要文化遗产，是蒙古族在长期的游牧生活中流行的棋种。乌兰毛都草原那达慕大会将蒙古象棋列为正式比赛项目，吸引省内外、国内外棋手前来竞技。

关于蒙古象棋的传说故事较多，历代棋手通常都是口授相传，很少看到相关的棋谱记录。内蒙古有许多蒙古象棋爱好者，各地棋子形状不同，走法也各有特点。2017年12月，在呼和浩特市召开蒙古喜塔尔国际研讨会中，各盟市代表经过研究讨论发表意见，统一了蒙古象棋的竞赛规则。

蒙古象棋是蒙古族的休闲益智棋类活动，是草原文化的瑰宝，是世界上最古老的博弈游戏之一。

蒙古象棋有独特的魅力，在内蒙古每年都进行各类比赛，形成了该地区特有的棋类项目，深受群众喜爱。一般来说，蒙古象棋有2种类型，一种是8×8格形式，另一种是10×10格形式，后者很少有人知道。现在流行的都是8×8格形式的蒙古象棋，棋盘是由颜色深浅交替排列的64个小方格组成的正方形，浅色的叫白格，深色的叫黑格，棋子也分为黑白两色。双方各有一王、一后、双车、双象、双马、八个兵，共32个棋子。蒙古象棋把王制成草原王爷的模样，后制成狮子的模样，车制成骆驼拉勒勒车的样子，马制成骏马的样子，象制成骆驼的模样，兵制成猎狗的样子，棋子形象生动，体现了草原游牧民族的生活特色。

据资料记载，现代蒙古象棋的走法早在14世纪末就已经定型，这比现代国际象棋的走法定型要早100多年。在成吉思汗西征后的13世纪30年代，蒙古象棋就先于欧洲而传到草原，起初蒙古象棋主要在蒙古贵族和寺院喇嘛中盛行，普通老百姓接触蒙古象棋的机会较少。当时由于军队训练和休闲娱乐的需要，在军中流传开来，逐渐被多数人学会并掌握，后逐步在民间流传。

蒙古象棋的棋子在格子上移动，每个玩家的右下角为白格。8条竖格分别用小写字母a、b、c、d、e、f、g、h表示。8条横格分别用数字1、2、3、4、5、6、7、8表示（如图1）。

每个格子的坐标都可以用字母+数字的形式来标识。

具体棋子放置如下图所示（如图2）。

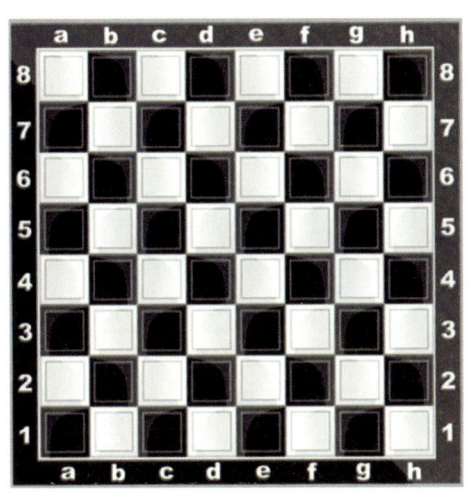

图1　　　　　　　　　　　　图2

为记录研究方便，棋子记录如下：

车在蒙古象棋中被称为"杭盖"，车标识为字母R；马被称为"毛日"，马标识为字母N；象被称为"特莫"，象标识字母为B；王后被称为"博尔斯"，王后的标识字母为Q；王被称为"诺彦"，王的标识字母为K。

棋子表示如下：　　　　　　符号表示：

车：R　　　　　　　　　　+：将军

马：N　　　　　　　　　　#：绝杀

象：B　　　　　　　　　　?：坏招

后：Q　　　　　　　　　　!：好棋

王：K

学习蒙古象棋需要记谱和读谱，通过记录比赛进行复盘研究，总结经验，学会记谱打谱，使个人棋艺得到提高。

蒙古象棋的棋子价值决定于它的活动范围与控制的格数，格数控制得越多，棋子的价值就越大。棋手在蒙古象棋对局中了解棋子的子力价值，能够体现棋手的大局观。如王后占据中心格位，控制27个方格，活动范围大，控制的格数最多，因此它是全盘中实力价值最大的棋子。车控制14个方格，实力价值仅次于后，它的威力大体上是后的一半。马在中心格中控制8个方格，实力价值比车要小。象在中心格控制13个方格，比马控制的格子多，但是它有格色的限制，只能控制同色格的方格，实力大为削弱，大体上与马相当。兵最多控制2个格子，它的实力价值最小……在特定局面下，有时兵的价值可能比车的价值还要大，因此，棋子的实力价值是由它在局面中所处的位置决定，数字只是一个参考。

棋手在对局中不断分析推敲棋子的实力价值，控制棋局的变化，从而掌握主动性。

蒙古象棋的对局目的是通过一系列战术组合将死或者困死对方的王，取得胜利。比赛规则规定：当一方的王受到对方棋子的攻击时，称为王被照将；攻击王的棋子，被称为对王的将军。这时被将军的一方必须立即应将，如果无法避开照将，王就被将死（如图3）。

如图3白方走，黑王正被白方后将军的状态，黑方不应将，黑方就被将死，黑方应将有3

种方法。一是吃子解将，Ba5象吃后解将；二是垫将，Rc7垫车；三是避将，Kc8王移开。

将军有多种形式，例如双将、抽将、闪将、长将等。

蒙古象棋对局过程中，一方的王被将军时，如果无法避开，即被将死（如图4）。图4中，白方胜。

图3

图4

在规定的时间内没有走完应走的棋，即为输棋，叫作超时判负。在规定时间内没有参加比赛，叫作迟到判负。在对局中主动认负，应判为输棋。在对局中违反规则的，应判为输棋。根据比赛规则，将死对方王的一方为胜。双方都将不死对方，为和棋。不能出现回棋和换棋等现象。

下棋双方必须讲究信用。"没守信用，不成方圆"是蒙古象棋手必须遵循的一项重要原则和规矩。

蒙古象棋是集科学性、艺术性和竞技性于一体的智力体育项目，有助于开发智力，培养逻辑思维和抽象思维，教会我们如何解决问题，怎么提前计划，以及磨炼耐心和精确管理时间。通过弈棋，可以提高人的注意力、记忆力，增强自制力、洞察力、判断力、忍耐力。蒙古象棋有助于丰富人们的文化生活，陶冶高尚情操，培养年轻人顽强勇敢、坚毅沉着等优秀品质。

2010年，蒙古象棋经兴安盟行政公署（兴署字〔2010〕79号）批准，被列入兴安盟第二批非物质文化遗产保护名录。

传统舞蹈

满族太平鼓舞

扇篝火

太平鼓舞是满族代表性的舞种之一。

太平鼓舞以击鼓声为伴奏,于舞耍中形成各种优美的姿态,舞步以进退行走为主,在相互交错中构成各种画面。此舞在科右前旗地区较为流行,尤以农区和半农半牧区为最多,这与清代满族同胞先后从东北、河北和京津等地迁入科右前旗地区不无关系。

关于满族太平鼓舞的起源,科右前旗地区流传着几种说法:一说是由八旗军出征助阵、欢庆胜利的战鼓和满族人民为怀念阵亡将士或亲朋的祭祀活动演化而来;一说是源于农民为庆祝丰收或欢度佳节而演出的民间歌舞;一说是大约清中叶从辽宁省的阜新、朝阳一带传入科右前旗地区。清代中叶,科右前旗地区盛行藏传佛教,僧侣众多,寺庙林立。1796年,修建葛根庙及后来扩建时,曾从辽宁等地来了许多汉族、满族能工巧匠。竣工后,有的便在旗内适合耕种、游牧的地方安家落户。每逢过年,村里的男子就到街头扭秧歌,女子受封建礼仪束缚,正月初一至初五不准出门看热闹。她们不甘寂寞,就聚集在室内打太平鼓。这样,太平鼓便在科右前旗地区传开。

1987年,兴安盟群艺及志书工作者在科右前旗境内进行田野调查。据大石寨镇王桂芝(1909年生,满族)和王秀琴(1921年生,满族)回忆,每当大年到来之际,妇女们除了准备年货还要准备太平鼓,没鼓的抓紧打鼓圈、蒙鼓皮。初一开始打太平鼓,初六结束。一家打鼓,街坊邻居都来看热闹,屋里屋外挤得满满的。虽太平鼓舞技艺多为家传,但通过看热闹学艺的也不少。

满族太平鼓舞在长期的发展过程中,同人们的现实生活有着广泛联系,具有较为突出的历史、文化和科学价值,具有展现中华民族文化创造力的典型性、代表性,有着鲜明特色,在科右前旗地区活态存在,世代传承,并在当地产生重大影响。在漫长的社会生活和不断交往交流交融中,各族人民结下了深厚友谊。平时,当地满族群众喜唱科尔沁民歌、喜跳安代舞、喜拉蒙古族四胡、喜听乌力格尔和好来宝。

打太平鼓时，参加者多数坐在炕上敲鼓伴奏，两人或四人在地下边打鼓边跳舞，不断替换、轮流表演，并充分利用狭小的空间变换队形。常见队形有2人或4人交叉走单双"∞"字、并行走圆圈等。艺人手持铁条做成的直径约30厘米且鼓面蒙以驴皮的圆形单鼓，以竹制鼓键击鼓，边敲边舞。舞蹈动作简单，幅度较小。同时，鼓点支配舞蹈，打什么点，跳什么舞。其动作轻、稳、快、巧，走转要轻、稳，击鼓要快、巧。

满族太平鼓舞——斗狮子

太平鼓舞动作大多反映妇女劳动生活，经历代代传承已形成固定名称。如击鼓叩腕动作，被称为捞饭；翻鼓动作，被称为卖花、卖扇、烙饼；向下盖鼓动作，被称作扑蝴蝶；还有表现生产劳动的庄稼忙、三季忙、赶马、锯大缸等动作；还有反映礼俗、竞技、游戏方面的动作，如问安、拜鼓、踢毽子、斗狮子等。

满族太平鼓舞——一扑一扇

艺人手持太平鼓边击边舞，无其他音乐伴奏。鼓点名称依舞蹈内容命名，各鼓点均可单独演奏。锣鼓字谱中，"唰"表示抖鼓环声，"嚓"表示击鼓环声，"梆"表示出鼓环声。

跳舞时艺人均穿大襟袄、中式彩裤、围裙、便鞋，颜色不拘。

20世纪60年代后，随着老艺人的不断辞世，演出活动逐渐减少。80年代后，为丰富农牧民群众的业余文化生活，科右前旗的文化艺术工作者下乡做工作，促使满族太平鼓舞在民间的活动渐增。20世纪80年代初，演出的太

满族太平鼓舞——拜鼓

平鼓舞有弹棉花、扑蝴蝶、猪八戒看媳妇等舞蹈。代表性传承人有包海全、金良等人，他们下乡搜集、整理满族太平鼓舞，并将舞技、鼓技传承给他人。

2010年，满族太平鼓舞经兴安盟行政公署（兴署字〔2010〕79号）批准，被列入兴安盟第二批非物质文化遗产保护名录。

传统医药

传统中医（蒙医）中药（蒙药）[哈斯巴根中医（蒙医）术]

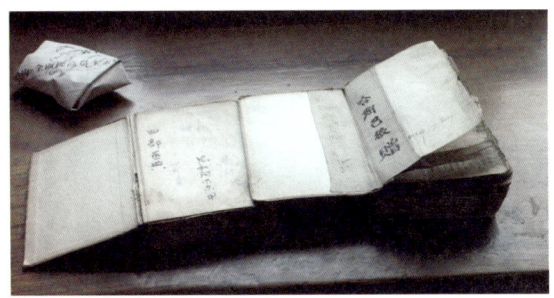
中医（蒙医）古籍

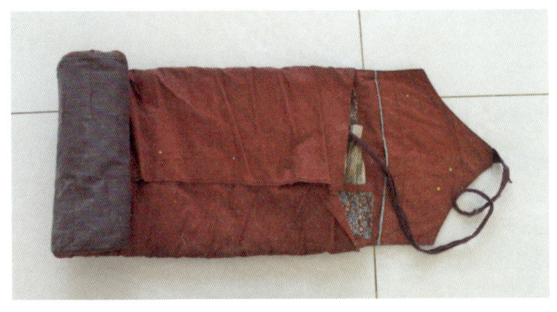
祖传皮药包

祖传皮药袋

中医药（蒙医药）学是我国四大少数民族医药学之一，是蒙古族人民在与自然和疾病斗争的长期实践中创造、积累、精选出来的有独特风格的经验结晶。其在长期发展过程中，不断汲取其他民族药物学理论和实践经验，使之日趋完善，总结出一整套用药规律，应用于临床，从而达到了防病、治病和健身的目的。在古代，蒙古族常年在辽阔的草原上过着逐水草而游牧、狩猎的生活，在野外临时住宿时，以食牛羊肉及乳汁为主，因此创造了许多适合北方草原地区自然环境、生活习俗特点的传统中医（蒙医）中药（蒙药）的疗法和技术。他们在与自然界动物、植物、温泉、矿泉、矿物等广泛接触中，逐步发现了能够医治疾病的药用动物、植物、矿物，并将之反复应用于各种疾病的治疗中，不断总结、积累，言传身教。

中药材（蒙药材），大多是生药，其中不少药材必须经过特定的炮制处理，才能更适合治疗，从而充分发挥其药效。因此，按照不同的药性和治疗要求，有多种炮制方法，炮制是否得当，直接关系药效。合理炮制，是确保用药安全的重要措施。中药（蒙药）炮制法的应用与发展，已有悠久的历史，方法多样，内容丰富。

一、直接修制

1.采用挑、筛、刮、刷等方法，去掉杂质及无用部分，使药物纯净处理。

2.采用捣、碾、锉等方法，以符合制剂和其他炮制法的要求，使药物粉碎处理。

3.采用切锉的方法，把药物切制成一定的规格，以便于炮制、干燥，也利于贮藏和调剂时称量，使药物切制处理。

二、水制

1.洗：用水洗净药材，以减弱其毒性，除去杂质。

2.漂：将药材置于水或长流水中一段时间，并不断换水，以去掉腥味，减弱其毒性。

3.泡：将药材置清水或其他液体辅料内浸泡。如草乌置诃子汤或童便内浸泡，以降低其毒性。

4.润：对一般不需要浸泡的药材，喷淋适量的水或其他液体辅料，使药材质地柔软，切制饮片，晾干。

5.水飞：制极细粉末时，将不溶于水的药材粉碎后置乳钵或碾槽内加水共研、搅拌，倾出混悬液，沉淀后分出干燥。此法常用于矿物类药物的制粉。

三、火制

1.炒：有清炒和加辅料拌炒两种方法。清炒是将药材直接放入锅内，根据药用需要炒黄、炒焦或炒炭。拌炒常用辅料有砂、米、麸等。拌炒使药物受热均匀酥脆，有效成分不易受损，易于研制，便于服用。

2.煅：将药材用猛火直接或间接烧红烧透，使质地松脆，易于粉碎，充分发挥疗效。煅法多用于矿物药或壳类药。

3.煨：利用湿纸或面糊包裹药物，埋于热火灰中，以纸或面焦黑为度，放冷后剥去纸或面。此法利用纸、面吸收药物中的部分毒性和油脂类，减少药物的副作用。

4.烘与焙：烘与焙同是用微火加热，使药材干燥而减弱药物的烈性。烘的火力较弱，焙的火力较强。

5.炙：是用液体辅料拌炒药物，改变其药性，增强疗效或减少副作用的炮制方法。通常使用的液体辅料有蜜、酒、醋、盐水等。

四、水火共制

1.煮：是用液体辅料与药物同煮，以辅料被吸收为度，才能获得治疗需要的作用。如手掌参与牛奶同煮。

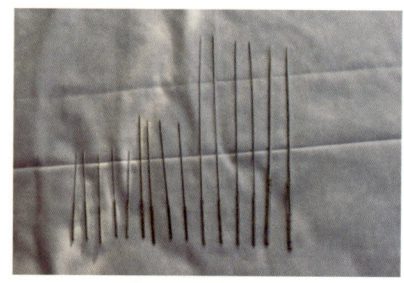
针灸用的针

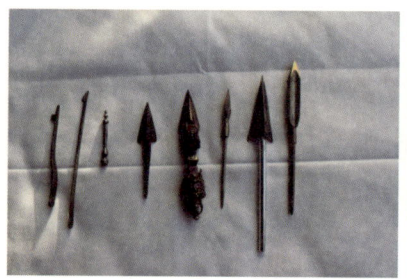
放血器具

采集的草药标本

2.蒸：将药物放入笼里，利用水蒸气加热，或加辅料共蒸，以改善和增强疗效作用。如蒸人参、肉苁蓉、玉竹等。

3.淬：是将药物煅红后，迅速投入水或液体辅料中，使其酥脆。淬法不仅易于粉碎，而且辅料容易被其吸收，可发挥预期疗效。如醋淬磁石、代赭石，酒淬寒水石等。

传统中医（蒙医）中药（蒙药）[哈斯巴根中药（蒙药）术]主要分布于兴安盟科尔沁右翼前旗境域。科右前旗是兴安盟地区唯一保留完整的疏林丘陵草原，并且以牧业为主的纯牧区，尤其是乌兰毛都、桃合木、满族屯满族乡等草原地带。这一地区有着深厚的历史文化积淀和广泛的群众基础，所以该药制作技艺得以完整保留。

中药（蒙药）的传统剂型主要有十大类，主要有汤剂、散剂、丸剂、膏剂、酒剂、油剂、灰剂、搅合剂、草药剂和金石剂。药味数十种，以7味的制剂数量最多。制剂具有多元化特点，临床常用于治疗胃肠道系统疾病、呼吸系统疾病、妇产科疾病、感染性疾病等。中药（蒙药）制剂涉及使用262味药物，其中植物药210味，动物药30味，矿物药22味。常入药的部位依次为果实、根、花、矿物药、心材、全草、胆囊、树脂、粪便、茎、地上部分等。使用频率排前十位的药物依次为诃子、红花、栀子、石膏、肉豆蔻、牛黄、荜茇、丁香、川楝子、草乌等。中药（蒙药）制剂品种丰富，药味数十种，以固体制剂为主，临床应用广泛，植物药占多数，在用药特点上受藏药和中药的影响。

中医药（蒙医药）学博采众长，是中华民族医药之精华，是我国传统医学的重要组成部分。其历史悠久，内容丰富，不仅具有悠久历史和完整的医疗方法、药理论体系，而且累积了极为宝贵的临床经验和丰硕的学术成果。

2010年，传统中医（蒙医）中药（蒙药）[哈斯巴根中医（蒙医）术]经兴安盟行政公署（兴署字〔2010〕79号）批准，被列入兴安盟第二批非物质文化遗产保护名录。

漏芦花　　　　　北乌头　　　　　文冠果　　　　　土木香

串铃草　　　　　赤芍　　　　　库叶悬钩子与赤芍　　　　　玫瑰

中医（蒙医）放血疗法

中医（蒙医）放血疗法，是在人体表面的一定部位和穴位，用特制的器械，将浅部脉道（静脉）切开或穿破，放出病血（恶血），以达到预防和治疗疾病的目的。

放血疗法分为温、粗两种方式。中医（蒙医）放血疗法在外治法范围内属于峻疗，即粗疗。它对各种由血引起的病症，均有良好的疗效。它以中医学（蒙医学）基础理论为指导，通过放出恶血，开启、畅通脉络，促气血运行，清血热，调体质，以提高病人抗病能力。

1957年，中医（蒙医）放血疗法传承人贺喜格（前排右一）参加全区中医（蒙医）研究组学习

放血疗法不仅仅是放出血了事，而是有严格的原则和方法，并对术前所做的准备、穴位的选定、具体操作、可能发生的问题等都有系统详尽的规定，是独具特色的较为完整的疗法。

放血疗法多适用于由血液、希拉引起的热性疾病，如伤热扩散、骚热、疫热、痈疽、疖肿、疮疡、痛风、索日亚（包括结核）、丹毒、黄水病、麻风等热症。巴达干与赫依引起的疾病虽系寒症，但若与血和希拉合并时，亦可采用放血疗法。

放血疗法也有禁忌，凡正精耗竭、体质虚弱的人以及孕妇、产后妇女禁用放血疗法。浮肿、大痨瘤疾、胃火衰败等寒性疾病也禁用放血疗法。儿童和老年人用泻下法、催吐法、鼻药及灌肠法施治之后，亦禁用放血疗法。易于出血者和低血压者不能施以放血疗法。

中医（蒙医）放血疗法也要掌握放血时机，根据疾病的变化、发展以及病势，选定最适宜的放血时机，这对保证疗效颇为重要。放血施治前，如若热病尚未成熟，先给予汤药，促其成熟后放血，分离正血与病血，然后再放血施治。放血前，患者晒太阳或烤火取暖，或行走10分钟以上，以加速血行和脉道扩张。

中医（蒙医）贺喜格（中）向三儿子宝柱（左一）、大儿子宝连（右一）教授中医（蒙医）知识

放血用具为特制的小刀。刀的形状大小不等，一般选用优质的钢铁，再由精工巧匠经多次锤炼制成管瓴针及新月状、剃刀状、斧刃状等锐利刀具，一般长约六横指，其锐利程度以能削断毛发为最佳。

正式放血之前，还要做好选穴、放血前的结扎工作，即鼓脉、观察血色和放血量及辅助治疗等内容。在科右前旗广为流传的中医（蒙医）拔罐放血疗法，即是将拔罐和放血两种疗法结合起来的一种有独特疗效的非手术、无创传统疗法。该疗法是以中医（蒙医）理论和中医（蒙医）传统疗法为理论基础，在所选穴位及病灶处进行拔罐和放血，拔出恶血与黄水，以达到改善气血运行和调节赫依、希拉及血热的功能失调，提高机体免疫力，激发、调动和增强机体的抗病能力的作用。其中，拔罐疗法具有止痛消肿、改善气血运行，将病之毒邪、恶血、黄水吸出体外，疏通局部血行，调理体质，增强脏腑器官功能和抗病能力的作用。针刺放血是将浅部脉道（静脉）切开或穿破，引出病血或黄水，达到治疗和预防疾病的目的。拔罐放血疗法具有简、便、验、廉特点，是一种安全性高、实践性强、使用范围广、疗效迅速、疗程短等优点的疗法。该疗法能够引出恶血及黄水、调和气血、调理体质、增强抵抗力、放松肌肉紧张、改善循环、解除肌腱痉挛、提高五脏六腑功能，主治软组织损伤、风湿类疾病、慢性疲劳综合症、全身或局部麻木、乎恙病、黄水病、关节希拉乌苏病、慢性疼痛等。总之，其对因希拉、血热所致一切热性疾病均有显著效果。

中医（蒙医）拔罐放血疗法是将拔罐与放血相结合的外治疗法，先在所选穴位或某一病变部位进行拔罐，5—10分钟取罐后在隆起部位用三棱针或皮肤针浅刺几下，再行拔罐，吸出恶血与黄水，以达到改善气血运行、治疗疾病的目的。中医（蒙医）拔罐放血治疗时，常让患者取坐位或卧位，在所选穴位或病灶处进行常规消毒，再用真空拔罐器在所选的病灶部或穴位上进行拔罐，10钟后取罐，对该部位再次进行常规消毒，用消毒的特制三棱针（直径2—3毫米，针身长105毫米，针尖长8—10毫米）对穴位进行针刺，进针深度为1—2厘米，出针后在针孔上再次进行拔罐，此时会有血从针孔溢入罐内，10分钟后取罐。

中医（蒙医）拔罐放血疗法每隔1周治疗1次，3—5次为一个疗程。其主要用于偏头痛及枕部、后脑及前额疼痛、痛风、下肢静脉曲张、颈椎病、肩周炎、腰椎间盘突出症、骨关节疾病、神经性头痛、风湿性关节炎、类风湿性关节炎、坐骨神经痛、带状疱疹、面瘫、高血压、高血脂、小脑萎缩等疾病。

2017年，中医（蒙医）放血疗法经兴安盟行政公署（兴署字〔2017〕78号）批准，被列入兴安盟第五批非物质文化遗产保护名录。

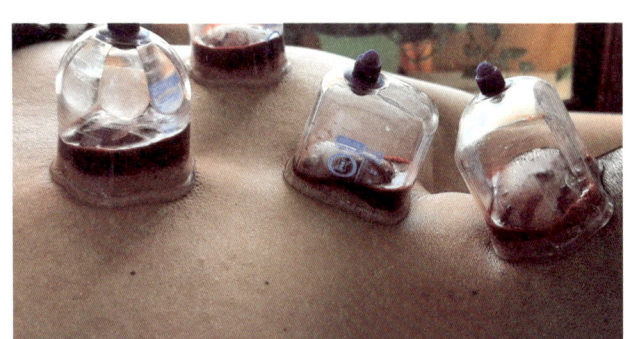 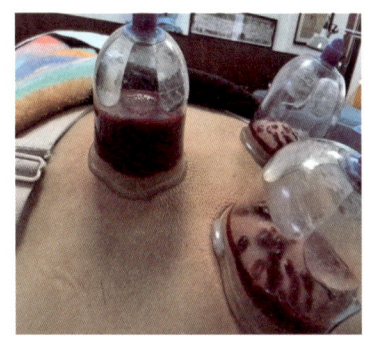 

用放血疗法为病人治病

民 俗

满族屯义莫·甘珠尔经集会

义莫·甘珠尔经集会现场

义莫·甘珠尔经集会是满族屯地区独有的传统民俗，已有380年历史。17世纪以来，满族屯每年举行一次义莫·甘珠尔经集会。"义莫"是指牲畜耳朵上打的烙印记号，"甘珠尔经"是一部佛教经书，"集会"指听诵经的人数众多。该活动与蒙古族地区祭敖包等活动相似，但有自身的特点。

每年的义莫·甘珠尔经集会都会选择农历七月初六至十一举行。集会的主要活动持续六天。初六当天，做好各项准备工作，对参加摔跤、赛马的人员进行登记，并安排参赛时间和程序。初七，开始摔跤、赛马和诵经。初八，照常进行摔跤、赛马和诵经活动，所不同的是这一天忌荤，不杀牛宰羊，主要吃炒米和牛奶里煮的吐古拉汤及其他奶食品。初九，喇嘛们扔烧苏日，有除恶辟邪、祈求平安的意思。苏日就是用面捏制的各种形态的鬼怪。初十，请著名艺人说唱乌力格尔和好来宝。十一，集会进入尾声，客人们陆续返回。这一天集会主持人宴请亲属，举办达拉立嘎宴席，即招福、封财产及畜群（其意为在一定时间内不宰杀、不出售、不交换、不讨账、不还账），请喇嘛诵经，祈求牛羊兴旺、生活富庶、老少平安。

义莫·甘珠尔经集会是满族屯地区群众自发组织的传统节庆活动。目前，在科右前旗文化体育局和非物质文化遗产保护中心的有力指导下，在满族屯满族乡党委、乡政府的大力支持和群众的共同努力下，牧民群众成立了满蒙文化促进会，下设分会义莫·甘珠尔协会，专门负责义莫·甘珠尔经集会相关事宜。

2017年，满族屯义莫·甘珠尔经集会经兴安盟行政公署（兴署字〔2017〕78号）批准，被列入兴安盟第二批非物质文化遗产保护名录。

敖包祭祀

查干敖包

"敖包"系蒙古语，意为堆石子，即用石块或土堆砌而成的塔形堆子，通常立在山顶、隘口、湖畔等显眼的地方。蒙古族祭敖包的习俗源远流长，古代蒙古族在广阔的大草原上以石块堆成敖包来作为路标或界标，用它来辨别方向，区分游牧场地。《清会典》中记载，蒙古族"游牧交界之所，无山无河为志者，垒石为志，谓之敖包"。后来逐渐被视为神灵的居所，作为崇拜物加以祭祀和供奉。原来的界标、路标就变成祭祀山神、路神、村落保护神等神灵的场所，而且可以根据需要选址建造。久而久之，蒙古族将其演化为祭祀天神、自然神或祖先的祭坛。

蒙古族地区的敖包种类很多，大致有部落敖包、将军敖包、纪念敖包、呼日胡敖包（会聚）、翁根敖包、会盟敖包、旗敖包、寺庙敖包、驿站敖包、苏木敖包、努图克敖包、村屯敖包、边界敖包、狩猎敖包等。

敖包主要分为祭祀性敖包和标记性敖包。人们经过在丘陵或路旁垒起的标记性敖包时，都要下马，往敖包上添几块石头或将随身带的食物等放到敖包上，祈祷平安，然后继续赶路。祭祀性敖包就不同，按照旧规，祭祀会盟敖包时盟长（通常由一旗札萨克兼任）在清廷派遣的钦差大臣的监督下，负责祭祀和当期会盟任务。各旗王公和官员到场，百姓不参加。祭毕敖包，钦差大臣召集蒙古王公传达朝廷政务大事，登记兵丁，检阅军兵队伍，商讨旗务，不举行娱乐活动（参见《蒙古族祭祀》，赛音吉日嘎拉编著，赵文工译，内蒙古大学出版社，2008年7月）。祭祀旗敖包时除旗衙门官员外，全旗官绅和僧侣均可参加。祭祀仪式后，札萨克与管旗章京、梅林、扎兰、努图克达等官员商议旗务或上报任免旗内台吉爵衔等事，然后举行搏克和赛马比赛活动。

乌兰毛都努图克敖包

敖包是用天然石块和树木筑造而成，其主体为石块砌筑的三层圆锥形建筑，一般呈圆形，大小、高低、层数不一。有的只是一个小石堆，有的高3—5米，直径也有3—7米。有的立3—5层。敖包分单座和多座两种。单座敖包也叫独座敖包。多座敖包由主敖包和分敖包组成。主敖包亦称大敖包、诺彦敖包、中心敖包。分敖包亦称子敖包、沙比（徒）敖包、随从敖包、护神敖包、依附敖包。其中普遍存在的敖包为单座、三座、九座、十三座、四十九座等，数量不定。如位于乌兰毛都苏木境内的乌力吉图敖包为十三座，位于归流河镇的巴音居日合敖包为四十九座。虽然历史上蒙古族地区各地敖包的形制不同、规模不一，但现存敖包的典型模式，是在圆坛上环叠3—5层石台，基础宽广厚实，往上渐小渐尖，中间竖起一个高杆。

巴音居日合乌拉敖包

祭敖包是祈祷风调雨顺、牲畜兴旺、五谷丰登，生活幸福安定。求雨是敖包祭祀最普遍的目的之一。由于各地区的风俗习惯不同，各地祭祀敖包的时间（日期）不尽相同。

乌兰毛都乌力吉图敖包全景

传统敖包祭祀分大祭和小祭，大祭要宰牛羊为祭品，小祭用奶品果类作为祭物。

敖包与敖包文化作为中华优秀传统文化的重要组成部分，弘扬了敬畏自然、珍爱生态、人与自然和谐共处的理念，提升人们的生态保护意识，为现代社会文化建设提供了积极的借鉴。

2008年，敖包祭祀经兴安盟行政公署（兴署字〔2008〕34号）批准，被列入兴安盟第二批非物质文化遗产保护名录。

满族屯民俗

满族屯民俗传承谱系有两种。

一是历史传承。清廷封哈布图·哈萨尔第十八代后裔图什业图汗奥巴的子孙于图什业图旗（今科尔沁右翼中旗），封奥巴之弟布达齐的子孙于札萨克图旗（今科尔沁右翼前旗）。布达齐第五子叫诺日布台吉，据中国第一历史档案馆所藏清代爱新觉罗皇族族谱玉牒（第28号第12—13页）记载，诺日布台吉于清太宗皇太极时娶寨桑武（清太祖努尔哈赤之弟舒尔哈齐之子）次女，此公主不久去世，后又娶郑亲王济尔哈朗（舒尔哈齐之子）第六女。据《清太宗实录》记载，济尔哈朗第六女（萨木嘎其其格公主）于天聪八年（1634年）出嫁。萨木嘎其其格公主嫁到诺日布台吉时，公主的表哥巴布代扎兰随公主而来，管理公主的日常生活和财产。巴布代扎兰是完颜氏。今满族屯的满族那拉是完颜巴布代扎兰后裔。

二是宗族祖先传承。满族屯满族的祖先完颜巴布代扎兰随公主来到科尔沁草原后共生育了9个子女，其中老大、老二、老三、老四和老八是女性，老五、老六、老七和老九是男性。他们长大成人后分为四家，4个儿子各为一家，5个姑娘因嫁人没有参与分家。其中4个儿子为五家子、六家子、七家子和九家子。又因老六娶了2位妻子，其子女分为大六家子、小六家子。

满族服饰

满族屯满族保留了八旗子弟善于骑射的传统，从事狩猎活动曾是他们的生存方式。他们与当地蒙古族牧民进行简单的商品交换，有的结成儿女亲家。他们与科尔沁蒙古族相融相依，在风俗习惯上渐趋一致，过着相同的节日。随着时代的发展，他们逐渐忘记了本民族语言改用蒙古语，但仍保留了一些满语词汇，比如额莫（妈妈）、阿杰（爸爸）、阿嘎（哥哥）、格格（姐姐）、乌黑（嫂子）等。

红食习俗

满族屯满族在生产生活和饮食、祭祀等方面也独具特色。

一、饮食

他们喜爱粟米，以糜子（大黄米）、黏谷（小黄米）、谷子（小米）、荞麦面为主，其中最爱吃的是大黄米、小黄米等。黏米饽饽有黏糕、油炸糕、黏饼子、黏豆包、豆面卷子等。

秋天，他们选择颗大粒圆的新黄米，经风扬选，妥善保管。在做打糕的

时候，打糕人不喧哗、不吐唾沫，身板要直。

中华人民共和国成立后，当地满族与蒙古族的饮食习俗已融为一体。每逢喜庆佳节或招待贵客时，煮全羊。款待客人的手扒肉有两种：全羊，托盘里有各部位骨头、肉，上面摆好羊头和带尾的羊后腰；

草原上的安代舞

半羊，各部位骨头、肉和胸脯。手扒肉端上餐桌后，由端盘人持刀从羊背右至左侧找出印，接着由主客或待客长者用刀将羊头右耳根部压出印，桌上人就可以从羊背前部开始执刀食用。这种礼仪延续至今。

满族的日常生活中离不开烟、酒、茶，逢年过节，红白喜事更是不可缺少。年长者对烟具很讲究，烟袋嘴由玉石、玛瑙、琉璃等制作，烟袋锅用银、铜等制作。烟袋杆多数是木制，也有铜管、白合金管，长短各异。烟荷包更讲究，也是很好的装饰品，上有用各种彩丝线绣出的

山水花鸟等图案，十分美观。当地人吸的烟多是自种的叶子烟，也有抽更辣的旱烟。很多满族保留喝奶酒的习俗。奶酒用酸奶子酿制，喜庆佳节和接待宾客时供其饮用。"苏台切"系蒙古语，意为奶茶，它是用一种特制的砖茶在铜壶或锅里煮沸后加鲜奶、盐制作，味美可口，是当地人不可缺少的茶饮。早茶，掺些黄油、炒米；夏季，掺奶食品；冬季，掺些肉羹。

二、居住

中华人民共和国成立前，满族屯满族的住房结构多数是五檩四椽，石砌黄泥心墙，内外抹泥的草房。一般每栋3间，东间开门。每间房内正面开两孔窗，后面开一孔窗。每孔窗分上下两扇，窗扇很大，大开大启，通风透光。下扇窗棂多为矩形结构。上扇窗棂中间为盘肠图案，周边为方形图案。在窗棂外糊高丽纸。进门便是厨房，用

老人过七十三大寿

少女赛马

图布台扎拉嘎全景

满族婚礼

满族美食

间壁隔开内室。二道门居正中，两侧靠墙处各有炉灶。室外有一个烟囱，座大，低矮不及檐，以空心圆木为筒。室内无间壁，南北两处大炕，西山墙下有条炕（即窄炕），俗称万字炕。上屋只有辈分最尊者才能居住。西炕虽然狭窄，但以西炕为大。

三、礼仪

满族屯满族十分注重长幼尊卑。施礼时，男有问安、打千与磕头，女有蹲安礼与抿大鬓礼。施问安礼，即小问安，要垂手站立问安。打千即请大安，施打千礼要先甩袖，同时左足略前移，右足后撤少许，屈膝近地，左腿前屈，左手按膝，右手下垂，头与上身略高倾，礼成徐徐复位。磕头礼有一拜三扣、三拜六叩与三拜九叩之别。女子行蹲安礼，即双手扶膝下蹲；抿大鬓礼，即跪坐三抿，磕一次头，挺身微坐，右手舒掌，由下而上从鬓角耳旁徐徐而过，如此三次。男子见面通常施问安礼或者打千礼，女子则侧身半躬身。

四、辞岁

满族屯满族过春节，是在腊月二十九晚上。过节时将一切物品准备齐全，所有灯打开。最长者带领家人向祖宗遗物磕头叩拜，并焚香上供，把牛羊肉、奶食和其他食物摆在供桌上。全家人吃过合家饭后，围坐在火盆旁守岁。大家尽情游戏，大人们饮酒高歌，孩子们玩嘎拉哈，唱歌，彻夜不眠。除夕吃过晚饭，全家人在祖宗牌位前三拜九叩，然后去姑姑家。晚辈告辞时，长辈给压岁钱，祝福晚辈像长辈一样结实，之后晚辈逐家叩拜，对长辈施二拜六叩礼。平辈先行抱腰礼，然后互拍对方的后背几下。姑娘则互相拉手祝福。

拜年是在正月初一早饭后，有选择地到近支长辈家施叩拜大礼。

满族屯满族民俗的主要特征、表现形式、思想内涵、行为准则及功用，包含了人类文化学、民族学、民俗学等，具有不朽价值。

2008年，满族屯民俗经兴安盟行政公署（兴署字〔2008〕34号）批准，被列入第一批兴安盟非物质文化遗产保护名录。

札萨克图祭火

札萨克图蒙古族称农历腊月二十三为"巴嘎新"（小年），即祭火日。传说，火神在每年的这一天要去上苍那里禀报人类一年的情况。为祈求新的一年风调雨顺，人畜兴旺，安康幸福，家家户户点燃夜香，来祭祀火神。

农历腊月二十三这天人们早早起床，在太阳还未升起时就喝完早茶，然后去清扫庭院，用白灰粉刷墙壁。待收拾完院子、屋子后，人们开始准备阿木苏，类似八宝粥，里面有黄米、肉、黄油、枣、糖等食物。札萨克图人住蒙古包时，在图拉嘎火撑子上进行祭祀，全家老少戴帽子和围巾，穿上节日的礼服，围坐在图拉嘎旁，一家之主把干树枝整齐地摆在上面，点火后在周围摆设5个稍大一点的银杯或铜杯，把阿木苏类的德吉（供奉的饭）放入5个酒杯里，在中间用手指挖一个小坑放入黄油，再插上用羊毛包裹的白草，将其当作浮灯点上，然后将五棵竹或五株草用布料或绸缎作缨，把它们插到阿木苏的边上。只允许用蓝、白、黄、绿颜色的布条。阿木苏的另一边插入点燃的叶香，一家之主在火堆上供黄油、奶豆腐干、奶皮子、马奶酒、枣、糖、粮食酒、捣碎的砖茶等，不准用红筷子。有的人会从寺庙请喇嘛诵祭火香经。离寺庙较远的努图克人则由家族的长者或一家之主说祝颂词。

颂完祭火词，献上贡品，祭祀火神仪式结束。

从2015年开始，札萨克图集体祭火场地搬迁至科右前旗文体中心北侧广场上，祭祀活动

祭火仪式现场

的程序也进一步细化,增加了跳安代舞的环节。

科右前旗札萨克图集体祭火仪式程序如下:祭火人员宣布仪式开始,然后致祭火词,点火,献祭品,颂美好的祝福语,进行祝颂仪式,供祭品,拜火神,顺时针方向绕火三圈,跳安代舞,分发阿木苏,宣布祭火仪式结束。

开始祭祀时,首先准备好柴火、松树枝等物品,将其摆放在图拉嘎里,再在上面浇点易燃物,然后邀请一位德高望重的长者点燃第一把火,也叫引火,邀请颂词人朗诵祭火词。这时,主祭人祈求这一年风调雨顺、五谷丰登、五畜兴旺、人丁兴旺、民族团结。接下来,参加祭祀的人献酒、香、阿木苏、白食和红食。然后人们按照顺时针方向围着篝火转三圈,礼毕后向火神叩三首礼。最后大家跳热烈的安代舞。

在远古时期,蒙古族集体祭火的意义:一是借用火的威力防止野兽侵袭,保护大家的生命安全;二是用火来烤熟野生动物的肉,因为熟食能促进人类大脑发育;三是在欢快的气氛中,丰富人们的精神生活,提升人与人之间的凝聚力,促进邻里和睦,增进民族团结,促使国家安定、社会稳定。

2017年,札萨克图祭火经兴安盟行政公署(兴署字〔2017〕78号)批准,被列入兴安盟第五批非物质文化遗产保护名录。

五月节祭祀

直径为1.2米的祭祀用的奶豆腐

五月节祭祀是祭祀位于德伯斯镇的黑羊山。黑羊山位于镇政府以西10千米处，主峰海拔1319米，所辖范围西至满族屯乡，东至德伯斯镇所辖范围，南至大石寨镇白音础鲁村，北至索伦景阳嘎查。所辖林业面积500公顷，草牧场面积3万亩。黑羊山主峰宛如一个高高耸立的黑羊头。

五月登山祭山水，源于一个古老的传说。黑羊山上动植物种类繁多，品种丰富。植物有黄芩、桔梗、赤芍、苍术等。动物有狍子、野猪、狐狸、刺猬等。传说很久以前，在黑羊山脚下住着一对老夫妇，他们无儿无女，过着平静的放牧生活。有一天，老头前去圈马群，老太太独自放牧羊群。突然从西北方向涌来黑压压的乌云，遮住了天空，顿时电闪雷鸣，一条大蟒蛇伸出贪婪的毒舌从天而降，直袭老太太。老太太惊恐万分，不知所措地在羊群中躲闪。就在此时，从黑羊山上飘起雪白的云朵，云朵上站着一只独角黑羊，黑羊纵身一跃，冲着毒蛇用力一顶，毒蛇落荒而逃。从此，人们视此山的黑羊为神羊并祭拜。

祭祀活动中的娱乐节目

黑羊山的名称由此而来。每当五月节，牧民会自发地去黑羊山举行祭祀活动，祈求草原吉祥安康、风调雨顺、牛羊肥壮。

五月节登山祭祀活动于每年农历五月初五早上7点钟左右开始，先祭祀敖包，请喇嘛念经，然后举行摔跤比赛、文体娱乐等活动。

2018年，成立了哈日雅马图阿古拉（黑羊山）协会，使祭祀活动更加规范。

如今这一祭祀活动流布在德伯斯镇、满族屯满族乡、乌兰毛都苏木、桃合木苏木、德伯斯镇等地。

2010年，五月节祭祀经兴安盟行政公署（兴署字〔2010〕79号）批准，被列入兴安盟第二批非物质文化遗产保护名录。

敖包

黑羊山风景

满族服饰

当地满族服饰既体现了满族文化特点，又融合了蒙古族文化元素，其服饰庄重典雅、高贵华丽，在我国民族服饰文化中独树一帜。

满族服饰包括旗袍、长袍、马褂、坎肩、套裤。旗袍，满语称"衣介"，古时泛指满洲八旗、蒙古八旗、汉军八旗男女穿的衣袍。清初，满族衣袍式样有几大特点，即无领、箭袖、左衽、束腰、四开衩。箭袖是窄袖上加一块半圆形袖头，形似马蹄，又称马蹄袖。马蹄袖平日挽起，出猎作战时则放下覆盖手背，冬季可御寒。旗袍还有一个特点是旗袍外套坎肩。当地满族在重大节日、那达慕、祭祀等活动场合都穿旗袍。夏季，男女穿用布或绸子制作的单长衫，男子扎腰带，女子不扎腰带。早晨和晚上，男子在长衫外加坎肩，女子加镶边的坎肩。坎肩的色调和做工都比较简单。年轻妇女穿着坎肩时更加注重衣服的质地、颜色、花样，款式偏长，更显体态修长苗条。马褂则为以前贵族在春秋、冬季时的穿着。套裤是无腰的棉裤，无裤裆，以两条背带固定，套裤可以起到护腰的作用，多为老年妇女冬天的穿着。套裤与长袍搭配，能发挥其灵便的特点。由于满族屯满族乡秋冬寒冷，男女老幼穿长裤必系裤腿，腿带长1.4尺、宽寸余，两头有穗，脚腕处将裤腿扎紧，再将剩余的穗头掖在裤带内。

满族男性的单鞋用布底纳鞋帮，

满族姑娘

满族儿童

华丽的满族服饰

鞋脸上镶双皮条。冬天男女都穿毡靴、皮靴、布靴。在重要节日和场合，男子穿刺绣的大绒靴，女子穿雕花刺绣的大绒靴。男子崇尚黑色绒布靴，女子崇尚绿色绒布靴。年迈老人穿高腰毡鞋。女子穿的夹鞋下窄上宽，鞋脸尖端凸出上翘，两侧绣花，

满族服饰表演

形如小船，木底高桩鞋，常被科尔沁蒙古族称为满族靴子。女子棉鞋形如夹鞋，鞋脸并排镶嵌双皮条。中年妇女习惯穿无腰的厚毡鞋，俗称毡嘎达。夏季，男子穿灯芯绒布鞋，女子穿绣花鞋。男女袜相同，先用数层白布纳底，再用双层白布做鞋腰。袜子和鞋一样不分左右。结婚时，女方要准备十几双甚至更多，装满两个鞋箱子。

　　旧式男帽分棉帽、夹帽、草帽。棉帽、夹帽又分为顶帽和无顶帽，有顶帽，被称为小帽，是用丝、棉等6片布帛缝制而成；无顶帽，被称为帽头，是用绒毛擀制而成。帽顶多为红缨或红珠。帽头整体呈球状，直径略大于头，再将圆球内侧重叠成半圆状，内侧割片做帽耳，平时收在帽内，天冷拉出护耳。

　　满族常戴的饰品有额箍、簪子、发夹、耳坠、耳环、手镯、戒指等。额箍是已婚妇女把头发向上拢住之后，戴在额头上的珊瑚串。簪子是把头发向上盘绕后用其挽住。簪子分多种，有两头簪、三头簪、五头簪，大多数为银簪，富户人家也戴金簪。发夹是女子戴在两鬓的装饰品，将翡翠、玉、银子制成蝴蝶、鱼、蝈蝈等动物形状的薄片。满族男女都戴戒指，男人的戒指戴在拇指上，女子的戒指除食指外的四指均可戴。男女均可戴手镯。

　　以前，当地满族婴儿生下12天后剃胎发，左右及颅后头发皆剃光，只留脑门及前额部分，呈弓形，叫作木梳背。1周岁后，男孩剃光头，女孩则留满发。女孩满发长至齐耳时，谓之帽缨。额发剪断，叫作刘海。年即长，发亦长，将全发收拢，在颅后发根扎个红头绳，再将发分3段，编成长辫。前额刘海剪至齐眉。

　　满族服饰主要流布于满族屯满族乡8个嘎查，还流布于乌兰毛都整个大草原。满族服饰有着深厚的文化底蕴和历史，也是我国服饰文化里的一颗璀璨明珠。

　　2010年，满族服饰经兴安盟行政公署（兴署字〔2010〕79号）批准，被列入兴安盟第二批非物质文化遗产保护名录。

札萨克图服饰

札萨克图服饰作为科尔沁服饰的一脉，其款式、纹饰及缝制技法保留了蒙古族传统服饰质朴、绚丽的原始遗风，富有地域特色，为蒙古族服饰文化增添了瑰丽的一页。

一、帽子和头巾

札萨克图蒙古族的帽子种类很多。民国以前，札萨克图男子在春秋戴圆顶立檐帽和圆顶卷檐帽，冬季戴皮帽。女子在春秋戴头巾，冬季戴耳包（蒙古语称为"齐和布其"）、围巾、羔羊皮风雪帽等。

圆顶立檐帽，帽壳是硬的，顶部逐渐上收形成圆顶，正中间向上突起，呈细柱状，柱状顶部用布绳挽成一个结。帽顶分成均等的四份，用金黄色的库锦沿边向上伸到柱体上，用帽顶的结套住。帽檐也一分为四，做成四个花瓣样，向上反折后形成一圈，围在帽壳的外面。帽檐一般为深蓝色或黑色，用不同颜色的库锦镶边。帽顶多用浅蓝、土黄、棕色或蔚蓝等颜色的布料。帽檐正面，镶一块宝石或其他装饰物，美观大方。天冷时，可以把三面的桃花瓣帽檐放下来，遮盖耳朵和脖颈，起到防寒的作用。一般情况下，该帽是在春秋两季戴，男女均可以戴。

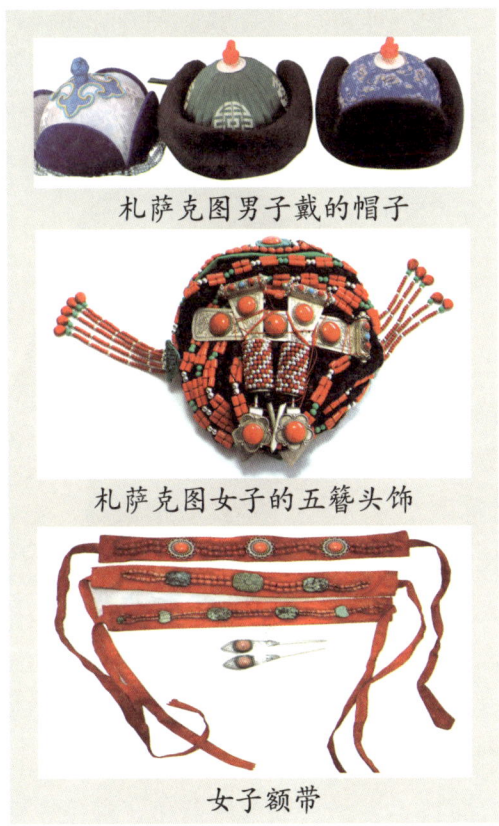

札萨克图男子戴的帽子

札萨克图女子的五簪头饰

女子额带

圆顶卷檐帽，又称礼帽，帽檐比较宽大，呈卷曲状，多在夏秋季佩戴，男子多佩戴此帽。礼帽一般用精纺呢料制作，多为黑色、棕色或灰色。帽筒前高后低，帽顶中央稍凹陷，帽筒与帽檐相接处，缀以花纹镶边。

风雪帽，也叫草原帽，蒙古语称为"马胡斯"，是冬季男女戴的一种帽子。制作风雪帽的材料和工艺有所不同，有用貂皮、狐狸皮等制成，用绸缎吊面；有的则用羔羊皮制成，用粗布吊面。风雪帽为漫圆顶，前额有很窄的小檐翻卷，后面有帔将颈部遮住，在靠近下巴处系好带子后，可以把头部、颈部全都罩住，非常暖和。风雪帽的边上，要用彩色的带子或毛朝外的皮子镶边，使帽子更加美观。帽顶常用褐色或红色的缎子，后帔多用蓝、深蓝、深绿的绸缎。帽顶多缀有布结或玉石。有的帽子后面缝有两条长长的飘带，起装饰作用。儿童戴的

草原上的绣娘

精美的耳帽

风雪帽，可以用色彩鲜艳的布料吊面，并用毛朝外的皮子镶边，看起来活泼、漂亮。

头巾，蒙古语称为"阿丽求日"，在札萨克图妇女中比较普遍。年轻女子大都喜爱各种颜色的头巾，有粉红、青蓝、鲜绿、洁白、杏黄等。老年人多用墨绿色、深蓝色、暗紫色的头巾，有的喜欢用带缨子或网格的头巾。

耳包，蒙古语称为"齐和布其"，以前是札萨克图富贵人家妇女的装饰品。

二、服装

札萨克图服饰讲究图案对称，绣工精美。与其他蒙古族部落服饰相比，札萨克图传统服饰款式和纹饰在保留蒙古族服饰特点的基础上，吸纳了满族服饰款式和纹饰的特点，不断演变发展，形成了题材丰富多彩、构图严谨多变的特点。对称图案是女子服饰的核心元素，宽花袖礼袍和黑库锦朝布（长坎肩）的精美绣工特点尤为突出。

札萨克图传统长袍分单袍、夹袍、棉袍和皮袍四种。单袍被称作"且木齐"；夹袍即带夹层的长袍，被称作"扎德"，其他地区叫作"特日利克"。单袍分为常服和礼服。常服用耐磨的布料，礼服取绸缎面料。男子一般选用蓝色、褐色、紫色和灰色布料，年迈者用绛紫色、蓝色或黑褐色布料。女子则选绿色、粉色、天蓝色等鲜艳的布料，镶单道或三道绲边。夹袍属于礼服，是装饰花样最多的一种服饰，一般用团花缎、蟒缎等面料，用五颜六色的库锦镶边，在重要节日和场合穿。女子夹袍更为华丽，主要体现在面料颜色、装饰和款式上。面料的颜色因季节和穿着人的年龄而异，夏季长袍一般颜色较浅，如淡绿、浅蓝、粉色等，冬季多穿青色、灰色或深蓝色。

单袍

传统蒙古袍

札萨克图男子袍服为弧形小立领，没有肩缝，气口短（半寸左右），右衽弧形大襟，平袖，窄下摆，不开衩。女子长袍也是弧形小立领，没有肩缝，气口短，右衽弧形大襟。有袖箍装饰，宽下摆，不开衩或开衩。袍服周边及领口镶库锦缎边，领口、袖口、大襟及垂襟镶边，内侧绣制各种花卉的图案，并压多层宽花边进行装饰。有的全缘镶边，前襟用问号式（围脖式镶边，夹进裉里）。女子还有一种长袍是宽花袖礼袍，与普通夹袍不同的是袖口、衩口、前襟用小花装饰；前胸和后背大面积绣大花。镶边为库锦缎、绣花缎和彩绦组合，袖口到肘部为宽锦缎、绣花缎和彩绦组合的宽花袖。

有的新婚男女的袍子袖口做成马蹄形，叫作马蹄袖，蒙古语称为"努都日嘎"，平时向上翻起，冬天可放下来防寒护手。皮袍的马蹄袖主要用羔羊皮或水獭皮做里子，用绸缎或布料镶边，讲究用与袍子颜色相同的面料制作。

搭配长袍的服饰有乌吉和朝布。乌吉，即坎肩（马甲），其他地区叫作"罕吉雅日"。乌吉有保暖和装饰作用，一般为立领或凹领，无袖，袖窿挖得较深，右衽弧形大襟或对襟，窄下摆，左右开衩，多用色彩鲜艳的锦缎缝制，四周镶以艳丽的花边。女子多穿朝布，即长襟坎肩，相当于马甲裙。长襟坎肩通体选用黑褐色或深蓝色的缎子，领口为圆领或立领，有四个下摆，四个开衩，通身绣牡丹、荷花等花卉或蝴蝶图案，镶宽窄双边。乌吉和朝布的礼服特征明显，男女坎肩样式基本相同。朝布套在蒙古袍的外面起装饰作用，只有已婚妇女将其作为礼服在婚礼、集会等场合穿着。朝布做工比较讲究，美观大方。

珍藏200多年的夹袍

春季和秋季通常穿吊面絮棉制作的帕麻，即棉袍。面料和里子之间絮一层棉花，以竖条绗线缝制。其面料和颜色视穿着人的年龄、性别等实际情况而定。男子的棉袍一般选用蓝色、深褐色等深色面料，女子的选用天蓝色、绿色和墨绿色等面料。

棉袍

因为科尔沁右翼前旗地处大兴安岭南麓高寒地区，冬季漫长，所以当地蒙古族多以皮袍御寒。札萨克图羔羊皮袍尤以分类众多而著称。羔羊皮袍按当年羔羊绒毛的长短分为四种，即羔羊皮袍（呼如本德勒）、小滩羊皮袍（布根其德勒）、滩羊皮袍（僧森德勒）、大滩羊皮袍（杜鲁尔德勒）。这些皮袍多用锦缎等面料罩面。除此之外，还有用二岁羊皮缝制的白茬皮袍（哪黑德勒）、二茬皮袍（乌珠尔德勒，夏季剪毛之后的羊皮）、山羊羔皮袍（乌努根德勒）、大山羊皮衣（雅曼大胡）、牛皮短袍等。这些大毛皮袍因为油大，不吊面，多用黑色大绒（沃缎）镶边。

札萨克图手工缝制时常用的纹饰丰富多彩，其图案包括在蒙古族地区流传下来的乌乐吉纹（吉祥纹）、云纹、兰萨纹、万寿纹等，有莲花、牡丹、菊花、杏花、桃花等花草纹，还有佛手、七珍八宝、草龙、石榴、山水、水浪、鹿、马、牛、羊、骆驼、孔雀、兔、仙鹤、金鱼、蝴蝶和蝙蝠等纹饰。

袍服的纽扣通常为盘纽或银质圆形扣。盘纽是指纽扣结

皮袍

饰，由纽结和纽襻组成。其形式似算盘珠，俗称算盘疙瘩，是指用镶边布料手编所盘的纽绊扣。在领口、右衽、裉里和腰带以下一拃远的地方钉纽扣，纽扣的数目由袍服镶边道数而定，凡是镶一道边的，就在领口、前襟、裉里和腰间各钉一道扣；凡是镶两道边的，除裉里钉一扣以外，在领口、前襟和腰间各钉双排扣；凡是镶三道边的，领口、前襟和腰间各钉三排扣。不管镶几道边，裉里钉一道扣。

腰带在蒙古族服饰中非常重要。长袍、腰带、帽子和靴子是札萨克图服饰的四个组成部分。腰带既可以保暖，还可以保护腰部的柔肌和内脏，使腰部保持正直和健美。已婚妇女除骑马时扎腰带，平常不扎腰带。腰带的颜色一般与袍子的颜色不同，年轻人通常扎鲜艳的，男子用橙色、杏黄色，女子可选赤、橙、黄、绿、蓝、紫等各种颜色，老年人则扎深色腰带。

三、布靴

札萨克图服饰中，绣花布靴是最富有特色的一种。这里所说的靴子是指布制高勒靴。布靴有翘头、平头和探头之分，札萨克图布靴多为平头和探头靴。布靴由五大部分组成，即靴底、靴帮和靴勒，其中靴帮和靴勒两两对称。靴帮和靴勒之间用绿色股子皮做接条。靴筒口为马蹄形，前高后低。靴帮和靴勒上的图案主要有吉祥纹、半吉祥纹、犄角纹、回纹等。札萨克图长靴的式样和面料材质有多种，有平绒、条绒、斜纹布等。人们在寒冷的冬季放牧或远行时穿毡靴或探头马靴。

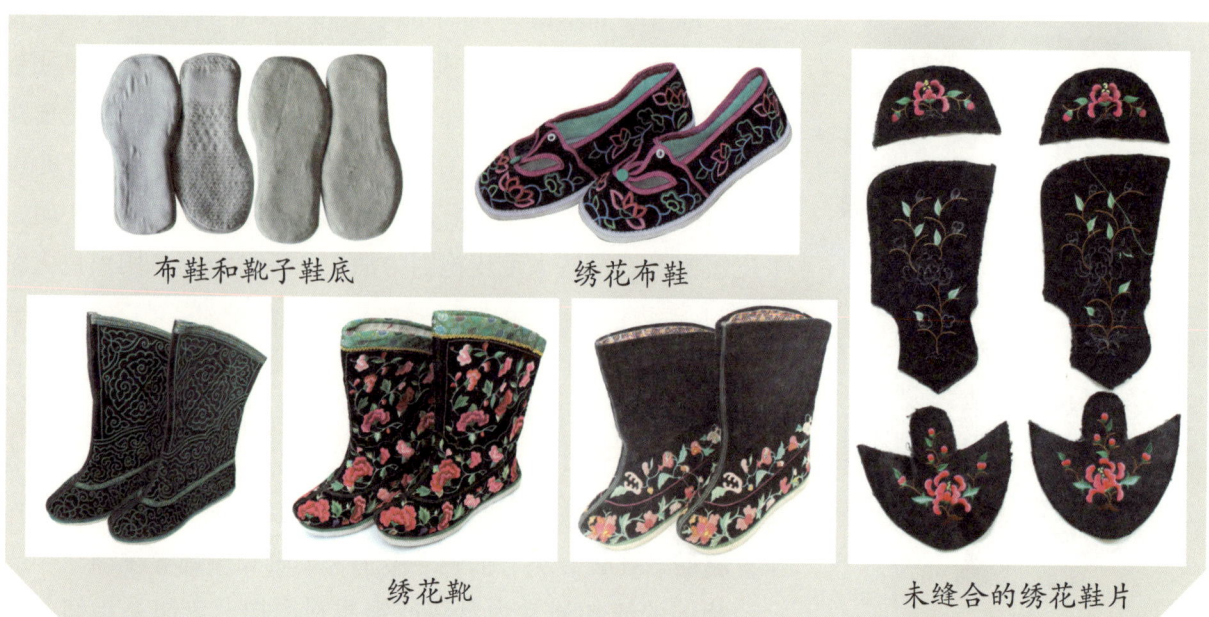

布鞋和靴子鞋底　　绣花布鞋　　绣花靴　　未缝合的绣花鞋片

做一双绣花布靴流程很多，需要打袼褙、剪底样、纳靴底、平靴底、剪靴帮、绣靴帮和靴勒。男靴用黑色大绒倭缎做靴帮、靴勒，用墨绿色绣花线以盘花技法缝制各种图案。女靴用黑色大绒做靴帮，靴勒选用绿色或天蓝色棉布。靴帮上用刺绣、盘花绣、贴花绣或镂刻技法绣制各种图案。

蒙古族常用"蒸蒸日上的帽子，成就礼法的腰带，威风凛凛的袍子，稳居殿堂的靴子"来形容服饰的功能。

在服饰的制作上，传统札萨克图服饰有别于其他地区蒙古族服饰的一个明显特征是，袍子、坎肩等的领口是圆的立领，脖领处衣襟向下直角竖开一寸左右，既御寒又庄重。衣襟从领口处再向右偏襟开，偏襟的上方钉三个扣子，寓意：第一道扣子是父母的教诲；第二道扣子是保护自己，规范约束自己的言行，行正路；第三道扣子是辟邪。穿蒙古袍时，先套左袖子，再套右袖子，再系腋下扣子，以防衣服偏襟不落地，寓意是不让所有学到的知识与智慧从腋下溜走。

绣花长坎肩

札萨克图绣娘根据服饰、配饰及穿戴人的性别、穿戴场合，选择不同的纹样绣出一件又一件瑰丽的札萨克图服饰，用热爱传承着札萨克图服饰文化，为中华优秀传统文化贡献着自己的一份力量。

2015年，札萨克图服饰经兴安盟行政公署（兴署字〔2015〕40号）批准，被列入兴安盟第四批非物质文化遗产保护名录。

札萨克图绣娘

札萨克图饮食习俗

札萨克图蒙古族传统饮食有查干伊德（奶食）、乌兰伊德（肉食）、宝日伊德（粮食）、茶饮和呼和伊德（蔬菜）等。

一、饮食

（一）奶食，蒙古语称"查干伊德"，意为白色食品，是指以奶为原料加工制作的各种奶食品，查干伊德是取纯净之意。奶食品味道鲜美、营养丰富、种类繁多，无论居家餐饮，宴宾待客，还是野外活动，它都是不可缺少的食物。除了最常食用的牛奶外，蒙古族还用羊奶、马奶、骆驼奶制作各种奶食品。

（二）"乌兰伊德"系蒙古语，意为鲜红的肉食品，即红食，五畜肉类食品的统称。红食主要有全羊、烤全羊、整羊背子、手扒肉、串羊肉、串羊肝、涮羊肉、烧肉、牛羊肉干等，这些都是具有札萨克图浓郁特点的肉食佳肴。

（三）"宝日伊德"系蒙古语，意为紫色食物，指加工后的米和面食。

1.米食。

（1）炒米。蒙古语称"胡日森阿木""胡瑞巴达"。炒米呈黄色，米粒香脆，色黄而不焦。炒米加工方法是先浸泡糜子，再用温火煮到一定程度后停火焖。按照炒法分为炒脆米与炒硬米两种。炒脆米时要用细沙子，待铁锅里的沙子烧红后放入适量泡涨的糜子，用木铲快速搅拌，待水分蒸发完毕且迸出花后快速出锅并过筛子。炒硬米可不放沙子，干炒八分熟即可出锅，冷

加入炒米的乌日莫

烤奶豆腐

奶条

黄油

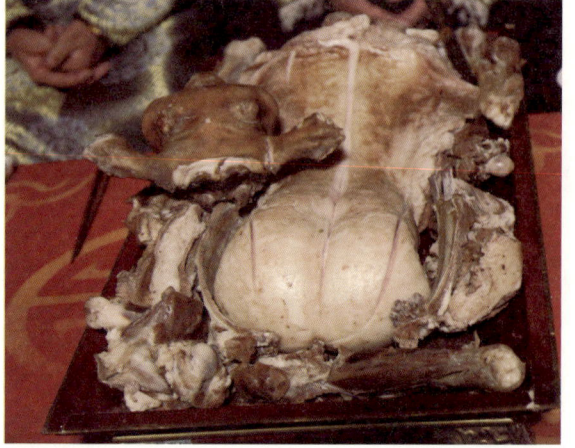
红食

制作奶食品

奶豆腐

奶豆腐

奶皮子

炒米

馃条

馅饼

却后碾去糠皮。炒米可用奶茶泡着吃，加入黄油和奶豆腐后味道更佳；还可用酸奶或奶油泡食，蒙古语称之为"浩乐"。由于炒米具有方便、快捷、耐饥的特点，是蒙古族生活和旅行中不可或缺的食品。

（2）阿木斯。蒙古族在腊月二十三祭火时食用的一种美食，可称为八宝肉粥。制作时，在羊肉汤里下小米或大米，用温火煮粥，煮沸后放入适量的黄油、糖、红枣、葡萄干，并不时搅拌，待锅里的汤烘干，米稠糊即可。

2.面食。

蒙古族喜欢面食，主要用小麦面、荞面制作。随着牧民定居生活，他们的饮食习惯也发生了较大的变化，会做油饼、发面饼、馅饼、包子、面片、面条、饺子、陶合来等多种面食，风味独特。

（1）馅饼。亦称蒙古馅饼，是用小麦面做皮，牛羊肉为馅，采用干烙或油煎的方法制成，以其薄、透的特点而闻名。蒙古馅饼外焦里嫩，饼面上油珠闪亮，饼皮内可见肉，香味扑鼻。制作蒙古馅饼时，先将面团切揉成一个长条状，然后分割成适量大小的面剂子，再将剂子拍成薄片，将馅料放在面皮里包起，捏合边缘，将收口朝下，轻轻按压成饼状，用手把圆饼状的馅饼胚子拍薄。为了使馅饼薄厚均匀，拍完一面再拍另一面，将馅饼拍到薄厚合适为止，然后放入锅中烙熟。

（2）包子、饺子。把肉切成小丁，加少许葱（洋葱、大葱、沙葱均可）、盐等调味品搅拌成馅，把拌好的馅包成包子或饺子，用温火蒸或煮15分钟即可食用，味道鲜香可口。

（3）馃子。馃子是札萨克图蒙古族经常食用的传统油炸食物，有馃条、哈比赛、嘎日包包（手指馃子）等。

（4）陶合来。又称"图古拉汤"，札萨克图蒙古族传统面食之一，即奶油面片。制作时先将和好的面擀成片状，然后切成2—3厘米宽的条状，再横切成四方形或菱形块备用。锅中烧清水，加少许食盐，待水沸之后下切好的面片，用笊篱搅散煮熟，煮熟的面片滤水倒入空盆中，随后倒掉煮面的水，刷净锅。在干锅中倒入乌日莫或黄油渣，用文火烧开，并不断用汤勺搅动，直至乌日莫提炼出黄油，便可倒入煮熟的面片，搅拌时按口味加入少许白糖（红糖）或食盐，再将面片奶油和糖搅拌均匀出锅食用。陶合来飘着乳香，酸甜可口。

（四）"呼和"系蒙古语，原意为青色。"呼和伊德"是指绿色山野菜。札萨克图蒙古族在漫长的游牧生活中，以肉食为主，常在春夏季采山野上的野菜食用。主要有哈拉盖（荨麻）、芒格日（野葱）、海鲁尔（野韭菜）等。

（五）茶饮。札萨克图蒙古族的茶饮，主要指以砖茶为原料的饮品。

1.奶茶。蒙古语称"苏台且"，是草原上牧民的日常饮品。俗话说，牧区宁可一日无餐，不可一日无茶。熬奶茶时，通常将青砖茶捣碎，将适量的茶装在小布袋里或直接放入锅中熬煮，不断用勺子扬三四分钟后，加入新鲜的牛奶和食盐，待茶乳交融、香气扑鼻时，即可饮用。

2.青茶。蒙古语称"哈日且"，即将砖茶熬制成青茶，不兑奶，放入少许食盐饮用。

3.米茶。先用牛油或黄油炒炒米、小米，再将煮好的砖茶放入锅中继续熬煮，烧开后加入鲜奶。这样既有茶香味，又有米香味。

4.锅茶。将炒米、奶皮子、奶油、奶豆腐和风干肉等加入锅中，炒至香味扑鼻，再将煮好的奶茶放入锅中继续熬煮，其味芳香爽口。

二、饮食礼仪及习俗

饮食礼仪是蒙古族饮食文化的重要组成部分。札萨克图蒙古族饮食习俗自成体系，其饮食礼仪也丰富多彩。

（一）饮食礼仪

1.德吉礼。"德吉"系蒙古语，意指上、初。德吉礼是蒙古族进餐前将食物的第一份敬给大自然和家中长辈的一项礼节，确切地说是一种日常习俗。进行德吉礼时，敬献者整理衣帽后用双手把茶献给客人，受礼者整理衣帽后双手接纳。

2.献萨础立礼。"萨础立"系蒙古语，意指"向诸神祭献奶子"。萨础立礼则指进食前或进行祭祀仪式时，向天地诸神祭洒饮食，祈求幸福安康的一项礼仪。

3.米拉呼礼。"米拉呼"系蒙古语，指将少许奶油或其他食物涂抹于需要祝福的实物上，以此祝愿吉祥如意的礼俗。该礼通常由德高望重的长者完成，多用奶食品中的黄油、奶油施礼。施礼者用右手无名指把食物涂抹在被祝福的物体上，口诵颂祝词。如长者对新生儿进行此礼时，把奶油涂抹在婴儿的额头上，祝福其茁壮成长。当孩子学骑马时，也对孩子和坐骑进行米拉呼礼，祝福他成为一名出色的骑手。当男子成婚支起新蒙古包后，长辈对新蒙古包进行此礼，祝愿新人幸福美满、白头偕老。

锅茶

4.敬茶礼。家中有客人时，第一件事就是为客人倒茶，必须要倒满，双手献给客人，表示对客人的敬重。

5.敬酒礼。由晚辈或待客方在银碗或杯中斟满酒，向长辈敬献。敬酒时要衣冠端正，右手端碗或杯，向长辈敬完酒后轻轻地磕一下头，以示对长辈的尊重，接酒者要说几句吉祥话。

6.祝福礼。蒙古语称"玉热乐"，指在食用美味前用言词赞颂食物和祝福主人，以此表达自

敬酒礼

己感谢之情的礼俗。蒙古族的饮食祝福礼中有"阿曼胡珠玉热乐"，相当于全羊宴祝酒词、婚礼祝词、新年祝词等。春节或平时待客时，一般由年长者或主人祝福客人和晚辈，场面较大的宴席都有专门的祝颂人。内容有祝福主人身体健康、五畜兴旺、家庭美满。这些礼仪营造欢乐、轻松、友好、高雅的氛围，也是蒙古族表达思想感情的传统习俗之一。

（二）饮食习俗

蒙古族的饮食文化丰富多样，也形成了相应的饮食习俗。

1.先白后红。"白"指白食（奶食）。"红"指红食（肉食）。款待客人时，有以白食为先，然后上肉食的习俗。奶食品营养价值高、携带便利，适于当时迁徙而居的游牧生活。家人远行，长者祭洒鲜奶，祝福出门者一路平安；每逢庆典之日，都以品尝奶食、敬献奶酒为最高礼

草原乳香飘

节，以表达美好的祝愿。即使食用全羊宴，都要先在羊头抹一点黄油，以示奶食品为先的礼数。上门做客，一定要品尝主人献上的奶食品。

2.以饮为主。以饮为主是蒙古族饮食文化的一大特点。在一日三餐中，早晨和中午一般以茶为主，有"茶为食物之首"之语。

饮品中还有酒，在日常接待中占据着很重要的地位。札萨克图蒙古族敬酒分祝福酒、上马酒、迎宾酒等。主人给贵客敬酒时，要穿着整齐，手捧洁白的哈达和银碗，把美酒和歌声献给每一位客人。

3.少而精。精是指新鲜又富有营养的食品，进餐不提倡铺张浪费，不狼吞虎咽，注重分餐均匀，吃得少而精。

2010年，札萨克图饮食习俗经兴安盟行政公署（兴署字〔2010〕79号）批准，被列入兴安盟第二批非物质文化遗产保护名录。

传统技艺

札萨克图马具制作技艺

札萨克图马具制作技艺是科尔沁蒙古族流传下来的传统技艺，具有鲜明的传统特色、地区特色。

马具从最早的一块搭在马背上的皮子，发展成如今包括马鞍、马龙头、马嚼子、马绊子、马鞭、马镫、拉链等多个部分。

马具制作是集木工、刺绣、皮毛、编织、金属等工艺于一体的综合性手工艺。札萨克图马具选材精良、制作精细，不仅美观大方，还具有实用价值。

马鞍制作主要工序如下：选择木料，切割木料，烘干木料，切割木质部件，修整打磨，鞍骨打孔，上漆晾干，鞍骨配里，安装鞍垫及其他配件，进行整体装饰等。

马鞍和绣花马鞍垫

札萨克图马具制作用料实在、使用舒适、装饰华丽，与其他地区的马具制作相比，突出的特点如下：在选材方面，选用具有韧性好、易加工、结实耐用的木材，常用木材有榆树、桦树、枫树等；马鞍、马嚼子、马绊子、马鞭等用料都是牛皮，取用两岁以上膘肥体壮的牛的皮子，然后用传统工艺，用牛奶熟制而成；马鞍的固定连接材料主要为金、银、铜等金属铆钉、

装饰精美的马鞍

未上色的马鞍

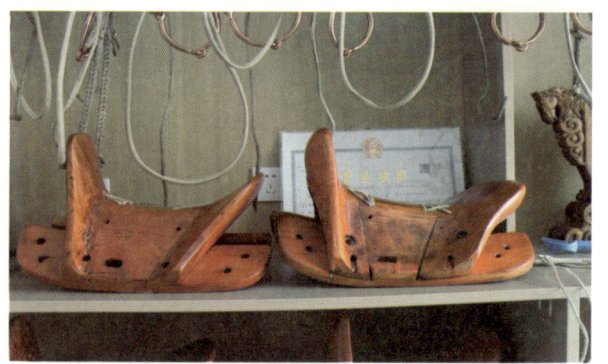

家传百年马鞍

扣环，结实耐用。札萨克图马具的马鞍尺寸偏大，以适应兴安岭地区坎坷不平的道路，以使人乘坐时相对舒适。马鞍在装饰风格上具有鲜明的科尔沁民族特色，色彩大多用色彩艳丽、花纹丰富或者是大量的蒙古族吉祥图案作为装饰。整套马具制作都是手工完成的。

马具制作技艺反映了蒙古族手工艺水平以及审美情趣，凝聚着手工艺人的聪明才智，是他们审美意识、审美观念的集中体现，有着重要的文化价值。

2015年，札萨克图马具制作技艺经兴安盟行政公署（兴署字〔2015〕40号）批准，被列入兴安盟第四批非物质文化遗产保护名录。

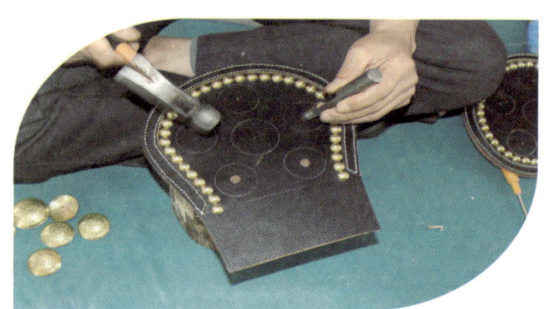

人工钉铆钉

熟牛皮

马镫

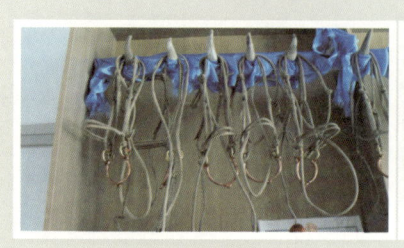

各种马具

擀毡技艺

毡子是蒙古族生产生活中的必需品。擀毡技艺已有上千年历史,是北方游牧民族创造的一项古老工艺。北方游牧民族很早就利用畜牧绒毛制作毡子,将其应用在日常生活中,因此擀毡技艺是一项充满民族特色的传统手工技艺。

毡制品

擀毡技艺分布于科右前旗乌兰毛都苏木、桃合木苏木、德伯斯镇、满族屯满族乡等北部以牧业为主的苏木乡镇,以师带徒的方式,传承至今。

当今,科右前旗部分蒙古族使用毡子搭建蒙古包,制作马鞍毡垫、床毡垫、毡毯、毡靴、毡帽、毡手套等生活用品。

擀毡技艺流程复杂,须经过拔毛、抽毛、弹毛、铺毛、喷水、卷毡、捆毡、洗毡、整形、晒毡、脚踏等十几道工序,才能制作出成品毡子。

具体流程如下:

1.先将羊毛按颜色、等级区分,再将羊绒和羊毛区分,然后将杂质挑拣出来。

2.将挑选好的羊毛用铁丝抽打,使结节的羊毛蓬松,再将羊腰部的柔软毛或羔羊毛挑出来,做羊毛毡表面时用,其他毛铺在毡底。春毛长,需拧成绳剁成2厘米左右,秋毛直接揪。

3.将蒲帘腾空铺开,左胳膊挎弓,右手持板棒,有节奏地弹弓,使羊毛松软,净毛落在蒲帘底上,杂毛掉在蒲帘底下。根据羊毛毡大小尺寸,将羊毛铺在自制的竹帘子上展开。铺好毡子后,左手腕部紧扣手掌板,右手持板棒敲打羊毛,使其均匀散落在竹帘子上。

4.将羊毛按比例铺好后,使用喷水工具喷适量的水。

5.将竹帘子卷起,用绳子捆好,两人面对面站立,用脚前后搓,搓完打开,翻过来卷边,然后量好尺寸,再铺一层毡面,再卷起搓一遍,羊毛毡即成形。

6.设计毡面图案。用深色羊毛制作图案。将成形毡子放在水帘子上,用水浇透卷起,两人手拉脚搓,再翻面手拉脚搓,掌握时间,然后搓毡子边,然后用凉水冲洗,控水晾干,羊毛毡制作完成。

擀毡时一般选用春秋季产的羊毛。春季羊毛纤维长、油汗大,呈亚白色,多成套。秋季剪的羊毛,纤维较粗短、油汗小,但弹性好,毛洁净,多不成套。

绵羊毛属天然纤维之一,纤维细而均匀、柔软,具有拉力大、弹性好、吸湿强、导热性差等特点。

铺羊毛

铺蒲帘

卷竹帘

制作图案

羊毛毡在蒙古族的生产生活中发挥着多种作用。是蒙古包、炕毡、地毯、毡帽、毡靴、毡袜等生产生活用品和民族工艺用品的好原料，具有不变形、轻便、美观、耐用、防寒等特点。

擀毡技艺不仅具有历史价值，而且具有较高的日用价值、工艺价值、人文价值和经济价值。随着蒙古族生产生活方式的改变，擀毡制品逐渐被现代工艺所替代，擀毡制品的需求量也逐步减少，致使手工擀毡艺人也越来越少。

2010年，擀毡技艺经兴安盟行政公署（兴署字〔2010〕79号）批准，被列入兴安盟第二批非物质文化遗产保护名录。

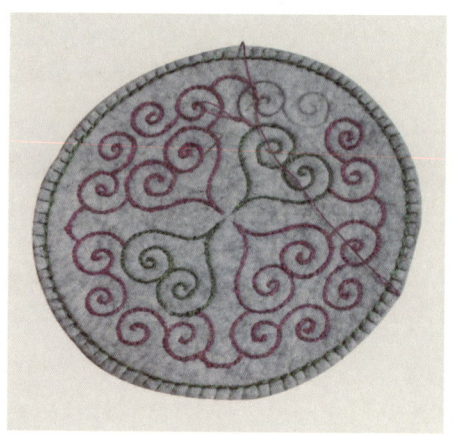
毡杯垫

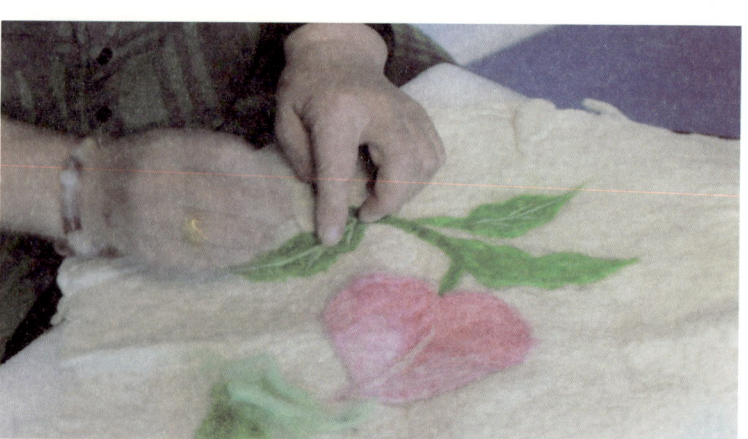
在毡子上制作图案

马铃薯制粉技艺

清末民初，一部分内地百姓来到科右前旗，东三省百姓也到科右前旗开荒种地，很多人投亲靠友落户到现在的科右前旗俄体镇。他们将马铃薯制粉工艺（当地俗称漏粉技艺）带到俄体镇。每年秋收后，他们把块茎小的马铃薯制成粉条，既避免小马铃薯被丢掉浪费，又制成了一道餐桌美味。这一工艺一直流传至今，俄体镇由此被赋予"粉业之乡"的美誉。

朱天甲是俄体粉条的第四代传承人，他于2010年成立了天甲粉业专业合作社，是一家集马铃薯种植、加工、销售、粉条深加工于一体的农民专业合作社。该合作社现有加工冷库及加工车间3254平方米、50吨储存窖4座，产品取得了CS认证，并开通了网上销售平台。2013年，俄体粉条被授予国家地理标志保护产品。2021年，俄体粉条获得全国名特优新农产品。合作社以基地为依托，以品牌为载体，借助俄体镇"粉业之乡"的地缘优势加工马铃薯粉条、粉丝、水晶粉、粉皮、纯土豆精淀粉等五大系列、60多种产品，不仅提高了农产品的附加值，更带动了附近村民就业。

俄体镇传统马铃薯制作技艺需要石磨2扇、粉瓢2个（宽、细不同）、和面锅1个、煮粉大锅1个。传统漏粉的基本工序如下：对马铃薯进行筛选、磨碎、分离沉淀，然后再将沉淀好的淀粉进行脱水，水分沥干到七八成后放到火炕上加热，再将已加热的淀粉放到锅里，加开水打芡和面，将和好的面放到漏瓢里进行漏粉，从漏瓢里漏出的粉需用开水煮熟，捞出来放到冷水里冷却，粉条就制作而成。

如今一些环节已经被机器所代替，具体程序如下：

1. 清洗。将马铃薯外皮的泥土清洗掉。以前用手洗，现在用机器清洗。
2. 磨碎。将洗好的马铃薯用叉刀叉碎。以前把马铃薯放在长2米、宽0.8米、高0.2米且底部

打芡和面

冷却

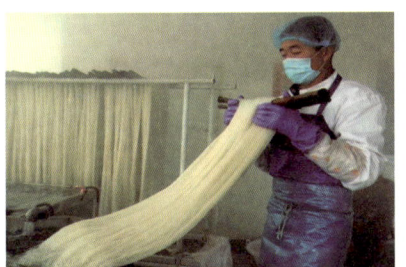
捞粉

漏粉

加工车间

晾晒粉条

设有一个带孔铁板的长木箱中的铁板上叉碎，或者将马铃薯放在石磨上磨碎。如今使用机器将马铃薯磨碎。

3.分离。把压碎后的马铃薯放进一个大布包中挤压，马铃薯渣滓留在布包里，粉浆则被挤出来放置容器中。容器通常为大缸。

4.水洗沉淀。把分离出的粉浆放到容器中沉淀。以前使用的容器为大缸，现在使用的是白钢窖。淀粉沉淀以后，要用瓢把浮在上层的泡沫与汁水取出。这时沉淀的淀粉仍含有一些细小的杂物，还需进行洗涤，将已沉淀的淀粉块放入干净的大缸或桶内，注入清水，并加以搅拌，使其成为淀粉乳浆。

5.脱水。水洗沉淀后的乳浆发酵12个小时，进行养浆沉淀，沉淀后把上层澄出来的汁水倒掉，去掉下层的杂质，取出白色淀粉凝块放在布包里沥干。

6.加热烘干。把淋干的白色淀粉凝块从布袋中拿出来捣碎，将弄碎的淀粉块放在热炕的大布上，保持30℃左右的温度，加热3个小时左右。

7.打芡和面。将加热的淀粉放入容器中，倒热水搅开、打芡、加白矾（每公斤加3钱），最后用和面机搅成面糊。这一环节技术性较强，全凭粉匠的经验确定可漏粉的程度。

8.漏粉。把粉糊放入漏粉瓢内，手工或用打瓢机进行漏条。将漏粉瓢或者漏粉机置于大锅上，在锅里放水加热至沸腾，使粉条直接漏入锅中。

9.冷却。把漏入热水锅中的粉条从热水锅中捞出，然后将粉条放到冷水池中冷却，晾至20℃—30℃后放入窖中12个小时，以便去掉粉条的黏性，防止并条。

10.晾晒。将窖中粉条拿出挂杆晾晒。这时的天气十分重要，最好是风和日丽的晴天。

11.晾干后要将粉条放入水中涮洗一遍，然后捆把，打包。

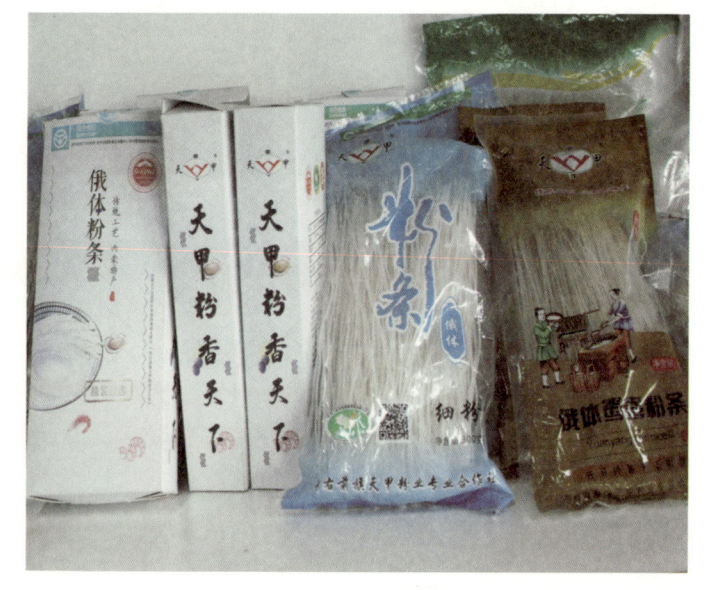

俄体粉条的特点是色泽洁白、绿色无污染、久炖不化、回锅不糊，是北方宴席上不可缺少的佳肴，是涮火锅、炖猪蹄、炖小鸡、炒肉丝等的最佳配料。如今俄体粉条已畅销全国多地，深受顾客青睐。

2010年，马铃薯制粉技艺经兴安盟行政公署（兴署字〔2010〕79号）批准，被列入兴安盟第二批非物质文化遗产保护名录。

蒙古族策格（酸马奶）酿制技艺

传统方法制作酸马奶

蒙古族饮用策格（酸马奶）已有上千年的历史。以前蒙古高原日常饮用的不是砖茶，而是酸马奶、酸牛奶。马奶分为生、熟两种，生马奶即鲜马奶，熟马奶即酸马奶，也就是酿制马奶酒时沉在锅里的酸奶。策格，即酸马奶，所以在制作酸马奶时先要制作马奶酒。

酿造马奶酒程序如下：把曲（即醇母，指的是嗜酸奶汁，酸马奶）请回家以后，要立即放入坛子或大缸里加奶培养，叫作养曲。绝不可将其放入铁器之中。随着曲的发酵，应逐渐增加奶的数量并换器皿。早晚2次加奶，一般是早晨加鲜奶，晚上加乳清，2次都加奶也可以。若有乳清，须事先晾凉。如果不慎加入热乳清，就有烫死曲的危险。接下来是发酵，要适度加奶，这是能否培养好酵母菌的关键。加的奶多，曲便凝固；加的奶少，曲不发酵。一般说来，加奶量是2%—3%，加乳清的比例是7%—10%。与此同时，还要注意温度，一般保持在20℃—25℃比较适宜。如果加奶量和温度掌握适当，曲会发出水声，呈绿色。然后是回锅，头锅奶酒叫作"阿日扎"，第二次回锅的奶酒叫作"洁日扎"，第三次回锅的奶酒叫作"宝乳扎"，第四次回锅的奶酒叫作"乳扎浩"，即为奶酒。

酿制奶酒的设备有土灶或砖砌灶1个，七印或八印大铁锅1个，用去皮的紫皮柳条或榆树枝

 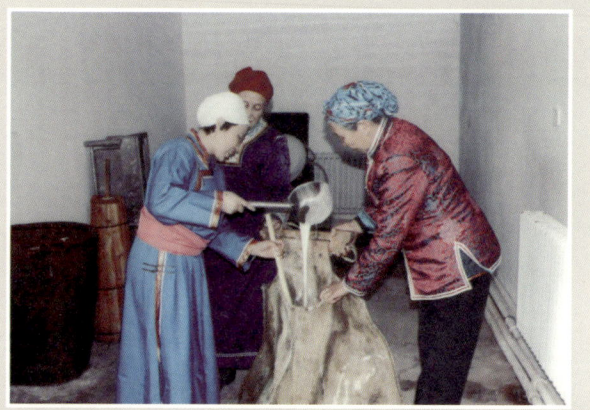

传统方式制作酸马奶

条编成的罩子，上面抹一层黏土（一般不用白皮、黄皮柳条，以防酒味变苦），还要准备有两个耳子的托罐和用来盛凉水放在罩子上面的四印锅、五印锅。燃料多为牛粪。以前的托罐都用桦木制成，形如木桶或大木筲。酿制时点火、洗锅，放下罩子，压缝、清洗一遍，然后倒入嗜酸奶汁（八印锅可倒入30公斤左右），挂好托罐，再放冷却锅，用泥土抹平罩子和冷却锅之间的缝隙，一切安装完毕，用牛粪火慢慢加热。

锅里的嗜酸奶汁冒热气时，可以听到滴答声。当锅里嗜酸奶汁的温度约达80℃时，往冷却锅里倒满冷水，用木勺舀水。当水温达到45℃—55℃时，倒掉热水再换冷水，这样续换几次水（换三锅或三锅半）以后，拿下罩子，取酒。

30公斤嗜酸奶汁约出1.5—2公斤奶酒，把酒取出来以后，锅里剩下的熟嗜酸奶汁便是酸马奶。

酸马奶

科右前旗传承人舍楞那木拉创办的科右前旗阿拉坦浩特吉格乐养殖专业合作社生产的策格（酸马奶）生产工艺，主要经过原奶的检验、马奶冷却、储藏、过滤、预热、均质、杀菌、出厂、检验包装、暂存、发酵等过程。

2017年，蒙古族策格（酸马奶）酿制技艺经兴安盟行政公署（兴署字〔2017〕78号）批准，被列入兴安盟第五批非物质文化遗产保护名录。

传统美术

科尔沁根雕

草原牧人

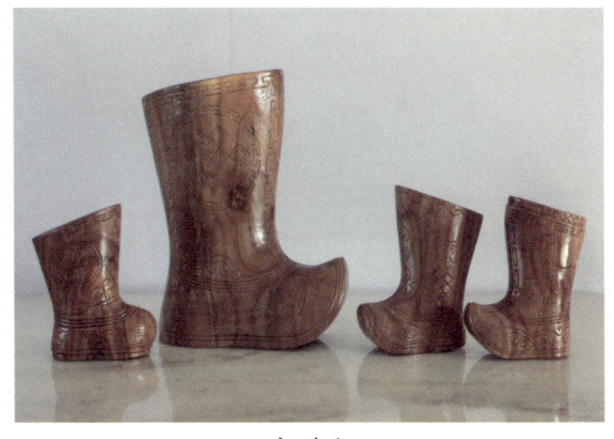

木雕靴

科右前旗位于大兴安岭南麓，这里生长着松树、桦树、榆树，为根雕制作提供了丰富的原料。这里是科尔沁草原的一部分，山林、草海、河流使这片草原具有独特的自然风光。这里自古就有蒙古族、满族等少数民族在此游牧，使这里积淀了深厚而丰富的地域文化。

生活在这里的游牧民族自制勒勒车、碗、奶桶、马鞍等生活用具，渐渐地也赋予这些生活用具以更多的审美与艺术情感。牧民们雕刻出各种反映草原风光、游牧生活场景的物件，作为装饰

雄鹰展翅

蒙古马

游牧人家

品来欣赏。科尔沁根雕通常是以树根（包括树身、树瘤、竹根等）的自生形态及畸变形态为艺术创作对象，通过构思立意、艺术加工及工艺处理，创作出的人物、动物、器物等形象艺术的作品，使自然美与创造美得以有机结合。

科尔沁根雕大都采用榆木、桦木，然后根据树根的天然形态去构思立意、艺术加工及处理。作者尊重根材的天然趣味，把苍劲气势、疙瘩坑凹、残缺块面、皮色处理、线条明暗、圆曲体面的造型手法有机地结合在一起，达到从"形似"到"神似"。

勒勒车和蒙古包

根雕制作一般有三大步骤：第一步是将采来的原料进行去料，第二步是进行细致的加工，第三步是刷油。科尔沁根雕的突出特色是根雕意象多取材于生活实际和当地草原风光，充分体现了科尔沁草原的民族风情与自然景观的独特魅力。慈祥的额吉，放牧的牧人，迁移的牛羊，专注看家护羊的犬，咆哮的狼，移动的勒勒车及

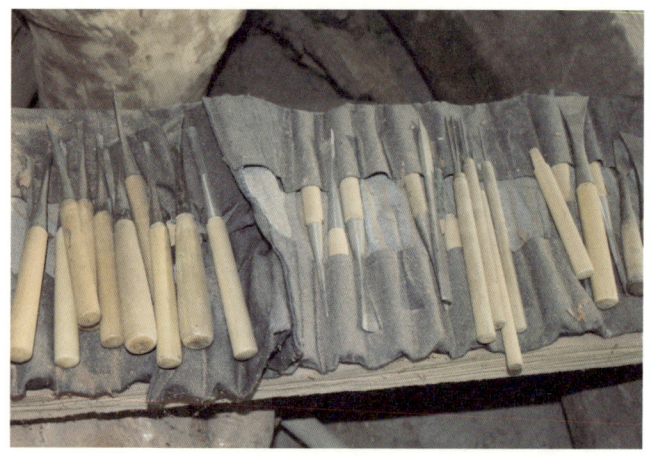

根雕工具

酸奶桶、木勺、马鞍等作品突出了草原意趣，再现了草原生活，体现了人与自然的和谐之美，具有较高的欣赏价值和传承价值。

2017年，科尔沁根雕经兴安盟行政公署（兴署字〔2017〕78号）批准，被列入兴安盟第五批非物质文化遗产保护名录。

曲 艺

科尔沁右翼前旗好来宝

群口好来宝

"好来宝"系蒙古语,意为连缀、串联、押韵,或称为连起来唱、串起来唱、排比联韵(即各句唱词的头一个音节谐韵),是深受蒙古族群众喜爱的民族曲艺形式之一。

好来宝源于12世纪前后。在一些早期的祝词、赞词中,已有联韵的特点,如"祝你成为千只羊的先锋,祝你成为万只羊的首领,祝你成为千万绵羊一般可爱,祝愿万千吉祥桩桩临门!""从前面看疑似一座高山,看到它的胸脯才认出它是骏骐。从侧面看疑似一处岩壁,看到它的腰身才认出是骐驹。从背后看……"这种连起来唱或串起来唱的唱法,是好来宝传统唱段。

元代已有用胡琴等伴奏的好来宝。胡琴,又称"胡尔",即蒙古四胡。蒙古四胡说唱者被称为"胡尔奇",指拉四胡说唱的民间艺人。当时,出现了一批蒙古族作者创作的重要历史题材的文学作品,这些作品大多歌颂大众的机智勇敢,同情劳动人民,同情下层妇女,描写英雄豪杰和对英雄人物的崇拜。胡尔奇将这些作品以好来宝的形式进行表述。

明代的好来宝曲目,反映了蒙古族人民渴望和平的愿望。在英雄和挑起战乱的魔鬼之间的殊死斗争中,最终都以英雄和人民获胜,魔鬼失败,人民得到安宁结束。这一时期,好来宝艺人的说唱具有浓郁的抒情色彩,其语言也在长期流传中日益精炼,更富表现力,乐器伴奏技艺也更为精湛。说唱的内容多是古今故事,高兴时笑语喧哗,悲伤时泪流满面。

16世纪后半期，好来宝的传统演唱形式中渗入了佛教思想和内容，经胡尔奇的传唱，成为好来宝的传统曲目。

清代中叶前后，胡尔已演变为四胡，成为胡尔奇主要的伴奏乐器。不少中华优秀古典小说、历史演义成为好来宝的表演曲目。胡尔奇还将自己熟知的历史和现实中的人物、事件、故事情节联系起来。

好来宝主要流行在内蒙古东部地区。1949年后，其传播到内蒙古其他地区。从表现形式看，好来宝可分为两大类：雅巴干（简便的或短小的）好来宝和胡仁（以四胡伴奏的）好来宝。雅巴干好来宝不用乐器伴奏，不受条件局限，在任何地方都可以演唱，是群众自娱的曲艺形式。又因其说唱某一段故事，又可以说唱社会或自然界的某种事物现象，具有演唱者少、不受演出场地限制、演出形式灵活多样等特点，很适合在交通不便、居住分散的草原牧区流动演出，因而深受蒙古族群众欢迎。

随着时代的发展和专业说书艺人的参与，有时雅巴干好来宝用乐器伴奏，成为胡仁好来宝。胡仁好来宝，是以低音四胡或中音四胡伴奏自拉自唱的好来宝，常出现在乌力格尔艺人的说书唱段中或舞台表演的曲艺节目中。乌力格尔艺人在演唱时，为引起观众的兴趣，活跃现场气氛，常常见景生情，即兴编唱几段好来宝。在书目的某些段落中，也常用好来宝曲调。1949年后，胡仁好来宝由单人发展为两人或两人以上的多人好来宝（也称群口好来宝）。在表演过程中，演唱者各持一把四胡边拉边唱或齐唱、对唱，形式灵活、表演生动，很受群众欢迎。随着群众文艺活动的蓬勃开展以及乌兰牧骑的创作和演出，这种多人好来宝也得到进一步发展，人数增多了，伴奏乐器除四胡外，还使用马头琴、三弦、扬琴、笛子等，场面红火热烈。这时的发展主要是形式上的，曲调本身没有多少变化，仍运用胡仁好来宝的曲目。对口好来宝由两人或两人以上说唱，分成甲乙两方，成擂台对阵式，演唱时有问有答，侧重抒情。以叙事为主的单口好来宝更富有趣味性，对阵双方或通过问答测试智力，或以戏弄取笑表达自己的意愿，表演幽默风趣。好来宝在科右前旗农家牧户的住所、婚宴、聚会等处演唱。蒙古族听众习惯上把对口好来宝分为两种，即问答式好来宝和岱日拉查（论战式）好来宝。以叙事故事为主的问答式好来宝在民间有着深厚的基础，是蒙古族群众自娱的重要形式，演唱时除说唱固定曲目外，还即兴编词，其内容包括传说故事、历史事件、天文地理、日常生活中的繁杂琐事等。岱日拉查好来宝多在蒙古族民间婚宴等喜庆场合演唱。由于岱日拉查好来宝中主要是口头即兴创作，双方一问一答，因此产生了不少优秀作品。

对口好来宝

此外，好来宝还采用

传徒授艺　　　　　　　　　　走村屯演艺

了少量的乌力格尔曲调，这类形式主要用在歌颂新人新事的创作书目中。胡仁好来宝的基本曲调约有30首，节拍为二拍，每首曲调由4个节奏型基本相同（XX | XX | XX X |）的乐节构成的8小节单乐段，个别曲目由4个4小节乐句构成，如《罕山颂》。好来宝旋律音域不宽，没有舒展绵长的乐句，唱调密集，节奏紧凑，完全是一种叙事风格。在较短的书目中，一般由一首曲调贯穿始终，较长的书目则由几首好来宝曲调连缀演唱，曲目由演唱者自己选定，并无固定程序和规范。

好来宝常用的调式为羽调式，占曲调总数的一半以上，其次为宫调式和徵调式，商调式和角调式则较少。个别曲目包含有调式变化，此外可见同主音羽商和同主音商徵的调式变化。

好来宝的唱词为谐头声（即句首音节的韵母、声母相同或相近）兼押腹韵、尾韵的韵文体即兴诗，句句谐声或隔行联韵、交叉换韵，比较自由。它运用幽默风趣的语言、夸张渲染的手法及机动灵活的形式，对社会生活中的人或事进行赞颂、鞭挞，而且随时随地尽兴发挥。以前，在日常生活和社会交往中，蒙古族常常利用这种音韵铿锵、形式简洁、易学易唱的好来宝作为相互联系的工具。随着胡仁乌力格尔的发展，胡仁好来宝更加普及，同乌力格尔并列成为当代蒙古族曲艺中的主要曲种。

自20世纪50年代以来，由科尔沁右翼前旗好来宝艺人和文艺工作者创作、演出的新曲目从不同侧面反映了科尔沁草原人民的生活。60年代中期，他们对好来宝传统演出形式做了大胆改革，由一名演员自拉四胡自唱的形式改为数名演员各持一把四胡演唱的形式，并用扬琴、三弦、笛子、鼓等多种乐器伴奏。几个人你一段我一段边拉边唱，或数人齐奏同唱一曲，使独唱、重唱、轮唱、合唱等交替运用，将吟诗、叙事、咏唱、舞蹈等糅为一体，令观众耳目一新。这种好来宝演唱方式被称作"乃日勒好来宝"或"交响好来宝"。之后，全旗各业余宣传队纷纷学演学唱，使之在更大范围迅速流传。1961年，科尔沁右翼前旗乌兰牧骑演员巴根创作的好来宝《改良马赞》，曾多次为前来视察工作的党和国家领导人演出，均受到好评和赞誉。20世纪70—80年代，科尔沁右翼前旗演唱好来宝的胡尔奇有管布、金山、苏日、源登、戴沃德、跑不了、高海泉、陈老虎、包名德、韩长寿、包莫日莫、海林等。此间，当地艺人除演唱好来宝传统曲目，还新编创作了《新生活颂歌》《战白灾》《阿爸的喜事》《唱唱咱们的特木勒》《我的家乡好》《歌唱察尔森》《党的富民政策到草原》等一批好来宝新曲目。管布的作品《英雄铁

三人表演的好来宝

2006年,科右前旗四胡协会会员在表演好来宝

龙》在全区获奖。一些好来宝曲目保留、传唱至今。1989年,科尔沁右翼前旗乌兰牧骑编创了好来宝剧《小孤儿》。近年来,科右前旗在全国、全区、全盟各级汇演、比赛当中获奖的交响好来宝曲目有《腾飞吧兴安》《前旗颂》《蓝色家园》《赞前旗》《兴安细毛羊》等,多达40多首。在各地电台、电视台录像播放和发表在各级报刊的好来宝曲目有上百首。科尔沁右翼前旗一批好来宝传承人多次在国家、自治区各级比赛中获奖,并将好来宝的创作、表演、研究推向了新阶段。

好来宝的发展是一个漫长、复杂的过程,作为一种艺术表现形式,其本身是群众社会生活的反映。一部(首)优秀的好来宝曲目以鲜明生动的艺术形象,真实地再现自然和社会生活中的场景,反映当时的经济、政治和文化,反映社会风尚、习俗,表现了不同人物的精神面貌、内心世界。因而,好来宝除了具有活态文化传承的价值,还具有民俗学、语言学、民间音乐学、民间文学的重要研究价值,在继承和发扬草原文化中有着独特的作用和影响。

好来宝凝聚着世代生活在广袤草原上各族人民的聪明智慧,具有原创性、群众性、自然性等鲜明特征,体现了独特的审美情趣。

2010年,科尔沁右翼前旗好来宝经兴安盟行政公署(兴署字〔2010〕79号)批准,被列入兴安盟第二批非物质文化遗产保护名录。

民间文学

巴拉根仓的故事

巴拉根仓的故事是内蒙古地区蒙古族人民的智慧结晶,是蒙古族民间讽刺文学代表作,他与藏族的阿古顿巴故事、维吾尔族阿凡提的故事同属一类。巴拉根仓并非实有其人,他是蒙古族劳动人民根据自己的愿望虚构出来的理想人物,是智慧的代表。在蒙古族地区,不同区域、不同时代的人们都将自己创作的一些故事称为巴拉根仓的故事。科右前旗地区流传的巴拉根仓的故事更为细腻。

《给巴彦治眼病》《村屯路上种谷子》《让贝子快快下轿》《让王爷久久等候》等故事在科右前旗广为流传。这些故事幽默诙谐,语言质朴、锐利,趣味性强。故事伏笔设在关键所在和故事的末尾,一经点破,妙趣横生,让读者在笑声中悟出深刻的道理。如我国众多民间故事一样,巴拉根仓的故事蕴藏着英雄主义、乐

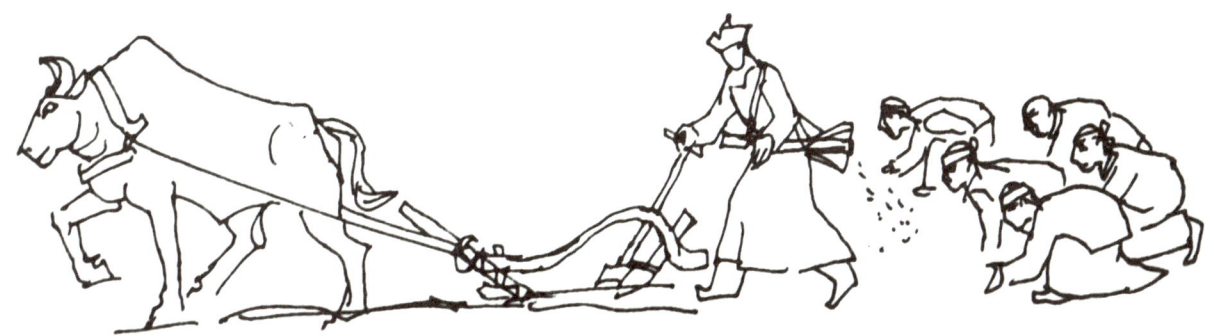

《村屯路上种谷子》故事的插图

观主义等崇高思想与美德，带给人们鼓舞与希望。故事中的巴拉根仓无所畏惧，面对贵族、巴彦、王爷的压榨和欺骗，积极寻找应对办法，替天行道。

巴拉根仓每次都充分利用王爷、巴彦等人贪图便宜、虚荣等心理战胜他们，替被侮辱、被迫害的贫苦牧民伸张正义，将斗争矛头指向凶残暴力、腐朽没落的统治者及其意识形态。如在《神奇的"火龙衫"》中，他将自己的破旧衣服说成火龙衫，被爱贪便宜的巴彦以三块银元外加一套新衣新裤换穿三天，结果巴彦被活活冻死。还有《让王爷久久等候》中，巴拉根仓向骑马的王爷高喊"这里有人参"并抓着一株草说是人参，让王爷抓住，自己去找人，王爷居然抓住那根草等了许久、许久……这个故事讽刺了巴彦等人爱贪便宜的性格和强烈的虚荣心，同时也在传扬真善美。

"风能刮到的地方，人们都知道巴拉根仓的名字。"巴拉根仓走到哪里，哪里就是他的家，哪里就有他的朋友。因为他替老百姓与官僚贵族抗争，由此这个人物具有深厚的群众基础。巴拉根仓是以塑造理想人物、传授智慧为主体的乌力格尔智慧。

2010年，巴拉根仓的故事经兴安盟行政公署（兴署字〔2010〕79号）批准，被列入兴安盟第二批非物质文化遗产保护名录。

旗级非物质文化遗产名录

传统体育

札萨克图赛马

赛马是蒙古族历史最悠久的运动之一，是那达慕大会上最牵动人心的项目。赛马运动的产生，与蒙古族的生产生活有着密切的关系。蒙古族狩猎放牧离不开好马，行军打仗少不了快马。由于生产和生活的需要，他们必须练就强壮的体魄和熟练的骑射技能。这是古代牧人生存的必要前提。

自清代以来，科右前旗以盛产札萨克图白马而声名远扬。札萨克图白马具有蒙古马的特征，有极强的耐力。蒙古族对马有着特殊的感情，都以拥有一匹善跑的快马而感到自豪。驯服烈马、精骑善射是牧民的绝技，人们通常把是否善于驯马、赛马作为鉴别蒙古族男子的标准。赛马具有广泛的群众性，不分男女老少，均可参加。比赛时，牧民为了减轻参赛马的负担，多让儿童（一般6—10岁）参赛。赛马比赛少则几十人，多则上百人，直线赛跑。在科尔沁右翼前旗，赛马形式基本是竞赛速度，赛程一般为10、15、25千米不等。参赛者不论老少大都不备马鞍，着华丽彩衣，显得格外英武。

乌兰毛都草原那达慕赛马项目，有按马的口齿（年龄）分成二岁马、三岁马、四岁马和公

马比赛。一般二岁马赛程10华里，三岁马赛程20华里，四岁马赛程30华里。按马的步态分为颠马比赛和走马比赛。颠马赛主要是比马步伐的稳健与轻快；走马赛主要比马的速度。赛马一般为直线赛跑，以先达终点为胜。

赛马是那达慕大会上最充满激情、最刺激的一项比赛项目。方圆几十里甚至几百里的牧民驱车乘马赶来，参加或观看赛马比赛。赛马场上，骑手头缠彩巾，穿彩色绸衫，扎着彩色腰带，绸衫前后、膝盖上都绣以花纹，以示吉祥。为了让马跑起来时长尾不缠于腿上，把马尾巴捆成一束。马鬃马尾都要装饰，系上彩色绸条。赛马比赛开始，骑手们在起跑线上一字排开，个个精神抖擞。起点和终点插着鲜艳的彩旗。待指挥员一声令下，骑手们便纷纷策马扬鞭，你追我赶，蹄声如雷，踊跃冲刺，直奔终点。场面惊心动魄，观众们不断为之喝彩。先到达终点者，将成为草原上最受人赞誉的健儿。比赛结束后举行颁奖仪式，授称号，奖励获胜者。

2010年，札萨克图赛马经科右前旗人民政府（旗政发〔2010〕55号）批准，被列入科右前旗第二批非物质文化遗产项目保护名录。

札萨克图传统沙嘎游戏

"沙嘎"系蒙古语,意为踝骨,俗称羊拐,是古代蒙古族用于游戏及占卜等活动的从五畜(绵羊、山羊、骆驼、牛、马)骨骼中挑选的特殊骨。沙嘎是哺乳动物后腿与后蹄之间游离状的踝骨,是绵羊、山羊、骆驼、牛、马等动物的四方形小踝骨。由于五畜踝骨的形状有六个不同的面,所以蒙古族把踝骨视为动物身体的灵魂骨,因此特别尊重。尤其五畜的踝骨,由于其优美的平衡结构,在游戏中被广泛使用。

沙嘎的结构在不同的地方有不同的名称。札萨克图地区把沙嘎的各个面命名为绵羊(蒙古语为"豁尼",又称"布和")、山羊(蒙古语为"意玛",又称"系格")、马(蒙古语为"莫日")、骆驼(蒙古语为"特莫格")、"翁高""通高"。有民谚说:"高高山上绵羊走,深深谷地山羊过,向阳滩上骏马跑,背风弯里黄牛卧,倒立起来叫不顺,正立抓个大骆驼。"宽凸面称绵羊,宽凹面称山羊或牛,窄凸面称马,窄凹面称骆驼,正立的叫"翁高",倒立的叫"通高"。

沙嘎在日常生活中还被当作游戏来使用,如运用在鹿棋、十二子棋、藏式鹿棋、五子棋、扔沙包捡沙嘎、手掌接沙嘎、弹沙嘎等游戏中。

用沙嘎玩鹿棋游戏

鹿棋游戏是民间游戏艺术。它尚未形成完整游戏体系,很多细节有待完善,会出现擅长游戏者一直赢或采用特殊棋子走法让对方无计可施的窘境、"执狗子者常胜"等局面,正因如此,其不能成为标准的棋类游戏。十二子棋游戏是札萨克图科尔沁人中广泛普及的沙嘎游戏,是一种棋类游戏。十二子棋游戏棋盘有24个营位,玩家各使用12个沙嘎。十二子棋游戏棋盘是由3个正方形套成,以直线连接正方形四角形成正梯形。连成3个横排或3个竖排就可以吃掉对方的1个沙嘎。刚开始,要把吃掉的沙嘎竖在棋盘上,待24个营位放足,再捡回被吃掉的沙嘎。这样就出现了可以继续活动的沙嘎路线,游戏便能继续进行。十二子棋游戏的缺点是刚开始投放时没能连成一排,就会

众人玩沙嘎

因为没有吃掉的沙嘎导致没有继续行走的路线，使游戏无法进行。该游戏属于民间棋类游戏。

藏式鹿棋需要在鹿棋游戏棋盘上进行，但不使用两山的营地。藏式鹿棋有25个营地。玩家各用10个沙嘎，空出棋盘上的中心（1）、肾脏（2）、胁（2）等位置，形成面对面排列棋局。虽然是一步步移动，但对手的沙嘎后面有空位可以跳过吃掉该沙嘎，如果有继续吃的机会，就可以串吃，也就是说可以连续跳过吃掉，吃完对手的沙嘎就算赢。游戏策略有必须考虑连续跳过串吃方式、堵住对方路线等。藏式鹿棋是沙嘎类游戏，是民间的一种棋类游戏。

五子棋游戏是一项有巨大挑战的沙嘎游戏，属于民间棋类游戏。棋盘是一个有25个营地的正方形，每侧有5个营地，对手各用5个沙嘎。在原点上，将5个沙嘎平行放置，一个一个营地移动。如果同一条线的营地上有2个沙嘎，只要对方不跨营地，就可以吃掉1个沙嘎。如果一条直线上有其他沙嘎，就不能吃掉。

扔沙包捡沙嘎游戏是专属姑娘们的游戏项目。玩者将沙嘎分散在毡子上，将沙包向上投掷时，在落地的瞬间，尽最大的努力抓住毡子上的沙嘎，并将沙包接住。如果没有抓住沙嘎或没有接住沙包，就轮到对方投掷。最后谁的沙嘎数量多，谁就获胜。此游戏考验玩家动作是否敏捷，还需掌握技巧，因此它是一项很好的感统训练游戏。

手掌接沙嘎游戏是专属姑娘们的游戏项目。两个玩家相互竞争，在毡子上弄乱多个沙嘎，将其抓住，然后向上投掷一定距离，落下时两手掌翻转，用掌背接住沙嘎，接住的沙嘎就是投掷者的。如此轮番进行比赛，数量多的一方获胜。最终输的一方按约定履行放牛犊、做饭等活儿。该游戏锻炼玩家的2个手掌以及10个手指的技巧和灵活度。当然，手指纤长的女孩在玩这个游戏时，会有先天优势。

弹沙嘎游戏是一项竞争激烈的游戏。玩家为2人，按照规则选择两侧营地，将规定数量的沙嘎分散在毡子上，对彼此营地的沙嘎进行弹击，被弹中的沙嘎就是胜利品。最后谁赢的沙嘎多，谁就是赢家。一般男子常玩该游戏，约定往往是收拾院子、起牛粪、饮马等等，输的一方就要按照约定干活儿。该游戏属于益智类游戏，开发人的大脑，锻炼手指力量。

2020年，札萨克图沙嘎游戏经科右前旗文化旅游体育局（旗文旅体发〔2020〕246号）批准，被列入科右前旗第七批非物质文化遗产保护名录。

民 俗

齐木合日习俗（去势）

去势现场

"齐木合日"系蒙古语，意为阉割，是指牧业生产过程中，阉割雄性仔畜的生产活动。

仔畜没有成熟之前阉割雄性幼畜是整个牧业生产中关系畜群改良和保证牲畜质量的技术性重要工作。牧民在经过观察、严格衡量的基础上选留少数种公畜之后（基本上500只左右的羊群，只留2—3只种公羊），对其余的雄性仔畜进行去势，以达到优胜劣汰、种畜进化的目的，并且把它当作生产性节日，牧民们聚集到阉割羊羔的牧户家，交流生产技术和经验，相互帮工，互相祝贺这一年接羔工作的成就和喜悦。

齐木合日一般在每年的春夏之交进行，牧户请德高望重的长者看阉割仔畜的日子，选定日子后，起早打扫环境卫生，消毒牛羊棚圈，对雄性仔畜进行去势。去势时相邻的牧民们赶来，技术娴熟的、手轻的下手操作，而且整个过程有相应的风俗礼仪和赞词唱诵。进行齐木合日这一天，主人要宰羊设宴，邀请邻里亲朋参加，并且用阉割下来的幼畜睾丸、肉汤、奶酪、奶油、葡萄、白糖、大米等做一些美味来招待大家，像过节一样，敬酒高歌，庆贺五畜兴旺，庆祝牧业丰收。

2020年，齐木合日习俗（去势）经科右前旗文化旅游体育局（旗文旅体发〔2020〕246号）批准，该项目被列入科右前旗第七批非物质文化遗产保护名录。

将羊赶到一起去势

蒙古族幼儿摇篮

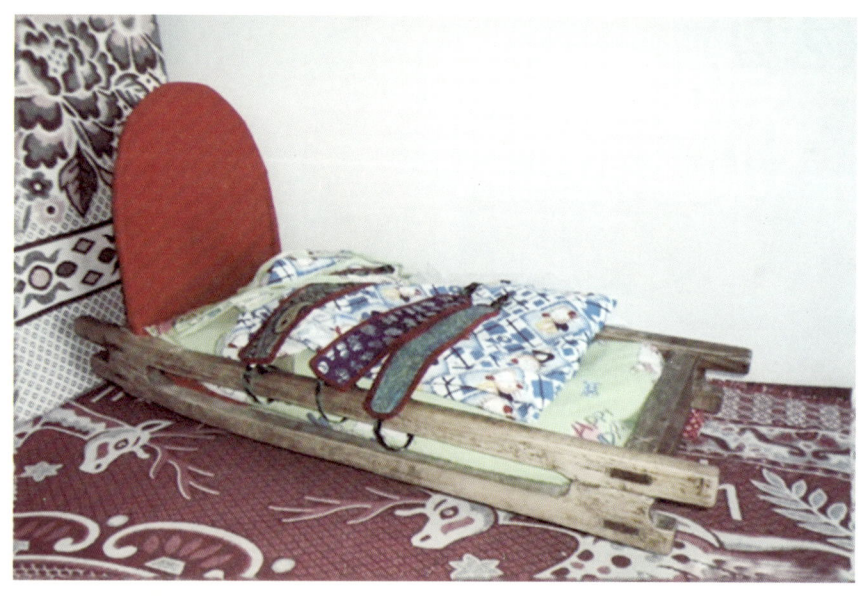

摇篮

蒙古族传统摇篮长约1.2米，宽35—40厘米，呈船型。制作摇车，一概不使用铁钉，各个构件采用铆榫方式连接。

蒙古族制作摇篮时采用开花结果的树木，如山丁树、杏树、稠李树等，取子孙繁衍、繁荣兴旺之意。摇篮一般由娘亲来送，制作摇篮由夫妻健在、儿女双全的长者来打造。摇篮由阿日拉、哈拉、塔塔斯、高格超、木吉、伊鲁、图沙、呼布其等部件组成。

阿日拉是指摇篮两侧的栏木，摇车的主要框架。两根栏木上都留有把手，便于摇晃。把手上雕刻蒙古族传统图案，不仅美观，还蕴含着希望一切顺利的美好愿望。

哈拉是摇篮前端的挡头，札萨克图人又将其称作"马哈拉"，把柳条弯成弓状，用红布或蓝布将其蒙好。哈拉可以起到遮风作用，以防婴儿的头部着凉。哈拉上通常挂铜钱、装饰小斧头、小镜子、海螺、弓箭等各种象征美好祝福的饰物。女婴的摇车挡头上必须挂上小镜子，期望女孩长大后像镜子般纯净、花一般美丽。男婴的摇车挡头上则挂小型弓箭等，寓意孩子长大后强壮有力，成为能骑善射、英勇无比的男子。

塔塔斯是摇篮的绊带，宽3—5厘米、长120厘米左右，通常将布料折叠3—4层后，缝成长条的带状，以便耐用。

高格超是带铁环的绳扣，系在栏木上便于串绊带。

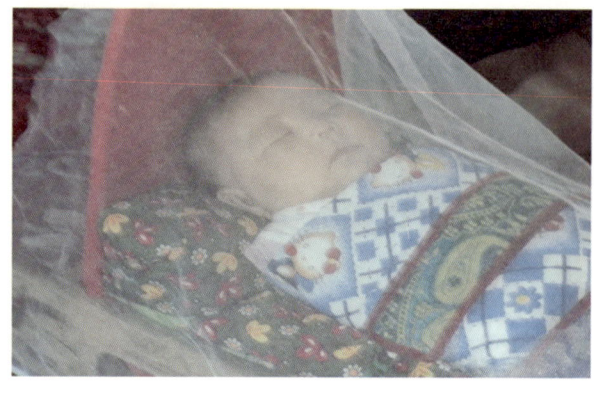

摇篮中熟睡的婴儿

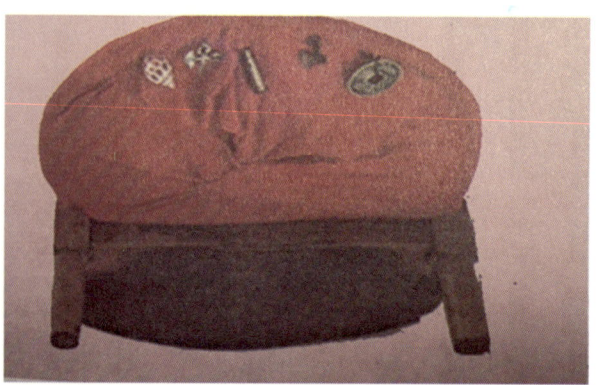

哈拉

木吉又称"杜贵",取半圆形之意,是连接两根栏木和底部的辋,呈弧形,头端略高,末端的略低,便于摇晃。

伊鲁是摇车底部的竖木条,即撑子,起到承托睡垫和婴儿的作用。

图沙又称"木吉",栏木两头的横档,是连接栏木和整个摇车构件的横条。

呼布其是皮绳,把它的一头系在挡头顶部(中心),一头系在摇篮末端的横档,上面蒙上纱布,以防蚊子叮咬或苍蝇飞落,从而影响婴儿睡眠。

新生儿进乌勒给要举行进摇篮仪式,仪式通常由新生儿的奶奶、姥姥、伯母、舅妈或姨妈来操作,先取一点黄油涂抹在栏木上,再在摇篮中铺上荞麦皮睡垫

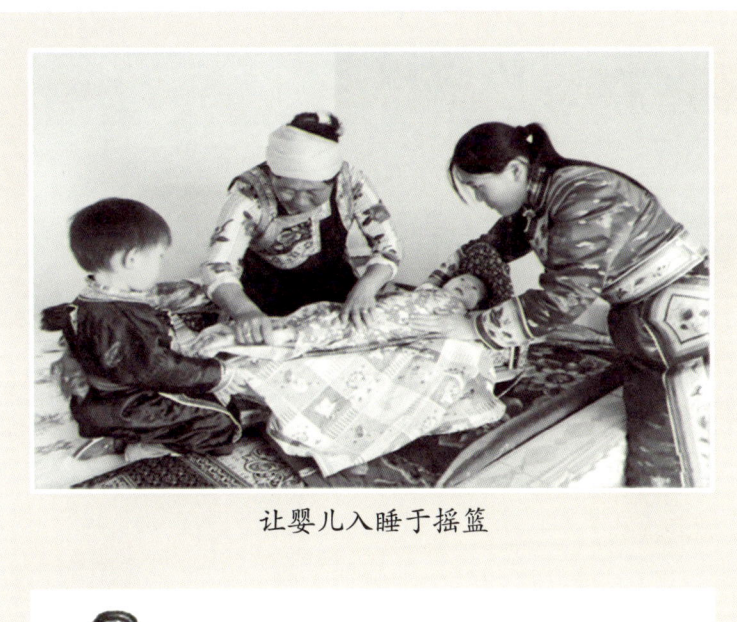

让婴儿入睡于摇篮

摇篮简图

(俗称炕口袋),上面铺上裹孩子的包布,有的还铺一层筛净加热的细沙子(起吸湿作用)。届时由长辈念诵祝词,祝福主人家人丁兴旺、新生儿茁壮成长,然后把婴儿抱到摇篮上,用包布裹紧后系上绊带,盖上小被子或者薄毯,轻轻摇动使婴儿入睡。

2020年,蒙古族幼儿摇篮经科右前旗文化旅游体育局(旗文旅体发〔2020〕246号)批准,被列入科右前旗第七批非物质文化遗产保护名录。

传统技艺

蒙古族拉弦乐器制作技艺

蒙古族拉弦乐器主要有潮尔（在我国北方民族中流行的弓弦乐器）、马头琴、四胡等，主要用于为独奏和说唱类唱腔伴奏。在科右前旗传承较好的是马头琴的制作工艺。

马头琴基本构造由音箱、琴杆、琴弦、弦轴和拉弓几部分组成。琴杆用梨木、红木制作，大者长124厘米，小者长70厘米。音箱多为正梯形或倒梯形，也有六方形或八方形的。框板用硬木制作，两面蒙马皮、牛皮或羊皮，上面绘有图案，也有背面蒙松木薄板的，两侧开有音孔。琴杆上部左右各置一弦轴，弓以藤条为杆，拴以马尾，另以两条马尾为琴弦，纯四度或纯五度定弦。

位于科右前旗工业园区内的内蒙古金杭盖民族手工艺品制作有限公司是兴安盟民族文化产业中，生产规模较大、产品种类较全的民族文化产业企业，生产的马头琴、四胡等民族乐器，深受国内知名演奏家和广大乐器爱好者的好评。同时，也开辟了国际市场，产品远销日本和东南亚、欧美等地区。公司制作的马头琴有如下特点：一是在马头雕刻上，使用松木、柞木或果木等柔软耐用的木材，雕刻出符合大小和比例的马头形状，然后做出耳朵、鼻子和嘴巴等细节

手工制作琴箱

手工制作琴杆

制作车间

人工刨光

马鞍形专利琴

部分。手工雕刻的马头侧面带有祥云图案，蕴含着吉祥如意之意。二是在琴杆制作时，将木材经过刨平后逐渐修整到所需的尺寸和形状，制作出琴杆。根据需要，再加上调音键和指板。制作琴杆、背板和侧板时选用东北五角枫（色木），面板用的是从俄罗斯进口的云杉木，所以制作出来的琴既美观又耐用。三是纯手工传统制作拉弦架。弦架是由两个竖立的木柱和一个横跨在两个柱子上的弯曲木片制作而成。四是在琴身的制作上，对传统马头琴构造外观进行了改革，改为马鞍形。五是装配琴身与琴杆。将制作好的琴身与琴杆相结合，并进行细致调整，以确保琴身和琴杆的联合结构牢固、弹性良好。六是上弦和调音。在马头琴上安装适合的琴弦，并通过微调弓手和琴杆上的调音键，调出最合适的音调和音色。

制作马头琴时，在选材上下的功夫较多，琴身是用10年以上自然干的木料制成。制作这样一把好琴，需要耗时2年多。用在马头琴身上的共鸣板，又叫腰板，通常用松木、柞木等木材制作。将板材加工至合适的厚度，然后对板材进行弯曲和塑形，根据需要适当调整形状、切割和打孔等。

马头琴无论是外形还是制作时所用的材料，无论是音色还是基本的演奏技巧，都体现了蒙古族艺术特征，充分反映了蒙古族传统的生活方式。作为蒙古族艺术传承与发展的代表之一，马头琴利用独特的音色所演奏的音乐形式对我国的民族音乐产生了一定的影响。

2020年，蒙古族拉弦乐器制作技艺经科右前旗文化旅游体育局（旗文旅体发〔2020〕246号）批准，被列入科右前旗第七批非物质文化遗产保护名录。

成品马头琴

半成品马头琴

蒙古包营造技艺

蒙古包是蒙古族的传统住所，是蒙古族游牧时的居所。近些年，蒙古包逐渐从蒙古族的生活中消失，但作为一项文化遗产，它以不同的形式在各类博物院、旅游景点保存了下来。

蒙古包的整体结构分为包顶和哈那两部分。蒙古包的包顶主要由天窗和幪毡组成，有的地方有尖顶蒙古包。蒙古包的哈那，其图案形状如鱼网纹，是将柳木条用皮绳缝编成菱形网眼的网片，是蒙古包毡壁的木制骨架，一组为一个哈那。它作为一种图案在各处被使用，蒙古族将其称为"乌力吉贺"（吉祥文字图案）。

早期的蒙古包有2种：一种是载于车上可以移动的蒙古包；一种是能够拆卸、直接在草地上搭建的蒙古包。载于车上的蒙古包大小不一，小的载在车上，一头牛或一匹马就能拉走，而大的则需多头牲畜拉载。

蒙古包的主要构造由架木、苫毡（覆盖物）、绳带三大部分组成。架木是由套瑙、乌尼、哈那、门组成。套瑙为架木的首脑，是蒙古包的天窗，它的大小决定乌尼的长短、数量。套瑙为圆拱形，如撑开的伞，一般由3个规格有序的圆形木环和4个弧形木梁组合而成，最大的圆木环外侧凿有方形插口。乌尼即椽子，是连接套瑙和哈那的木杆，木杆长约为套瑙直径的1.5倍，上端较细，下端较粗，上端插入套瑙环形木的方口，下端穿有孔眼，与哈那的孔眼一致，

安装蒙古包

用绳与哈那连接。将若干哈那连结,形成一个圆形,就是蒙古包的墙壁。蒙古包的大小,一般由哈那的多少而定。普通蒙古包,多有4—6个哈那,也有8个或10个哈那的大蒙古包。苫毡由顶毡、顶棚、围毡、外罩、毡墙根、毡幕等组成。蒙古包的苫毡夏季盖一层,春、秋季节盖两层,寒冷的冬季则盖三层,并在里面挂帘子。套瑙上盖的毡子叫顶毡,蒙古语称"额入和",是盖住套瑙的正方形毡子,四周都有扣绳,夜间压盖,为正方形,白天揭开一半变成三角形。它有调节包内空气、温度、光线强弱等作用。顶毡亦称毡包之帽、顶饰,素来被牧民看重。拆卸毡包时,最先拿掉的就是顶毡,要放在离脚较远的地方,防止践踏和跨越。迁徙时,苫盖和佛像放在一起,走在车乘的最前面。绳带由围绳、压绳、捆绳、坠绳等

绑哈那

苫围毡

组成,它使蒙古包形状不变,防止哈那向外散开,避免顶棚、围毡下滑,对蒙古包的稳定和延长寿命都有很大的作用。

随着社会变迁,人们居住环境不断变化,传统蒙古包无论从构造结构还是内部装饰上都有了很大变化。

近些年,科右前旗蒙古包制作技艺开始具有显著的特点。一是蒙古包整体框架从传统方式升级为全实木结构,更结实耐用。蒙古包的哈那伸缩性变强,高低大小可以调节,支撑力更大,外形更加美观。哈那头均匀承受乌尼传来的重力以后,通过网眼分散和均摊,减少了哈那腿上的压力。制作哈那的木头一般为红柳,红柳具有轻而不折,打钉眼不裂,受潮不变形,粗细一样,高矮相等,网眼大小一致的特点。用红柳制作的蒙古包不仅符合力学要求,外形也更加美观。

二是档次直线提高,从过去朴实、单调风格转变为豪华、舒适型风格,实木全雕刻。实木雕刻家具和手工彩绘家具更是工艺精细、选材优良,选用进口红橡、赤杨、榆木、桦木等。同

蒙古包群

时，大胆创新地选用特制PC板制作蒙古包哈那，其材质透明度如玻璃，坚韧度如钢板，赋予了传统蒙古包现代元素与功能，成为游客观光景区的一大亮点。

三是蒙古包直径越来越大，实现了无柱制作技术。蒙古包选材精美，外观精美，内饰精美。

四是与自然和谐融为一体，独具匠心。新型蒙古包以卫拉特风格为总调，顶部隆起、坡度大，便于雨雪迅速滑落而减轻包顶压力。新型蒙古包顶为拱形，其承受力最强，上下形成一个强固的整体，可以有效防止草原上的沙暴和风雪的袭击。由于包顶是圆的，遭遇雨雪天气时，把蒙古包的顶毡盖上，它就形成一个球状封闭体，再大的雨也不会漏进包里。由于新型蒙古包选材特殊，地面安装了地热、电暖等设施，所以舒适干燥，冬暖夏凉。

五是重新改造的蒙古包更适应游牧生活，具有搭建快、拆卸易、装载轻、维修方便等特点。

2020年，蒙古包营造技艺经科右前旗文化旅游体育局（旗文旅体发〔2020〕246号）批准，被列入科右前旗第七批非物质文化遗产保护名录。

蒙古族枕头制作技艺

蒙古族枕头是指两头有枕顶的长方形长枕头，因其形状似一个长筒，由此还被称作筒枕。

蒙古族枕头通常由面料和衬料组成，面料多为质地柔软的缎子、棉布，顶子上绣着各种喜庆吉祥的图案。

枕头顶，简称枕顶，蒙古语称为"德仁布朗"，即绣着吉祥纹样的枕头顶绣片。枕顶装饰图形主要有鸟兽、五畜、花卉、哈马尔（如意或云头）以及几何形纹样，种类繁多、色彩丰富，象征着吉祥、喜庆、平安、和谐。

枕头

数百年来，在科尔沁蒙古族聚居的村屯，枕顶刺绣一直是群众喜爱的传统艺术和民间技艺。科尔沁蒙古族枕顶刺绣，吸纳了汉族、满族等民族精湛的刺绣技艺，制作精美、风格独特，有明显的地域特点和民族特色。

枕顶刺绣方法通常有平绣、贴绣、镂空绣、绕线绣和打籽绣等，但人们大多采用平绣。刺绣图案的内容、大小及颜色因枕头使用者的年龄、性别及喜好不同而不同。枕头顶除了在日常生活中被普遍使用外，还被当作赠送亲人的珍贵礼品。许多蒙古族女性一生都将此珍藏，极为爱惜。

枕顶

枕顶的底料多以单色棉布为主，个别也喜用花色棉布、花纹缎面和素色缎面作为陪衬，用料求结实耐用，多以红色、绿色、天蓝色或黑色为底色。用黑、蓝布镶边，宽窄约为3厘米，并根据布料盈余进行边宽调整。制作时用明线缝制绣片边缘，四角多为直角或圆角，与底色合理搭配，既起到保护绣片边缘的作用，又烘托了绣片的纹样。枕顶上绣制梅花、牡丹、莲花、山丹花和佛手等生活中常见的花卉图，还有蝴蝶、金鱼、喜鹊、兔、猫、鹿、鹤等寓意吉祥的动物纹样。画面疏密有度，组合形式简朴大方。画面形式多样，在丰富的想象和精湛的工艺中融入浓厚的情感和美好愿望，如象征甜蜜爱情、婚姻美满的蝶恋花；寓意雍容华贵、繁荣昌盛的富贵牡丹；有鱼戏莲和喜鹊登梅；还有飞鸟闹春、福寿富贵、五畜兴旺等传统意象。鹿和鹤组合寓意长寿健康，"鹿"即"禄"，"莲"即"连"。一副枕顶刺绣纹样对称相同，互为呼应。总之，枕顶图案丰富、色彩艳丽、刺绣工艺精细，富有情趣和变化。

枕头顶刺绣，因使用的人群和形制大小的不同分为大枕顶、偏枕顶、小枕顶、象形枕顶等。

大枕顶，多为正方形，长、宽为18厘米，也有长达20厘米的较为宽扁的样式。

偏枕顶的大小为长20厘米，宽为9厘米，约为大枕顶枕头宽度的一半，用于较为扁长的枕头底色，图案丰富多彩。

小枕顶多为儿童使用，长为14厘米左右，宽在7厘米以上，镶1厘米左右边，小巧精致。图案有蝶鸟戏花、鹊戏牡丹、蝶恋花、山丹花和梅花等，都象征一生安康。除以上适于儿童使用的正常规格的小枕头外，还有象形枕顶，造型多为动物头像，如虎头、牛头等形状，造型生动、形象，做工细致逼真。枕顶针法多样，有平绣、贴绣、绕线绣、镂空绣和打籽绣等，都是根据不同的需要而制作，寄托了缝制者对于儿童健康成长的护佑之意。

传统枕头有单人和双人之分，单人的长约60厘米，双人的长约1米。

时至今日，人们将绣枕头顶作为礼物馈赠亲朋，有的老艺人特意制作枕头留给儿孙结婚时用。

随着经济的发展和现代生活的不断变化，使用传统枕头的人日益减少，枕头这一日常用品已被现代流线型扁形枕头所替代。掌握蒙古族传统枕头顶刺绣技艺的民间艺人日益年迈，传承人较少。枕顶刺绣已经从大众性技艺成为民间传承的非物质文化遗产。

2020年，蒙古族枕头制作技艺经科右前旗文化旅游体育局（旗文旅体发〔2020〕246号）批准，被列入科右前旗第七批非物质文化遗产保护名录。

传统烟袋缝制技艺

根据史料记载，烟袋起源于明朝，盛行于清朝。蒙古族传统烟袋作为蒙古族男子随身佩戴的物件，是蒙古族传统服饰的重要组成部件之一，受到汉族和满族文化的影响，逐渐形成蒙古族特色。它既是蒙古族文化的见证，又是各民族文化相互融合和影响的缩影。

传统烟袋的材质分为羊皮和纺织面料，后来伴随民族交往的增多，制作烟袋的主要材质由羊皮、棉布大绒转变为光滑耐脏的丝质面料。烟袋为长方形的小扁袋，口子较小，底部用细线绣齿纹花边，中间是山水、花草、鸟兽图案。

传统烟袋用料考究、色彩多样、图案精美、针法细腻。烟袋一般由沉头、烟口袋和飘带（流苏玉坠）三个部分构成。烟袋花式多样、琳琅满目，虽然使用其他颜色的情况也很多，但是一般情况下，使用颜色较多的为黑色。科右前旗传统烟袋多为长方形小袋，上窄下宽，下部多点缀有彩色丝带，如红、黄、蓝、绿、粉、橙六色，它是蒙古族装饰艺术的一大特征，飘带条数不同代表着不同的寓意。一般采用深底浅花以强烈的对比色突出其主要纹样，使烟袋显得十分华丽和生动。各种绸缎底部、条子的搭配运用鲜艳夺目。

虽然烟袋是小型的物件，但是制作精美，因为它具有很深的寓意和含义。蒙古族以烟袋为寄托，赋予其各种美好的祝愿，赠予亲人和新人，表达对幸福生活的祝福与向往。

科右前旗传统烟袋具有纯正的质地和独特的刺绣神韵，是蒙古族服饰文化不可或缺的组成部分。

如今，烟袋已经逐步失去实用性，慢慢变成一种工艺收藏品。它以工艺美术的装饰性特征和抽象构成、精美刺绣图案、设计样式在工艺美术领域用得普遍而广泛。

2020年，传统烟袋缝制技艺经科右前旗文化旅游体育局（旗文旅体发〔2020〕246号）批准，被列入科右前旗第七批非物质文化遗产保护名录。

蒙古族皮雕画

蒙古族皮雕画工艺创作灵感来源于古老而又辽阔的大草原，他们创作了大量精致而有价值的艺术作品。

皮雕画艺术是从皮雕实用功能中逐渐演变出来的艺术种类，它是在皮革上制作的一种技艺。皮雕画工艺创作，最早可以追溯到游牧民族逐水草而居的时期。《票子》一书中就有详细记载。

皮雕画的题材内容主要有图腾、历史人物、民族风情等。皮雕画有雕刻的，也有绘画及烙烫等形式，是采用古老的凸版工艺，完全手工制作而成。

皮雕画用的画纸是优质的整张牛皮，经过传统工艺精制加工而成。现今的皮雕画除保留了古朴韵味外，融入现代民族工艺技法，成为一种难得的馈赠佳品和高雅的室内装饰品。皮雕画分布于整个蒙古族居住区域。科右前旗流传下来的蒙古族传统手工艺皮雕画是集绘画、雕刻、烙画三种风格于一体，体现了主题、背景、装饰性等内容特征。

皮雕画是在整张牛皮上，经过传统工艺制作，然后在皮上彩绘。皮雕画具有较强的视觉冲击力，立体感强，典雅高贵，

可以永久珍藏。

皮雕画不同于其他皮艺产品的独特优势主要表现在：它以特殊配料鞣制而成的牛皮为制画材料，既能防腐又能防霉，质地细腻柔韧，厚薄适度，利于表现皮画艺术效果；它以专用皮革染料绘画，着色牢固，色彩鲜艳，保持了牛皮的天然质感；它将绘画平面艺术与立体造型相结合，凸显半浮雕效果，使形象更加生动逼真，显示出平面画难以达到的视觉、触觉效果；画框以细木工板做底板，以造型木条为骨架，外用牛皮、马皮、羊皮蒙框，用皮线或革线编花。这样的画框既坚固又高雅，而且与画面风格协调统一。制作皮画需16—20道工序。

制作皮雕画全凭手工操作，技术性强，难度较大，体现出手工技巧的特殊风格，具有广泛的适用空间。不同画种、不同技法或风格都可在皮雕画上充分表现。古今中外名家的国画、油画、装饰画、岩彩画以及包括人像在内的摄影作品，均可移植仿制成皮雕画，亦可由画家、书法家直接在牛皮上创作新作。

2020年，蒙古族皮雕画经科右前旗文化旅游体育局（旗文旅体发〔2020〕246号）批准，被列入科右前旗第七批非物质文化遗产保护名录。

传统舞蹈

蒙古族安代舞

千人安代舞

安代舞在明末清初时发祥于科尔沁草原南端的哲里木盟（今通辽市）库伦旗。安代舞最初是一种用来医病的萨满教舞蹈，后来演变为表达情绪的蒙古族民间舞蹈。

关于安代舞的起源有个优美的传说。相传很早以前，在科尔沁大草原上父女二人相依为命。有一天，女儿得了一种怪病（相思病），神志恍惚，举止失常，怎么治也治不好，老父亲只好用牛车拉着病重的女儿去外地求医。不料走在半路上，遇上风雨，车轮陷在泥里，车轴也断了，可怜的老父亲急得不知如何是好，围着牛车来回转。女儿奄奄一息，生命危在旦夕，无奈之下，老父亲围着牛车高声唱起祈求神灵的歌曲。这歌声引来了众多乡亲，他们见状潸然泪下，跟着老人甩臂跺脚，围着牛车哀歌。这样唱着、舞着，雨突然停了，太阳出来了，姑娘的病情也好转了，她下车加入人群中唱歌跳舞，不知不觉中病就好了。这一奇闻不胫而走，后来草原上不管是求雨、祭敖包还是举办那达慕盛会，人们都用这种载歌载舞的形式抒发情感。人们围成一个圆圈，敞开长袍的下摆，右手拿一块绸巾，边歌边舞，曲调悠扬婉转，人们给这种舞蹈起了个名字——安代舞。依据习俗，早期的安代舞表演场地中间常立一断轴车轮或木杆，意为镇妖避邪。参加者围成圆圈，右手握一块绸巾或扯起蒙古袍下

草原上跳安代舞

那达慕上安代舞演员入场

摆，随领唱（领舞者）边歌边舞。唱词内容丰富，活泼生动，富有即兴色彩。

安代舞分传统安代舞和新安代舞。传统安代舞有准备、发起、高潮、收场几个程序，都由博来主持。在舞蹈时，先围成圆圈站好，手持彩绸或手帕，随着领唱者的歌声翩翩起舞。主要动作有跺脚、踢步、绕市和摆中等。舞蹈的顺序为站起、慢走、行进、劝慰、起兴、送别等。手中的彩绸随着脚步向下甩去，再向上扬起，舞至高潮时，顿足踏步如同万马奔腾，起伏跌宕彩绸翻飞。

传统安代舞没有乐器伴奏，常以歌相伴，歌唱是安代舞的主要特征，高潮时以"啊哈嗬""合吉耶""奔布来"等衬词呼喊助威。从艺术角度来看，安代舞是一种以唱为主，伴之以舞蹈动作的一种民间歌舞形式。其音乐曲调风格独特，有强烈的感染力，便于歌手根据不同情景表达不同的情感。安代的唱词除开场和收场部分因仪式需要基本确定不变之外，其他皆不固定。才思敏捷、善于辞令的歌手尽情地用诙谐幽默的唱词抒发情感，或赞美，或嘲讽，或嬉笑怒骂，不拘一格。一人领唱众人应和，成百

广场安代舞

排练安代舞

上千人载歌载舞。安代舞体现了强烈的自娱性、鲜明的民族特色，轻松愉快，简单易学，唱词随编随唱，富有感染力。男女老少皆可入场欢跳，没有时间、地点的限制，只要依其音乐的节奏甩巾踏步，与领唱歌手相应和即可。

随着历史的发展和社会的进步，安代舞成为民间舞蹈艺术。置于安代场子中央的木杆或断车轴不见了，人们不再面向圆心围着圆圈跳舞。安代的道具由以前的铃鞭、毛巾、裙襟发展成红色的绸巾，后来又发展为黄、绿、粉等多种颜色，新安代舞更具有娱乐性和审美性。

安代舞在科右前旗乌兰毛都草原有着深厚的积淀和广泛的群众基础。逢年过节、庆祝丰

安代舞

收、婚嫁和迎宾的宴会上，人们都要跳安代舞。舞蹈动作有甩巾踏步、绕巾踏步、摆巾踏步、拍手叉腰、向前冲跑、翻转跳跃、凌空踢腿、腾空蜷身、左右旋转、甩绸蹲踩、双臂抡绸等等，这些优美潇洒的动作，融稳、准、敏、轻、柔、健、美、韵、情于一体，形成了盛大的狂欢场面，把美和对美的追求推向了极致。

经过不断完善和发展，安代舞逐渐成为那达慕盛会上最受欢迎的舞蹈之一，成为具有地方特色的集体健身舞。如今的安代舞更广泛地流行于民间，经过本地众多民间艺术家的不懈努力，已经演变为草原人民健身娱乐的绝佳方式。2018年，在乌兰毛都草原上举行的那达慕大会上，千人安代舞同台共舞，彩绸飞舞，边歌边舞，高潮迭起，热烈、奔放的安代舞为大会增添了火热的激情与光彩。

2020年，蒙古族安代舞经科右前旗文化旅游体育局（旗文旅体发〔2020〕246号）批准，被列入科右前旗第七批非物质文化遗产保护名录。

安代舞

微信扫码
享：云端精彩
查：文化名录
看：传承故事
游：草原盛景

传统美术

兴安黄蜡石玛瑙石赏石艺术

黄蜡石

兴安黄蜡石产自大兴安岭南麓归流河和洮儿河流域。兴安黄蜡石的形成过程是因地质运动，破碎的石英石滚入酸性的泥土中，经过亿万年的低温溶蚀，其表面产生蜡状釉色，温润而坚，韧性强，硬度为6.5—7度。

兴安玛瑙石分布于科右前旗归流河、洮儿河流域，是中生代火山喷发形成的玄武岩气孔，其中凝结的二氧化硅经新生代风化、河流冲蚀、搬运的动力作用而形成。黄蜡石根据颜色可分为黄蜡石、红蜡石、白蜡石、黑蜡石四大类；根据质地可分为冻蜡、胶蜡、细蜡、粗蜡、晶蜡等。黄蜡石含有锌、铁、镁、钼、硒、铬、锰等多种对人体有益的微量元素，能增强人类机体免疫力。

兴安黄蜡石有和田玉的温润，有翡翠的硬度，有田黄石的色泽，有钻石的光泽。同时，兴安黄蜡石既有翡翠可见的纤维状隐晶体或显晶体的结构，也有与和田黄石相似的萝卜纹，加之黄红色的富贵、吉祥色调，倍受观赏石界和广大石友的青睐。目前，科右前旗境内有兴安黄蜡石雕刻加工厂3个，奇石底座加工厂3个，大型奇石市场1个。科右前旗兴安黄蜡石从业人员近100人。

科右前旗全境都是黄蜡石主产区。科右前旗归流河和洮儿河流域出产的兴安黄蜡石，是兴安盟的地理标识之一，也是大兴安岭文化带祥瑞灵玉的物质载体，在全

红丝玛瑙

黄蜡石

国黄蜡石中独树一帜。目前,兴安黄蜡石及其相关产业已形成采集、整理、相石、命题、配座、品鉴、展示、收藏于一体的产业链,挖掘石文化,真正以实践诠释归流河、洮儿河流域文化,宣传兴安盟,助力兴安盟科右前旗经济发展和繁荣。

目前,兴安玛瑙石艺术已经成为兴安盟独具魅力的"生态兴安名片"。中国民间文艺家协会会员、中国观赏石协会会员、国家二级观赏石鉴评师、国家观赏石价格评估资质人员、兴安盟黄蜡石收藏家齐国平命名的兴安玛瑙石玉种被编入《中国石谱》名录;兴安黄蜡石画面石——"中华龙"和兴安玛瑙石象形石——"天池"被选入《中国石谱》。这在兴安盟乃至大兴安岭玉文化带发展史上具有里程碑意义,填补了兴安盟在国家玉石名录中没有玉的空白。

兴安玛瑙石颜色有红、黄、白、紫、墨、黑等,各种颜色相间,呈带状、缠丝状,流光溢彩,具有瘦、皱、漏、透等美学价值和形、质、色、纹、韵等鉴石特征。兴安玛瑙石赏石艺术也有一个传承谱系,它以社会、家庭、师徒传承为主线,以石谱为传承载体,形成完整的兴安玛瑙石赏石艺术体系。

归流河中的玛瑙石

2017年,兴安黄蜡石玛瑙石赏石艺术经科右前旗人民政府(旗政发〔2017〕75号)批准,被列入科右前旗第六批非物质文化遗产保护名录。

玉石宴

黄蜡石皮囊酒壶

科尔沁右翼前旗
民间传统文化之乡

★ 满族屯满族乡——全区民间艺术之乡
★ 全区民间文化艺术之乡（札萨克图刺绣之乡）

民间传统文化之乡

满族屯满族乡——全区民间艺术之乡

满族屯满族乡位于科右前旗西北部，西与锡林郭勒盟、东乌珠穆沁旗交界，北靠阿尔山市，东与索伦镇、德伯斯镇相连，南与乌兰毛都苏木毗邻，西北与蒙古国接壤，边境线长32.456千米。满族屯满族乡总面积3340平方千米，总户数908户，总人口4357人，是一个边境少数民族乡。全乡草原面积345.77万亩，天然林面积75万亩，自然资源十分丰富，有200余种中药材，有几十种野生动物，地下矿产资源种类繁多。满族屯满族乡境内有国家级保护文物金界壕，有千年古树、古井、敖包山和美丽的草原风光，以及引人入胜的民间传说。

满族屯满族乡古名称为"图布台扎拉嘎"。后金天聪八年（1634年），诺日布台吉娶郑亲王济尔哈朗第六女萨木嘎其其格公主为妻。萨木嘎其其格公主嫁与诺日布台吉时，她的表哥巴布代扎兰（完颜氏）随公主而来，管理公主的日常生活和财产。婚后，诺日布台吉和萨木嘎其其格公主手握康熙帝赐封给完颜氏的铁券家书和祖传宝剑，带着表哥及陪嫁的木、瓦、铁、石、金银匠一行60多人，千里迢迢回到札萨克图旗，沿洮儿河逐水游牧，沿着金长城北行，在水草丰美的图布台扎拉嘎定居下来从事畜牧业，繁衍生息至今。

300多年来，勤劳、勇敢、智慧的满族人民在建设美好家园的同时，也获得了很多荣誉。满族屯满族乡于1994年、1999年先后2次被国务院授予全国民族团结进步模范乡，3次荣获自治区民族团结进步模范乡称号和第九批全区民族团结进步示范单位称号。2021年，获得自治区民族团结进步奖。文化站曾被授予全区先进文化站、自治区先进文化站称号。"生态乡、民族乡、边境乡、革命老区"是满族屯满族乡的响亮名片。

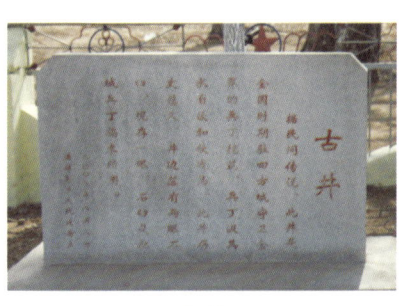  

古井　　　　　　　　　　古树　　　　　　　　　草原文化节

自然风光　　　　　　　　图布台河　　　　　　　　查干敖包山

　　满族屯满族乡充分挖掘民俗文化的底蕴和内涵，挖掘、整理民俗文化资料，建立健全民俗文化艺术档案，编辑出版《札萨克图民歌》等图书和唱片，积极开展文化队伍建设体系，培育民间文化艺术团队，培养民俗文化艺术带头人。乡文化站先后组织成立了满族屯业余乌兰牧骑、安代舞表演队、满族服饰表演队、蒙古长调协会表演队、四胡表演队、民间秧歌队等业余文艺表演队和民间组织。2009年以来，乡文化站已连续组织举办12届科右前旗札萨克图民歌业余歌手大奖赛。2019年，成功举办满族屯满族乡科尔沁民歌文化节。2009—2018年，科右前旗札萨克图民歌业余歌手大奖赛连续10年荣获各种奖励。满族屯满族乡于2003年被自治区文化厅授予民歌之乡的美誉。2005年，被自治区党委宣传部、文化厅授予全区民间艺术之乡荣誉称号。

满族屯满族乡全貌

全区民间文化艺术之乡（札萨克图刺绣之乡）

各种绣品

　　乌兰毛都苏木位于科右前旗西北部，距离科右前旗政府所在地130千米，东与德伯斯镇相连，东南与阿力得尔苏木相接，南与桃合木苏木为邻，西与锡林郭勒盟东乌珠穆沁旗、科尔沁右翼中旗接壤，北与满族屯满族乡毗邻。乌兰毛都苏木区域面积2408平方千米，辖6个嘎查、1个社区，总人口4492人。

　　乌兰毛都苏木地处大兴安岭南麓，地形地貌属丘陵山地，与连绵的群山相连，乌兰毛都草原属科尔沁草原北部丘陵山地草场，归流河、乌兰河等缓缓流过。这里的历史文化极其丰富，保留着科尔沁草原的传统风俗，是札萨克图民俗文化资源保留最完整的地区之一。札萨克图儿女在这片草原上世代繁衍生息，创造了独具民族与地域特色的文化。其中札萨克图刺绣作为科右前旗代表性的非物质文化遗产，在科尔沁草原上被传承发扬，绽放绚烂的光彩。

　　在古代，蒙古族非常注重女子在缝制技能方面的培养。无论是普通百姓还是显贵人家，在

女子长到10岁左右便开始督促和指导其学习、掌握缝制技能。女孩子因擅长针线活，而得到周围人的称赞。在女子到谈婚论嫁年龄时，男方家长以女子针线活的好坏作为一项选择条件。女子出嫁前常要做带有精美刺绣图案的烟袋、荷包，将其送给新郎，还要做若干靴子、鞋作为与婆家人相见时的礼物。这种礼物上的刺绣的好坏，常用来衡量女子聪颖程度和智慧技能。因此，札萨克图刺绣文化历经千百年的传承与发展，创造了有别于其他部落，甚至有别于科尔沁其他旗的款式、图案、技法、色调，仍保留着质朴绚丽、隽永含蓄、粗犷大气的艺术风格与韵味，并以新的活力流传至今。札萨克图刺绣艺术是科右前旗民俗文化的真实体现，为中国传统刺绣技艺增添了浓墨重彩的一笔。

蒙古包内切磋技艺

绣娘在草原大讲堂上学习刺绣技艺

为提高绣娘的刺绣技艺，并使传统刺绣更加充满活力，更具有时代气息，乌兰毛都苏木经常举办刺绣技艺培训班，邀请外地或者当地的技艺能人讲课，并采取各种措施激励绣娘积极创作刺绣作品。在乌兰毛都苏木，可以看到上至耄耋之年的老者，下至童稚的孩童拿起针线刺绣的身影。乌仁额吉札萨克图手工刺绣合作社、萨日郎巾帼民族手工艺品专业合作社等的绣娘常常在一起切磋技艺。2011年，札萨克图刺绣被列入内蒙古自治区级第三批非物质文化遗产保护名录，敖特根其其格、良花2人被命名为自治区札萨克图刺绣代表性传承人，现有盟级代表性传承人38人，旗级代表性传承人107人，民间刺绣爱好者2万多人。2018—2020年，乌兰毛都苏木被命名为全区民间文化艺术之乡（札萨克图刺绣之乡）。

刺绣传承人总结大会

首届"传统那木拉"培训班上绣娘合影

科尔沁右翼前旗
各级非物质文化遗产项目
代表性传承人

★ 自治区级非物质文化遗产项目代表性传承人
★ 盟级非物质文化遗产项目代表性传承人
★ 旗级非物质文化遗产项目代表性传承人

自治区级非物质文化遗产项目代表性传承人

蒙古族刺绣（札萨克图刺绣）代表性传承人

敖特根其其格

敖特根其其格，女，蒙古族，1954年10月出生于兴安盟科右前旗乌兰毛都苏木勿布林嘎查，2012年被命名为内蒙古自治区非物质文化遗产项目蒙古族刺绣（札萨克图刺绣）代表性传承人。

敖特根其其格7岁开始缝制小孩穿的鞋，16岁开始跟母亲学习制作蒙古族服饰、蒙古靴子等，38岁开服装店，设计制作蒙古族服饰。她的母亲民吉格玛是远近闻名的刺绣能手，她从小就跟随母亲学习刺绣。为了提高孩子们的技艺，母亲会把缝制完成的服饰拆掉重新让她们缝制。因家庭条件困难，敖特根其其格小学没念完便跟着母亲做活计，在煤油灯下度过了一个又一个寒冷而漫长的冬季夜晚。她从绕针开始学，后来才学习绣花、盘花等针法。

敖特根其其格使用传统的手工制作技艺，做工精巧，针法细腻均匀，服饰纹样粗犷，线条明快，色彩对比强烈，样式古朴典雅，具有独特的蒙古族服饰风格。敖特根其其格制作的刺绣，主要运用在帽子、头饰、衣领、袖口、袍服边饰、长短坎肩、靴子、鞋、摔跤服、舞蹈服、荷包、褡裢等处。她制作的刺绣图案含有象征意义，运用了比喻、夸张的手法，通过不同题材寓情于制作技艺。

敖特根其其格为使札萨克图刺绣文化后继有人，培养的传承人不计其数。她对每一个学生都倾其所学、悉心指导，培养了很多优秀的传承人。她在当地创办了一个民族商店，带徒弟做民族服饰。她还将当地的刺绣艺人组织在一起，定期向大家传授刺绣技艺。她还在网上建立了"乌仁额吉"微信群，将大家汇聚在一起，在群里分享刺绣技艺和作品。

近几年，通过她的努力传承与推介，民族服

绣制的长坎肩

饰及民间刺绣技艺倍受盟内外乃至区内外人们所喜爱，使民族服饰市场得以不断拓展，为传承手工艺搭建了平台。作为一位牧民出身的老人，敖特根其其格在66岁那年出版了《札萨克图传统缝制技艺详解》一书。该书共有7章，第一章介绍了乌兰毛都草原老一辈刺绣能手及自己如何传承、承办培训班、参加的活动及获得的奖项，对札萨克图刺绣的传承情况进行了详细介

敖特根其其格向绣娘传授技艺

绍；第二章介绍札萨克图蒙古族缝纫技艺，通过图文并茂的形式对各种针法及过程进行详解；第三章介绍札萨克图蒙古族饰品缝纫；第四章介绍札萨克图服饰缝纫；第五章介绍皮袄缝纫；第六章介绍靴子缝纫；第七章讲述文化传承。该书完整地记录了札萨克图服饰及刺绣技艺的内容以及详细的缝制技艺。该书结构分明，语言逻辑清晰，表明敖特根其其格是位有想法、有能力的老人。令人称奇和赞叹的是，敖特根其其格老人不会使用电子产品，书中的每一个字都是她每天早起一字一句手写下来的，足以见得老人的毅力。

敖特根其其格的心愿是把科尔沁老一辈民间艺人的优秀手工艺进行推广与传承，并把各地

褡裢

绣制的各种绣品　　　　　　　　敖特根其其格家中的"刺绣展馆"

区、各民族的手艺和新时期的服装设计构思进行交流与学习。

　　经过多年努力，敖特根其其格制作的蒙古族服饰走出乌兰毛都草原，走出国门销往蒙古国、日本等国家，她也多次获得区级、盟级、旗级奖项。2007年，在呼和浩特举办的蒙古族服饰展演上荣获优秀奖。2008年，在乌兰浩特市首届蒙古族文化民族风情展上获得展览金奖。2009年，在第六届"响沙湾杯"中国蒙古族服饰艺术节及蒙古族服饰大赛中获优秀奖。2009年，在乌兰浩特市科尔沁民族服饰设计模特表演大赛中荣获设计一等奖。2010年10月，作品《传统烟袋》等在全盟首届非物质文化遗产展上被评为一等奖。2011年，在第八届中国蒙古族服饰艺术节上获传统蒙古族服饰三等奖。2009年，在科右前旗"双学双比"活动中荣获女能手称号。

 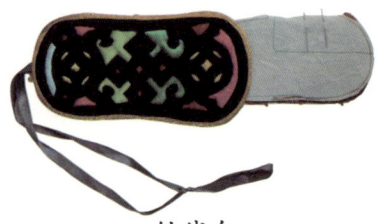 

枕顶　　　　　　　　　　针线包　　　　　　　出嫁时穿的靴子

刺绣的装饰画和衣服上的绣片

蒙古族刺绣（札萨克图刺绣）代表性传承人

良 花

良花（包莲花），女，蒙古族，1950年8月出生于兴安盟科右前旗桃合木苏木照日格图嘎查。年轻时担任桃合木苏木照日格图嘎查团委书记，1988年出席中国共产主义青年团第十二次全国代表大会，受到党和国家领导人接见。2021年，她被命名为内蒙古自治区非物质文化遗产项目蒙古族刺绣（乌兰毛都刺绣）代表性传承人。

良花刺绣技艺传承自母亲，她的母亲及长辈都是刺绣的巧手。作为家里的老大，良花从小帮母亲分担家务。7岁时她便跟随母亲学习针线活，15岁时针线技艺成熟。母亲去世后，良花跟随叔叔婶婶生活，一家十多口人，穿衣需求量大，经济拮据，只能手工缝制衣物。良花作为家中长女，便一直做针线活。那个年代结婚新媳

参加服装展演活动

传徒授艺

科右前旗札萨克图服装服饰手工艺品大赛

绣绣品

绣花靴的靴底、靴帮、靴靿

绣制40多年的绣花靴

褡裢　　　　　　　　　　　　　荷包、针线包、烟袋

妇要做很多双靴子，不仅给自己和新郎做，还要给婆家亲戚准备见面礼物。良花结婚时，就准备了7双靴子。

随着生活水平的提高和社会的不断发展，手工缝制衣物的人逐渐减少。2014年，良花重新拾起刺绣，并带动其他绣娘一起前行，真心实意为札萨克图刺绣奉献力量。多年来良花到很多地方当刺绣老师，为传承札萨克图刺绣技艺培养了很多人，她教过的学生近千人。2016年5月，她在家乡科右前旗桃合木苏木成立桃合木苏木乌仁布斯贵组合，主要传承和学习传统手工刺绣。2018年，她还带领桃合木苏木乌仁布斯贵组合参加兴安盟科右

参加比赛

前旗首届春晚，表演札萨克图传统服饰。2018年2月7日，她组织成立民族工艺品专业合作社，合作社成员的积极性被调动起来。2020年3月，她在科右前旗绿水种畜场、桃合木苏木用网络直播形式举办札萨克图刺绣培训班。

非物质文化遗产传承人培训班

2015—2018年，良花被科右前旗"阳光大姐"家政学院聘请为传统刺绣指导教师。2016年9月，被聘为乌兰浩特市职业技术学校民族传统刺绣社团指导教师。2017年3月，她们参加兴安盟教育局承办的非物质文化传承人代表到学校传承活动，先后到科右前旗第一小学、察尔森小学、乌兰毛都小学开展刺绣教学活动，并被聘为察尔森小学蒙古族传统刺绣指导教师、乌兰浩特市职业学校传统刺绣指导教师。她于2021年、2022年被聘为指导教师，在科右前旗第三届、第四届非物质文化遗产传承人培训班上授课。2023年，她被科右前旗札萨克图传统蒙古棉袍手工制作技能培训班聘为刺绣教师。2023年，她被科右前旗非物质文化保护中心聘为刺绣教师。

良花在指导他人刺绣技艺的同时并没有停止前进的脚步，参加了很多培训班开拓眼界，提升技艺。她参加了内蒙古农业大学举办的文化部、教育部、中国非物质文化遗产传承人研修培训计划培训班、自治区非物质文化遗产传承人群研修研习培训计划、蒙古族刺绣奥日雅玛拉刺绣项目培训班等多项培训活动。

搏克服

良花的作品在各种赛事与展演中获奖并赢得赞誉。在"内蒙古自治区中等职业学校师生民族文化传统工艺品作品展"中，作品《鼻烟壶袋》获教师组三等奖。在科右前旗札萨克图民族服饰手工艺品大赛中，祖传的刺绣长袍荣获民族传统刺绣一等奖，一套银制头饰获蒙古族传统头饰二等奖，蒙古族传统服饰获二等奖，札萨克图刺绣获三等奖。

蒙古族图案代表性传承人

玉 英

玉英（右一）传授技艺

玉英，女，蒙古族，科右前旗满族屯满族乡乌兰敖都嘎查牧民，1948年1月出生在兴安盟科右前旗乌兰毛都草原。2014年，玉英被命名为内蒙古自治区第三批非物质文化遗产项目蒙古族图案代表性传承人。

玉英的奶奶名叫英格（1897—1937年），母亲名叫岳明珠（1917—1977年），姑姑名叫邦枏花（1903—1975年），她的姐姐叫额尔敦其其格（1933年6月出生），她们都是原札萨克图旗乌兰毛都公社牧民，也是玉英绘制蒙古族图案的传艺师傅，她们既是亲人也是师徒。

玉英从小就对蒙古族图案怀有一种特殊兴趣。她在六七岁时就跟随奶奶、母亲、姑姑和姐姐等家庭成员绘制图案，到12岁时小有名气，常有附近人家求她画图案或剪装饰品。16岁时，她能绘制一些简单的图案，到20岁时已经能够熟练操习多种蒙古族传统图案技艺，并将其应用在日常生活中。

60多年来，无论生活艰辛曲折，还是身受疾病困扰，玉英一直坚持边创作边积累。经过长时间努力，她创作了近千幅图案。作品题材丰富、用途广泛，从起初的绘制马鞍、地毯、蒙古靴、蒙古帽、烟荷包等生活用品图案，到后来的工艺品、铁艺、木艺、瓷器等图案设计。那些

玉英绘制图案并制作的蒙古靴和布鞋

绣花靴和绣花鞋的绣片

布鞋底

玉英绘制的图案

龙卷纹、犄纹、盘肠纹、行云纹，以流动的线条、蜿蜒交织的形态，装点着蒙古族的生活。如錾花包银的奶茶碗、錾花镶银的铜壶、嵌宝石的头饰、纹饰考究的雕花马鞍、精雕细琢的民族乐器、彩绘的家具、精致的刺绣、华美的地毯、蒙古包盖毡、围毡等，都用蒙古族图案做装饰衬托这些物品的粗犷美、华贵美、古朴美、内在美。

玉英（二排右三）参加2020年兴安盟文化遗产日活动

玉英与阿拉善蒙古唐卡技艺国家级传承人格日乐（右一）探讨技艺

特别是改革开放以来，玉英创作的图案题材更加丰富多彩，体现当地坚持科学养畜，发展生态效益型畜牧业，成为她创作的主旋律。

自2010年以来，她多次参加旗文化馆举办的美术作品展览活动。文化遗产日，走上街头展示自己绘制的蒙古族图案，向公众宣传非物质文化遗产保护知识。2013年，为蒙古族图案成功申报第四批自治区级非物质文化遗产项目名录作出了一定贡献。玉英绘制的30多个蒙古族图案作品刊登于2014年兴安盟文学艺术界联合会出版的《全盟第二届非物质文化遗产实物展作品选》一书中。2015年，出版《玉英与蒙古族图案》画册，书中收录200多个图案，60多幅剪纸作品。

玉英获得了许多奖项。2013年9月25日，在中共兴安盟委宣传部、兴安盟文学艺术界联合会、兴安盟文化体育局联合主办的兴安盟第二届非物质文化遗产（传统技艺、传统美术）实物展评比中，玉英参展的一组蒙古族图案作品荣获一等奖，并被收录科尔沁右翼前旗文史丛书《札萨克图民歌与民间艺人》一书中。

玉英的家乡乌兰毛都草原美丽富饶，是兴安盟地区唯一保留完整的疏林丘陵草原，并且是以牧业为主的纯牧区。蒙古族图案在这一区域有着深厚的历史渊源和广泛的群众基础。人们根据自然特点和经济类型，创作了富有民族特色的图案，并将其应用在他们的日常生活之中。

玉英绘制的图案与乌兰毛都草原上的生活密不可分。例如帽子、耳套、长袍、坎肩、摔跤衣、赛马服、鞭、鞋、烟荷包、鼻烟壶、褡裢、碗袋、针线包都有一定格式的图案装饰。如她绘制的哈南图案、阿兽哈图案、云纹图案、犄纹图案、吉祥图案、花鸟图案、龙凤图案、山水图案、蝴蝶图案、字形图案、田花图案等，结构均匀、整齐、连贯、协调、对称，一般采用夸张、对比、简练、象征等手法。这些图案集中表现了威严、矫健、强壮、自信且富有生气，体现了纹样与色彩的对称、反复等变化，表现了条理性、秩序性、规律性。

在玉英创作的上千幅蒙古族图案中，有反映美好生活的吉祥图案，如草龙、团龙、五福捧寿、田形寿字；有象征力量的图案，如牛、虎、狮等。

玉英还保存了30年前绘制的一件摔跤服套裤，上面的图案是卷草纹，象征团结和草原的兴旺，同时用边缘纹样做装饰。不同色彩和纹样的运用，使这件作品产生了喜庆欢乐、庄严活泼的艺术效果和审美意义。玉英持有的实物与作品不仅有很强的欣赏价值，而且具有收藏和实用价值。

如今，玉英把蒙古族图案技艺传给二女儿包胡达古拉、外孙女王萨菇拉、孙子包阿菇汗等多人。

乌兰毛都草原那达慕代表性传承人

道布沁

道布沁，男，蒙古族，1945年4月出生于兴安盟科右前旗乌兰毛都苏木勿布林嘎查，1990—2000年担任勿布林嘎查嘎查达。2010年，他被命名为内蒙古自治区非物质文化遗产保护项目乌兰毛都草原那达慕代表性传承人。

道布沁生活在乌兰毛都草原，在他年少时，这里的牧民依旧保持着游牧生活。对于逐水草而居的牧民来说，马是他们最好的伙伴。道布沁家祖祖辈辈爱马如命，家中很多人的快马在旗内和乌珠穆沁旗那达慕大会上获得名次。他的父亲查布根查在当地也有"马王"之称。

受家人的影响，道布沁自小喜爱马，对驯马、骑马产生了浓厚兴趣，对套马杆、马鞭、马笼头、马垫、马鞍这些马具更是爱不释手，对马的习性了如指掌。从20多岁开始，道布沁参加各类那达慕赛马比赛。1978年，他和勿布林大队传统运动队员参加科右前旗那达慕大会，个人获得速度马比赛二等奖。

1990年，道布沁出任勿布林嘎查嘎查达之后，连年组织举办庆祝牧业丰收的嘎查那达慕大

道布沁（右三）传授射箭技艺

道布沁（左二）为沙嘎获奖选手颁奖

道布沁（左一）组织那达慕活动

会，并担任赛马裁判。道布沁不仅用行动传承着几百年来的中华优秀传统文化，也丰富了牧民的业余生活。自1996年起，他担任苏木和全旗那达慕大会各项马类比赛裁判长。受他的影响，如今，他的儿子那仁满都拉也是当地有名的赛手。

近几年，随着草原旅游事业的发展，道布沁利用在乌兰毛都苏木举办盟级那达慕和乌力吉图敖包祭祀活动那达慕等各类赛事的机会，为当地年轻一代传授如何识别赛马常识，为传承和弘扬中华优秀传统文化而发挥余热。

担任搏克裁判

科尔沁蒙古族民间剪纸代表性传承人

巧 云

巧云，女，蒙古族（1943—2021年），出生于兴安盟科右前旗，退休于兴安盟党史办，她被命名为内蒙古自治区第二批非物质文化遗产项目科尔沁蒙古族民间剪纸代表性传承人，曾任中国民间文艺家协会会员、中国诗歌文化中心研究员、《中国老年书画艺术》编辑部理事、中国书法美术家艺术创作中心教授、国际羲之书画院名誉院长。

巧云从小就对蒙古族图案有一种特殊的兴趣。她常痴迷于母亲做的鞋子和帽子上的漂亮图案，于是背着母亲偷偷地画上面的图案，没有纸，她就把窗户纸撕下来画。六七岁时，她就小有名气，村里的妇女常来求她画蒙古族靴子图案，或者剪门窗上的装饰图案。从1966年开始，巧云便系统搜集整理了蒙古族劳动人民在生产生活中创造、传承下来的民间图案。

1996年，53岁的巧云重新拿起画笔，以超人的毅力边创作边积累，达到了如痴如醉的程度。吃饭时想起一个图案，她就放下筷子去画画；睡梦中的图案，醒来后她赶紧记录下来。为传承蒙古族民间图案艺术，她不顾年迈体弱经常深入农牧民中，积累挖掘了蒙古族劳动人民在生产劳动中创造的丰富多彩的民间图案。她在短暂的时间内积累和创作了几千幅图案，并于2000年3月在家乡乌兰浩特市成功举办了个人艺术展览。为了更好地学习蒙古族民间图案艺术，

参加中国非物质文化遗产日活动

2003年她不顾家人反对，只身一人来到呼和浩特市，和大学生合租房子，后又在内蒙古大学附近租住房子。巧云在呼和浩特市生活了一年，先后搬家7次，但她克服各种困难，始终笔耕不辍。同时，她还为大学生讲授剪纸艺术和蒙古族图案艺术。巧云认为，蒙古族民间图案是几千年来劳动人民创造出来的丰富多彩生活的真实体现，传承这一艺术，是她义不容辞的责任；研究和发展这一艺术，更应该重视其在现实环境中的具体应用。

巧云设计的图案和剪纸作品充满了生机，使人感到快乐，带给人一种草原风情画卷般的美。传统云纹与卷草纹组合生动有趣，象征美好的蝴蝶、鸳鸯洋溢着科尔沁田园风味的生活气象，充满了蓬勃的生机与活力。她设计的蒙古马靴、地毯、羊群等图案，透出一股浓浓的草原风情。有人评价她的作品：呈古韵又铸新韵，流走飞动。巧云能很好地把握匀称的要旨，从马靴到地毯、蒙古帽等生活用品，她的图案都能展现流畅的线条之美。巧云是一位图案艺术家，是一位用图案作品吟唱生活的歌者。她每每打破传统出新，在传统中寻找真意，以创新取胜。她的作品不仅继承和发展了中华优秀传统文化，作品还极

152

具创新和独特风格，不仅具有很强的欣赏价值，还具有收藏价值，呈现独特的美学价值。

巧云的作品得到了社会和艺术界的认可，多次受到国家、自治区、盟市嘉奖，并被编入《中国专家名人辞典》《当代华人书画名家名作大典》《中华光彩人生》《世界优秀专家人才名典》等书籍。2007年，她被世界华人艺术研究会评为2007中国艺术年度人物，并获共和国杰出艺术家荣誉。2008年11月，她的作品被编入中国大型艺术文献《伟大的文艺复兴》。2000年，巧云应邀参加在北京举行的民族艺术博览会，来自全国各地的美术大师和艺术家对她的艺术作品发出感慨与赞叹。2002年，她应邀参加中日邦交正常化30周年画展，作品《蒙古族民间装饰图案》获奖。她的作品曾荣获金奖，并被中国收藏家协会收藏，还有许多作品被蒙古国、日本、韩国等国际友人收藏。2009年，内蒙古教育出版社出版发行《巧云蒙古族图案作品选》一书。她的作品还具有广泛的实用价值和潜在的经济效益，被应用在建筑、瓷器、印染、服饰等领域。

巧云一生都致力于蒙古族民间图案艺术的传承。她觉得自己没什么文化，但这辈子不能白活，她要把所学传承给后人。她积极奔走，为大家传授技艺。她不仅积极培养下一代传承人，更为民间文化的传承与保护工作作出了突出贡献。她曾接受过中央电视台、《北方新报》《呼和浩特晚报》、内蒙古卫视、呼市电台《今日青城人》栏目、兴安广播电视台、兴安日报社等媒体的采访与报道。

教学生剪纸

在内蒙古展览馆内接受记者采访

在济南参加第三届中国非物质文化遗产博览会

科尔沁哈日靶代表性传承人

白晨光

白晨光，男，蒙古族，1968年2月出生于兴安盟科右前旗德伯斯镇阿拉坦浩特嘎查，在科右前旗第一中学任教，是科尔沁哈日靶技艺的主要推动者。2018年，他被命名为自治区科尔沁哈日靶代表性传承人。

"哈日靶"系蒙古语，意为传统弓射箭。

白晨光从父亲和三叔两位长辈那里传承了科尔沁哈日靶技艺。受长辈们的影响，他从小就对哈日靶产生了浓厚的兴趣，从10岁开始便接触哈日靶。1990年春，他在那达慕哈日靶比赛中获奖。这使他信心大增，对哈日靶兴趣更加浓厚，从此走上了传承和发展哈日靶的道路。

为更好传承和弘扬科尔沁哈日靶，白晨光带领一群志同道合的朋友做了很多有意义的工作。2011年，得知赤峰市巴林右旗在传统射箭方面有所建树，他积极筹划，邀请巴林右旗射箭协会的教练到科右前旗举办了为期10天的传统弓射箭技艺培训活动。此次活动，使这项传统运动传遍了科尔沁大地。2012年，在他的努力下，通过与兴安盟民族宗教事务管理局和文体局协调，那达慕大会上增加了哈日靶项目。从此，科右前旗范围内的大小型那达慕大会都将"男儿三艺"之一射箭比赛列为竞赛项目。目前，在个人主办的宴会和庆丰收小型那达慕上，也出现了科尔沁哈日靶运动项目。

白晨光（左一）教射箭技艺

在那达慕入场式上

2014年1月，在白晨光、韩双龙等人的共同努力下，科右前旗注册成立了科尔沁右翼前旗札萨克图科尔沁弓箭协会，他任会长。2015年4月，白晨光和同伴赴巴林右旗参加首届中国传统弓射箭培训班，丰富和提高了射箭知识。为进一步扩大传承和弘扬科尔沁哈日靶技艺，他不辞辛苦地在本旗内开展科尔沁哈日靶活动。他和同伴等人到乌兰毛都苏木、桃合木苏木、满族屯满族乡、德伯斯镇等乡镇苏木为大家免费培训，在全旗范围内掀起了参与哈日靶运动的热潮。他带领团队积极承办、指导、参与桃合木射箭大赛、兴安盟那达慕等大型赛事，为当地射箭比赛拟定标准的规则。

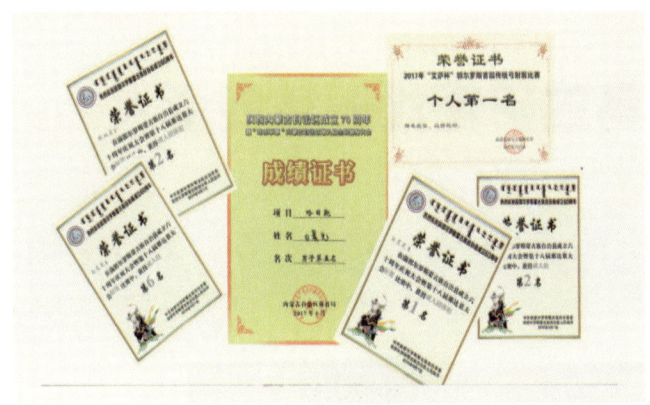

各种证书

白晨光和同伴不仅把哈日靶射箭技艺带到了旗内，还将哈日靶射箭技艺带到了旗外。他带领团队先后到乌兰浩特市、科右中旗、扎赉特旗、吉林省前郭县等地免费教授哈日靶射箭技艺。在他们的不懈努力下，科右中旗、扎赉特旗、吉林省前郭县等地共注册以科尔沁哈日靶为主要项目的8个协会和2个俱乐部，参与人数已达1000人。

白晨光（左二）为获胜者颁奖

为不断扩大对外交流，切磋射箭技艺，扩大射箭技艺的广度与范围，白晨光带领团队前往通辽市、鄂尔多斯市、乌海市、海拉尔市阿木朗图等地参加赛事活动。2016年7月，在吉林省前郭尔罗斯蒙古族自治县成立60周年庆祝大会暨第十

白晨光（前排右一）参加射箭比赛

八届那达慕大会射箭比赛中，由他带领的札萨克图科尔沁弓箭协会代表兴安盟参赛，获团体第一名。2016年9月，由科右前旗政府主办，由内蒙古自治区东五盟市和东三省参加的兴安盟也松格哈日靶邀请赛中，获得团体第二名。2017年7月，在内蒙古自治区第九届少数民族传统体育运动会上，他们组成的团队代表兴安盟参加比赛，荣获团体和个人赛的3个奖项。在2023年举办的内蒙古自治区第九届少数民族传统体育运动会上，获得了1个二等奖、2个三等奖。

白晨光为科尔沁哈日靶传统体育作出了积极贡献，得到了广大射箭爱好者的广泛赞誉。

乌兰伊德代表性传承人

那仁朝格图

那仁朝格图，男，蒙古族，1969年10月27日出生于兴安盟科尔沁右翼前旗德伯斯镇阿林一合嘎查，大学文化。2016年，他被命名为内蒙古自治区非物质文化遗产项目乌兰伊德代表性传承人。

那仁朝格图的爷爷拉玛扎巴（1903—1968年），是乌兰毛都草原知名的乌兰伊德习俗司仪，是科右前旗乌兰伊德习俗的传承者。每当草原上举办婚宴、祭祀、那达慕、春节等大型活动时，都会邀请拉玛扎巴去主持。那仁朝格图的父亲舍旺（1938—2015年），一直在牧业经济战线上工作，他也是乌兰毛都草原知名的乌兰伊德制作技艺传承人。舍旺在父亲拉玛扎巴的精心栽培下，传承了蒙古族乌兰伊德制作技艺。

跟随爷爷和父亲在蒙古包长大的那仁朝格图，能够熟练完成宰杀、剔肉等工序。他最擅长烹饪的是烤全羊和手扒肉，常用的方法有烤、煎、炸、炖等。

那仁朝格图对乌兰毛都草原乌兰伊德技艺有着独到的传承和研究。乌兰伊德习俗礼仪分为婚礼宴席上的乌兰伊德习俗、祭祀仪式上的乌兰伊德习俗、过春节喜宴的乌兰伊德习俗、宴请贵宾宴席的乌兰伊德习俗等。聪明好学且对历史文化及民俗勤于思考的那仁朝格图通过阅览书籍和广泛考察调研，取得了一系列瞩目成绩。他担任了《科右前旗文史丛书》《兴安民间故事集》《札萨克图民歌与民间艺人》等书的编委工作。由于他在传统技艺传承中作出的贡献，被评为2014年度兴安盟先进个人。

用乌兰伊德招待客人

科尔沁民歌代表性传承人

乌 云

乌云，女，蒙古族，1953年3月出生于兴安盟科右前旗乌兰毛都苏木勿布林嘎查，小学文化。2012年12月，她被命名为内蒙古自治区非物质文化遗产项目科尔沁民歌代表性传承人。

乌云出生于一个民歌世家。由于家境贫寒，她只读了小学，但长辈歌声的熏陶和乌兰毛都草原这个科尔沁民歌沃土，使她成为一名原生态民歌手。

父亲莫力其格日把乌云领进了科尔沁民歌的世界。她的父亲是当地有名的民间歌手，在他的言传身教和潜移默化的影响下，哥哥色日布和乌云传承了父亲民歌演唱技巧，成为深受牧民尊敬和喜爱的科尔沁民歌手。

在父亲和哥哥歌声的熏陶下，天资聪慧的乌云无论在马背上还是畜群旁都用心地练习民歌。父亲也常常带她参加一些婚礼寿宴等场合，乌云不知不觉间学会了几十首科尔沁民歌。十几岁的她在家乡的婚宴、那达慕等场合演唱长调民歌。她也经常向老一辈艺人求教，演唱技艺不断提升。结婚后，当小学教师的丈夫白松递受乌云的影响也非常喜欢唱科尔沁长调民歌，并且擅长演奏蒙古族乐器。牧闲时，热爱科尔沁民歌的乌云喜欢在家里举办小型科尔沁民歌演唱会，在乡亲们的婚宴、寿宴、那达慕等场合唱科尔沁长调。在不断学习和实践过程中，乌云逐

乌云与民歌爱好者切磋技艺

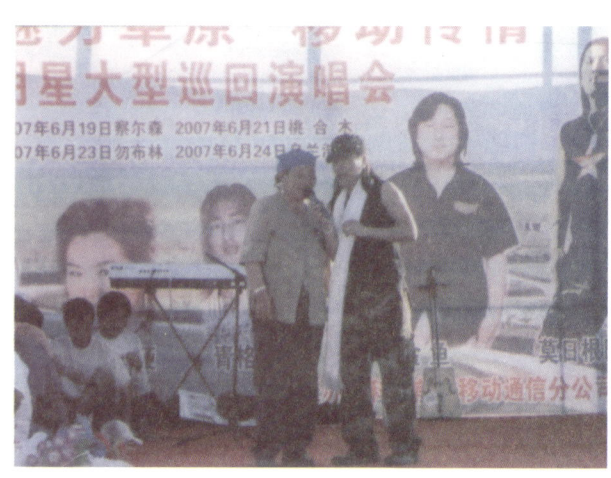
乌云与歌手莫日根巴特尔同台演出

乌云（右一）传授技艺

渐掌握了科尔沁蒙古族民歌的演唱方法，在保留科尔沁民歌风格基础上形成了独特的演唱风格：典雅、端庄、朴实、自然、深沉、委婉。

乌云演唱的民歌中有很多歌唱草原、赞美骏马、感怀父母的精彩曲目，其代表曲目有《锡拉牧仁》《长长的乌拉盖》《西边的杭盖》《哈拉哈露洁的西丽》《莫丽玛》《矮个白马》等。乌云演唱的科尔沁长调民歌内容丰富、曲目众多、旋律优美、语言精辟。

1984年，她在乌兰毛都苏木举办的首届那达慕大会上演唱科尔沁长调民歌《锡拉牧仁》，备受群众欢迎。在2007年6月，蒙古国著名民歌手莫日根巴特尔在乌兰毛都草原巡回演出，乌云作为科尔沁长调艺人应邀上台与其一展歌喉。

乌云为更好地传承与保护科尔沁蒙古族民歌，把这门民间艺术传授给了更多喜欢长调民歌的人，如白音都冷、布仁赛罕、赛音都冷、额尔敦陶特格、特格喜达来、萨仁其木格、德力格、满都呼等人。

乌云向大家讲述科尔沁长调民歌

科尔沁民歌代表性传承人

张金虎

张金虎,男,蒙古族,1967年8月出生于兴安盟科尔沁右翼中旗坤都冷嘎查,20岁后在科尔沁右翼前旗额尔格图镇中努布企嘎查教学、务农。他为兴安盟民间文艺家协会会员、科右前旗四胡协会会员、额尔格图四胡协会会长。2012年12月,他被命名为内蒙古自治区非物质文化遗产项目科尔沁民歌代表性传承人。

张金虎出生于一个民歌世家。他的姥爷阿敏布赫于1902年出生于科右中旗坤都冷苏木六家户嘎查,曾是图什业图王府的专业胡尔奇手,在王爷府内为王公贵族说唱乌力格尔。他的三位舅舅都擅长民歌演唱,尤其三舅树孟嘎是当地很有名气的民歌演唱高手。张金虎自幼受家庭环境的熏陶,非常喜欢乌力格尔和科尔沁抒情民歌。他从7岁开始就向三位舅舅学习,尤其是得到了三舅的指点。当时附近村屯都邀请民歌演唱者去屯里说书唱民歌,哪个屯子来了说书人,都是一件较为稀奇的事。民歌手一般是在嘎查的大队里(大队常是连间房,有七八丈长)表演,点上煤油灯或者保险灯,在屋内放一张大桌子,桌子上铺上软软的布毯,说书人坐在毯子中央。说书人的前面还摆放一些糖果、糕点之类的美食。去听说书的大人们还会给说书人赏钱。张金虎从5岁时就去观看说书,对民歌艺术产生了深深的向往之情。

张金虎从7岁开始就学习科尔沁民歌唱法和拉四胡的技艺。当时举办婚礼、寿宴的家庭也会邀请民歌艺人前去助兴。张金虎的三舅常被邀请,他常把张金虎带在身边,这为儿时的张金虎开阔了眼界。有的时候舅舅也让他表演。他的三舅对他特别严格,如若他唱得不到位,会被狠狠地批评。张金虎不但不气馁,反而更加虚心地向三舅请教,由此他较好地掌握了民歌演唱技艺。看到张金虎如此热爱民歌,他的三舅和母亲鼓励他好好学习文化知识,这样才能更加理解歌曲表达的内涵和弹唱技艺。为此他的三舅还奖励了他一把四胡。在那个年代,一把四胡是很珍贵的。9岁时,他就和三舅去各个嘎查演唱。10岁那年,他又拜当地著名的民歌艺人希日布为师,学习拉四胡的技巧,由此他的民歌技艺更加纯熟。他从19岁便开始了业余歌手的生

传授技艺

与传承人交流

与民歌艺人交流

2020年，参加八省区科尔沁叙事民歌大赛

涯，走遍了兴安大地的角角落落，为农牧民演唱科尔沁民歌、乌力格尔、好来宝等，同时广交朋友，拜见各地的优秀艺人。从这些艺人身上，张金虎吸取营养，取长补短，从而使自己的民歌演唱技艺在实践中逐渐成熟。他的名望亦与日俱增，很快便成为一位远近闻名的民间歌手。

张金虎曾先后参加各种民间艺术公益演出和竞赛活动，并取得了优异的成绩，在兴安人民广播电台主办的"塞外狼杯"民歌演唱会上荣获一等奖，在科右前旗四胡协会庆祝兴安盟复建

在自家院子里与会员演唱民歌

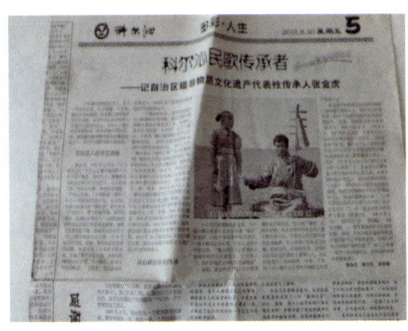 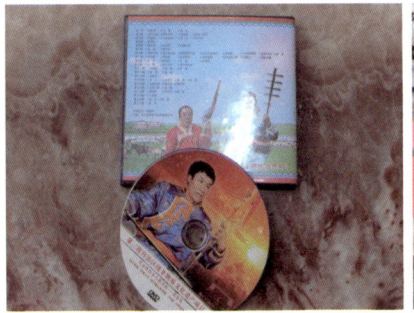 

| 媒体报道 | 录制的专辑 | 获奖证书 |

30周年暨四胡协会成立一周年演唱会上荣获一等奖，在科右前旗人民政府举办的全旗第二届札萨克图民歌业余歌手大奖赛中荣获特别奖。2012年，张金虎、苏日娜演唱的《莫丽玛》在"放歌农牧情"兴安盟首届农牧民文艺演出中荣获三等奖。

张金虎演唱形式为自拉自唱，一人充当多个角色，通过丰富的面目表情及声音变化，表达不同情感，塑造各种人物形象。其歌以歌唱为主，道白为辅，夹叙夹唱，歌唱时声音圆润、音色优美、音调抒情，音色变化丰富，用夸张和赞美来表现，用生动的语言来道白，配合灵活的动作，声情并茂，具有浓郁的生活气息和地方特色。他演唱的歌曲主要有《娜布其公主》《百灵公主》《西露》《新刷儿》等科尔沁叙事民歌。

张金虎对科尔沁民歌有着痴迷般的热爱，他尤其注重对传统民歌的传唱。他的心愿就是要把这些民歌和唱法传承好，为此他吸收喜爱科尔沁民歌的艺人为徒，经常在家中举办联谊会，教授大家，对他们因材施教，严教细讲，培养出十多个多才多艺的接班人。他还带领他们去嘎查村、敬老院等地演唱。为保护科尔沁民歌艺术，张金虎自筹资金与人合作，制作了十多盘民歌光盘。2009年，他组织成立了额尔格图四胡协会。2018年，他成立了民歌艺术团，有100多人参加活动。截至目前，他已向200多人传授民歌技艺。他的家庭于2021年被内蒙古自治区文化和旅游厅授予全区农牧民文化示范户称号。

2020年科右前旗第二届科尔沁民歌培训班

科尔沁长调代表性传承人

白音都冷

白音都冷，男，蒙古族，1974年3月出生于兴安盟科右前旗乌兰毛都苏木勿布林嘎查。2012年，他被内蒙古大学艺术学院特聘为艺术家和传承驿站工作者。2016年，他被命名为内蒙古自治区非物质文化遗产项目科尔沁长调代表性传承人。

白音都冷出生于民歌世家。外祖父、外祖母为札萨克图王府孛儿只斤氏贵族王爷唱歌的长调歌手。母亲乌云于2012年被命名为自治区级第三批非物质文化遗产项目科尔沁民歌代表性传承人。白音都冷从小就得到了长辈们的心口相传，他对动人心弦的长调民歌产生了深深情缘，音乐之火在他孩童的心田里熊熊燃烧。六七岁时，他就跟随长辈参加演唱活动。在成长过程中，他经常找民间艺人学唱，搜集濒临消失的科尔沁长调曲目，参加民歌比赛，在那达慕大会、婚庆、寿宴上演唱长调民歌，这使他在保留科尔沁民歌的典型风格基础上，形成了朴实、自然、深沉、委婉的演唱风格。

白音都冷对一系列脍炙人口的经典长调名曲如数家珍，演唱《巴仁查干阿拉坦德乐黑》

白音都冷（右三）参加科尔沁长调民歌比赛

《西河的水》《腾格尔莫图》《哈布尔哈图》等歌曲出神入化，令人叹为观止。长调民歌作为蒙古族极为珍贵的口头传统文化遗产之一，蕴含着丰富的内容。

白音都冷的歌声能够唱到人的心灵深处，被世人所赞叹、迷恋。他在盟、旗札萨克图各类民歌比赛中多次荣获一等奖。在自治区文化厅举办的"民族记忆——内蒙古非物质文化遗产展"上，他作为兴安盟科尔沁长调民歌代表性传承人演唱了多首科尔沁长调民歌。在"魅力内蒙古唱响科尔沁"中国科尔沁民歌乌力格尔大赛（科尔沁民歌业余组）科右前旗赛区决赛中荣获一等奖，在"阿拉坦格日勒杯"八省区蒙古族长调民歌比赛中荣获第三名的好成绩。2018年，他受邀参加第五届中国非物质文化遗产博览会展览展演活动。

参加全国第五届非遗文化遗产日活动

2012年，在"宝音德力格尔杯"全区蒙古族长调歌曲大赛中，白音都冷代表传承组获得了优秀奖。他的歌声被大家所认可，被人们淡忘的科尔沁长调民歌又重现于耳畔。2012年，内蒙古艺术学院"民族音乐传承驿站"项目应运而生，主办方特意邀请白音都冷参加内蒙古大学召开的白音都冷聘请仪式暨科尔沁（札萨克图）长调民歌展示会，颁发了传承驿站工作证书，并开展了白音都冷科尔沁长调民歌演唱观摩活动。民族音像摄制组为他录制了首张包含15首民歌的科尔沁长调专辑《金色大地——牧民歌手白音都冷》。

白音都冷（中）参加文化遗产日比赛

从20世纪90年代起，白音都冷将这一非物质文化遗产传授给无数人，先后在多所学校担任客座教师，每周从牧区开车150多千米为学生授课，他被誉为"非遗进校园"的杰出实践者。

白音都冷还将科尔沁民歌演唱技艺传授给儿子、外甥和乡亲，其中布仁赛汗、

录制歌曲

内蒙古大学为白音都冷发放聘书

韩虎、包伊热乎等人的演唱水平日渐提高，多次在区级、盟级、旗级民歌比赛中获奖。

白音都冷教导出众多优秀的长调民歌传承人，如额尔敦套特格（科右前旗乌兰牧骑长调民歌歌唱演员）、敖日格勒（兴安盟歌舞团长调民歌歌唱演员、旗级传承人）等。儿子满都呼就读于中央民族大学音乐系，弟弟也是当地知名的长调民歌能手。

在科尔沁大草原上，长歌当空，谱写着白音都冷的音乐梦想。无论走到哪里，他都会全身心投入，用优美高亢的长调冲破云霄，用沧桑的吟唱之声去感染每一位听众，将这一世代相传的中华民族音乐文化遗产传承下去。如今，白音都冷已成为当代札萨克图长调民歌艺术的领军人物和代表性传承人之一。让科尔沁长调民歌以口传心授的形式传播于中华大地，让长调民歌艺术传唱于世界，他不懈努力着。

白音都冷（右一）参加全区首届科尔沁民歌大赛

满族婚礼代表性传承人

王宝力道

王宝力道，男，蒙古族，1963年9月出生于兴安盟科右前旗满族屯满族乡满族屯嘎查，中学高级教师，中国少数民族作家协会会员，内蒙古民俗家协会会员。2014年，他被命名为内蒙古自治区非物质文化遗产项目满族婚礼代表性传承人。

王宝力道的祖父吉日嘎拉和父亲苏木亚都是远近闻名的婚礼主持人，母亲也是当地小有名气的民间歌手，人物事迹被收录于《札萨克图旗民间艺人》一书。

王宝力道的父亲是满族，母亲是蒙古族，受家庭环境的熏陶，王宝力道从小便喜爱唱歌，并跟随父亲参加乡里民间的大小婚礼、寿宴，学会了满族婚礼的礼节。此外，他更喜欢学习满族婚礼中优美动听的提亲词、迎亲送亲词、请安词、祝寿词等。

1980年，王宝力道以优异成绩考入海拉尔师专，伴随着眼界的开阔，知识的增长，他对家乡的文化习俗产生了新的认识。在大学学习期间，他开始搜集满族屯地区广泛流传的山水传说、人物传记、民间故事、民歌等，为后来的民俗研究打下了坚实基础。

科右前旗满族屯地区的满族婚礼和其他地区的满族婚礼有所不同，它既有满族婚礼的元素，又受科尔沁蒙古族婚礼的影响。王宝力道在从祖父和父亲那里传承下来的满族婚礼礼节的基础上，对其进行了更深层次的挖掘和研究。他通过走访前辈，参加满族婚礼，主持满族婚礼，收集、整理、新编满族婚礼祝词，培养学徒等形式，对满族婚礼这一民族文化遗产的继承发扬和保护倾注了心血。

2007年，王宝力道受乡政府委托，参与编写了《札萨克图郡王旗满族那拉》一书，并担任副主编，记录满族那拉风俗习惯、新年礼节、满族那拉婚姻礼制、饮食服饰、满族传统习俗等内容，填补了家乡

主持婚礼

主持《满族婚礼》拍摄现场

传统习俗和满族文化方面没有文字记载的空缺。《札萨克图郡王旗满族那拉》一书于2008年8月由内蒙古教育出版社出版发行。

41年来，王宝力道始终坚持满族、蒙古族习俗的研究和传承，多次参加民俗学术研讨会，发表学术论文。他撰写的《满蒙婚礼中的语言艺术》一文获自治区民俗年会论文一等奖。

从2000年开始，他受家乡满族屯满族乡政府的委托，为满族屯博物馆设计了满族婚礼等民俗内容，得到了大家的高度评价。

王宝力道利用假期和业余时间多次主持婚礼、贺寿宴等，他设计编写的婚礼请帖、婚礼主持词、贺寿词等受到人们的欢迎。2023年，他在阿日本贺喜格家中拍摄了《满族婚礼》，并刻录光盘，供其他传承人参考和学习研究。

王宝力道对满族民俗文化有一种特殊的感情。他在传承和研究的同时注重培养新一代传承人，如阿日本贺喜格、照那木拉、满都呼等人。他在科右前旗多次举办民俗知识竞赛和专题讲座，使人们对中华优秀传统文化有了更多更深的了解。从2024年始，他承担了《满族屯满族乡满族屯嘎查史》的编写任务。

札萨克图婚礼代表性传承人

额日很巴雅尔

额日很巴雅尔，男，蒙古族，1963年12月出生于兴安盟科右前旗乌兰毛都苏木白音居力合嘎查，乌兰毛都小学教师。2018年，他被命名为内蒙古自治区非物质文化遗产项目札萨克图婚礼代表性传承人。

自1990年开始，额日很巴雅尔发挥自己生长在牧区、了解蒙古族传统风俗的优势，在当地主持婚礼，一人充当歌手、祝颂人等角色，得到了广大牧民群众的认可。

额日很巴雅尔自小目睹了陶格陶胡（1920—1979年，科右前旗乌兰毛都苏木人）老人主持婚礼，并从中观察婚宴的各个程序，包括唱歌、祝颂词等。他还从擅长乐器演奏和讲幽默故事的桑布（1940—1997年，民间艺人）老人那里，听到了很多婚礼习俗。后来，他拜民间艺人色扎布（1940年生）老人为师，积累了很多札萨克图民俗风情和民间故事，对传统札萨克图婚礼的环节和礼节有了更详细的了解。

额日很巴雅尔经常为当地牧民主持婚宴，还收乌云毕力格（1968年出生于乌兰毛都苏木白

额日很巴雅尔（中）主持札萨克图婚礼

音居力合嘎查)、布仁赛音(1980年出生于乌兰毛都苏木勿布林嘎查)、朝克图(1985年出生于乌兰毛都苏木白音居力合嘎查)、巴音塔拉(1983年出生于乌兰毛都苏木敖力斯台嘎查)等年轻人为徒弟,向他们传授传统婚礼程序以及各种宴席的礼节。

额日很巴雅尔(中)向老一辈人了解婚俗文化

2016年10月,额日很巴雅尔为内蒙古蒙古语卫视剧组编写《札萨克图婚礼》脚本,并担任剧中男方祝颂人角色,参与12集电视连续剧《札萨克图婚礼》的拍摄工作。该电视连续剧通过普通牧民家庭一对年轻人嫁娶的故事,全景式展现了札萨克图婚礼的24个婚俗礼节,将札萨克图风土人情首次搬上荧屏。

2017年2月,额日很巴雅尔担任由科右前旗委、旗政府邀请自治区文联专家组创作编排的大型舞台剧《生生不息札萨克图人》创编顾问。首次以舞台剧的形式展现札萨克图婚礼风情。

额日很巴雅尔在《札萨克图婚礼》拍摄现场

主持民间婚礼

巴音居日合乌拉祭代表性传承人

王焕柱

王焕柱，男，蒙古族，1966年5月出生于兴安盟科右前旗归流河镇巴音居日合嘎查，高中文化，为巴音居日合乌拉祭祀文化协会会长。2016年，他被命名为内蒙古自治区非物质文化遗产项目巴音居日合乌拉祭代表性传承人。

王焕柱出生在巴音居日合山脚下，他的父母在他小时候就将中国古人崇尚自然、热爱自然的理念传播给他。当年在生产队工作的父亲，为了保护山中的植被不被破坏，常常看守山林。后来王焕柱担任嘎查达的哥哥接替父亲看守山林的任务。这些事情深深影响了王焕柱。2013年，他成立了巴音居日合乌拉祭祀文化协会，并担任会长。为组织好协会、开展好活动，王焕柱驾车前往扎赉特旗、通辽市及吉林省等地考察学习。他向呼牧吉勒图、塔彬额尔顿等老一代非遗传承人学习祭祀文化和祭祀程序，协助他们参与巴音居日合乌拉祭祀活动，积累了丰富经验。

王焕柱自担任巴音居日合乌拉祭祀文化协会会长以来，多次深入群众中进行调查研究，多次赴相关地区考察学习，搜集文化遗产，整理档案资料，筹备组织祭祀活动。

巴音居日合乌拉祭祀活动对于传承中华优秀传统文化起到了积极作用和深刻影响。

王焕柱（右一）颂《献祭祀文》

查干伊德代表性传承人

白雪梅

白雪梅，女，蒙古族，1974年9月出生于兴安盟科右前旗乌兰毛都苏木白音居力合嘎查。2013年，她被命名为内蒙古自治区第四批非物质文化遗产项目查干伊德代表性传承人。

白雪梅的祖母和母亲都是当地有名的奶食品制作能手，她从小吃她们制作的奶食品长大，也学着她们的技艺长大。白雪梅的婆婆苏布达也是制作奶食品的高手，并且在乌兰毛都地区享有盛誉。她的婆婆对蒙古族查干伊德的相关传说、故事掌握甚多。白雪梅受她们的影响，自然成为在当地家喻户晓的制作查干伊德的能手。她制作的查干伊德具有原料纯正、色泽鲜美、味道甘甜等特点。尤其是她制作的奶豆腐，白里透黄、乳香浓郁。如今，白雪梅不仅系统传承了奶食品的制作技艺，也传承了与之相关的民俗，并收努恩吉雅、白布仁吉日嘎拉、吉木舍等20多人为徒，将奶食品制作技艺传授给他们。

为了传承和发展奶食品制作技艺这一宝贵的传统文化遗产，白雪梅搜集了大量的蒙古族传统奶食品制作用具，采访了多位长者，搜集、整理相关材料。自2010年以来，每年她都参加科右前旗和乌兰毛都苏木举办的奶食品评比活动，并多次获得奖励。

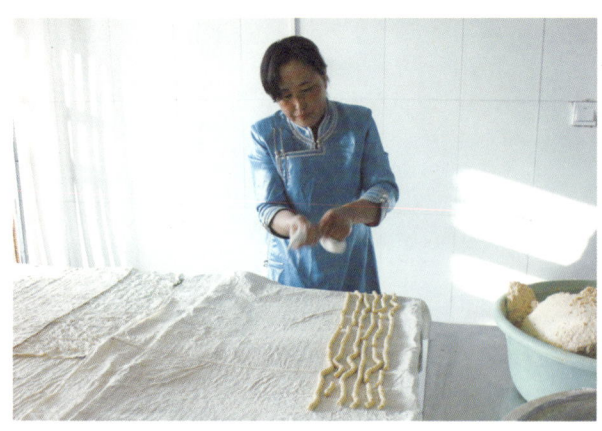

自制奶食品

向姐妹们传授技艺

盟级非物质文化遗产项目代表性传承人

蒙古族搏克代表性传承人

朝格图

朝格图，男，蒙古族，1971年8月出生于兴安盟科右前旗乌兰毛都苏木草根台嘎查，现为草根台嘎查牧民。2020年，他被命名为兴安盟第六批非物质文化遗产项目蒙古族搏克代表性传承人。

朝格图生长在一个有着搏克传统的牧民家庭，家族中很多搏克手在旗内大大小小的那达慕上大显身手，远近闻名。朝格图小时候，每听到家中长辈们在那达慕搏克比赛中摔倒知名搏克的经过，都会聚精会神地倾听，并记在心中。受家庭氛围的熏染，朝格图对搏克产生了浓厚的兴趣，看到大人们互相摔跤，便跃跃欲试，去找自己的玩伴比试。在勿布林中学读初中时，他拜图门巴雅尔（1962—2008年）为师。图门巴雅尔曾是勿布林中学教师，也是当地家喻户晓的搏克能手，曾多次参加当地那达慕搏克赛，获得过优异的成绩。他还拜朝格图和布和两位老师学搏克技巧。从1980年开始，朝格图

朝格图（右三）担任搏克裁判

多次参加大型那达慕比赛并获奖。师傅布和出生于1979年，是乌兰毛都苏木敖力斯台嘎查牧民，也是久经沙场，在当地很有名气的搏克手。在图门巴雅尔、朝格图、布和等老师手把手的指导下，朝格图领悟到搏克比赛不能单靠力气，必须有灵活的头脑，要学会分析对手的每一个动作。

经过两三年的严格训练，朝格图扎实地掌握了很多蒙古式摔跤的技巧，开始在各级那达慕赛场上崭露头角。身材魁梧的朝格图一上场，便发挥了搏克家族后代的风范，以超人的耐力和灵活的技巧压倒对手，屡屡得胜。1996年，他在勿布林苏木成立12周年那达慕上获得冠军；1997年，他在德伯斯镇举办的兴安盟那达慕上获得前八名的成绩；1999年，他在四川省绵阳市举办的全国第四届农民运动会上获得铜牌……一连串的比赛，一枚枚奖牌，朝格图用汗水收获了累累硕果，成为盟内知名的搏克手，获得了家乡人的拥护和称赞。

获得荣誉后的朝格图非但没有沾沾自喜，而是为培养爱好搏克的传承人做了大量工作。2017年，在乌兰毛都苏木组建了札萨克图搏克联盟，并担任秘书长。从2016年起，他以扎实的搏克功底和较高的语言素养，担任兴安盟那达慕搏克比赛电视直播解说员。2017年，他带领兴安盟代表队参加了内蒙古第三季奖嘎图搏克比赛。

作为搏克手，朝格图发挥传帮带作用，培养了一批批搏克手，为传统那达慕"男儿三艺"比赛培养了新生力量。

1993年，朝格图（左一）参加嘎查那达慕获奖

2016年，朝格图（左一）在兴安盟那达慕搏克比赛现场

2017年，朝格图带队参加兴安盟那达慕

2019年，朝格图（左一）为兴安盟冬季那达慕作电视解说

乌兰毛都草原那达慕代表性传承人

色音乌其日图

色音乌其日图（曾用名色音乌其日勒图、包音达），男，蒙古族，1954年12月出生于兴安盟科右前旗乌兰毛都苏木勿布林嘎查。2012年，他被命名为兴安盟第二批非物质文化遗产项目乌兰毛都草原那达慕代表性传承人。

色音乌其日图出生在牧民家庭，父亲巴图是爱马如命的骑手，他的姑姑胡达古拉作为在乌兰毛都草原上长大的女孩，14岁便开始跟着长辈学习驯马、备马，20岁开始参加多项比赛。20世纪50年代，在科右前旗举办的那达慕大会赛马比赛中，姑姑胡达古拉荣获一等奖，获得备马比赛的第二名。在这种家庭氛围中，色音乌其日图从小喜欢养马、套马、骑马。每每听到家人们谈起赛马，他便跃跃欲试。12岁时，他就已熟练掌握了骑马技术和摔跤技巧，15岁时跟随父亲参加那达慕大会摔跤和赛马比赛。他眼疾手快，套马技艺在同龄人中出类拔萃。1971年初中毕业后，他一心投入牧业生产劳动中，成为畜牧生产上的能手，用自己勤劳的双手建设家园。2000年，接任勿布林嘎查党支部书记。20多年间，他积

组织那达慕上的活动

色音乌其日图（左一）牧马草原

极参与和协助苏木举办的那达慕大会和祭祀敖包等活动，还担任那达慕大会各项赛马类比赛裁判长。

2009年，色音乌其日图担任乌兰毛都科尔沁文化艺术研究促进会会长后，为保护和传承传统体育文化，多次赴锡林郭勒盟、呼伦贝尔市、通辽市等地观看学习，考察各地搏克、赛马、射箭等比赛规则。作为一名裁判员，他在比赛场上恪守职业道德，公正裁判，博得参赛选手的信任和称赞。

为更好地弘扬传承科尔沁草原那达慕文化，2009年，色音乌其日图与勿布林嘎查吉雅、宝音图、图门巴雅尔等10位牧民组织举办了乌兰毛都科尔沁文化艺术研究促进会庆祝建国60周年敖包那达慕大会。平日里，他还精心指导培养了布仁吉日嘎拉、九斤、阿拉坦宝力高、额尔敦宝力高等多名优秀赛马手。

随着社会的进步和市场经济的发展，参加蒙古族传统摔跤、养马、驯马、套马、骑马、射箭等比赛的人数有所减少。色音乌其日图建言献策，为弘扬中华民族传统文化，继续为乌兰毛都草原那达慕运动的传承与发展发挥余热。

微信扫码
享：云端精彩
查：文化名录
看：传承故事
游：草原盛景

科尔沁民歌代表性传承人

福金将

福金将，男，蒙古族，1967年6月出生于兴安盟科右前旗察尔森中巴达嘎，曾是科右前旗乌兰牧骑演奏演员。他以出色的乌力格尔和说书艺术，被誉为盟级乌力格尔传承人。2012年，他被命名为兴安盟第二批非物质文化遗产项目科尔沁民歌代表性传承人。

福金将祖籍为吉林省前郭尔罗斯蒙古族自治县。他的艺术道路始于童年。他的太爷、爷爷和父亲都是远近闻名的民间艺人，在科右前旗一带表演乌力格尔和民歌，受到广大乡亲的喜爱。福金将的父亲福全山曾参加抗美援朝战争，也是一位全能艺术家，能作词作曲，创作了许多传唱至今的民歌。他创作的民歌最有代表性的是《给迦姑娘》。母亲也是当地广为传颂的民间女艺人。他的童年记忆中充满了音乐旋律和故事，他的家成了民间音乐交流中心。福金将9岁时便跟随父亲学习拉四胡和说唱乌力格尔，四代民间艺人家族背景为他在民间艺术领域发展奠定了坚实基础。

福金将对艺术的热爱不仅来自家族传承，更源于对蒙古族音乐的执着追求。福金将7岁开始跟随父亲学唱科尔沁叙事民歌，很快就掌握了父亲的演唱特点和艺术手法。他以成人四胡入门，后期父亲为他制作了一把儿童版四胡，这为他学习创造了条件。每次

传徒授艺

父亲表演结束后,他便迫不及待地重复说唱,以此来磨炼自己的技艺。随着岁月的沉淀,福金将不仅继承了父亲的技艺,还成为一名令人羡慕与敬佩的乌力格尔艺术家。

在艺术生涯中,福金将16岁时参加科右前旗乌兰牧骑招聘演员考试,以一曲乌力格尔《三龙射箭》从200多人中脱颖而出,成为一名乌兰牧骑四胡演奏演员,从此接受系统的专业训练。福金将在乌兰牧骑演出和学习期间,搜集、整理了300多首民歌。后来因为家庭困难他回家务农,但他依然没有放弃对艺术的追求,40多岁再度拿起乐器,继续推广和传承民歌艺术。

近年来,他教授了近百名学员,让乌力格尔这门传统艺术在村落中得以传承。他最为擅长表演的是《三龙射箭》,每次都能令观众感受到故事的生动与魅力。同时,福金将还培养了包金贵、包金海和李常岁等一批民歌手和乌力格尔传承人。

福金将的父亲母亲

福金将(左一)向乡亲们传授技艺

福金将的努力不仅局限于传承,更在各类大奖赛中展现了自己的艺术实力,并屡获殊荣。2016年,他在"魅力内蒙古·唱响科尔沁"中国科尔沁民歌乌力格尔大赛科右前旗选拔赛中获得乌力格尔一等奖。2014年,在"放歌农牧情"兴安盟第二届牧民文艺调演中表演节目《送军》,荣获表演一等奖。2018年,在中国科尔沁民歌乌力格尔大赛科右前旗赛区获决赛一等奖。

福金将计划将父亲创作的最有代表性的民歌《给洳姑娘》录制成光盘,让更多人享受美妙的旋律,并了解音乐背后的故事。福金将通过自己的才华与努力,不仅传递了艺术,更传递了优秀传统文化的力量。

福金将(右一)在家传授技艺

科尔沁民歌代表性传承人

陈老虎

陈老虎，男，蒙古族，1951年9月出生于兴安盟科右前旗察尔森镇好田嘎查，是一位农民歌手。2012年，他被命名为兴安盟第二批非物质文化遗产项目科尔沁民歌代表性传承人。

陈老虎从小就喜欢唱民歌、拉四胡，他的祖父和父亲都是民间艺人，因此他在长辈们的艺术熏陶下学习了许多科尔沁民歌，以及低音四胡演奏和说唱技艺。

从艺40余年，他演唱的《乌尤黛》《新刷儿》《东山哥哥》《达那巴拉》《嘎达梅林》《朱宝山》《陶老爷》《关老爷》《阿拉坦呼》等民歌都具有代表性，并在内蒙古东部地区广为流传。除了擅长演唱民歌外，他拉四胡讲乌力格尔也是一绝，是很有名气的胡尔奇高人。他演唱的叙述民歌，在低音四胡的伴奏下，以生动的社会生活和民俗风情为背景，歌颂英雄，赞美家乡。陈老虎还非常擅长说唱好来宝，并把风趣幽默的好来宝传播到了家乡的每个角落。他从蒙古族老艺人那里学唱新的民歌，再按照自己的理解对其进行润色加工，打磨成更加成熟的受群众喜欢的作品。

作为科右前旗四胡协会会员，他跟着团队多次参加下乡慰问演出活动，为敬老院老人演唱自己拿手的曲目，受到了大家的热烈欢迎。陈老虎为科尔沁民歌传承传播作出了贡献，获得过科右前旗第二届札萨克图民歌业余大赛传承贡献奖、特别奖等多个奖项。

在闲暇时间，他也把自己的琴艺无私地传授给多名徒弟，帮助他们提高演奏技巧。

与队员练习四胡技艺

科尔沁民歌代表性传承人

包陶特格

包陶特格，男，蒙古族，1966年11月出生于兴安盟科右前旗乌兰毛都苏木，现为桃合木学校音乐教师。2014年，他被命名为兴安盟第三批非物质文化遗产项目科尔沁民歌代表性传承人。

包陶特格出生于牧民家庭，从小就受外祖母和母亲的熏陶，展现出特有的音乐天赋。7岁时，他就开始学唱蒙古族长调民歌、短调民歌，并逐渐掌握了民歌唱法以及诸多曲调曲风。后拜舍布吉玛、宋迪扎布等老一辈民歌艺人为师，对民歌长调、短调有了进一步的理解和学习，在这一过程中形成了自己独特的唱法，成为当地小有名气的民歌传承人。

包陶特格主要代表曲目有《吉古日散丹》《洮儿河》《西边的河水》等。为更好地传承民歌，他多次参加民歌比赛、基层文艺汇演、春晚，以及各类非遗展示展演活动，凭借自己的努

包陶特格（左一）向老艺人学习

交流民歌

力让更多的人了解和感受科尔沁民歌的魅力，也得到了广大民歌爱好者的喜爱和认可。

包陶特格多次参加札萨克图民歌业余歌手大赛，并荣获科右前旗非物质文化遗产优秀代表性传承人称号。他还参加拍摄《札萨克图婚礼》，在剧中担任民歌手的角色。2018年，他在内蒙古电视台《大家一起唱歌》栏目里演唱长调民歌《洮儿河》。

包陶特格是心存大爱的民歌传承人，他于2009年11月8日参加内蒙古电视台《为您点播》栏目演唱家乡歌曲，并且捐赠2万元。他还多次参加各种公益慰问演出活动，给广大群众带去好听的民歌，他的演出广受好评。

多年来，包陶特格仍在为传承科尔沁民歌而努力。他积极参加与民歌有关的各种赛事，期望通过参加民歌比赛多和同仁们交流、调研，挖掘民歌文化，多营造有利于民歌传承发展的氛围，从而使科尔沁民歌传承之路越走越宽。

如今，他会唱120多首民歌，演唱风格热情奔放，旋律优美动听。他在平时的教学中研究民歌发展，教学生们唱民歌。通过他的辛勤付出，他的学生达赖于2013年参加第四届札萨克图民歌业余歌手大赛并荣获优秀奖。他的学生萨茹拉是桃合木嘎查人，通过他的指导，于2007年出国学唱民歌技巧，如今在鄂尔多斯市歌舞团工作。他的学生乌吉玛受他的教导，也成为一名民歌手。

科尔沁民歌代表性传承人

李海青

　　李海青，男，蒙古族，1964年2月出生于兴安盟科右前旗归流河镇永安嘎查共和屯。2014年，他被命名为兴安盟第三批非物质文化遗产项目科尔沁民歌代表性传承人。

　　李海青出生于科尔沁民歌世家。他的奶奶白棠在当地是一位很有名气的民歌手。他的奶奶将民歌技艺传承给了他的母亲银花。他的父亲李相春擅长拉四胡，他的舅舅包命德擅长说书且在科右前旗乌兰牧骑拉高音，其他舅舅则擅长说好来宝，姑姑李十月曾是科右前旗乌兰牧骑的舞蹈演员。他的家中无论男女都能歌善舞，即使是农忙季节，村里人也常常聚到他家听拉胡琴、唱民歌。乡亲们一边听歌一边帮他们家干活，儿时的李海青则在一旁一边给乡亲们烧水、沏茶，一边听演唱。每当村里有人举办婚礼，就邀请他的父亲去拉四胡、唱民歌。

　　受家庭音乐氛围的熏陶，李海青从小就喜爱科尔沁民歌。对于四胡，他更是心心向往。父亲去田里劳动时会把四胡挂在墙上。李海青放学回来后就偷偷地把四胡从墙上拿下来拉。他连续拉了三天，居然拉会了传统民歌《诺恩吉雅》。第四天，他正在拉四胡时，透过窗户上的塑料布看到一个人影，他想一定是父亲回来了，于是赶紧把胡琴挂上去。他的父母亲走进屋来，看见他十分惊讶，他们以为是别人拉的。父亲问他怎么学会的，他说："看着你拉就会了。"于是他的母亲在仓房里为他搭了个床，从此，仓房就是他的私人空间，他可以尽情拉胡琴。

　　无论演唱，还是拉胡琴，李海青都十分擅长，每当学校举办一些文体活动，他经常登台表演。多年来，李海青多次登台表演，一天看不到胡琴心里就有空荡荡的失落感。他把技艺传给了旗内外人，包宝泉、白柏林、柳喜等人都是他的徒弟。

科尔沁民歌代表性传承人

包富贵

包富贵,男,蒙古族,1971年8月出生于兴安盟科右前旗察尔森镇好田嘎查。2014年,他被命名为兴安盟第三批非物质文化遗产项目科尔沁民歌代表性传承人。

包富贵出生于一个热爱民歌的家庭,从小受家庭环境影响,民歌情结深深植入了他的心灵深处。包富贵的爷爷宝音阿尔彬老人是村里的民歌高手,他的父亲包金山不仅会唱民歌,还擅长拉四胡。在包富贵的记忆里,茶余饭后他家里常常坐满人,大家都来看爷爷和父亲表演。20世纪六七十年代,部分农村还没有通电,大家在煤油灯下听得津津有味,包富贵也在一旁跟着听。当时生活条件较为贫困,一把四胡是十分珍贵的。他的父亲十分珍惜自己的四胡,不用时就把四胡高高挂在墙上。包富贵放学回来后趁父母出去劳动,就悄悄把父亲的四胡拿下来,偷偷地拉。父亲回来后狠狠地训斥了包富贵,原来父亲把四胡挂在墙上时做了记号。但是出于对民歌的热爱,包富贵仍然偷偷拉,悄悄学。后来父亲见儿子如此喜爱四胡,就默许他拉四胡了。

包富贵不仅从父母那里学习,伴随半导体收音机的普及,他也从收音机里学,再后来他借助当地兴安广播电视台《晚间约定》直播间,录播自己拉唱的民歌。2013年,察尔森嘎查成立了察尔森镇四胡协会,包富贵成为四胡协会一员,他积极参加盟、旗举办的文化演出活动,以便和大家相互交流,增强技艺。他也把自己的技艺不断传授给大家,收于占虎、李苏日嘎啦图为徒,传承蒙古族长调民歌和四胡的拉唱技艺。

科尔沁民歌代表性传承人

贺喜格图

贺喜格图，男，蒙古族，1970年9月出生于兴安盟科右前旗额尔格图镇白音塔拉嘎查。2014年，他被命名为兴安盟第三批非物质文化遗产项目科尔沁民歌代表性传承人。

贺喜格图以他优美的声音传唱着科尔沁民歌。他自小便对民歌怀有浓厚的兴趣，孩童时期就通过收音机学会了许多传统民歌。贺喜格图掌握的民歌众多，如《娜布其》《洛阳》等。他不仅会唱民歌，还能讲述每首歌背后动人的故事。他的歌声纯正，感染力强，且能自拉自唱，展现了科尔沁传统民歌的魅力。他不仅是一位民歌的学习者，更是一名创作者，创作了《白德山》《我的故乡额尔格图》等多首民歌，将真实的故事融入民歌的旋律之中。

多年来，贺喜格图积极参加各种赛事活动。2019年，他参加庆祝中华人民共和国成立70周年"守望相助好家园"兴安盟农牧民优秀文艺节目展演。2016年，参加兴安盟首届科尔沁民歌大赛。2019年，入围庆祝新中国成立70周年全区民歌展演活动。2016年，参加第十届科尔沁民歌业余歌手大赛，在葛根庙镇首届四胡艺术大赛成人自拉自唱组荣获一等奖。2022年，在葛根庙叙事民歌交流活动演唱比赛伴奏独唱组中获得一等奖。

贺喜格图在辽阔的草原上孜孜不倦地传承着科尔沁民歌。为了让更多人了解并爱上这一传统艺术形式，他利用多个平台进行直播，分享民歌、传播科尔沁民歌，受到了群众的欢迎。

科尔沁民歌代表性传承人

哈斯达来

哈斯达来,男,满族,1981年3月出生于兴安盟科右前旗满族屯满族乡特布格日乐嘎查,擅长演唱长调民歌,是一位牧民歌手。2012年,他被命名为兴安盟第二批非物质文化遗产项目科尔沁民歌代表性传承人。

哈斯达来自幼就深受科尔沁民歌文化的熏陶。他的曾祖父、祖父、外祖父、外祖母和父亲母亲都擅长演唱民歌,他们在日常生产劳动中,以坦率自然的方式唱出科尔沁民歌。他从父母那里遗传到了民歌演唱天赋,从小便对民歌演唱怀有深厚的情感。尽管他从未受过专业民歌训练,但他常常感到心灵被民歌所深深吸引。他从收音机中自学《都楞扎那》等曲目。初中毕业后,他挥起牧羊鞭,拉起四胡,在茫茫草原上对天放歌,那些或高亢嘹亮、或低回缠绵的札萨克图长调民歌深深地感染了他,他的演唱技巧也突飞猛进,日臻成熟。他的歌声不仅传递了科尔沁民歌的韵味,更让每一位听众感受到了歌中的情感与故事。

哈斯达来能演唱科尔沁长调民歌、短调民歌、乌力格尔、好来宝,表演蒙古相声等,尤以擅长科尔沁长调民歌。他演唱的科尔沁长调民歌多以抒情为主,演唱时节奏自由、舒缓,装饰音多而细腻,曲调嘹亮、悠长、亲切,气息宽广,情感深沉,在旋律风格及唱腔上具有辽阔、豪爽、粗犷的特点。哈斯达来在演唱长调的长音时,能根据自己的情绪自由延长。哈斯达来代表曲目有《吉古日珊丹树》《云青马》《都楞扎那》等。

参加札萨克图民歌大赛

哈斯达来始终坚持自己的音乐之路，他不仅传唱着古老的旋律，同时也在不断感染和影响着周围的人。在他看来，民歌不仅是文化的载体，更是心灵与情感的交流桥梁。

哈斯达来常以民歌艺人的身份出现在科右前旗及兴安盟各类民歌大赛、文艺演出的舞台上，文化节、旅游节、奶食品节、那达慕、婚宴喜宴、篝火晚会上都少不了他的歌声。他还积极参与红城艺术节等群众性文化活动和公益性演出活动，深受广大牧民及当地群众的喜爱，对传统音乐的传承起到了带动、示范、普及、提高的作用。

哈斯达来也取得了许多成绩，在兴安盟首届民歌电视大奖赛、科右前旗庆祝新中国成立60周年大型群众文艺汇演中获奖，在科右前旗第二届札萨克图民歌业余歌手大奖赛中与演唱家阿茹娜、额尔德吉布乎楞及马头琴大师齐·宝力高交流技艺、同台演出。

为更好地把科尔沁民歌这一艺术传承下去，他曾多次组织满族屯地区的民间优秀艺人，在自家举办交流表演活动。为传承科尔沁民歌，他积极传授演唱技艺，他对王武金、娜仁格日勒、阿丽雅、牧喜乐、董苏都娜、萨茹拉倾注了很多的心血，对他们因材施教，使他们快速成长。

哈斯达来用实际行动体现了他对民歌艺术的尊重与热爱。他希望通过传唱让更多人了解和喜爱民歌，让这一历史悠久、独具地方特色和艺术魅力的非遗文化得以传承发展。

科尔沁长调代表性传承人

额尔敦套格特格

额尔敦套格特格，男，蒙古族，1989年2月出生于兴安盟科右前旗乌兰毛都苏木勿布林嘎查，毕业于呼和浩特民族学院，现为科右前旗乌兰牧骑声乐队长调演员。2016年，他被命名为兴安盟第四批非物质文化遗产项目科尔沁长调代表性传承人。

额尔敦套格特格在一个普通牧民家庭长大，他从小就对歌唱有着浓厚的兴趣，并有幸跟随当地民间艺人学习长调民歌。2009年，他师从国家级民歌传承人、蒙古族长调歌唱家扎格达苏荣，进一步学习和专研长调民歌。

2016年，额尔敦套格特格考入科右前旗乌兰牧骑，成为声乐队长调演员。此后他参加多项自治区级比赛和演出，并屡获殊荣，在内蒙古自治区第七届乌兰牧骑艺术节中获得三等奖，在内蒙古自治区第六届室内乐比赛中获得三等奖，在内蒙古自治区首届新人新作比赛中获得二等奖，在内蒙古自治区优秀地方歌曲展演和第二届新人新作比赛中分别获得三等奖，在内蒙古自治区第七届室内乐比赛和首届曲艺展演中再获佳绩。

除了参加各类比赛和演出，额尔敦套格特格还积极参与下乡为农牧民送文艺演出活动，每年完成近百场演出任务，将家乡的长调民歌唱给群众听。额尔敦套格特格用自己的实际行动弘扬乌兰牧骑红色优良传统，保护、发扬和传承长调民歌这一宝贵文化遗产，全力服务基层群众，使他们感受到草原红色文艺轻骑兵的精神和温暖。

参加演出

科尔沁长调代表性传承人

乌支其木格

乌支其木格，女，蒙古族，1961年11月出生于兴安盟科右前旗乌兰毛都苏木勿布林嘎查。2020年，她被命名为兴安盟第六批非物质文化遗产项目科尔沁长调代表性传承人。

乌支其木格出生于一个普通的牧民家庭，自小对家乡独特的音乐文化产生了浓厚兴趣。在她10岁时有幸接触了长调民歌，她被其曲婉悦耳、荡气回肠的独特风格所深深吸引，并爱上了它。从那时起，她便在各种场合仔细聆听他人吟唱并自学长调民歌技艺，逐渐练就了一副好嗓音。

多年的坚持和刻苦钻研使乌支其木格的长调民歌演唱技艺越来越成熟。她屡次在札萨克图民歌大赛中获奖，也频频受邀在重大演出活动中展现歌喉，登上兴安盟春节晚会舞台。她还于2014、2015年登上通辽市民歌大赛的舞台，向全区观众展现科尔沁长调民歌的艺术之美。

乌支其木格对札萨克图长调民歌了如指掌，尤其擅长吟唱《西河的水》《吉古日山丹毛都》《哈拉哈劳金西丽》等经典曲目。如今乌支其木格想将民歌整理编撰成册，使这一音乐瑰宝能够被保护和传承，让更多人有机会了解和传唱科尔沁长调民歌，使其源远流长。

科尔沁蒙古族民间剪纸技艺代表性传承人

葛桂琴　王淑兰

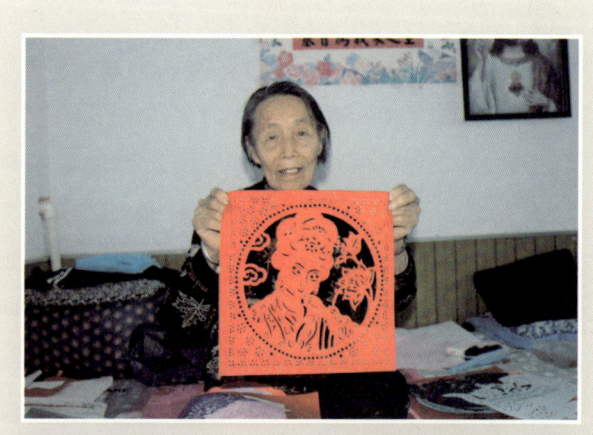

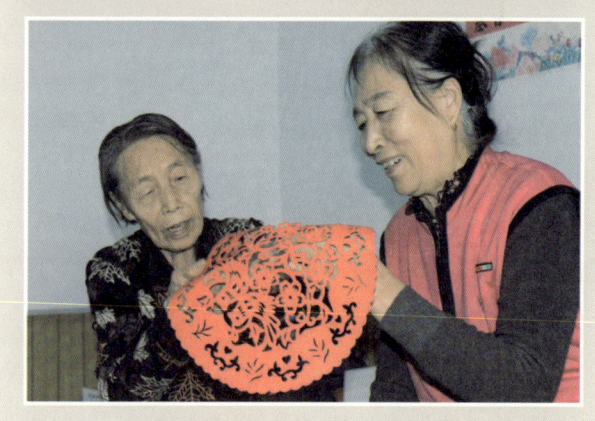

葛桂琴和王淑兰切磋技艺

葛桂琴，女，汉族，1931年1月出生于吉林省洮南县黑水镇，19岁时嫁到今科右前旗居力很镇红十月村。2010年，她被命名为兴安盟第一批非物质文化遗产项目科尔沁蒙古族民间剪纸技艺代表性传承人。

葛桂琴的母亲陈桂清心灵手巧，每当屯中有人家办红白喜事，总请她帮忙剪一些图案。受母亲的影响，葛桂琴从儿时起就对剪纸产生了浓厚兴趣，没事时她就画画剪剪，把剪纸当成游戏。后来她嫁到红十月村后，村里人也常找她剪图案。她没有读过书，全凭天赋和后天的练习。平日里她看到一些图案就将其画在报纸上，然后再刻在彩色纸上。她的工具只有一把剪刀，即使是细小的月牙纹，她都能用剪刀剪得匀称细腻。她通过临剪、重剪、画剪，描绘自己熟悉而热爱的自然景物，鱼虫鸟兽、花草树木、草原风景、人物都被她生动地剪出，达到随心所欲、信手拈来的境界，并能剪出各种花样。

葛桂琴的剪纸,大都以人物为主,物象造型简约、夸张,内部装饰极尽简明扼要,月牙纹表现运用得较多。因此,她的作品落落大方,毫无人工雕饰之感,古朴却很传神。她剪出的林黛玉文静、典雅、栩栩如生,特别传神。她剪出的虎个个威猛,剪出的公鸡昂扬饱满,充满了力量。上山捉蝴蝶的猫,蹲在花团上的青蛙,比翼齐飞的燕子,与花亲吻的小鸟……充满了童趣和乡间质朴的气息。

她的作品深受大家的喜欢,人们经常向她求剪纸画。她的作品被收录在《翰墨荟萃》一书中,她也多次参加一些作品展示活动。

在她的影响下,她的女儿王淑兰也喜爱上了剪纸,并且经常和母亲一起探讨剪纸技艺。王淑兰出生于1952年1月,在2008年被命名为兴安盟非物质文化遗产项目科尔沁蒙古族民间剪纸技艺代表性传承人。母女俩对剪纸艺术的热爱也影响了下一代,王淑兰的两个儿子吕亮、吕泓滨也从小喜欢美术,时常画、剪,他们于2008年被命名为科尔沁右翼前旗非物质文化遗产项目科尔沁蒙古族民间剪纸技艺代表性传承人。

科尔沁右翼前旗各级非物质文化遗产项目代表性传承人

科右前旗剪纸技艺代表性传承人

包玉荣

包玉荣，女，蒙古族，1980年6月出生于兴安盟科右前旗满族屯满族乡满都拉图嘎查，毕业于兴安盟师范学校美术专业。2000年至今，在科右前旗乌兰毛都小学担任美术老师。2020年，她被命名为兴安盟第六批非物质文化遗产项目科右前旗剪纸技艺代表性传承人。

包玉荣绘画天赋较高，多年来一直从事美术、剪纸相关工作。她在学校担任美术教师，多年来负责学校墙绘、环境布置等工作。学校成立了剪纸小组，她担任辅导教师，培养学生兴趣爱好，传承剪纸技艺。包玉荣对学生特别有耐心，因材施教，给低年级的学生授课时注重剪纸形状，要求学生剪出作品所表现事物的形状；给高年级学生授课时注重细节，要求他们在形状明确的基础上突出细节。

包玉荣剪纸时多注重装饰、细节、图案，喜欢剪一些美好的事物，构思新颖，富有生活气息，作品追求艺术感。

包玉荣于2018年、2020年参加了内蒙古自治区文化和旅游厅、教育厅举办的自治区非物质文化遗产传承人群研修研习培训计划，技艺有了明显提高。她的剪纸作品在科右前旗第二届"清廉前旗"书画作品展、科右前旗札萨克图服装服饰手工艺品大赛手工艺品组比赛、科右前旗文化和自然遗产日暨第三届札萨克图民间刺绣手工艺传承展示活动、科右前旗非遗文创产品大赛、兴安盟蒙古族服装服饰手工艺品大赛中均获奖。2021年，在科右前旗第二十四届中小学艺术节专业素质能手比赛中，她荣获教师组手工制作能手称号。

剪纸纹样被应用为书包和挂历上的图案

科右前旗剪纸技艺代表性传承人

乌日嘎

乌日嘎,蒙古族,1965年2月出生于兴安盟科右前旗乌兰毛都苏木勿布林嘎查,大专文化,科尔沁右翼前旗乌兰毛都小学退休教师。2018年,她被命名为兴安盟第五批非物质文化遗产项目科右前旗剪纸技艺代表性传承人。

由于受母亲桃日的影响,乌日嘎在小时候就对传统文化产生了浓厚的兴趣。看着母亲画出的富有地方特色的图样,她充满了无限遐想,常常情不自禁地拿出笔来绘画。她跟随母亲学习科右前旗剪纸技艺,熟练掌握了蒙古族传统图案样式。

乌日嘎在幼年时想成为一名教师,教孩子们绘画、剪纸。她的梦想真的实现了,她学业有成之后回到家乡成为一名幼儿教师,教孩子们绘画、剪纸。在课余时间,孩子们常会提出让老师画一下他们心中想要的图案,乌日嘎总会不厌其烦地满足孩子们的美好心愿,勒勒车、飞鸟、鱼虫、白云、骏马,经她的巧手栩栩如生地呈现在纸上。她还承担了学校布置教室的工作,走廊、墙壁上都留下了她的绘画痕迹。2013年退休后,她拜科尔沁蒙古族民间剪纸传承人巧云为师,专门学习剪纸和传统图案。2018年11月,她参加了由兴安盟文化旅游体育局(兴安盟文体新广局)组织的兴安盟非遗传承研修研习计划剪纸项目培训班,成为科右前旗剪纸技

传授技艺

乌日嘎创建的呼和奥奇书屋

| 搏克手 | 获奖作品《喜迎国庆·盛世华诞》 |

艺项目的第三代传承人。退休后，她把更多的精力投入剪纸艺术传承的事业中。她专门腾出两间屋子成立蒙克丽剪纸工作室，不定时举办专题培训班，供当地人来学习交流蒙古族剪纸技艺。乌日嘎现有诺恩吉雅、敖敦高娃等十余名徒弟。

多年来，乌日嘎熟练掌握了科尔沁蒙古族民间剪纸的各种技艺，并完成了大量表现美好生活的剪纸作品，为科右前旗剪纸这一传统的技艺传承和发展付出了心血。

乌日嘎的剪纸技艺取材于生产生活实际，表现的是草原风景和牧人的风俗，抒发了他们的心声与感受。从她的每幅作品中，能看到积极乐观、向上向美的内涵。她的剪纸作品能够带给人一种自然、淳朴、善良、美好的感觉，表达了她亲近自然、热爱家乡、热爱祖国的美好情感。她的剪纸作品体现了一种粗犷、无拘无束的美感，作品中的人物、线条抽象，并融入了一些现代思维，呈现出时代气息。例如《喜迎国庆·盛世华诞》作品，反映了草原人不忘初心。石榴体现中华民族一家亲，如石榴籽一般团结友爱，铜钱寓意繁荣昌盛，喜子寓意喜事连连，中国结和爱心寓意中华民族儿女团结一心，长寿图寓意身体健康，四方圆寓意圆圆满满，云彩寓意祥瑞，荷花寓意圣洁美丽。

乌日嘎多次参加传统手工技艺比赛并屡获奖项。2016年，她的剪纸作品《牧民生活》入选"行孝道 善家风——中国·天津2016'西岸'剪纸艺术展"。2017年，剪纸作品在庆祝内蒙古自治区成立70周年兴安盟首届文创产品大赛中获得铜奖。2017年，剪纸作品入选《札萨克图民间传统缝制刺绣工艺集锦》一书。2022年，作品《喜迎国庆·盛世华诞》入展"格物致美·喜迎国庆"2022全国窗花

乌日嘎的蒙克丽剪纸工作室

剪纸创意精品展，获得优秀奖，并入选书中。2020年，受邀参加由内蒙古自治区党委宣传部、内蒙古自治区文化和旅游厅等多部门举办的"庆丰收·迎小康"第三届中国农民丰收节暨全区农牧民文艺汇演中的剪纸技艺展。她还多次参加盟、旗赛事与展演活动。2024年4月，她应内蒙古科技大学邀请，为留学生讲授了为期1周的剪纸艺术体验课，使留学生领略到我国剪纸艺术的独特魅力。

为更好传承中华文化，用文化熏陶人、感染人，她于2019年1月自主创办乌兰毛都苏木呼和奥奇书屋。书屋藏书有10000余册图书，包括文学艺术、民族历史及风俗、青少年读物、生活百科等40余种图书，免费供苏木及周边牧民借阅。

乌日嘎对文化的热爱与炽热的精神也深深感染了人们。她为剪纸爱好者办实事、送温暖、传党恩，助力旅游发展，带动妇女创业，由此她也获得了许多荣誉。她被评为旗级优秀人民教师、乌兰毛都苏木最美志愿者、乌兰毛都苏木劳动模范、科右前旗身边好人、乌兰毛都苏木优秀志愿服务组织者等荣誉。

获奖作品《草原上的一家人》

科右前旗剪纸技艺代表性传承人

鲁沙茹拉

鲁沙茹拉，女，蒙古族，1983年6月出生于兴安盟科右前旗巴达仍贵粮种场，如今在一家书店工作。2020年，她被命名为兴安盟第六批非物质文化遗产项目科右前旗剪纸技艺代表性传承人。

鲁沙茹拉出生于一个具有文化气息的家庭。她的父亲是一名乡村教师，平日里常在家中书写毛笔字，母亲则擅长剪纸。每逢春节，家中的窗户就会被母亲用剪纸装扮得十分漂亮。鲁沙茹拉从小跟随母亲学习剪纸，每剪出一幅作品，她都感觉特别有成就感。虽然她没有系统学习过绘画，但是受母亲的影响，她也爱画画，学校的墙报、黑板报经常由她来布置。

鲁沙茹拉特别喜爱剪纸，无论生活多忙，她都会腾出时间拿起纸笔、剪刀剪出内心想象的图案。她十分注重提升自己，有机会就外出学习。她曾前往呼和浩特参加自治区非物质文化遗产传承人群研修研习培训计划剪纸项目培训班，于2020年参加了自治区非物质文化遗产项目传承人培训班，使得剪纸技艺有了很大的提升。她还积极参加科右前旗文化和自然遗产日手工艺品展示活动及非遗宣传展示活动，传播剪纸技艺。

鲁沙茹拉的两个女儿传承了母亲剪纸技艺

通过培训学习，鲁沙茹拉的火花被点燃，她的创作灵感得到了极大激发。以前她创作时常去网上寻找图片，如今每当她看到一些图案或者想剪出的图案后，她都能绘制出来，然后将其变成一幅精美的剪纸作品，她的剪纸技艺有了一个新的突破。

她的剪纸作品体现出一种奔放、洒脱的气息，构图饱满，用剪、用刀细致，做到了细腻与粗犷相结合。家里、书店都是她的工作室。她的行为深深感染了两个女儿，她们也爱上了剪纸艺术，也成为学校黑板报、墙报设计者。有时需要完成校内的布置任务，鲁沙茹拉就成为两个女儿的辅导员。在工作和学习之余，母女三人常常一起探讨剪纸艺术，沉浸在剪纸艺术氛围里，愉快地享受剪纸艺术之美。

蒙古族神话传说代表性传承人

阿民巴图

阿民巴图与妻子

阿民巴图，男，蒙古族，1934年4月出生于兴安盟科右前旗满族屯满族乡，现居住于科右前旗桃合木苏木乌申一合嘎查。2010年3月，他被命名为兴安盟第一批非物质文化遗产项目蒙古族神话传说代表性传承人。

阿民巴图在十几岁时从爷爷那里传承民间故事、民间传说。1970年，他将自己搜集到的民间故事传给了他的儿子，1985年又传给他的孙子。

阿民巴图自幼喜爱民间故事，他认为挖掘、保护、传承和弘扬蒙古族神话传说对于促进中华优秀传统文化的发展，构建和谐社会具有十分重要的意义。为此，他十分注重保护蒙古族神话传说，尤其是对满族屯满族乡的山水传说、民间故事等进行重点培育和挖掘。

在多年的挖掘、保护、传承和弘扬我国民间艺术中，只有初中文化的阿民巴图逐渐意识到了知识的可贵，研究我国民间神话传说。多年来，他整理成语、谚语、民间故事等，为日后我国民间文化的研究提供了宝贵的艺术资料。

2009年，科右前旗文化馆搜集、整理了阿民巴图讲述的民间故事和传说，共计20多件。

蒙古族神话传说代表性传承人

础古兰

础古兰和妻子合影

础古兰（曾用名宝音础古兰），男，蒙古族，1947年10月出生于兴安盟扎赉特旗，10岁时搬至桃合木乌申一合嘎查。2010年，他被命名为兴安盟第一批非物质文化遗产项目蒙古族神话传说代表性传承人。

础古兰一生放牧，从小喜欢用看书来打发漫长的放牧生活。他用仅有的小学文化水平力求把能看得到的各种故事书看懂、看透，遇到不认识的字，他就把字圈起来向别人请教，如此勤奋地学习，使他积累了好多词汇。对于蒙古族神话传说，他更是熟记于心。

神话通常为口头传承，是早期的语言艺术，也是一种综合性艺术。蒙古族神话传说作为中国古人生产生活中通过想象或联想形成的对自然界和人类社会的文化表述，涉及世间万物的产生、人类与族体的起源、动植物特征的来历、民间习俗的形成、地名的来源等与人类生存密切

在草原上讲述蒙古族神话传说

相关的一系列问题,是人们了解蒙古族早期文化的百科全书。因蒙古族神话传说口头传承的特殊性,只有像础古兰一样热爱神话传说的年长者才熟悉其,年轻一辈对此知之甚少,由此挖掘、整理、传承蒙古族神话传说的重要性显而易见。

2014年,础古兰在第一批非物质文化代表性传承人认定活动中讲述了《狂人嘎日玛传说》,并以此作品被认定为盟级非遗传承人。《狂人嘎日玛传说》讲述

础古兰(左二)参加非遗传承人会议

了很久以前在科右前旗茂好努图克,有一个英勇无比,言必行、行必果,宁折不屈、刚正不阿的好汉,人们称他为嘎拉珠嘎日玛,即狂人嘎日玛。由于洮儿河、归流河两岸连年受灾,百姓苦不堪言,嘎日玛看着处在水深火热中的百姓焦急万分,因而抱怨老天爷无眼,并不再祭天祈祷。他在酷热的夏季穿皮袄、戴皮帽,住进蒙古包,在包里支火撑。在寒风凛冽的三九天,他则敞胸露怀,穿单鞋,喝冰凉的酸奶。如此几年,老天爷终于看不下去,派雷公轰击嘎日玛。嘎日玛骑上心爱的小黄骠马飞奔逃脱雷公,在逃脱过程中马鞍松动,险些从鞍上摔下来。后来人们就把他差点摔下来的地方称为"阿力得尔河"(意为马肚带松弛的河),

础古兰(右一)与老牧人一起讲述传说故事

又把他遗落两个马鞍吊带的地方称作"哲里木",把系在马鞍后边的图拉嘎掉下来的地方称作"图拉嘎其达坝"(意为有火撑的岭)等等,好多地名来历都包含在此故事当中。最后嘎日玛还是躲过了雷公的追击,老天爷在了解事情缘由之后,感动于嘎日玛的所作所为,他称赞嘎日玛,并下令布雨半个月。自此,大山荒野恢复了原貌,千里草原绿浪滚滚,牛羊遍野,百姓过上了安稳祥和的日子。

札萨克图传说故事代表性传承人

白图雅

2021年，白图雅采访舍冷那木吉拉老人

2022年，白图雅在乌兰毛都苏木采风

白图雅，女，蒙古族，1963年10月出生于兴安盟科右前旗乌兰毛都公社，多年从事教学工作，科右前旗原教师进修学校（今教师发展中心）退休教师。2018年，她被命名为兴安盟第五批非物质文化遗产项目札萨克图传说故事代表性传承人。

白图雅对札萨克图传说故事的着迷源于其外祖母温都日娜（1912—1986年）、胡尔奇吴巴雅尔（1904—1987年）和母亲努文达古拉（1938—2010年），是他们用浓厚的民间文学滋养了她。她爱听姥姥和亲戚们讲各种传奇人物故事和民间小故事，还和玩伴们互相猜谜语，讲自己听来的《巴拉根仓的故事》《穷小子智斗巴音的故事》《毛斯克额伊的故事》等。吴巴雅尔老人与白图雅父母家相邻，他是科右前旗著名的民间艺人、胡尔奇，经常在原乌兰毛都公社为乡村百姓说唱《三侠五义》《七侠剑》《三国演义》《封神演义》等古典名著和《智取威虎山》《平原枪声》《烈火金刚》《陶克陶胡》《新刷儿》《王喜盛》等叙事民歌。他的说书语言生动幽默、形象准确，特别是对武侠小说的说唱精炼，自成一体，语言表达很有感染力。她的母亲努文达古拉，曾是乌兰敖都嘎查牧民。在她的成长过程中，母亲时常讲起《都固尔扎布的故事》《沙格德尔疯子的故事》等。她还经常从邻居吴巴雅尔老人和当时乌兰毛都藏书最多的赤脚医生王布和那里借阅《青史演义》《水浒传》《三国演义》等书，在油灯下看完后，给家人复述故事情节。这个习惯为白图雅一生的学习和工作提供了丰富的民间文学滋养和动力。

自2006年以来，在热爱历史文化的同仁的带领下，白图雅投入文史写作中。她多次去呼和浩特市、呼伦贝尔市、锡林郭勒盟、兴安盟科右中旗、扎赉特旗、乌兰浩特市和科右前旗，走访敖日布仁钦、巴图乌力吉、舍冷、音登格、官格、色普勒、舍冷那木吉拉等40多位老人，对科右前、后二旗历史、地理、人文方面作以广泛的田野调查，并挖掘、整理了大量口传文学素材，主编和合编了包括科右前旗历史、地名、民歌、民俗、传统刺绣、传统奶食、民间文学以及为中小学生传授传统文化等方面的十多本书，由多家出版社出版发行。在2007年3月出版的《科尔沁右翼前旗文化史》（2册，副主编）第二册第五章，录入了流传在科右前旗的《索伦山十三台扎拉嘎传说》《狂人嘎日玛》等传说故事。在2008年8月出版的《科右前旗文史丛书》（4册，副主编），在《科尔沁右翼前旗370年》第八章第二节，翻译了"山水传说"部分。在《科尔沁右翼前旗地名文化》中，编写了第三章"地名历史与传说"部分；2010年，出版《兴安民间文学集锦》（主编），全书分《神话传说》《民间故事》《韵文》三册，收录流传在科右前旗、科右中旗和扎赉特旗的民间神话传说、民间故事和谚语、谜语、好来宝、对口好来宝等。2012年8月出版的《科尔沁文化的摇篮乌兰毛都》（2册，主编）中，收录乌兰毛都历史渊源、民俗及传说故事等。2020年，承担由内蒙古科技出版社策划的内蒙古非物质及物质文化遗产标志丛书《科尔沁右翼前旗卷》的主编任务，在"民间文学"篇中，编写了《索岳尔济宝格达山传说》《巴音居日合山传说》《珠尔嘎岱罕山传说》《哈日雅玛图山传说》《师徒两个猎人》《鞭打巴拉丹诺彦》等民间故事。2023年4月，执笔翻译并编写《科右前旗民间传说故事汇》，该书由内蒙古文化出版社出版，第一篇中收录153个山水传说和山水名称由来；第二篇中收录了《说唱艺人陶都那森》《硬汉都固日扎布》等23个传奇故事；第三篇中收录了在本旗广泛流传的37个民间故事。

多年来，白图雅默默地为搜集、整理留存民间文学而倾注心力。

白图雅参与编写的图书

巴音居日合乌拉祭代表性传承人

李毕力格图

　　李毕力格图，男，蒙古族，1960年11月出生于兴安盟科右前旗满族屯满族乡满都拉图嘎查，大学毕业后从事教学和翻译工作。2016年，他被命名为兴安盟第四批非物质文化遗产项目巴音居日合乌拉祭代表性传承人。

　　2005年，李毕力格图参与寻找清代科尔沁右翼前旗巴音居日合山敖包及恢复祭祀活动，做了大量工作。为搜集巴音居日合乌拉祭祀有关资料，李毕力格图去归流河镇宝华图嘎查白业喜扎木苏家，从白业喜手中搜集巴音居日合乌拉山神像并将其影印。

　　几年来，他走访几十户人家，从归流河镇乌兰尔格屯张青山、胜利屯（庙屯）张小勇、图布新屯乌云其木格那里，搜集到他们收藏了百年以上的三个山神像副本。这为恢复祭祀和传承中华优秀传统文化提供了弥足珍贵的资料。李毕力格图走家串户，做了大量的田野调查。

　　2006年11月30日，李毕力格图前往海拉尔市，拜敖日布仁钦老人为师。1916年，敖日布仁钦出生于札萨克图旗（今兴安盟科右前旗）王音努图克。1930年，他曾随在旗王府供职的父亲参加过巴音居日合乌拉祭祀。这次走访，他从老人那里详细了解了祭祀的具体程序和祭祀时必唱的民歌《札萨克图敖包祭祀之歌》和《巴音居日合乌拉颂》等资料。

　　李毕力格图还拜访科右前旗文化局原局长舍冷那木吉拉。舍冷那木吉拉出生于1933年，其父亲曾是科右前旗王府职员。他自幼受长辈们的熏陶，对中华优秀传统文化有浓厚的兴趣，一直工作在文化战线。从老人这里，李毕力格图搜集了祭祀仪式和与祭祀相关的传说故事。

　　从2006年起，李毕力格图深入全旗苏木嘎查和区内各地，走访了乌兰毛都牧区云登格、官格、舍冷、桑布、僧格嘎日布等民间艺人和20世纪四五十年代从我旗外出工作的有识之士100多人，搜集了有关巴音居日合乌拉祭祀方面的资料。从葛根庙老布僧希日布扎拉森活佛那里得到清代祭祀敖包时咏颂的藏文版《祈祷神主焚香供养经》这份珍贵资料。该经文已有上百年的历史，记有原科右前旗和科右后旗18座祭祀山的名字。

　　2013年，成立巴音居日合乌拉祭祀协会之后，李毕力格图担任协会副会长，每年协助会长，积极组织、指导祭祀活动。为举办传统祭祀活动，李毕力格图召开协调会议，专门研究决定修缮巴音居日合乌拉敖包事宜，聘请主持人和祝颂人，选定民歌演唱人员，安排祭祀仪式程序等。

　　2015年，巴音居日合乌拉祭祀活动是恢复祭祀十年来规模最大、参加人数最多、祭祀程序最全、聘请专家级别最高、拍摄技术人员最全的一次祭祀活动。专家们充分肯定了巴音居日合乌拉敖包，认定巴音居日合乌拉敖包为内蒙古著名敖包。2020年12月，巴音居日合乌拉祭入选第五批国家级非物质文化遗产保护项目名录。

巴音居日合乌拉祭代表性传承人

陈青山

陈青山，男，蒙古族，1971年1月出生于兴安盟科右前旗归流河镇巴音居日合嘎查，农民。2013年至今任乌兰尔格嘎查副主任。2020年，他被命名为兴安盟第六批非物质文化遗产项目巴音居日合乌拉祭代表性传承人。

一方水土养一方人，因生活在大山脚下，陈青山小时候常听长辈和乡亲们谈起过去祭祀阿爸山的事。他们将奉封的巴音居日合比作父亲，为避讳直呼巴音居日合山其名，至今仍尊称为阿爸山。2006年恢复巴音居日合乌拉祭祀活动以来，陈青山先后从呼牧吉勒图、塔彬额尔顿等老人那里了解到巴音居日合乌拉祭祀这一非物质文化遗产的历史渊源，还跟随王焕柱师傅学习了很多祭祀时的礼俗等。2008年，他将祖父在世时珍藏的一幅山神像送给搜集巴音居日合乌拉历史资料的老师。自从参与活动以来，陈青山虚心向祭祀协会会长王焕柱和副会长李毕力格图学习、了解了相关知识和程序。2010年，他自愿参与修整敖包劳动，清理敖包周围的垃圾。2015年，为筹备巴音居日合乌拉大型祭祀活动，陈青山忙碌了一个月，积累了非物质文化遗产保护方面的知识。

何锁柱

何锁柱，男，蒙古族，1972年出生于兴安盟科右前旗归流河镇白音居力合嘎查。2020年，他被命名为兴安盟第六批非物质文化遗产项目巴音居日合乌拉祭代表性传承人。

2006年，巴音居日合乌拉祭祀活动恢复之后，在祭祀协会会长带领下，何锁柱每年承担清理敖包周围环境、修饰敖包等工作。

自从参与巴音居日合乌拉祭祀以来，何锁柱先后拜呼牧吉勒图、塔彬额尔顿、王焕柱为师，尤其虚心向祭祀协会会长王焕柱学习、了解相关知识和程序。在协会会长的组织带领下，他多次深入群众中进行调查研究，多次赴扎旗神山、中旗代钦塔拉敖包、满族屯查干敖包、好仁乌力吉敖包考察学习，搜集祭祀文化方面的资料。2010年，何锁柱参加了从山下往海拔883.9米的山上搬运水泥、铺就水泥台阶等劳动，与协会成员和村里百姓将巴音居日合乌拉敖包修葺一新。祭祀活动前，清理敖包周围的垃圾。在祭祀活动期间，他主动参与各项服务工作。

查干伊德代表性传承人

金 荣

金荣，女，蒙古族，1970年7月出生于兴安盟科右前旗乌兰毛都苏木勿布林嘎查，1999年加入中国共产党。2018年，她被命名为兴安盟第五批非物质文化遗产项目查干伊德代表性传承人。

金荣的一身技艺来自母亲的传承。在金荣小时候，奶食品为主要食物，生活中离不开奶食品。金荣从小帮着妈妈干活，跟母亲学习奶食品制作技艺。她成家后，因生活困难，便开始制作奶食品，向附近住户散卖，一开始一瓶牛奶只卖两块钱，后来她增加了奶食品的品种，奶豆腐、奶皮子是她制作的最具特色的奶食品。久而久之，她在附近也小有名气。2014年，她创办了科右前旗苏金保力高奶制品专业合作社。为更好地宣传自家奶食品，她开展奶食品制作培训工作。做着做着，金荣发现自己更加热爱奶食品制作技艺，更加激发了要把奶食品技艺传承下去的决心。于是从2016年开始，她在培训班增加了比赛环节，进一步丰富了培训模式。夏天就在院子里开展培训、比赛，冬天则在微信群里进行线上比赛，并对比赛胜出者进行现金奖励，调动了大家的积极性和学习热情。多年来，该培训班都是免费开设，比赛奖金也都是自掏腰包，她投入了不少人力、物力、财力。多年来，她致力于札萨克图奶食品技艺的制作与传承，培养了一个又一个奶食品制作者，培养的具有代表性的传承人有特润奶制品加工合作社负责人金花、满族屯乌兰河传统手工奶制食品店负责人义日呼等。截至2023年末，金荣

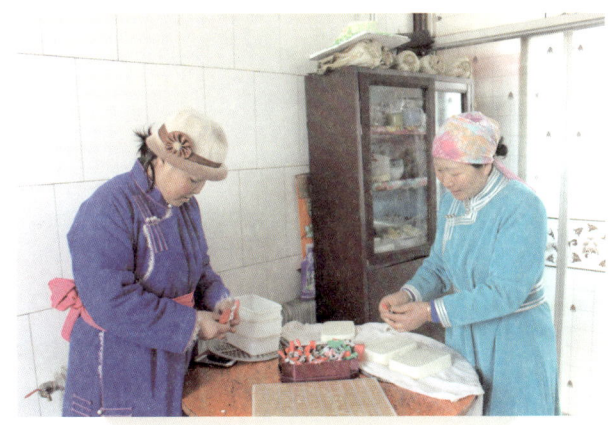

制作奶食品

参加奶食品展演活动

已经开展了20次培训，培训过的学生有300余人。她创办的合作社于2019年在科右前旗"四个100"工程中被评为2018—2019年度优秀专业合作社。

由于身体原因，金荣从2020年开始减少了奶食品的制作量，每年只在6—9月进行生产。她于2020年开始撰写《营养尚品札萨克图奶食》一书，致力于把札萨克图奶食制作技艺留下来、传下去。本书由游牧生产、札萨克图奶食品种类及其传统加工法、蓬勃发展的奶食品事业和传统奶食品文化四个部分组成，涵盖了札萨克图奶食品文化、制作方法及传承情况等内容。

展销奶食品

金荣参加过很多次比赛，并且都名列前茅。2014年，获科右前旗第五届传统奶食品评比活动综合奖第一名。2018年，获札萨克图第九届传统奶食品制作大赛综合奖第一名。2015年，获得"乌兰毛都草原之夜"文化旅游节科右前旗第六届传统奶食品评比活动额格策格第二名。2016年，获"乌兰毛都草原之夜"文化旅游节科右前旗第七届传统奶食品评比活动奶酒第一名、奶豆腐第一名、综合奖第一名。2017年，获乌兰毛都草原文化旅游节科右前旗第八届传统奶食品评比活动综合奖第一名、奶豆腐第一名。2018年，获科右前旗第八届蒙古族传统奶食品制作比赛奶豆腐制作技艺一等奖。2020年，获兴安盟那达慕·科右前旗第十届传统奶食品制作大赛综合奖第三名。2022年，获兴安盟乡村振兴职业技能大赛乳制品加工项目第二名。

金荣家中的手工作坊

金荣饲养的牛

查干伊德代表性传承人

白敖敦格日乐

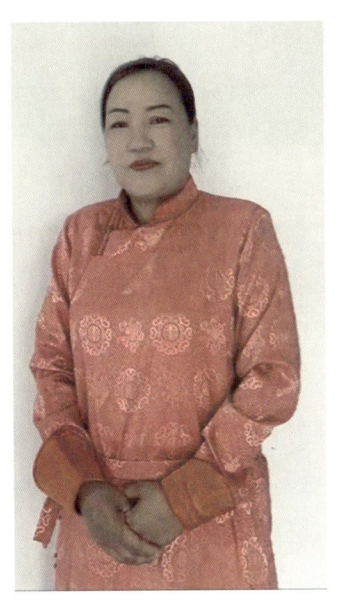

白敖敦格日乐，女，蒙古族，1975年4月出生于兴安盟科右前旗满族屯满族乡满族屯嘎查牧民家。她曾就读于中医（蒙医）学校，从事过计生等工作。2020年，她被命名为兴安盟第六批非物质文化遗产项目查干伊德代表性传承人。

白敖敦格日乐从小接触牧业生产生活，13岁开始跟随父母学习传统奶食品制作技艺。1995年中专毕业后，她开始系统学习实践奶食品传统制作方法，并带领周边爱好者学习奶食品制作技艺，现有学徒15人。2017年11月，她在科右前旗满族屯满族乡开设图布台传统奶食品店。2019年4月，注册成立科右前旗图布台杭盖农牧业专业合作社，主营传统奶食品制作和销售，并带领周边爱好者学习奶食品制作技艺。

从2017年开始，她先后参加全盟那达慕大会和全旗"九站式"旅游推介活动等奶食品展、兴安盟那达慕大会奶食品展示比赛、中国·桃合木弓箭会奶食品制作比赛、科右前旗文化遗产日活动等赛事与活动。

微信扫码
- 享：云端精彩
- 查：文化名录
- 看：传承故事
- 游：草原盛景

乌兰伊德代表性传承人

那申得力格尔

那申得力格尔(曾用名那申德力格尔),男,蒙古族,1988年6月出生于兴安盟科右前旗乌兰毛都苏木萨仁台嘎查,从2012年开始在乌兰毛都萨仁台嘎查工作至今。2016年,他被命名为兴安盟第四批非物质文化遗产项目乌兰伊德代表性传承人。

那申得力格尔的爷爷是当地知名的乌兰伊德习俗司仪,经常受邀主持婚宴、祭祀等仪式。他的父亲也是当地牧民,熟练掌握乌兰伊德、全羊宴、羊背肉食的制作技艺和传统礼仪。那申得力格尔在日常生活以及节庆活动中目睹了传统饮食习俗,对传统饮食文化有了初步的了解和积累。那申得力格尔从事牧业生产后,对乌兰伊德礼仪更是熟谙于心。

为更好地促进乌兰伊德烹制技艺的传承和发展,2016年那申得力格尔参加由内蒙古自治区文化厅主办、内蒙古展览馆承办的全区非物质文化遗产年货展暨传统文化月月传活动。经过多年的历练,那申得力格尔不仅掌握了乌兰伊德制作和摆盘技艺,还掌握了很多礼俗。为传承乌兰伊德文化,那申得力格尔从嘎查年轻人中收徒,传授技艺。

羊肉肠

肚包肉

科尔沁哈日靶代表性传承人

韩双龙

韩双龙,男,蒙古族,1984年8月出生于兴安盟扎赉特旗图牧吉镇乌雅嘎查。2016年,他被命名为兴安盟第四批非物质文化遗产项目科尔沁哈日靶代表性传承人。

受长辈们的影响,韩双龙从11岁开始接触弓箭,掌握了科尔沁哈日靶的射箭方法和技巧。2011年,他和白晨光自费前往巴林右旗学习传统弓箭技艺。回到家乡后,他们不仅钻研射箭技艺,还在家乡免费开办培训班,积极传播传统弓箭射箭技艺。

2015年4月,韩双龙赴巴林右旗参加首届中国传统弓射箭培训班,丰富和提高了射箭知识和技能。2016年7月,在吉林省前郭尔罗斯蒙古族自治县成立60周年庆祝大会暨第十八届那

达慕大会射箭比赛中,他和白晨光带领札萨克图科尔沁弓箭协会,代表兴安盟射箭队参赛,获团体第一名,他本人在个人赛中取得第二名的好成绩。2016年9月,在科右前旗举办的内蒙古自治区东部五盟市和东三省参加的兴安盟也松格哈日靶邀请赛中,韩双龙和白晨光以札萨克图科尔沁弓箭协会成员的名义代表兴安盟参赛,获得团体第二名、个人赛第四名的好成绩。2017年4月,韩双龙在海拉尔举行的内蒙古自治区抢枢、布龙邀请赛暨裁判员培训班布龙比赛中,荣获全区第二名的好成绩。2017年7月,在内蒙古自治区第九届少数民族传统体育运动会上,他和团队代表兴安盟射箭队参加比赛,荣获团体和个人奖项。

2014年1月,韩双龙与白晨光牵头,在科右前旗注册成立了科尔沁右翼前旗札萨克图科尔沁弓箭协会,并任秘书长。为进一步宣传科尔沁哈日靶项目的范围,他们先后到乌兰浩特市、科右中旗、扎赉特旗、吉林省前郭县等地开展免费教授哈日靶射箭技艺活动。在韩双龙的不懈努力之下,他的徒弟们在兴安盟、吉林省前郭县等地共注册了以科尔沁哈日靶为主要项目的8个协会和2个俱乐部,参与人数达1000人。韩双龙为科尔沁哈日靶传承作出的积极贡献,得到了广大射箭爱好者的一致好评。

拜师学艺

教授技艺

向孩子传授技艺

与队友合影

科尔沁哈日靶代表性传承人

宝音达来

宝音达来，男，蒙古族，1979年10月出生于兴安盟科右前旗乌兰毛都苏木勿布林嘎查，毕业于内蒙古民族大学，从2003年至今在科右前旗第一中学任教。2020年，他被命名为兴安盟第六批非物质文化遗产项目科尔沁哈日靶代表性传承人。

科尔沁哈日靶即蒙古族传统弓射箭。

为了改变科右前旗地区蒙古族传统弓箭射箭手少的现状，宝音达来、白晨光、韩双龙在学校和科右前旗有关方面的支持下，于2014年成立札萨克图科尔沁弓箭协会。协会自成立以后，在乌兰毛都苏木、桃合木苏木、满族屯满族乡、索伦镇、大石寨镇等地开展蒙古族传统弓箭活动，另一方面在盟市旗那达慕上申请射箭比赛并组织比赛，慢慢地使蒙古族传统弓射箭比赛走向了正规化。宝音达来等人对科尔沁哈日靶的执着与热爱带动了科尔沁哈日靶的传承与发展。2016年9月30日，开展了第一届"也松格杯"全区蒙古族传统弓射箭比赛。

札萨克图科尔沁弓箭协会自成立以来，推动了蒙古族传统弓射箭在兴安盟地区的影响力，不仅科右前旗，邻近的旗县市也陆续成立了协会和俱乐部。宝音达来曾前往科右中旗、扎赉特旗、乌兰浩特市等地开展传统弓箭的教学活动。他曾三次去往吉林省松原市前郭尔罗斯镇开展蒙古族传统弓箭教学活动。宝音达来的学生近1000人，其中不乏出色的传承人，旗级传承人都特就是宝音达来较为出色的徒弟之一。经他教授的科右前旗第一中学学生射箭队，在2013—2018年兴安盟第六届中学生校园那

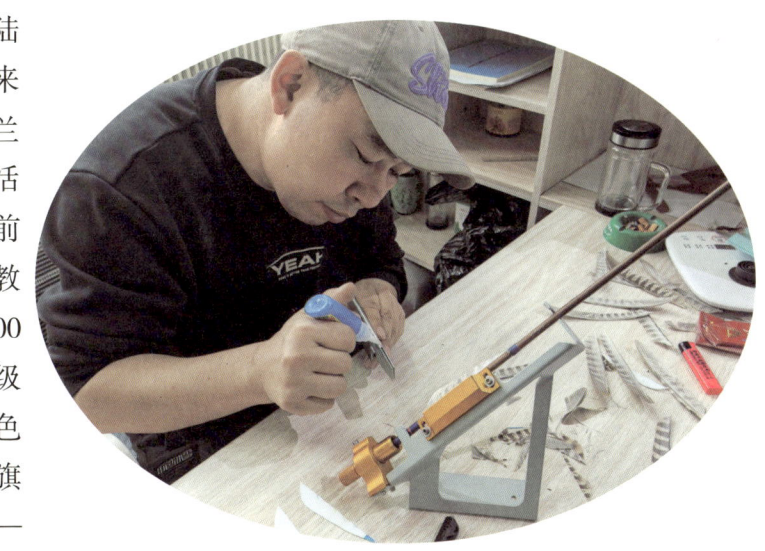

自制箭

获得的荣誉

达慕上取得了3次男女全冠，4次获得团体第一名的好成绩。

宝音达来获得过不少奖项，并多次被媒体及各公众号宣传。在2015年和2016年兴安盟农牧民那达慕大会哈日靶比赛中，他取得男子个人第一名、男子团体第一名的好成绩。2017年，荣获第九届少数民族传统体育运动会哈日靶男子30米双轮单项第四名、哈日靶男子40米双轮单项第四名、男子全能第四名、男子团体第四名。2017年，在庆祝内蒙古自治区成立70周年暨"欢乐草原"内蒙古自治区第九届全民健身大会中，获男子哈日靶第四名、男子团体第四名。2017年，获郭尔罗斯首届传统弓箭比赛第一名。2018年，获通辽市首届"浩尔沁杯"哈日靶比赛第一名。2019年，获图什业图科尔沁哈日靶比赛第二名、中国·桃合木传统弓射箭比赛男子40米第三名。2020年，获"也松格杯"射箭比赛第四名、兴安盟那达慕男子射箭比赛第一名、扎鲁特那达慕哈日靶比赛第一名。2020年，获兴安盟"豁尔臣杯"射箭比赛第三名。2023年，全区第十届少数民族传统体育运动会中获得体育道德风尚奖。在各类那达慕射箭比赛上获得过十多次一等奖。

与妻儿一起参加比赛

科尔沁哈日靶代表性传承人

白佈仁吉日嘎拉

白佈仁吉日嘎拉，男，蒙古族，1986年3月出生于兴安盟科右前旗满族屯满族乡满族屯嘎查，毕业于内蒙古大学艺术学院装饰艺术设计专业，曾先后在呼和浩特市圣蓝艺工艺品公司、玉麒麟工艺品公司担任过设计师职务。2013年6月他回到故乡，2015—2017年任满族屯嘎查委员会委员。2020年6月，他被命名为兴安盟第六批非物质文化遗产项目科尔沁哈日靶代表性传承人。

白佈仁吉日嘎拉于2015年在科右前旗人民政府与科右前旗民委主办的旅游培训班中学习3个月。学习期间，他向白晨光、韩双龙、宝音达来学习蒙古族传统弓射箭技能、比赛规则等一系列知识。在学习结束回到满族屯满族乡后，他开始招生传授科尔沁哈日靶技艺，传承哈日靶传统弓射箭技艺。2015年冬天，他收王新吉如合、萨仁高娃、格日勒图、萨仁娜、巴根那、三月等人为徒。2016年，他在满族屯满族乡又收福全、苏雅乐、布仁吉雅、巴力朱尔、孟和巴雅尔、哈斯、阿日本等为徒。2017年，他与白晨光和韩双龙到扎赉特旗、科右中旗教授科尔沁哈日靶技艺和比赛规则。2018年，他赴桃合木苏木收王金花、都特、乌日吉木斯、朝乐门、斯琴等人为徒。

从2018年至今，白佈仁吉日嘎拉在多个比赛中担任裁判员、裁判长等职务。如在中国桃合木第三届弓箭会上担任裁判长，在2020年兴安盟那达慕射箭比赛中担任裁判员。他曾代表兴安盟参加乌海市欢乐草原运动会射箭比赛、通辽市奈曼旗欢乐草原运动会射箭比赛和呼伦贝尔市冬季射箭比赛等。

从2021年开始，白佈仁吉日嘎拉担任科尔沁右翼前旗札萨克图蒙古族传统弓箭协会会长一职。从2019年至今，他主办4次"鸣笛箭杯"射箭比赛，为哈日靶传统弓射箭技艺的传承与发展默默做贡献。

参加比赛

满族屯义莫·甘珠尔经集会代表性传承人

王阿日本合喜格

王阿日本合喜格，男，满族，1969年2月出生于兴安盟科右前旗满族屯满族乡满族屯嘎查，曾在内蒙古民族大学牧民大专班学习，担任过满族屯嘎查达、嘎查书记等职务，1979年开始传承学习满族屯义莫·甘珠尔经集会礼节。2018年，他被命名为兴安盟第五批非物质文化遗产项目满族屯义莫·甘珠尔经集会代表性传承人。

王阿日本合喜格的爷爷白音宝力高（1916—1975年），满族屯满族乡满族屯嘎查人，是一位在当地具有一定影响力的民俗传承人。他将满族、蒙古族民俗传承给了王阿日本合喜格的父亲（1936—1998年）拉西。拉西是当地远近闻名的民间艺人、民歌歌手、摔跤手，参加过乌兰毛都努图克地区举办的那达慕大会和民歌比赛并多次获奖。王阿日本合喜格自幼跟随爷爷和父亲学习传统文化，从小就对义莫·甘珠尔经集会礼节产生了浓厚的兴趣与爱好。

为保护和传承满族屯地区义莫·甘珠尔经集会礼节，王阿日本合喜格2次参加自治区蒙古族、满族文化交流会，多次参加有关专题讲座。他参加了内蒙古电视台拍摄的满族屯义莫·甘珠尔经集会礼节专题片，在片中担任主讲员。他还参与了满族屯义莫·甘珠尔经集会礼节的编辑拍摄等工作。2015年11月，他被授予兴安盟民族团结先进个人的荣誉称号。

蒙古象棋代表性传承人

戴海玉

戴海玉，男，蒙古族，1969年7月出生于兴安盟科右前旗归流河镇乌兰尔格嘎查，毕业于内蒙古民族师范学院，现工作于兴安盟科右前旗第二中学。2020年，他被命名为兴安盟第六批非物质文化遗产项目蒙古象棋代表性传承人。

戴海玉从小就对蒙古象棋产生了浓厚兴趣，他向马文明、边吉仁台和阿日木扎三位老师学习蒙古象棋技艺。他对蒙古象棋十分热爱，不仅自己下蒙古象棋，还积极推广蒙古象棋。

他开办了蒙古象棋兴趣学习班，传播蒙古象棋技艺。他本人撰写了《蒙古象棋教程》《蒙古喜塔尔》。

戴海玉参加过各种蒙古象棋的培训课程。2007年，参加了兴安盟首届蒙古象棋培训班，由赤峰市聘请的马文明老师授课，系统学习蒙古象棋理论知识。2015年，他开始向科右前旗蒙古象棋协会的边吉仁台和阿日木扎老师学习蒙古象棋实战技能，苦练多年，各项技能有了飞速提升。2017年，他参加兴安盟民委主办的兴安盟蒙古象棋培训班，并于当年参加在呼和浩特市举办的首届蒙古象棋国际研讨会，系统学习了蒙古象棋的各种理论和规则。2018年，他参加了内蒙古蒙古象棋年会，学习交流各种经验。同年，他还参加了中蒙俄蒙古国际象棋比赛，荣获团队道德风尚奖。2019年，参加兴安盟蒙古象棋比赛，荣获第一名。

多年的钻研与锻炼使他的蒙古象棋技艺更加纯熟。2017年12月，内蒙古蒙古象棋协会为他颁发了蒙古象棋教练员证、蒙古象棋技术等级证书。2018年1月，通过考试后，他获得了内蒙古象棋二级裁判员证书。经内蒙古蒙古象棋协会组织比赛评审，戴海玉现为蒙古象棋后补棋艺大师。

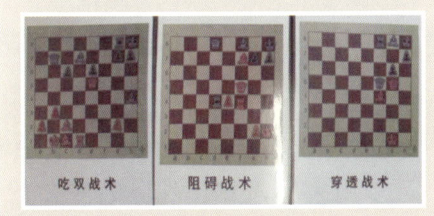

蒙古象棋战术

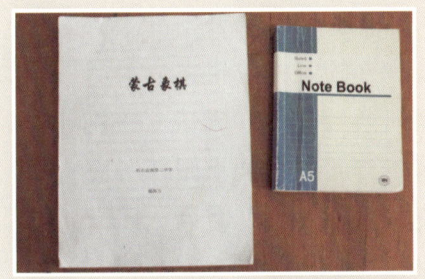

编写的著作与学习笔记

蒙古象棋代表性传承人

吉 日 和

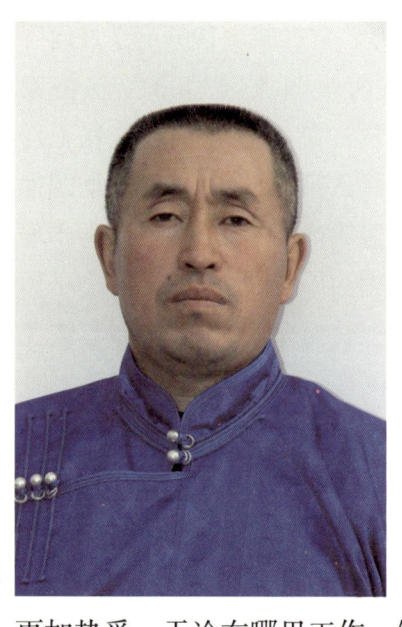

吉日和，男，蒙古族，1972年10月出生于兴安盟科右前旗乌兰毛都公社草根台嘎查，高中毕业后在乌兰毛都公社草根台嘎查、勿布林小学任教。2016年6月，他被命名为兴安盟第四批非物质文化遗产项目蒙古象棋代表性传承人。

吉日和从小喜欢蒙古象棋，在乌兰河嘎查小学、萨仁台嘎查小学任教期间，一直没有放弃对蒙古象棋的钻研。2007年，被调到乌兰毛都苏木小学任教后，他仍没有忘记学习蒙古象棋。在偏远的农村牧区，条件十分艰苦的环境下，他用不同颜色的石子儿代替棋子，在学校操场上画棋盘教授学生下棋。后来学校办学条件好了，他负责组建了12个兴趣小组，系统传授蒙古象棋技艺。

吉日和接触蒙古象棋后发现它的优点很多，对蒙古象棋就更加热爱，无论在哪里工作，他都没有停止对蒙古象棋的钻研学习与传播。

1997—2017年，他通过连续20年不间断学习、教学、研究，取得了很多成绩。他与旗民族事务委员会等相关部门联合编纂了内部资料《蒙古象棋》。

多年来，吉日和在蒙古象棋领域也获得了一些成就。2014年，他带学徒参加了突泉县举办的蒙古象棋大赛，取得并列第一名的好成绩。在科右前旗首届"札萨克图杯"蒙古象棋比赛、兴安盟第二届"兴安杯"蒙古象棋大赛、科右前旗第三届"毕力根索日勒特"喜塔尔等比赛中，他都取得了较好的名次。

满族太平鼓舞代表性传承人

包海全

包海全（曾用名包海泉），男，蒙古族，1957年2月出生于通辽市科左中旗。1978—2008年，先后在科左中旗、扎赉特旗、科右前旗乌兰牧骑工作，是一名出色的舞蹈演员，后在科右前旗文物管理站工作，现已退休。他曾为自治区舞蹈家协会会员、兴安盟舞蹈家协会会员，创作的舞蹈《骑士》《归来》获得创作表演奖，创作的《好力宝》在自治区首届乌力格尔暨全国乌力格尔大赛上获得二等奖。2014年，他被命名为兴安盟第三批非物质文化遗产项目满族太平鼓舞代表性传承人。

包海全从2005年开始下乡搜集、整理满族太平鼓舞，赴科右中旗向朝克图老师和通辽市科左中旗宝康老师学习太平鼓舞的舞技、鼓技。他还专程和同事去自治区直属乌兰牧骑请教太平鼓舞的知识与表演技巧。学艺归来后他和同事一起编排太平鼓舞，并自制太平鼓及其他舞蹈用具供学艺者使用，将太平鼓舞搬上了科右前旗的演艺舞台。从1986—1996年，他一直带队跳太平鼓舞，并将舞技、鼓技传承给他人。他在科右前旗和扎赉特旗做了大量传播工作，特别是在1987年全区农牧业现场会上，充满激情、神秘而热烈的太平鼓舞赢得了观众的好评。包海全跳太平鼓舞动作幅度大，节奏快，舞步铿锵有力且轻快有度，打起太平鼓来灵活机敏，击鼓热烈奔放，动态匀称，形神兼备，体现了太平鼓舞热烈、欢快、动感强烈、冲击力强的特点。

包海全（右一）与队友跳太平鼓舞

包海全自制的舞具

中医(蒙医)放血疗法代表性传承人

宝 连

宝连，男，蒙古族，中共党员，1958年10月出生于兴安盟科右前旗乌兰毛都苏木，曾在乌兰毛都中心卫生院、勿布林卫生院、科尔沁镇社区卫生服务中心、科尔沁镇兴科社区卫生服务站工作过，2019年创办科右前旗宝连中医（蒙医）诊所。2020年，他被命名为兴安盟第六批非物质文化遗产项目中医（蒙医）放血疗法代表性传承人。

宝连大夫生于医学世家。中医（蒙医）放血疗法最初是从洛奔喇嘛和吉日嘎拉喇嘛传承的，两位喇嘛是20世纪初突泉县玛尼庙著名的中医（蒙医），他们将技术传给了宝连的父亲贺喜格。贺喜格（1923—2006年）7岁时在突泉县玛尼庙当喇嘛学医15年，随后加入内蒙古骑兵团做了一名医务兵，1957年参加自

宝连的父亲贺喜格医生（一排中）

宝连（右二）向徒弟传授蒙医放血疗法

宝连（左一）向女儿乌云塔娜讲授医学知识

治区卫生厅组织翻译编纂的第一部蒙古文版《四部医典》工作。1970年8月10日，建立乌兰毛都公社第一个八一合作医疗站，他还开办了合作医疗学习班，培训赤脚医生。当年他还编写一本包含蒙古文、藏文、汉文3种文字包括500多种中草药的《药物学》，刻印成册，作为培训赤脚医生的基本教材。1971—1973年，通过言传身教为全公社培训出35名赤脚医生、卫生员和103名保健员，极大地提高了偏远牧区医疗队伍的业务水平，培养了一批优秀的基层医疗队伍，扩大了医疗范围，解决了群众求医难的问题，为科右前旗医疗卫生事业的发展打下了牢固基础。1975年，乌兰毛都卫生院陷入药物短缺的困境，贺喜格医生带领医院年轻医护人员和他的学生走遍乌兰毛都附近的高山草地，采集、研制成药剂解决了医院常用药供应不足问题。他连续5年担任自治区政协委员。1984年，他的《关于科右前旗开办卫生进修学校》的提案，在内蒙古自治区第六届人大常委会上通过，为科右前旗培养医学人才奠定了坚实的基础。退休后他被返聘到兴安盟人民医院专家门诊，把晚年也奉献给了治病救人这个伟大的事业。

从小就在医学世家长大的宝连，看着父亲把一个个重病患者治愈，幼小的心中就萌生了一个远大的梦想——长大以后要子承父业做一名像父亲一样的好医生，为群众看病，造福一方百姓。从13岁起，他就跟随父亲贺喜格学习医学知识。他和父亲每天早晨寅时起床背诵《四部医典》《金光注释集》等医学典籍。晚上放学回来做完作业后，他继续跟着父亲学习医药学理论知识，直至午夜12点钟才入睡。他父亲为了巩固他的医学知识，每三天就小考一次，如果考试成绩不理想，就要接受父亲的批评。父亲的严格管教使宝连学习到了更多的医学知识，成就了他的医术。

1984年，宝连以优异成绩从兴安盟科尔沁右翼前旗卫生进修学校毕业，后被分配到科右前旗阿力得尔苏木东合力木嘎查卫生室，开始了他的行医之路。之后，他又在勿布林扎拉嘎卫生院、科右前旗兴科社区卫生服务中心等地行医多年。他每去一个地方，就为当地百姓治病就医，解除身心疾病，深得群众的爱戴和好评，被群众亲切地称为"我们的好大夫宝连"。乌兰毛都草原地广人稀，基层医疗设施匮乏，卫生人员十分紧缺。在这种困难情况下，宝连大夫"马背上行医"，从20世纪80年代初开始在东合力木嘎查行医看病，到了90年代初又在草根台嘎查行医多年。牧区牧民平日里大多数时间都在"套卜"（羊包）里生产生活，所以宝连经常穿梭于卫生院和套卜之间。

中药（蒙药）与制药器械

宝连和他父亲一直兢兢业业为传承医学事业治病救人而奋斗。宝连行医30多年来，治愈过无数个疑难杂症，通过精湛的医术治愈过无数个患者。儿科病、肺结核、高血压、高血脂、妇科病、脑血管疾病、半身不遂病、肾病、精神病、皮肤病、肝病等病患者经他治疗而康复，尤其是对治疗慢性病、不孕不育症、心脑血管等疑难杂症有独到之处。

宝连铭记着一名医者对社会的责任与担当，2003年非典疫情蔓延，宝连作为一名共产党员主动到一线做防疫工作。

宝连将医术传授给第四代传承人宝乌云塔娜、陈晓明。宝乌云塔娜，2003年毕业于兴安盟卫校临床医学专业，是宝连的长女。她从小在爷爷和父亲身边长大，耳濡目染地掌握了中医（蒙医）传统疗法，现正在宝连的诊所学习。陈晓明，2003年毕业于内蒙古民族大学中医学（蒙医学）专业，2004年在兴安盟中医院（蒙医院）实习进修，之后一直在宝连身边学习传统医学知识。

退休后的宝连继续发挥余热开办特色门诊，为广大患者提供更优质、便捷、高效的医疗服务。他一边给患者看病就医，一边培养接班人。全国各地的患者慕名来到宝连的诊所，他亲切地为每位患者解答，正确引导他们的心理。对于家庭条件特别困难的患者，他不但不收钱，还为他们准备回家的路费。

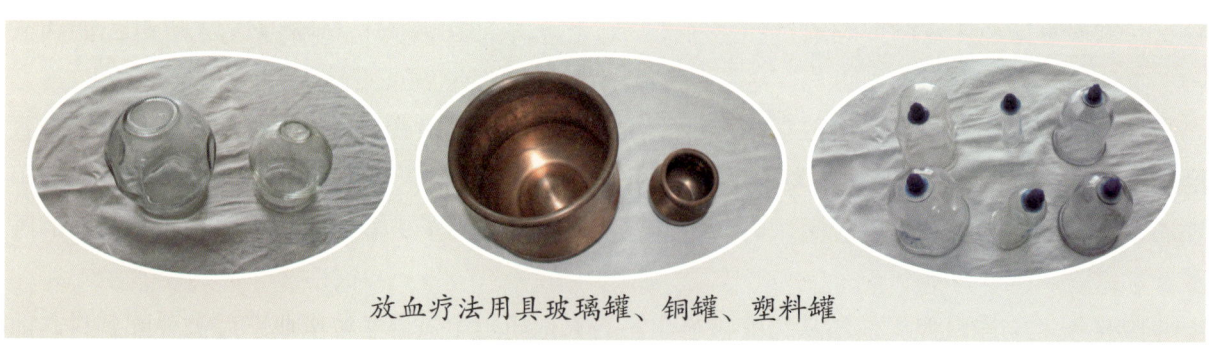

放血疗法用具玻璃罐、铜罐、塑料罐

传统中医(蒙医)中药(蒙药)代表性传承人

包长海

传承中医(蒙医)文化

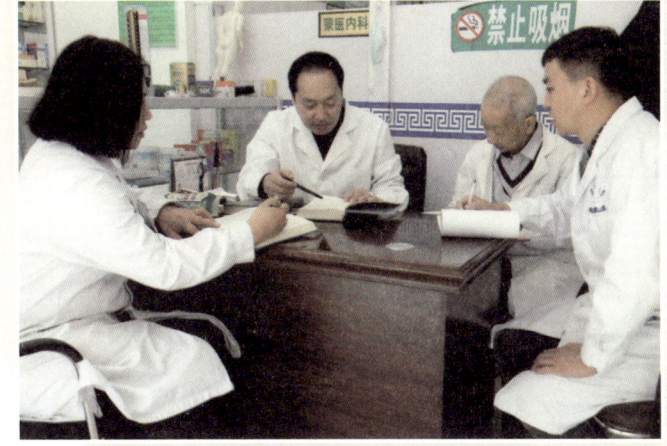

包长海,男,蒙古族,1968年7月出生于兴安盟扎赉特旗胡尔勒苏木诺勒嘎查,内蒙古中医药(蒙医药)研究会会员。2020年,他被命名为兴安盟第六批非物质文化遗产项目哈斯巴根中医(蒙医)术代表性传承人。

包长海出生于医学世家。他的太爷曾为御医,他的爷爷哈日巴拉曾被授予内蒙古模范医生的称号。20世纪40年代当地发生了一场瘟疫,他的爷爷用自己熬制的中草药救治了很多慕名而来的人。当时有的病人不能行走,只要喝上一碗他爷爷熬制的药就会出汗,然后痊愈。他的三爷爷叫蒙萨,喇嘛,也是当地的名中医(蒙医)。父亲包白郎也是当地的名村医。

包长海天生聪慧,对医药学具有先天禀赋。他从4岁时就跟随爷爷行医看病,每当爷爷开出一个药方,他就能说出药方的药引子,在10岁之前能够背诵几十首中医(蒙医)中药(蒙药)诗。爷爷常拿医学书籍给他看,并要求他在几日内看完,他常常是在规定时间内或者提前看完。每当屋内人多嘈杂时,他就拿着书到外面的树下看。在包长海16岁时母亲患重病,他未能读高中被迫辍学,跟随父亲走上了学医之路。

包长海从采药、认药开始,到学习《四部医典》,逐渐对中医(蒙医)产生了浓厚兴趣。他拜当地名医为师,学习临床知识。他系统学习了中医(蒙医)基础知识、中药学(蒙药学)、中医(蒙医)方剂学及中医(蒙医)瘟病、中医(蒙医)诊断、中医(蒙医)内科、儿科学等理论知识,熟练掌握了中医(蒙医)诊断的望、闻、触等知识技能。1990年,他先后在扎赉特旗、乌兰浩特市、科尔沁右翼前旗行医,并为提高知识与技能在呼伦贝尔卫校、内蒙古民族大学进修学习。2018年4月，他参加了内蒙古中医药（蒙医药）研究会举办的传统中医药（蒙医药）的保护与传承专题培训班，于2019年6月参加国家级非物质文化遗产名录项目中医药（蒙医药）科尔沁中医药（蒙医药）浴疗法研讨会。

包长海每天坚持读《四部医典》等经典著作，结合临床实践，不断提升诊疗技能，积累了宝贵经验，善于用医学理论诊断疾病，尤其擅长治疗心血管疾病、神经官能症及众多疑难杂症等。在30年行医之路上，他救治了5万余名患者，其中有众多心脑血管重症患者。他阅读古代药书，搜集、整理了1000余册中医药（蒙医药）相关书籍，共整理出600多个民间祖传药方，并对中医药（蒙医药）疗法疗术知识进行了收集，数量达到200余件。

包长海将技艺传承给了包文平［兴安盟非物质文化遗产项目哈斯巴根中医（蒙医）代表性传承人］和阿拉坦朱拉等中医（蒙医）。

包长海爷爷哈日巴拉

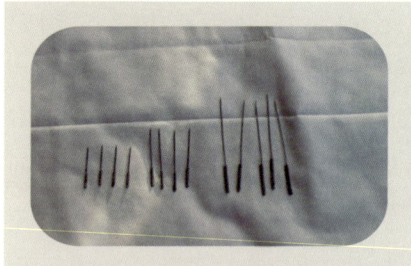 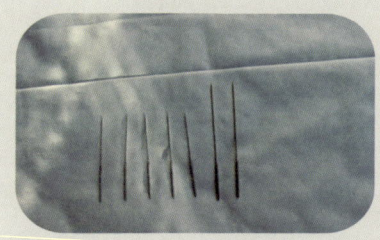 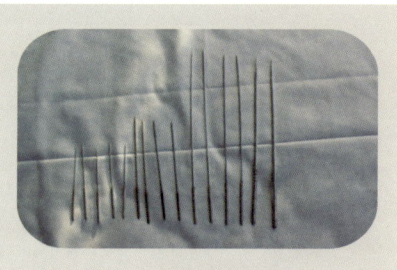

针灸用的金针、银针、钢针

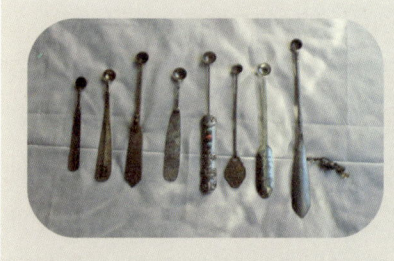 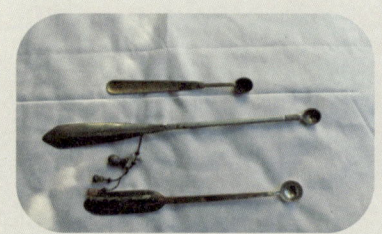 

祖传药勺

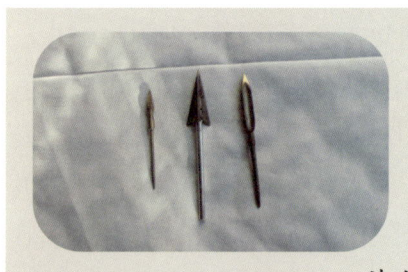 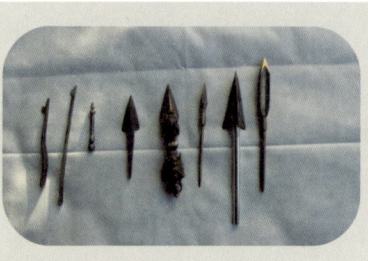

放血针　　　　　　　　　包长海爷爷的老师留传的百年药勺

传统中医(蒙医)中药(蒙药)代表性传承人

文 平

文平(包文平),男,蒙古族,1989年2月出生于兴安盟科右前旗德伯斯镇太平山嘎查,内蒙古医科大学民族医学硕士研究生。曾在《中国蒙医药》第九期发表论文《试论古籍中"六基症"的数字化》,在第十期发表论文《建立蒙古族药物教育中心的重要性》,2015年在《中国蒙医药》曾担任过藏医经典著作《淬炼精金》藏文译蒙古文的翻译委员会成员。曾在科右中旗中医(蒙医)内医科、兴安盟中医(蒙医)医院理疗科工作过。2021年10月,创办了科尔沁右翼前旗德伯斯太平山包文平中医(蒙医)诊所。2020年,他被命名为兴安盟第六批非物质文化遗产项目传统中医(蒙医)中药(蒙药)代表性传承人。

文平的父亲包玉山是一位赤脚医生,擅长用中医(蒙医)中药(蒙药)治病救人,文平耳濡目染,使得他对医学产生了极大的兴趣和热爱。后来,选择大学专业时,他毫不犹豫地选择中医药(蒙医药),从此踏上了医学这条人生之路。文平在读大学期间刻苦努力,并利用假期在老家附近、阿尔山等地寻找药材,采植物做成标本。后来,他在自家院子里开辟了个人百草园,他把看到的药材植物移栽到自家的百草园里。他还曾利用假期走访了多个知名的药材市场,较远的去过安徽亳州,了解药材的性能与特点。

多年的学习与实践使文平的医术更加纯熟,他擅长治疗牛皮癣、过敏性紫癜、肾病综合征等,尤其对于治疗地方病布病更有独到之处。他的患者不仅有内

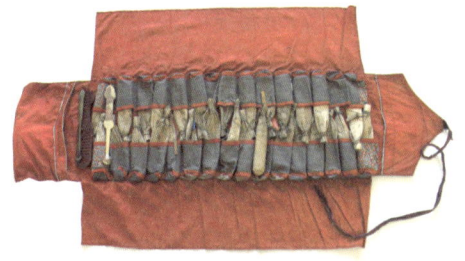

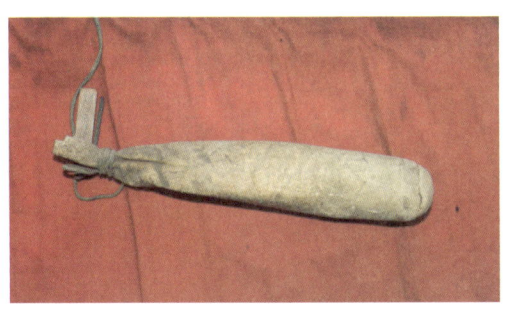

祖传皮质药袋

蒙古的，还有很多患者从河南、河北、吉林、黑龙江等地慕名而来。有的患者不方便前来就诊就电话问诊，线上诊断病情后开药给病人寄过去。文平经实践发现，布鲁氏菌病是地方性疾病，每个人的反应、症状也不一样，于是他针对患者的不同情况开出不一样的药方。文平表示自己是打心底热爱中医（蒙医）中药（蒙药），并希望其能够传承下去。他发现很多人对于药材的认识度不够高，所以2022年开通了视频号，以小视频方式拍摄自家百草园植物生长周期并发布到网上进行科普。他还曾为北京阿南德中医（蒙医）医院提供过植物照片。

在行医过程中文平不仅弘扬中医（蒙医）文化，还注重现代医学和中医（蒙医）结合。他不仅把中医（蒙医）中药（蒙药）理论和实践相结合，还一直注重中西结合并不断创新。2018年，他参加全区中医（蒙医）疗术和中药（蒙药）技能职工职业技能比赛，获技能组二等奖。2022年，获首届"占布拉道尔吉杯"中医药（蒙医药）创新创业大赛创业组优秀奖。

文平在自家药材种植园内

文平（左一）野外采集标本

 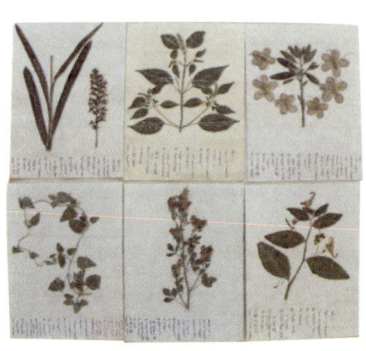
文平采集制作的药材标本

中医（蒙医）少儿巴日乎疗法代表性传承人

包色音巴雅尔

包色音巴雅尔（曾用名包色音巴牙尔），男，蒙古族，1953年2月出生于兴安盟科右前旗满族屯满族乡，曾在乌兰毛都苏木卫生院赤脚医生培训班、科右前旗卫生班学习，在乌兰毛都公社乌兰敖都大队行医，在科右前旗满族屯满族乡卫生院工作。2018年，他被命名为兴安盟第五批非物质文化遗产项目中医（蒙医）少儿巴日乎疗法代表性传承人。

包色音巴雅尔师从贺喜格（1923—2006年），他是中医（蒙医）放血疗法盟级传承人宝连的父亲，乌兰毛都中心卫生院中医（蒙医）科主任，擅长按摩、针刺、康疗等技艺。当时村民中谁家孩子有了疾病，都去找贺喜格给孩子治疗，他的中医（蒙医）少儿巴日乎疗法对防病治病方面作了巨大贡献。包色音巴雅尔还向额尔敦（1936—2010年）大夫学习。

包色音巴雅尔从20岁开始学习和研究中医（蒙医）少儿巴日乎疗法。少儿巴日乎疗法主要是针对一个月以内婴儿，是一种集按摩、针刺、灸疗、熏疗于一体的中医学（蒙医学）传统疗法中历史悠久且最常用的急救疗法，它是中医（蒙医）放血疗法的一种。包色音巴雅尔为继续挖掘并传承医药学，40多年如一日，潜心研究中医（蒙医）少儿巴日乎疗法，用自己的实际行动为中医药（蒙医药）事业发展作出了贡献。

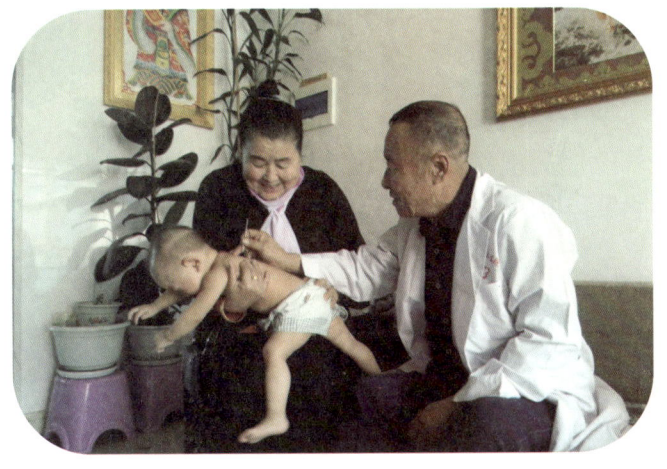

2005年7月，他被科右前旗满族屯满族乡人民政府授予先进工作者荣誉称号。2006年7月，被科右前旗满族屯满族乡党委、乡政府授予劳动模范荣誉称号。

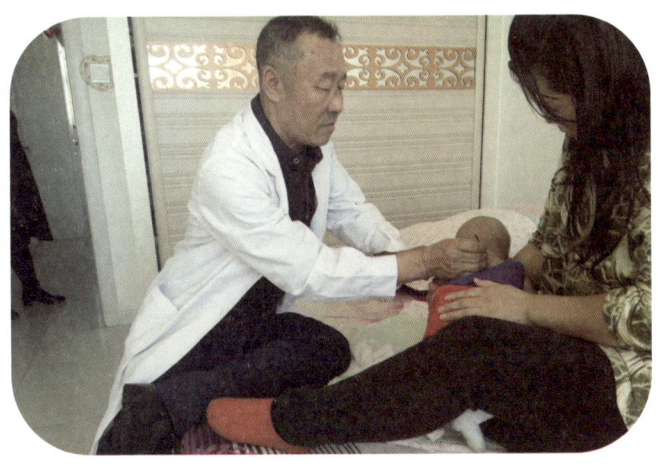

满族屯民俗代表性传承人

王松来

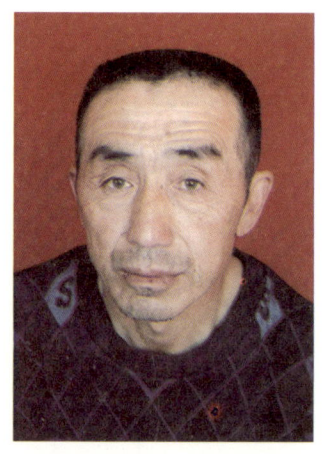

王松来（曾用名王宋来），男，满族，1955年1月出生于兴安盟科右前旗满族屯满族乡，粮食系统退休工人。2010年，他被命名为兴安盟第一批非物质文化遗产项目满族屯民俗代表性传承人。

300多年前，敖力布仁钦被康熙帝招为驸马，与清皇室沙木嘎其其格公主成亲后返回札萨克图旗乌兰毛都草原。随嫁公主而来的王、刘、董、白、金、高6个姓氏的牧民在乌兰毛都草原世代繁衍生息。满族屯满族乡满族的祖先是跟随公主而来的公主胞弟巴布岱。其中王姓一支是完颜氏，即后金皇室后裔。

王松来的爷爷道德宝（1901—1972年）是满族屯满族那拉王氏三大家之一，曾历任伪旗自卫队队长、区长、自卫队团长、努图克达、基干队队长、牧场场长等职务，当选过自治区人大代表、自治区政协委员。他热爱祖国热爱家乡，帮助新政府剿匪，捐献物资支持抗美援朝战争，为家乡建设牧场积极捐助牛羊。

王松来自小受家庭环境影响对满族文化与习俗有着深刻了解。每年的农历四月十九日，王松来主持祭祀查干敖包。

王松来一家合影

王松来（左二）与家人

满族屯民俗代表性传承人

王照那木拉

王照那木拉,男,满族,1963年5月出生于兴安盟科右前旗满族屯满族乡满都拉图嘎查,1988年至今在满族屯满族乡满都拉图嘎查任嘎查党支部书记。2010年,他被命名为兴安盟第一批非物质文化遗产项目满族屯民俗代表性传承人。

王照那木拉从爷爷色吉那木拉(1890—1950年)、父亲王达来(1917—1969年)等祖父辈承袭了满族习俗。2002年,他自掏腰包投入4万元祭祀查干敖包。2006年,创建乡敖包协会,每年组织祭祀查干敖包。在任嘎查党支部书记期间,为了更好地开展文化活动,嘎查投资13万元,召开那达慕大会,举办搏克、赛马、射箭等比赛,并设有丰厚奖品,传承了中华优秀传统文化,丰富了牧民文化生活,促进了民族团结。

由于他为家乡的非遗事业和民族团结工作作出了贡献,他于2002年被命名为全区民族团结进步先进个人,于2003年被授予兴安盟十大杰出青年农牧民荣誉称号,于2003年被授予全国农村青年创业致富带头人称号,于2005年被授予优秀共产党员荣誉称号,于2003年被评为全区道德建设先进个人。

札萨克图祭火代表性传承人

邓常福

邓常福，男，蒙古族，1956年12月出生于兴安盟乌兰浩特市乌兰哈达镇，先后在乌兰毛都中心校、科右前旗第一中学任教。2018年，他被命名为兴安盟第五批非物质文化遗产项目札萨克图祭火代表性传承人。

邓常福的曾祖父（吉木延，祖籍辽宁阜新，札萨克图旗茂好努图克人）将札萨克图祭火习俗传授给三子扎木苏。扎木苏（1898—1966年）系邓常福的祖父，札萨克图旗茂好努图克人，后迁至札萨克图旗王爷府屯（今乌兰浩特市乌兰哈达镇），1915年继承札萨克图祭火习俗，将其传授给儿子达瑞。达瑞（1928—2014年）系札萨克图旗茂好努图克人，随父迁至乌兰浩特市乌兰哈达镇，1948年继承札萨克图祭火习俗，后传给次子邓常福，邓常福从1980年继承札萨克图祭火习俗至今。

邓常福于2013年6月到科右前旗乌兰毛都苏木勿布林嘎查拜访了老传承人关高老人（时年83岁），记录下了祭火词。2015年，他又深入民间调查，前往科右前旗乌兰毛都苏木勿布林嘎查接羔点拜访好日老老人（时年94岁），记录了祭火中的祭品内容。2016年4月，他拜访科右前旗科尔沁镇兴科小区吉木斯老人（时年76岁），记录了祭祀中的祭品名称。2017年，他将这些内容加到了集体祭火仪式中，使札萨克图祭火项目更加完善。邓常福还将祭火项目进行了整理。

如今，邓常福将札萨克图祭火技艺传给了第四代传承人王光、宝顺、豪日华等人。

微信扫码
享：云端精彩
查：文化名录
看：传承故事
游：草原盛景

札萨克图祭火代表性传承人

希恩巴雅尔

希恩巴雅尔，男，蒙古族，1945年8月出生于兴安盟科右前旗乌兰毛都苏木，乌兰毛都苏木供销社退休职工。2012年，组织成立札萨克图祭火协会。2015年1月3日，科右前旗民族事务局批复同意科尔沁镇少数民族居民集体祭火协会，希恩巴雅尔任会长。2018年，他被命名为兴安盟第五批非物质文化遗产项目札萨克图祭火代表性传承人。

希恩巴雅尔从父亲伊登格（1924—2011年）传承了札萨克图祭火习俗。伊登格的老师是特木尔扎那（1896—1946年），札萨克图旗瓦森努图克人，后迁至乌兰毛都努图克勿布林扎拉嘎，是当地远近闻名的祭火代表性人物。伊登格从1940年开始继承札萨克图祭火习俗。1958年，希恩巴雅尔在父亲的传授下继承札萨克图祭火习俗。自2013年以来，他一直组织科右前旗札萨克图集体祭火仪式。

希恩巴雅尔自幼跟随父亲学习掌握了札萨克图蒙古族生活习俗，平日里他也爱钻研蒙古族习俗。

希恩巴雅尔在传承札萨克图祭火习俗基础上，从当地老牧民那里学习了祭火相关知识并增加了祭品的种类。

希恩巴雅尔不仅参加祭火活动，还为阿木日吉日和、宝山、道布敦巴雅尔、浩斯巴雅尔、吉雅等人传授技艺，帮助他们了解祭火知识，积累经验。

祭火

满族婚礼代表性传承人

王古日本

王古日本（左一）主持婚礼

王古日本，男，满族，1967年1月出生于兴安盟科右前旗满族屯满族乡满族屯嘎查。他曾在内蒙古师范大学、内蒙古兴安盟师范学校学习，从1995年8月至今在内蒙古兴安盟科右前旗满族屯学校任教。2014年，他被命名为兴安盟第三批非物质文化遗产项目满族婚礼代表性传承人。

满族婚礼已有300多年历史，是居住在兴安盟科右前旗满族屯满族乡地区群众的民俗遗产，是当地满族在长期发展过程中与各民族相互结姻，繁衍生息，形成的独特婚礼习俗。

王古日本从小开始观瞻由爷爷白音宝力高、奶奶萨木嘎其其格、父亲拉西、母亲乌日其其

参与拍摄《满族婚礼》现场

参加《满族婚礼》拍摄

格、姑姑色日玛和其木格等人传承下来的满族婚礼习俗，并熟练掌握了满族婚礼全过程。他认真研究满族婚礼细节和特点，通过长辈指导、查阅历史资料、采访老人等，比较系统地掌握了满族婚礼过程，在当地成为小有名气的婚礼主持人，为中华优秀传统文化遗产有效传承和发展作出了贡献。

王古日本多次主持满族婚礼，并在主持婚礼中尽量保持原有的礼仪和过程。

1999年，他主持了兴安盟科右前旗满族屯满族乡首届祭祀敖包盛会，从此开始多年主持满族屯满族乡祭祀敖包盛会和草原那达慕大会及民间各项活动，走向了边唱边说主持宴席的道路，给群众带来了欢乐。2009年6月，他成功主持了兴安盟科右前旗首届札萨克图民歌业余歌手大奖赛。2011—2013年，连续3年担任兴安盟科右前旗满族屯学校"图布台之韵"诗歌朗诵比赛评委。2011年6月，主持了科右前旗四胡协会赴满族屯满族乡慰问演唱会。

如今他把满族婚礼技艺传授给弟弟阿日本贺喜格和侄子乌云达来等人。王古日本为《满族婚礼》纪录片撰稿，并提供相关材料，还为满族婚礼的系统传承搜集了一部分可贵的资料。

微信扫码
享：云端精彩
查：文化名录
看：传承故事
游：草原盛景

蒙古族图案代表性传承人

包胡达古拉

向母亲学习绘制图案

包胡达古拉，女，蒙古族，1970年2月出生于兴安盟科右前旗满族屯满族乡乌兰敖都嘎查。2016年，她被命名为兴安盟第四批非物质文化遗传项目蒙古族图案代表性传承人。

包胡达古拉出生于艺人世家，她的太姥姥、姥姥、母亲都是巧手，擅长绘制蒙古族图案。她在母亲玉英（自治区级蒙古族图案代表性传承人）的影响下，喜爱上了蒙古族图案。在母亲的熏陶下，她通过自己的不断努力，绘制的蒙古族图案更加生动形象。她也把技艺传给其他人，收淑兰、阿如汗、金梅为徒弟。

包胡达古拉不断深造自己，学习很多先进技能，特别是跟区级、盟级老前辈学习蒙古族图案，同时结合实际不断创新，提高自己技能，曾荣获中国非物质文化遗产代表性传承人培训班结业证书。

她积极参加各地展演比赛活动，广泛宣传非遗技能，如文化遗产日活动、非遗展览、那达慕非遗展示展演、非遗进景区、非遗进社区等活动。作品被兴安领创等展馆收藏。由于充分发挥盟级非物质文化遗产传承人作用，对地方文化事业作出突出贡献，她获得满族屯满族乡人民政府颁发的荣誉证书。

那达慕上包胡达古拉（左一）与非遗传承人在一起

蒙古族刺绣（札萨克图刺绣）代表性传承人

扎力玛

扎力玛（曾用名扎日玛），女，蒙古族，1948年2月出生于兴安盟科右前旗桃合木阿其郎图嘎查。2016年，她被命名为兴安盟第四批非物质文化遗产项目蒙古族刺绣（札萨克图刺绣）代表性传承人。

扎力玛是当地一位非常出色的刺绣传承人。扎力玛的奶奶、母亲和婆婆都擅长刺绣技艺。她从小就向母亲、奶奶学习刺绣，8岁时能刺绣并缝制衣服。扎力玛心灵手巧，特别具有刺绣天赋，她看到刺绣图样就可以画出来。婚后，她随丈夫外出放牧，仍然边放牧边刺绣。

扎力玛老人擅长各种刺绣针法，她的刺绣作品粗犷、洒脱，图案抽象且完整，颜色纯正饱满，针法利落不拖泥带水，更具传统特色，展现了乌兰毛都当地的自然风物。2016—2018年，她在科右前旗萨日朗巾帼民族手工艺品专业合作社当了3年老师，并且前往苏木乡镇为当地绣娘讲课。

扎力玛不仅把刺绣技艺传承给了自己的子女，还把技艺传授给当地的绣娘。扎力玛老人多次参加各种服装、服饰展演活动和大赛并获奖。在乌兰毛都苏木举办的"情润草原·感恩额

扎力玛（左三）传授技艺

扎力玛与儿媳孟根图雅探讨刺绣技艺

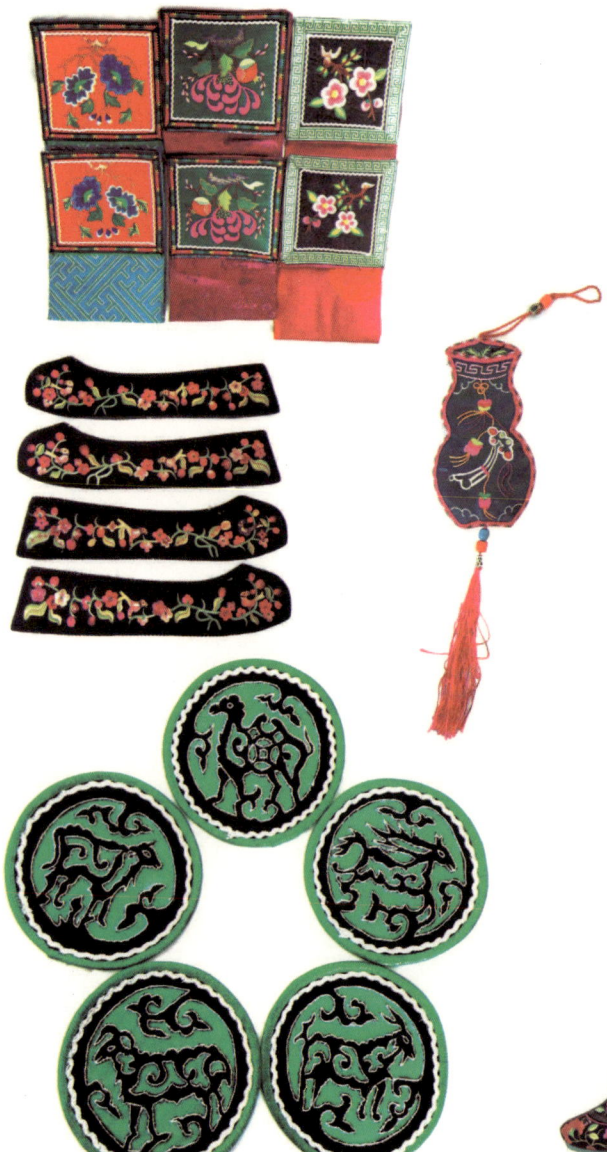

草原五畜

吉"庆祝母亲节活动中，她还荣获乌兰毛都草原最美传承人额吉的称号。

扎力玛的儿媳孟根图雅较好地传承了老人技艺。孟根图雅从小就向奶奶学习刺绣技艺，后来又和婆婆扎力玛学习，刺绣技艺十分成熟。她积极参加文化和自然遗产日暨第二、三届札萨克图民间刺绣手工艺传承展示、兴安盟蒙古族服装服饰手工艺品大赛、科右前旗非物质文化遗产传承人培训班等赛事和培训活动。2019年，参加庆祝中华人民共和国成立70周年百米长卷刺绣活动。

蒙古族刺绣(札萨克图刺绣)代表性传承人

乌仁其其格

乌仁其其格,女,蒙古族,1960年10月出生于兴安盟科右前旗乌兰毛都苏木勿布林嘎查。2012年,她被命名为兴安盟第二批非物质文化遗产项目蒙古族刺绣(札萨克图刺绣)代表性传承人。

乌仁其其格自幼喜爱刺绣,10多岁开始接触针线活,一开始从回针绣法入手,因为喜爱便一直利用空闲时间刺绣。她加入了"札萨克图乌仁额吉"微信群,经常在群里向长辈学习,同时也积极参加旗里组织开展的培训班,提高自己的刺绣技艺。

乌仁其其格于2016年参加科右前旗文化和自然遗产日暨第二届札萨克图民间刺绣工艺传承展示活动并获优秀奖,于2019年参加中国手工刺绣传承创新大会,并现场表演刺绣技艺,因表现突出荣获荣誉证书。

蒙古族刺绣（札萨克图刺绣）代表性传承人

苏布道

苏布道，女，满族，1954年1月出生于兴安盟科右前旗桃合木苏木。2016年，她被命名为兴安盟第四批非物质文化遗产项目蒙古族刺绣（札萨克图刺绣）代表性传承人。

苏布道从小跟着奶奶和妈妈学习刺绣技艺，7岁时就拿起针线，14岁时能独立缝制平时穿的靴子。那时的刺绣为了耐穿主要以回针绣为主，因为刺绣物品稀少，多在靴子上小面积刺绣。后来随着生活条件好转和社会发展，不需要人们大量缝制衣物，苏布道的刺绣中断了几年。2014年，她在旗里陪读，拥有了更多属于自己的时间，又重新拿起了针线。

苏布道刺绣作品追求图案意义，绣得最多的作品是烟袋。作为传承人苏布道一直在贡献自己的一份力量。自2018年开始，她在科右前旗一小开设一小时的刺绣培训班，教孩子们学习刺绣基础知识。她还担任过绿水、阿力得尔、乌审一合嘎查等地的刺绣培训班老师，前后培训过的学生有100多人。

苏布道积极参加盟旗各种赛事活动和培训活动，获得不少荣誉。2019年，她的刺绣作品《褡裢》在全区蒙古族刺绣大赛中获得优秀作品奖。2020年，作品获得兴安盟蒙古族服装服饰手工艺品大赛蒙古族刺绣组三等奖。2021年，荣获科右前旗文化和自然遗产日非遗宣传展示活动纪念奖。2023年，获得2023中国（阿尔山）旅游大会——兴安盟那达慕兴安盟"织女计划"巾帼刺绣及手工艺品展荣誉证书。

蒙古族刺绣（札萨克图刺绣）代表性传承人

苏布敦格日乐

苏布敦格日乐，女，蒙古族，1969年1月出生于兴安盟科右前旗桃合木苏木好力保嘎查，大学毕业后一直在桃合木苏木工作。2018年，她被命名为兴安盟第五批非物质文化遗产项目蒙古族刺绣（札萨克图刺绣）代表性传承人。

苏布敦格日乐的奶奶和母亲都擅长刺绣，她们把手工刺绣技艺传承给了苏布敦格日乐。苏布敦格日乐从母亲迪玛那里学会了手工制作技艺刺绣，她的刺绣针法细腻均匀、服饰纹样粗犷、线条明快、色彩对比强、做工精巧、样式古朴典雅，具有独特的蒙古族服饰风格。苏布敦格日乐很擅长穿插绣、贴绣、卷边绣等刺绣技艺，尤其喜欢刺绣牡丹、杏花等花朵。每当刺绣时她感觉心里特别开心、幸福，看到绣完的刺绣作品，会感到很兴奋。

为了把刺绣的传统纹样传承好，她把刺绣技艺传承给了桃合木苏木好力保嘎查天亮、都特等牧民，并多次组织妇女举办传统刺绣交流活动。

苏布敦格日乐多次参加赛事活动，如第十六届蒙古族服装服饰艺术节暨蒙古族服装服饰大赛、兴安盟安达节活动和盟冬季那达慕活动。她还参加了

绣品

参加70米长卷刺绣活动

与爱人穿着自己缝制的棉袍合影

参加札萨克图春晚（左一）

内蒙古农业大学教育学院举办的内蒙古自治区蒙古族刺绣项目传承人培训班、札萨克图乌仁布斯贵培训班，参加由内蒙古自治区文化和旅游厅、教育厅举办的蒙古族刺绣（奥日雅玛拉刺绣）项目培训班等，使得她的技艺不断提升，并获得了荣誉。

2019年，她参加庆祝新中国成立70周年百米长卷刺绣活动。2020年，参加盟非遗中心组织的考察学习活动。2022年，她穿着自己制作的衣服参加札萨克图婚礼拍摄活动。为刺绣技艺的传承，她一直在努力着。

2022年，参加《札萨克图婚礼》拍摄（上排左三）

蒙古族刺绣（札萨克图刺绣）代表性传承人

蔡代小

蔡代小，女，蒙古族，1962年2月出生于兴安盟科右前旗德伯斯镇阿林一合嘎查，曾在阿林一合嘎查、满族屯学校教学，现已退休。2010年，她被命名为兴安盟第一批非物质文化遗产项目蒙古族刺绣（札萨克图刺绣）代表性传承人。

蔡代小从小热爱刺绣，跟着妈妈学习刺绣、做衣服，时常看书寻找喜欢的图案来刺绣。结婚后，她和妯娌嫂子乌日花学习，渐渐会绘制图案。2001年，为更好开展校园活动学校组建兴趣活动小组，安排蔡代小教授刺绣与缝纫。从此，她把刺绣技艺和毛线缝纫手工艺品的技艺带进课堂，带给学生。她带领学生在课堂上制作了许多作品，她个人创作的手工艺品被其他旗县借阅参观学习。

退休后的蔡代小一有空闲便刺绣，她的作品古朴、大气，常用在枕头、帽子、靴子、蒙古袍等衣物上。

蒙古族刺绣(札萨克图刺绣)代表性传承人

桃 拉

桃拉，女，蒙古族，1961年2月出生于兴安盟科右前旗桃合木苏木乌申一合嘎查，是桃合木苏木乌申一合嘎查阿妈民族服装店的创建人。2012年，她被命名为兴安盟第二批非物质文化遗产项目蒙古族刺绣（札萨克图刺绣）代表性传承人。

桃拉出生于科尔沁草原，母亲是民间艺人努娜。努娜当时在桃合木是有名的民间刺绣家，她不需要绘画图样，只要用手在布料上比量一下，就能绣出精美的图案，向努娜学习刺绣技艺的人很多。桃拉遗传了母亲的聪慧，从小对蒙古族民间刺绣非常感兴趣。在母亲的耐心教导和熏陶下，她从7岁开始学习刺绣。

桃拉共有兄弟姐妹6人，作为长女的她十分体谅父母的难处，她尽己之力关心弟妹，帮助父母干一些力所能及的家务活。由于对刺绣有浓厚的兴趣，她在干活时常带上针线活计，在休息的空隙拿起针线绣上几针。在物资匮乏的年代，草原上的绣娘们往往因为没有漂亮的丝线而发愁。母亲和姥姥想办法找来麻绳做线绣

花，或者用羊毛纺成线来刺绣；没有画图案的粉笔，就把白粉笔碾碎放入水中，再用针蘸着画在布上。任何艰苦的条件与环境都不能阻挡桃拉对美的追求与热爱，她总是想办法来表达心中对美的热爱。

初学时，桃拉在枕套、靴子上用丝线绣花。15岁时她就能帮助母亲缝制衣裤，18岁时逐步掌握了贴布绣、彩绣、刻绣、盘绣、镶边绣等多种民间刺绣技术。

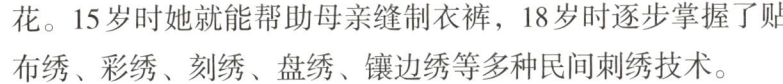

1998—2003年，在乌兰毛都苏木塔林乌英嘎民族服装店斯琴高娃老师的指导下，她的手艺得到了进一步提高。在此期间，她做了大量的蒙古族民族服饰，得到了消费者的认可。

2004年，桃拉实现了自己开办服装店的理想。她在桃合木苏木投资注册成立了阿妈民族服装店。服装店一开张就生意红火，订单不断。看着人们穿着她做的服装，桃拉无比高兴和自豪。顾客还把桃拉做的衣服当礼服、当嫁妆、当作珍藏品来保存。在那达慕大会、婚宴、寿宴上，人们兴高采烈地穿着阿妈民族服装店做的服装。随着业务的增加，技术的提高，桃拉先后培养了金香、双成、其其格等多位刺绣艺人。

至今，桃拉在生活中不断积累经验，创作了更多漂亮的刺绣花样，并把创作的花样运用在服装服饰的制作上。制作的成品主要销往内蒙古、北京、上海、广州、郑州、天津等省区市及蒙古国、日本等国家。桃拉还把刺绣过的和创作的图案做成图册，让更多的人了解蒙古族刺绣。

为了提高刺绣技艺，传承与保护刺绣技艺，桃拉自费参加各种有关服装与刺绣技艺的培训活动。她参加了科右前旗庆祝中华人民共和国成立六十周年群众文艺汇演、乌兰毛都"草原之夜"旅游节札萨克图民族服装比赛、科右前旗首届德伯斯黑羊山民族民间文化艺术节等活动，展示乌兰毛都刺绣艺术，作品受到一致好评。桃拉用行动默默为推动札萨克图刺绣技艺的传承做着贡献。

蒙古族刺绣（札萨克图刺绣）代表性传承人

敖敦格日乐

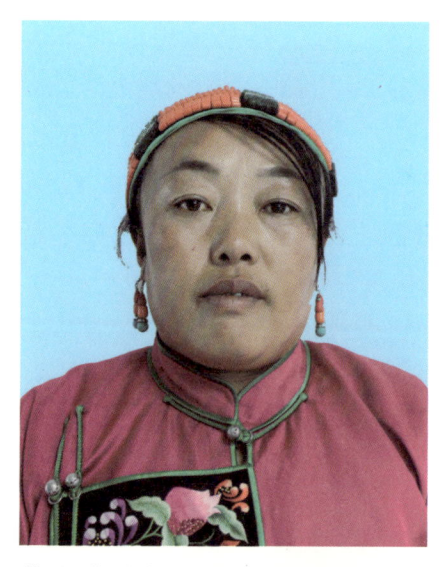

敖敦格日乐，女，蒙古族，1981年4月出生于兴安盟科右前旗乌兰毛都苏木白音居力合嘎查，曾工作于乌兰毛都苏木塔林乌英嘎民族服装店。2012年，她被命名为兴安盟第二批盟级非物质文化遗产项目蒙古族刺绣（札萨克图族刺绣）代表性传承人。

敖敦格日乐的母亲桑玛是乌兰毛都苏木勿布林嘎查牧民，是本地区远近闻名的刺绣师傅。敖敦格日乐从9岁起就跟母亲桑玛学一些简单的针线活计，最初从缠绳开始，然后学会缝鞋、盘花，制作靴子，学会参差针绣法后开始制作枕顶等。她曾在城里裁缝铺做了7年蒙古袍。2005年，她拜斯琴高娃为师学习蒙古族刺绣技艺，利用业余时间在乌兰毛都苏木塔林乌英嘎民族服装店从事民族服饰制作工作。她从事该工作已有20多年，每年参与刺绣的民族服装达13—15件。通过20多年的精心实践，她熟练掌握了刺绣的全部过程和方法。

敖敦格日乐发自心底地热爱刺绣，至今她的家乡还流传着一段有关她喜爱刺绣的故事。在她小时候，有一年夏季雨水很大，当地政府通知全嘎查人收拾好贵重物品转移到安全地方。敖敦格日乐没有像其他人那样带走金银首饰和钱财等贵重物品，带走的是刺绣的针线、布料和刺绣作品。

敖敦格日乐主要擅长蒙古族传统刺绣的盘绣、刻绣技艺和制作传统靴子。靴子的制作过程较繁琐，而且难度较大。手巧的她2个月就能做完一双精致的靴子。她制作的靴子、小饰品、手工艺品以及在棉布、毡子、皮草上刺绣的作品受到了广大牧民的好评。

敖敦格日乐的刺绣作品主要运用在帽子、头饰、衣领、

与绣娘在一起（中）

袖口、袍服边饰、长短坎肩、靴子、鞋、摔跤服、赛马服、荷包、褡裢等处，刺绣的图案或寓意富贵吉祥，或表现生命繁衍。她通过不同题材的造型表现，大胆运用比喻、夸张的手法寓情于艺术，以独特的艺术形式展现了乌兰毛都妇女精湛的技艺和乌兰毛都服饰的无穷魅力。

敖敦格日乐心灵手巧，不仅刺绣技艺高超，画画也颇有天赋，看到喜欢的图案便可以直接在布料上画出，无须描画刺绣图案底样。敖敦格日乐作品以大朵的花为主，体现了她豪爽、洒脱的性格与气质。

敖敦格日乐不仅积极参加各种活动，还举办培训班，把自己的刺绣技艺教授给更多的刺绣爱好者，尽己之力传承蒙古族刺绣技艺。2019年，敖敦格日乐免费为家乡乌兰毛都苏木白音居

力合嘎查的姐妹们开展了为期5天的刺绣培训班，40多名妇女参加了学习班。

2018年，她还被聘为第五届内蒙古自治区残疾人职业技能大赛刺绣项目裁判员。敖敦格日乐带的徒弟有都达古拉、娜仁格日乐等人。

多年来的努力与付出，使敖敦格日乐取得了许多成绩。她随师傅斯琴高娃于2007年参加了在呼和浩特市举行的中国西部文艺博览会，亲手制作了2套富有乌兰毛都刺绣特色的蒙古族服装。2008年，在乌兰浩特市民族风情展中展示的一套蒙古族服装，因服装的花边缝制技艺精美，作品荣获展览金奖。她还参加了第六届"响沙湾杯"中国内蒙古服饰艺术节及内蒙古服饰大赛、全盟首届非物质文化遗产展、第八届中国蒙古族服装服饰艺术节暨服装服饰大赛等展演和赛事活动。每年的科右前旗乌兰毛都苏木那达慕入场仪式及祭祀敖包活动中都有她的服装展示。

敖敦格日乐为传承札萨克图刺绣技艺一直在默默努力着。

蒙古族刺绣(札萨克图刺绣)代表性传承人

都达古拉

都达古拉，女，蒙古族，1962年6月出生于兴安盟科右前旗乌兰毛都苏木草根台嘎查。2016年，她被命名为兴安盟第四批非物质文化遗产项目蒙古族刺绣（札萨克图刺绣）代表性传承人。

都达古拉的家庭充满着艺术氛围，洋溢着艺术气息。她的奶奶和母亲以及姨姥姥、表姐都是远近闻名的蒙古族刺绣艺人。家庭环境的影响，使都达古拉从小对蒙古族传统刺绣技艺产生了浓厚兴趣。她8岁开始师承奶奶好日劳、姨姑姥娜仁其木格、母亲龙湃其其格、表姐德力黑其其格学习蒙古族刺绣技艺。都达古拉在成年时已经成为一名很有名气的民间刺绣艺人。她能够在耳套、帽子、袖口、衣领、褡裢、边饰、花鞋、靴子以及生活中所用的荷包、摔跤服、枕套、马鞍垫等上面刺绣出精美的图案。

都达古拉不仅熟练掌握了传统刺绣技艺，还通过自己的不懈努力与探索对传统技艺做了改进和创新。她把美好的理想、艺术的夸张及生活的真实融入刺绣中，体现了丰富的内涵和无穷的魅力。

为了传承和发展民族艺术，她收宝音德力格尔、娜仁格日乐等年轻一代刺绣爱好者为徒弟，向她们传授刺绣技艺。都达古拉的努力得到了丰厚回报。2015年2月，她成为兴安盟工艺美术协会会员，还被乌兰毛都小学聘为刺绣教师。她参加全国、区、盟、旗比赛。2015年5月，参加八省区首届"天骄杯"民族手工艺品大赛，荣获蒙古族刺绣类二等奖。2015年7月，参加在兴安盟举办的中蒙国际绿色产品博览会暨第四届中俄蒙国际美食节，展示札萨克图传统蒙古族服饰，得到国内外艺术家的一致赞扬。2015年7月，在包头市达茂旗举办的八省区第三

参加比赛

参加八省区服饰大赛（右）

参加第10个草原文化遗产日活动

届蒙古族传统服饰比赛中荣获第三名。2015年，参加兴安盟首届农牧民趣味运动会暨乌兰毛都"草原之夜"文化旅游节，展示札萨克图服饰，荣获一等奖。2016年，参加刺绣品制作专项技能考试，获得了由内蒙古自治区职业技能鉴定管理部门颁发的专项职业能力证书。同年，在内蒙古自治区妇女手工制作技能竞赛中表现突出，荣获刺绣项目三等奖。2017年，刺绣作品《葡萄图案》在2017年全区蒙古族拉弦乐器制作技艺、札萨克图刺绣及剪纸项目精品评选活动中荣获最佳地域特色奖（东部）银奖。

2017年，她成为内蒙古工艺美术协会会员。随着都达古拉艺术水平的提升和知名度的提高，她得到了自治区、盟、旗各级媒体的关注，多次在各级各类媒体上被采访报道和宣传推广。她使中华优秀传统艺术焕发出了新的生命力，并将其推向了时代发展的前列。

参加那达慕上的服饰展演活动

蒙古族刺绣（札萨克图刺绣）代表性传承人

梅 荣

梅荣，女，蒙古族，1966年2月出生于兴安盟科右前旗桃合木苏木，后来出嫁到科右前旗乌兰毛都苏木草根台嘎查。她于1985年毕业于乌兰浩特第二中学，曾在乌兰毛都小学任教，现为乌兰毛都苏木草根台嘎查牧民。2020年，她被命名为兴安盟非物质文化遗产项目蒙古族刺绣（札萨克图刺绣）代表性传承人。

梅荣的母亲心灵手巧，是一位熟练掌握手工制作靴子、布鞋、皮衣、棉服等四季服装服饰的民间艺人。梅荣的婆婆达来其其格也很擅长刺绣与服饰的制作。梅荣从小受母亲的影响，也很擅长刺绣。后来她在婆婆和姑姑敖特根其其格的影响下，开始从事蒙古族刺绣与服饰制作技艺。她跟随长辈和老师学习刺绣，如今能熟练掌握各种蒙古族刺绣技法，如奥日雅玛拉、锁边绣、贴花绣、滚针绣、绗缝绣等，像苏绣、满绣也绣得很好。她的刺绣功底深厚，刺绣作品针脚细腻，有的地方居然看不出走针的痕迹，而且颜色搭配和谐，色彩明丽。

多年来梅荣不仅跟随亲人学习，也积极参加各种刺绣培训班，提升自己的刺绣技能。她于2017年参加萨日朗巾帼满族手工艺品培训班，于2019年参加科右前旗文化旅游体育局举办的科右前旗首届非物质文化遗产传承人培训班。她还参加各种赛事活动，获得了一些奖项与荣誉。她多次参加科右前旗文化和自然遗产日暨札萨克图民间刺绣手工艺传承展示活动、兴安盟蒙古族服装服饰手工艺品大赛、兴安盟那达慕蒙古族服装服饰手工艺品蒙古族刺绣比赛，均获得奖项。她多才多艺，于2018年参加科右前旗第九届札萨克图民歌业余歌手大奖赛获特别奖，并于2018年参加第二届科右前旗春节晚会《札萨克图的祝福》的演出活动。

如今，梅荣把刺绣技艺传给了女儿，希望后辈能够传承好中华优秀传统文化遗产。

蒙古族刺绣（札萨克图刺绣）代表性传承人

斯 琴

斯琴，女，蒙古族，1967年4月出生于兴安盟科右前旗乌兰毛都苏木勿布林嘎查，后出嫁到桃合木苏木。2014年，她被命名为兴安盟第二批非物质文化遗产项目蒙古族刺绣（札萨克图刺绣）代表性传承人。

斯琴从小和妈妈学习刺绣。2012年，她将家搬回乌兰毛都苏木，跟随敖特根其其格从画图纸、配颜色开始，专注地学习刺绣技艺。她的刺绣作品十分逼真，体现了蒙古族传统刺绣的技艺特点——粗犷、艳丽、饱满。斯琴尤其擅长传统蒙古袍制作，她用一两天就能做出一件精美的蒙古袍。

斯琴加入乌仁额吉刺绣团队，并多次参加苏木、旗、盟乃至全区举办的刺绣技艺培训班和各种活动。如参加文化部、教育部在内蒙古农业大学举办的中国非物质文化遗产传承人研修研习培训班计划培训活动，文化和自然遗产日暨第三届、第四届札萨克图民间刺绣手工艺展示活动，第15届蒙古族服饰艺术节比赛等，并取得较好的成绩。她用传统的刺绣技艺助力社会事业的发展。

蒙古族刺绣(札萨克图刺绣)代表性传承人

努恩都特

努恩都特,女,蒙古族,1981年3月出生于兴安盟科右前旗乌兰毛都苏木勿布林嘎查,2004年毕业于呼和浩特市民族高等学院,2005年后在乌兰毛都苏木勿布林民族服装店从事服饰制作工作。2012年,她被命名为兴安盟非物质文化遗产项目蒙古族刺绣(札萨克图刺绣)代表性传承人。

努恩都特是敖特根其其格的女儿,她从10岁起就跟随母亲学习设计制作蒙古族服饰,18岁时便能独立制作。

在母亲敖特根其其格的严格教导和悉心指点下,她从小就掌握了蒙古族传统服饰、腰带、皮袍、靴子的制作过程,并逐渐掌握了腰带、靴子、首饰、长袍等蒙古族传统服饰的设计、下料、剪裁、缝纫等工艺。她对首饰、腰带等设计尤其着迷,只要有时间就拿起画笔画图作画。她把自己的奇思妙想体现在服饰制作中,一针一线细密均匀,一织一抠平整美观,一缝一烫连贯无误。她的作品样式简朴大方、图案灵动自然、用料搭配贴切、制作精缝细织。

她设计的蒙古族长袍、腰带、首饰等,样式简约大方,用料经济适用,穿着合体耐看,既华丽美观又别具一格。她注重借鉴古建筑中的镂花原理,在传统蒙古族首饰和长袍上勇敢尝试镂花工艺,使首饰和长袍有了别样的精致。

努恩都特经常带着自己设计的作品,参加全国、自治区、盟旗组织的各种赛事活动。在2007年西部文化博览会上,她设计的服饰获得了优秀奖。2009年,参加第六届"响沙湾杯"中国蒙古族服饰艺术节及蒙古族服饰大赛,获得了优秀奖。2011年,她制作的服饰在第八届中国蒙古族服饰艺术节上获传统蒙古族服饰三等奖。

与母亲(右)参加比赛获奖

蒙古族刺绣（札萨克图刺绣）代表性传承人

塔　娜

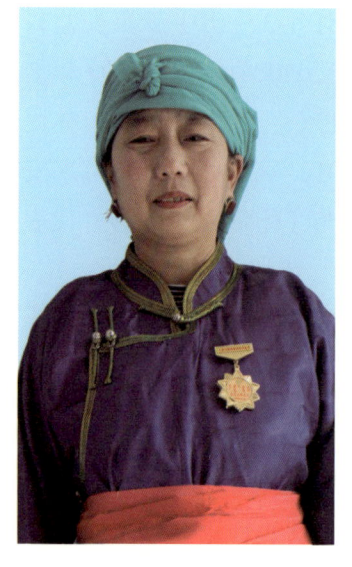

塔娜，女，蒙古族，1970年出生于兴安盟科右前旗乌兰毛都。2014年，她被命名为兴安盟第二批非物质文化遗产项目蒙古族刺绣（札萨克图刺绣）代表性传承人。

塔娜自小跟随母亲学习制作蒙古族马甲、皮袄、服饰等。2007年，她开始跟区级传承人敖特根其其格学习制作蒙古袍，并参加刺绣培训班。老师倾其所学，悉心指导，塔娜倾心向学，虚心讨教，多年来技艺不断提高。塔娜擅长制作札萨克图服饰中的长袍、腰带、靴子等。

蒙古族刺绣（札萨克图刺绣）代表性传承人

包春花

包春花，女，蒙古族，1983年11月出生于兴安盟科右前旗满族屯满族乡，毕业于兴安盟师范学校，曾在满族屯移动营业厅工作，现任塔林艾丽民族用品合作社刺绣指导老师。2020年，她被命名为兴安盟非物质文化遗产项目蒙古族刺绣（札萨克图刺绣）代表性传承人。

生长在牧区的包春花，在奶奶和母亲传统技艺的熏陶下，从小就喜欢传统刺绣，会做布鞋之类的简单的手工制品。在2016年科右前旗春节联欢晚会上，包春花以模特身份走秀展示札萨克图刺绣服饰。在看到札萨克图刺绣服饰的那一刻，她立即爱上这一传统技艺。她下定决心要学习这一技艺。包春花的想法得到了刺绣传承人扎日玛老人的鼓励，随后她拜区级刺绣传承人良花为师，开始学习札萨克图刺绣。第一次，良花给她画了一个草花图案让她绣。领到任务后，包春花回家绣了四天，才将这朵花绣完，然后再领学习任务……包春花对刺绣也越来越有兴趣，也越来越勤奋刻苦练习，因此熟练地掌握了札萨克图刺绣针法，她的刺绣技艺得到了老师的认可。

虽然包春花从事刺绣行业时间不长，但她勤奋、刻苦，每天利用大量时间进行刺绣，加上她本人有理想、有追求，使得作品整体呈现出传统与潮流的激情碰撞。

包春花不断学习。在参加中国非物质文化遗产传承人研修研习培训计划2020年度内蒙古自治区蒙古族刺绣研修班后，她开始设计创作手工刺绣原创作品。

包春花积极传承札萨克图刺绣技艺。从2017年起，她先后担任兴安盟科右前旗第一小学刺绣老师、兴安职业技术学院非遗手工刺绣指导老师、兴安盟科右前旗阳光大姐家政学校刺绣老师、兴安盟万婴宝家政学校刺绣老师、科右前旗文化旅游体育局非物质文化遗产传承人培训班指导老师，在全盟范围内培训1000多名刺绣学员。包春花还将自己学习的成果用微信传达给当地绣娘，带动大家保护与创新札萨克图刺绣技艺。

近几年，包春花参加科右前旗、兴安盟、自治区以及国家级的各项比赛并获得了很多荣誉。2019年，她担任庆祝建国70周年吉尼斯纪录作品蒙古族刺绣长卷的指导老师并承担了配色任务。2020年，她参加全盟蒙古族服装服饰手工艺品大赛并获一等奖。2021年，荣获"'十四五''奋进新征程'"全区手工刺绣职工职业技能大赛一等奖、中国妇女手工大赛公益奖。由此她被推荐为自治区北疆工匠候选人，被授予全区技术能手称号。

刺绣工艺品

蒙古族服饰代表性传承人

斯琴高娃

斯琴高娃，女，蒙古族，1956年4月出生于兴安盟科右前旗乌兰毛都苏木勿布林嘎查，科右前旗乌兰毛都苏木塔林乌英嘎民族服装店经理。她是一位地地道道的蒙古族服饰与刺绣技艺传承人和民间艺人。2012年，她被命名兴安盟第二批非物质文化遗产蒙古族服饰代表性传承人。

斯琴高娃出生在普通的牧民家庭，母亲桑玛是当地远近闻名的服装设计师。由于母亲善良朴实、心灵手巧，这使她从小就受到民族服饰与刺绣技艺的熏陶。机灵勤快的她从9岁开始学习手工缝制蒙古族服饰，13岁学习刺绣，17岁能独自缝制成品服饰。在从事接羔、挤牛奶、码草垛等劳动时，她常把刺绣活计带在身边，在劳动的空隙拿出来绣几针，从而练就了扎实的基本功，逐步掌握贴绣、盘绣、刻绣等刺绣技艺。她一直努力进取，不断提高自己的本领。

斯琴高娃与母亲合影

开办的服装店

斯琴高娃（右三）传授技艺

1993年，她在当地开办了第一家服装店——塔林乌英嘎民族服饰店，主要经营手工刺绣、蒙古族服装、靴子、帽子、烟袋、荷包、枕顶等，同时经营各种银制品及布料等。服装店加工制作的民族服饰有100多种，长短坎肩系列38种，男士装饰布靴系列20种，女士绣花鞋系列26种，男女婚礼盛装60多种，现代蒙古族服饰50多种，还有蒙古族传统服饰及男子帽子系列等。经过多年经营，她的服装店形成了加工销售一条龙模式。

斯琴高娃把这一技艺传授给了儿子呼其图，儿媳白冬梅，徒弟吉木舍、龙杰、白斯琴、莲花、敖敦格日乐、阿如娜等30多人。她的民族服饰及民间刺绣技艺备受盟内外乃至区内外群众的喜爱，她为蒙古族服饰和刺绣技艺扩展了发展空间，为传承技艺搭建了平台。

经过几十年实践，斯琴高娃凭着精湛的手艺形成了独特的制作风格。她的作品款式新颖多样、面料考究、图案丰富、层次分明、色彩鲜明，看似不经意的色彩搭配，却淡雅协调、含蓄婉约、苍劲有力，处处体现出积淀深厚的审美趣味。斯琴高娃的刺绣沿用传统手工制作技艺，做工精巧、针法细腻均匀、服饰纹样精致、线条明快独特、色彩对比强烈、样式古朴典雅，具有独特的风格。她的作品已走出了科尔沁草原，走向了全国各地，走向了世界，深受国内外广大消费者的赞赏。

斯琴高娃多次参加自治区、盟、旗级大赛，并屡获殊荣，不断捧回大奖。在兴安盟蒙古族服装服饰手工艺品大赛中，荣获蒙古族刺绣组一等奖。她参加了中国西部文化博览会、呼和浩特市组织的响沙湾第六届服装服饰艺术节暨服饰大赛。2011年，荣获第八届中国蒙古族服装服饰艺术节暨服饰大赛传统蒙古族服装三等奖。2012年，荣获内蒙古自治区第八次民族团结进步模范个人称号。2019年，获得了自治区成立70周年纪念奖章。

斯琴高娃不断传承和发扬中华优秀传统文化，培育了一个又一个传承人，为蒙古族服饰与刺绣技艺的传承与发展作出了贡献。

斯琴高娃（右四）与服装店内的徒弟在一起

参加响沙湾第六届服装服饰艺术节

蒙古族服饰代表性传承人

乌仁其其格

乌仁其其格，女，蒙古族，1948年12月出生于兴安盟科右前旗乌兰毛都苏木。2010年，她被命名为兴安盟第二批非物质文化遗产项目蒙古族服饰代表性传承人。

乌仁其其格自小喜爱针线活，并主动向长辈请教学习，11岁时便能上手做针线活。牧区生活再忙，她也没有放弃针线活计。她从用拱针做靴子入手，逐渐掌握其他刺绣技艺针法。

如今，乌仁其其格掌握了多种札萨克图刺绣绣法，并教给了更多想学刺绣的年轻人，言传身教。乌仁其其格在敖特根其其格组建的"乌仁额吉"群里担任着重要的角色，她经常以小视频形式把刺绣针法和制作的衣服、靴子等作品传到群里，供群里刺绣爱好者学习，平时也会在群里解疑答惑有关刺绣方面的问题。

乌仁其其格多次参加刺绣比赛、展演活动。她不仅刺绣技艺高超，还了解刺绣图案代表的寓意。她的作品图案都包含着特殊意义，她会根据穿戴者性别、穿戴场合绣出蕴含不同意义的图案。乌仁其其格真心希望刺绣技艺能一直流传下去，所以她总是倾囊相授自己所学技艺。

手工刺绣

传授技艺（右二）

蒙古族服饰代表性传承人

布 佰

布佰（曾用名金华），女，蒙古族，1955年12月出生于兴安盟科右前旗乌兰毛都草根台嘎查。2010年，她被命名为兴安盟第一批非物质文化遗产项目蒙古族服饰代表性传承人。

布佰从8岁时开始向妈妈学习刺绣、缝制衣服等针线活。她相继学会了贴绣、盘绣、回针绣等札萨克图刺绣技法。后来，她向敖特根其其格学习穿插绣等刺绣技艺。她的盘绣技艺工整、细腻，边缘几乎看不到针脚。由于以前生活水平较低，家中没有机器，无论大衣、马甲、单衣、皮袄都得用手缝制，加之她长期从事刺绣和缝制衣服等手工活，由此练就了一双巧手。她的缝制技艺高超，衣服剪裁合适，几乎和机器缝制的一样平整。现在，她将刺绣和制作服饰技艺传给了女儿。

布佰在兴安盟蒙古族服装服饰手工艺品大赛蒙古族刺绣组中获过三等奖，在科右前旗非遗文创产品大赛中荣获蒙古族刺绣盘绣组三等奖。她还参加过科右前旗第二、三、四届文化和自然遗产日暨札萨克图民间刺绣手工艺传承展示、科右前旗札萨克图服装服饰手工艺品大赛、兴安盟蒙古族服装服饰手工艺品大赛、兴安盟那达慕蒙古族服装服饰手工艺品大赛蒙古族刺绣比赛、第九届内蒙古自治区乌兰牧骑艺术节暨2022年兴安盟那达慕刺绣比赛等活动，均获取了较好的成绩。

蒙古族服饰代表性传承人

秋 英

秋英教儿媳剪裁布料

秋英，女，蒙古族，1967年9月出生于兴安盟科右前旗桃合木苏木乌申一合嘎查，1995年至今经营秋英民族服饰服装店。2020年，她被命名为兴安盟第六批非物质文化遗产项目蒙古族服饰代表性传承人。

受母亲影响，秋英从小就喜欢上了缝制衣服。母亲做衣服时，她在一旁学习缝制民族服饰、靴子、鞋等。她对服装制作有独特的天赋，每当看到一些新式的服装，她就能剪裁出来。当她还是一名初中生时，就能给同学剪裁做衣服了。她不仅会做蒙古袍，还会做西服、中山装等。

28岁时，她在桃合木苏木以自己的名字开办了一家服装店——秋英服装店。服装生意很好，她招收了自己的妹妹春英、村民马莲、巴达玛等徒弟。2019年后她将服装店搬到科右前旗政府所在地，扩大了规模，招收了10多名徒弟，服装类别更加多样，有蒙古族服饰、广场舞服装、婚礼服、生活装等等。她所做的衣服袖子常用马蹄袖，袖边不宽，简单大方。

秋英在传授技艺

秋英从未向其他人学习过裁剪技艺，她全凭自悟，总结形成了一门独家技艺。她剪裁衣服的方法十分简单，一点也不繁琐。如量好肩宽后，对折，再加上三寸；量好胸围后两次对折，再加上三寸。多年的实践也锻炼了她的眼力，看到顾客，就已想出适合此人穿着的服装样式、尺寸大小。

秋英带着制作的衣服参加了札萨克图民族服饰展示评比活动、兴安盟农牧民趣味运动会暨乌兰毛都"草原之夜"文化旅游节等展会和比赛活动，并多次获奖。她为传承和发扬中华优秀传统文化作出了自己的贡献。

秋英制作的蒙古族服饰

蒙古族服饰代表性传承人

敖特根

敖特根，女，蒙古族，1962年1月出生于兴安盟科右前旗乌兰毛都苏木萨仁台嘎查。2010年，她被命名为兴安盟第一批非物质文化遗产项目蒙古族服饰代表性传承人。

敖特根从小就和妈妈学做羊皮大衣、棉服等，结婚后制作靴子、衣服、鞋等服装。从2001—2006年，敖特根应自治区级蒙古族服饰（札萨克图服饰）技艺传承人敖特根其其格的邀请，前去她创办的服装店当老师，并制作服装。

敖特根（左一）和老师学习技艺

敖特根做事麻利，擅长制作羊皮大衣，一个晚上就能做一件羊皮大衣。制作羊皮大衣时，要用熟好的羊皮。敖特根不但会做羊皮大衣，熟羊皮也是行家里手。她从母亲那里继承了熟羊皮的技巧，采用两种方式熟皮子。一种是用牛奶加盐的方式，即把牛奶放在一个小缸里再加些盐，把羊皮放进缸里去泡，隔段时间对羊皮进行翻倒，让其均匀浸泡。大羊皮需要一周左右，羔羊皮需要2—3天熟好。第二种方式是把玉米面放到皮面上，再在玉米面里加些水和牛奶，使其充分融合均匀地铺在皮面上，然后把皮面折叠起来放在炕上。如果白天叠好放置的，晚上则需要把折叠的羊皮翻倒再放。这样反复颠倒放2—3天，在皮面上用手指划一下，如果呈现白色条纹，就意味着羊皮熟好了，羊皮很柔软适合缝制。

敖特根积极参加各种培训和赛事展演活动，并多次荣获奖项。

刺绣的耳帽片

敖特根制作的羊皮袍

蒙古族服饰代表性传承人

斯 琴

斯琴，女，蒙古族，1963年7月出生于兴安盟科右前旗桃合木阿其郎图嘎查，1984年至今在乌兰毛都苏木勿布林民族服装店制作民族服饰。2012年，她被命名为兴安盟非物质文化遗产项目蒙古族服饰代表性传承人。

斯琴的启蒙老师是民吉格玛。她从16岁时开始向民吉格玛学习制作蒙古族服饰、靴子、皮袍等，18岁时开始独立制作蒙古族服饰。后来，她又向敖特根其其格学习，38岁开办服装店，批量设计制作蒙古族服饰。

斯琴自小耳濡目染，对制作蒙古族首饰、皮袍、靴子、腰带充满浓厚的兴趣。她的刺绣作品美观大气、协调对称，缝制的针线细密均匀，裁剪精致平衡。她尤其痴迷于蒙古族服饰、腰带、长袍、靴子的设计制作。长袍图案自然朴实，制作精巧、大气。她制作的靴子绘画自然朴实、栩栩如生，穿在脚上舒适又美观。她手工制作的荷包袋、枕角、传统烟袋、传统耳套等让人爱不释手。斯琴的套格其呼和莎嘎拉夫手工缝针技术高强，制作的帽子样式华美大方、舒适耐用，既防寒又美观。

手艺好了，条件也好了，众多徒弟慕名而来，她不辞劳累地细心讲解，悉心指点，手把手地带着徒弟们前行。在传承中华民族传统服饰的路上，她一直信心满满。

斯琴多次参加相关的赛事与展演活动。

如今，斯琴正带着乌德巴拉、龙梅、莲花、全哥等徒弟埋头于蒙古族服饰的制作与传承中。

蒙古族服饰代表性传承人

孟黎新

孟黎新（曾用名孟山丹），女，蒙古族，1975年3月出生于兴安盟科右前旗德伯斯镇好仁。她先后就读于兴安职业技术学院、长春师范学院，从事教育工作。2020年，她被命名为兴安盟第六批非物质文化遗产项目蒙古族服饰代表性传承人。

孟黎新的姥姥王海玉是村里公认的巧手，常为屯中大人小孩裁剪缝制衣服。五六岁时，孟黎新就站在一旁看姥姥为屯里人裁剪缝制衣服。看着花花绿绿的各色布料在姥姥的巧手下变成一件件美丽的衣裳，她感觉那么新奇、美妙，于是一颗对美的热爱、对服装热爱的种子悄悄萌生于她小小的心灵之中。她的大姨和母亲也很擅长做衣服。母亲和大姨常用手掌来量尺，并且用报纸剪裁打版，然后将衣服样板仔细包放好，以备日后使用。孟黎新深受姥姥、母亲、大姨的影响，童年时就开始做针线活，她穿的衣服总是十分合体美观。从1988年开始她正式跟着姥姥、母亲学习传统手工缝制和刺绣的基本针法，后来跟妈妈学习传统剪裁。为更好地掌握服装制作技艺，她于1998年在呼和浩特多个工作室学习手工制作民族服饰工艺，对制作服装、头饰、靴子等技艺深入

孟黎新取得的荣誉

孟黎新制作的蒙古族服饰

孟黎新（右二）担任服装服饰手工艺品大赛评委

学习。2005年，她师从内蒙古师范大学服装系毕业生导师、著名服装设计师斯日古楞先生，学习设计、打版、剪裁、缝纫、装饰、服装结构知识等。2006—2010年，她利用假期时间学习裁剪制作蒙古族服饰。2010年，她创办吉日格乐玛民族服饰店。2018年夏季，她将服装店搬到科右前旗。

为更好地深造学习，孟黎新不断参加各种学习活动，多次到全国各地和蒙古国学习，借鉴吸收各地服饰款式、元素、颜色的优点，并将其融入自己的服装设计与制作之中。2020年，她参加兴安盟非物质文化遗产培训班。2016年，赴蒙古国陶日嘎服装公司考察学习。2018年，在北京莲御工作室向西安工程大学服装系教授朱昕有先生学习汉服文化与制作技艺。2019年后，一直师从中央民族大学少数民族服饰研究所博士生导师祁春英女士，学习研究各民族服饰制作技艺。

孟黎新擅长蒙古族民间手工技艺，在蒙古族传统服饰方面具有很深的造诣。她将传统风格与现代时尚元素相结合，使得服饰既体现出蒙古族服饰的传统技艺与美学特征，又增加了时尚元素，制作的服装具有淳朴、活泼、大气、超凡脱俗的美感。她总是别出心裁，具有较强的创造能力，制作出富有个性化的服饰，力争使每一件衣服都呈现独特的韵味与特色。她制作的服饰具有独特的艺术美感和较强的欣赏价值。

多年的实践与潜心钻研，使孟黎新对传统服饰形成了独特的思维与理解，她为传统服装技艺的传承作出了贡献。她曾为吉林省公主岭市吉剧团制作大型吉剧《响铃公主》的剧组服装，为吉林省四平市歌舞团制作大型歌剧《罗密欧与朱丽叶》的剧组服装，为吉林省公主

量体裁衣

孟黎新（右二）学习服装设计

岭市吉剧团制作大型吉剧《马占山》的剧组服装。2014年，她在自治区第十一届蒙古族服装服饰大赛上荣获现代服装设计铜奖。2015年，在自治区第十二届蒙古族服装服饰大赛上荣获行业服装设计金奖、银奖。2016年，在自治区第十三届蒙古族服装服饰大赛上荣获行业服装设计金奖。2017年，在自治区第十四届冰雪节那达慕蒙古族服装服饰大赛上荣获冬季行业服装设计金奖。2018年，在自治区第十五届蒙古族服饰大赛上荣获行业服装设计银奖、表演金奖。2019年，在自治区第十六届蒙古族大赛上荣获现代服装设计银奖。2020年、2021年，她被聘为科右前旗第二、三届非物质文化遗产传承人培训班授课老师。2016年、2018年、2019年，在中国蒙古族服装服饰大赛东三盟分赛上被邀请为评委，多次担任兴安盟举办的夏季那达慕大会服装服饰比赛、冬季那达慕大会服装服饰比赛评委。她的努力与追求也获得了一些荣誉称号，于2013年2月被授予全盟创业带头人称号，2024年被增补为科右前旗政协第十五届委员会委员。

孟黎新的服装工作室

作品获第十三届中国蒙古族服装服饰艺术节总决赛行业服饰一等奖

作品获第十五届蒙古族服装服饰艺术节总决赛设计金奖

札萨克图饮食习俗代表性传承人

白那森乌日塔

白那森乌日塔，男，蒙古族，1959年11月出生于兴安盟科右前旗乌兰毛都草根台嘎查，曾在乌兰毛都公社草根台大队当过拖拉机司机，后在满族屯满族乡政府工作。2014年，他被命名为兴安盟第三批非物质文化遗产项目札萨克图饮食习俗代表性传承人。

受家庭影响，白那森乌日塔传承父母长辈制作奶食品和牛羊肉食品技艺，能熟练制作奶食品和牛羊肉食品。

白那森乌日塔在满族屯满族乡工作期间常下乡入户，给牧民们传授牛羊肉制作方法。他的学徒有德格吉日呼、李图雅等牧民（旗级代表性传承人）。2019—2020年，他在科右前旗桃合木苏木举办的传统奶食品和肉食品现场制作比赛中担任评委，现场指导和传授相关知识，获得了较好的影响。2007—2020年，他连续担任乌兰毛都草原那达慕大会裁判员、裁判长。2016年，他参演《札萨克图婚礼》电视连续剧，扮演女方父亲。2017年，他担任全旗牛羊肉制品及奶食品大赛评委。在满族屯满族乡工作期间，他曾多次组织满族屯满族乡举办敖包祭祀活动。

蒙古族传统储存肉食技法，即把羊肚毛面朝外，打满气晒干后将烤肉放入里面

札萨克图马具制作技艺代表性传承人

阿拉坦巴根

阿拉坦巴根制作马具

阿拉坦巴根向顾客介绍马具

阿拉坦巴根制作马具

阿拉坦巴根，男，蒙古族，1978年6月出生于兴安盟科右前旗乌兰毛都苏木敖力斯台嘎查。2020年，他被命名为兴安盟第六批非物质文化遗产项目札萨克图马具制作技艺代表性传承人。

阿拉坦巴根承袭了爷爷与父亲的技艺。他的爷爷额勒伯，1917年出生于乌兰毛都公社敖力斯台大队，一辈子当牧民，在放牧的同时手工制作札萨克图传统马鞍。在当时生活条件极其艰苦的情况下，每年他给左邻右舍免费制作马具，解决了牧民们的生产生活需要。阿拉坦巴根的父亲僧格嘎日布于1946年出生于科右前旗乌兰毛都公社敖力斯台大队，也是个优秀的牧马人。他的父亲从15岁开始跟着阿拉坦巴根的爷爷学习制作传统马鞍。20世纪七八十年代国民经济刚刚恢复，生产队的牲畜数量大增，牧民对马鞍的需求也迅速增加。他的父亲每年给牧民制作50多个工艺精湛的札萨克图马具。

阿拉坦巴根出生在牧民家庭，从小父亲教给他刚强憨厚的优良品德，也传给他制作马鞍的技艺。他的父亲制作马鞍时，他就在旁边当小帮手，边看边学，并深深地爱上了制作马鞍的技艺。阿拉坦巴根非常敬佩父亲制作马鞍的精湛手艺及认真态度。父亲制作的札萨克图马具具有地方特色，不同于其他地区的马鞍，他制作的马鞍木座更加宽一些，木座的弧度更加舒缓，骑坐在上面尤为舒适，更加适合乌兰毛都地区地形。

阿拉坦巴根13岁时就跟随父亲学做马鞍。2019年，他正式创办了兴安盟敖力斯台民族手工艺品加工有限公司。他把从长辈那儿学到的技艺发挥得淋漓尽致，并把原有的札萨克图传统马鞍制作得更加美观大方。他制作的马鞍上装饰着精美的带有札萨克图刺绣的座垫、马嚼子、马笼头、马鞭子等配饰。他制作马鞍时常选用材质更加结实的桦木、榆木、柳木，马鞍配套用具也是他精心挑选的牛马皮，并且自己熟制而成。现在，牧民富裕了，传统马鞍成为一种装扮赛马的展示品。现在，阿拉坦巴根制作的马鞍供不应求。阿拉坦巴根每年有近100万的订单。他制作的马鞍不仅在当地销售，锡林郭勒、呼伦贝尔、赤峰、通辽、黑龙江、吉林、云南、甘肃，乃至蒙古国都有订单。阿拉坦巴根是个名副其实的手工艺人。

阿拉坦巴根和他的马具

阿拉坦巴根的民族手工艺品加工有限公司既是传统札萨克图马鞍制作坊，又是传统手工技艺基地，每年招收四五名制作传统马鞍的学徒。胡格吉勒图（科右前旗桃合木苏木牧民）是阿拉坦巴根的徒弟，他通过几年的艰辛劳动，如今基本掌握了札萨克图传统马鞍制作工艺，可以独立制作马具。

阿拉坦巴根多次参加各种赛事与活动。2019年，兴安盟首届夏季那达慕开幕仪式上，他制作的50套传统马鞍展示了札萨克图传统马鞍技艺，受到盟内外各界的关注和赏识。他制作的马鞍在兴安盟蒙古族服装服饰手工艺品赛中荣获蒙古族手工艺品组一等奖，在兴安盟乌兰毛都草原冬季那达慕、冬季蒙古族服饰比赛中荣获一等奖。

阿拉坦巴根制作的马具

札萨克图马具制作技艺代表性传承人

白玉昆

白玉昆,男,蒙古族,1983年2月出生于兴安盟科右前旗阿力得尔牧场。2020年,他被命名为兴安盟第六批非物质文化遗产项目札萨克图马具制作技艺代表性传承人。

白玉昆出生于制作马鞍、勒勒车、马头琴、朝尔、四胡等用具和乐器世家。他的祖父白八十三(1921—1977年)出生于兴安盟扎赉特旗图木吉,后举家搬到科右前旗阿力得尔牧场居住。因心灵手巧,刻苦钻研,他很快成为当地有名的木匠。他制作的马鞍、勒勒车、马头琴、朝尔、四胡等很受当地牧民的喜爱。白玉昆的父亲白海青于1959年出生于阿力得尔牧场,8岁开始跟随他的父亲白八十三学习马鞍制作以及马头琴、四胡等乐器的制作技艺。白玉昆受长辈的影响,开始他的制作技艺之旅。从1999年开始,他跟随父亲系统学习制作科尔沁马鞍、马头琴、四胡。

白玉昆曾在沈阳益恒模具有限公司学习机械加工、编程等知识。2008年,他在乌兰浩特市成立文化用品服务中心。2018年,在科右前旗成立内蒙古金杭盖民族手工艺品制作有限公司。他的作品与时俱进,改革创新,在传统马鞍的基础上增加了蒙古族雕刻图案,提升了产品的品质,对蒙古族马具制作进行了保护、发展与传承。

经过10多年的勤学苦练,他在熟练掌握父亲精湛技艺的基础上,不断改革创新,做的马鞍舒适度有了很大的提升,深受牧民的喜爱。

与马头琴大师齐·宝力高(左)在一起

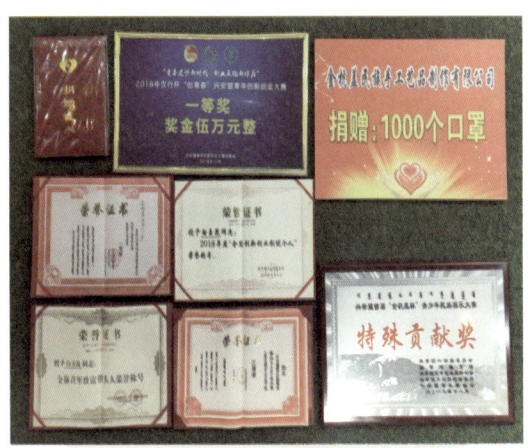

获得的荣誉

制作的马头琴

他不断钻研，在马头琴制作领域也不断创新。他改进设计与制作工艺，制作出了能站立的马头琴，获得了国家知识产权局颁发的外观设计专利证书。如今，公司拥有国内先进加工设备20余台。公司以生产制作马头琴、四胡等乐器为主，以蒙古族手工艺品和旅游纪念品为辅。公司年产成品马头琴2000把，四胡1000把，马头琴半成品构件1万件，旅游纪念品1万件。他的公司是兴安盟生产规模较大、产品种类较全的文化产业企业。

多年来白玉昆积极奔走，为了传承与发展制作技艺，参加中俄蒙文化展销会、长沙一乡一品国际商品博览会、兴安盟马头琴电视大奖赛、乌兰毛都那达慕大会工艺作品展示、乌兰浩特首届乡村文化旅游节、"桑杜仍杯"中小学生马头琴大赛、兴安盟民族手工艺品展暨民族文化交流展等活动。他也取得了较多荣誉，在"创青春"兴安盟青年创新创业大赛暨"青创扶贫"项目大赛中获得一等奖，在内蒙古工艺美术协会作品创作比赛中获三等奖。他还获得了全盟创新创业创优个人、全旗青年致富带头人、兴安盟创新创业创优标兵等荣誉称号。

白玉昆（右一）参加非遗活动

为村民培训技艺

白玉昆（左一）带徒传艺

擀毡技艺代表性传承人

包银花

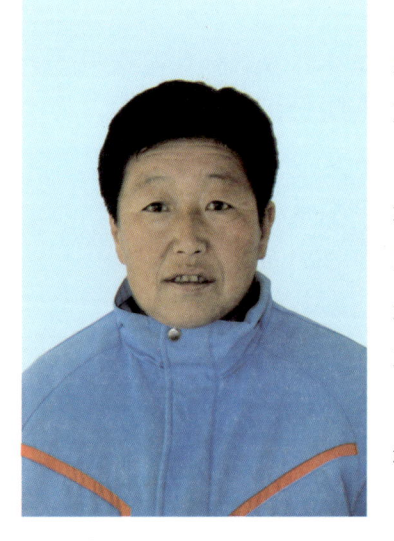

包银花，女，蒙古族，1975年11月出生于兴安盟科右前旗原乌兰毛都苏木阿日林一合嘎查。2020年，她被命名为兴安盟第六批非物质文化遗产项目擀毡技艺代表性传承人。

包银花的父亲包百顺于1945年出生于吉林省洮南六户镇，后迁至科右前旗乌兰毛都苏木阿日林一合嘎查，1968年开始从事毡匠工作。包银花高中毕业后在家乡阿日林一合嘎查传承了父亲和叔父包德力格尔的擀毡手艺，手工制作毡子。2016年，她成立银花毡毛厂，制作各种传统羊毛毡子。

包银花擅长蒙古族民间手工艺，并在蒙古族传统擀毡方面有很深造诣，为传统擀毡手工制作方面做了很多贡献和创新。

她制作的条毡、毡垫、炕毡、床垫深受顾客的喜爱，不仅当地人喜欢，外地人也纷纷购买，有的被作为礼物赠送给远方的客人。她制作的毡子厚实耐用，体现了传统擀毡工艺特点。她带着作品参加科右前旗举办的非物质文化遗产日暨第一届至第三届札萨克图民间刺绣工艺传承展示活动。2019年7月，她参加了全区第十六届蒙古族服饰艺术节暨蒙古族服装服饰大赛兴安盟分赛活动，她手工制作的蒙古包荣获三等奖。如今，她将技艺传承给了阿日林一合嘎查的特日格勒、其其格等人。

制作毡垫

晾晒毡垫

毡垫

毡床垫

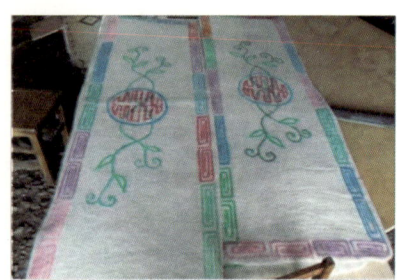
条毡

擀毡技艺代表性传承人

白达来其其格

白达来其其格，女，蒙古族，1963年12月出生于兴安盟科右前旗乌兰毛都苏木沙布台嘎查。1990年毕业于通辽民大，而后分配至阿力得尔中学教学，现已退休，为兴安盟工艺美术协会会员。2018年，她被命名为兴安盟第五批非物质文化遗产项目擀毡技艺代表性传承人。

白达来其其格的母亲十分聪慧，记忆力极强，并且擅长做针线活。白达来其其格从小受母亲的熏陶，对蒙古族刺绣、擀毡技艺等产生了一种热爱。加之家中兄弟姊妹较多，她身为长女，为了帮助母亲分担家务，从五六岁时起就搓麻绳，做毡袜子。10岁左右，

荷包与绣针包

制作的杯垫和笔筒

她就学会了刺绣技艺，并且自己裁剪，做枕头。参加工作后，她利用业余时间给同事家的孩子缝制衣服。

1997年，她的母亲生病去世，白达来其其格十分自责难过，为此常常失眠。2000年的一天夜里，她辗转反侧难以入睡，她想与其这么难过，不如把母亲的技艺传承下去。于是，她选择了在牧民生活中发挥重要作用的擀毡技艺，致力于把蒙古族图案、服饰通过毡子展现出来。她开始绘制图案、裁剪，剪错了重新开始。经过多次实践，她熟练地掌握了裁剪技能。从2013年开始，她不再满足于只做一些生活必需品，而是专注于做手工毡艺品。做手工毡需要一定的体力，还需要具有一定的蒙古族传统刺绣技艺。因其努力钻研，制作技艺快速提高。由此她被阳光大姐家政公司聘用，前往苏木嘎查村教课，在网上传授技艺，经她培训的学员有2000多人。

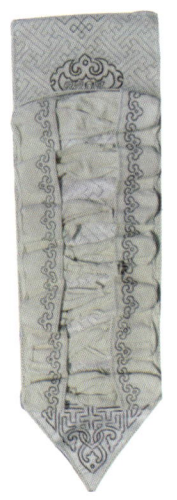

褡裢

毡子服饰

白达来其其格多次参加毡艺培训、蒙古族手工艺品大赛、非物质文化遗产传统技艺比赛和展演活动。她将蒙古族刺绣技法巧妙地运用在手工毡艺品上，吉祥纹、云朵纹、牛、马、羊、狗、骆驼、蒙古包、牡丹、杏花等都体现在她的作品中。她的部分作品也体现了时代特色，不仅具有观赏价值，还具有实用性。她缝制的有云朵纹的杯垫和笔筒很受顾客的青睐。

白达来其其格自2010年开始着手撰写《科尔沁民间手工艺术》一书，详细介绍了蒙古族传统图案艺术的产生和发展历程以及发展方向，并收录了她绘制和制作的蒙古族传统图案。2013年12月，她接受内蒙古电视台专访，把中华优秀传统文化展示给更多的人。

蒙古包和草原六畜图

杯垫

女士包

马铃薯制粉工艺代表性传承人

朱天甲

朱天甲，男，汉族，1963年2月出生于兴安盟科右前旗俄体镇义新村义新屯。1992年，朱天甲独自经营粉业作坊，是俄体一带朱家第四代制粉工艺传承人，现任科右前旗天甲粉业专业合作社理事。2014年，他被命名为兴安盟第三批非物质文化遗产项目马铃薯制粉工艺代表性传承人。

19世纪80年代，朱世清携家人从辽宁省迁徙到科右前旗垦荒种植，并在俄体镇义新村经营粉坊。他将制粉技艺传授给儿子朱诚忠，朱诚忠又将这门手艺传授给儿子朱如江，朱如江再将其传给儿子朱天甲。如今，朱天甲将传统粉条制作技艺进行广泛传播，并带动义新村粉业发展。

朱天甲自小就被浓厚的家族式制作粉条氛围熏陶。1980年9月，他随父亲朱如江进入生产队粉坊，从事粉条生产工作。父亲朱如江从清洗马铃薯开始，逐步教授朱天甲如何认识原料的筛选工具，教他如何将马铃薯分离沉淀，如何将沉淀好的淀粉脱水，如何把沉淀的淀粉放到火炕上加热沥干，如何往淀粉内加开水打芡和面，如何将和好的面放到漏瓢里面等基本工序。

旗级传承人朱之帅

朱天甲每天都虚心学习。粉条的制作主要是凭眼观手感，平时做事就很细心的朱天甲逐渐掌握了粉条制作的全过程。历时三年，朱天甲学会了全套马铃薯制粉工艺。1984年，他自建一个小型马铃薯粉条加工厂，专业从事马铃薯粉条加工销售。随着市场的不断扩大，顾客对粉条的日需求量不断提高，朱天甲开始收徒传艺，将传统制粉技艺在村里广泛传播。多年来，他不仅带动了义新村村民，同时也辐射周边的几个村庄的村民加工制作粉条。

2010年，通过政府及各方面的支持，朱天甲成立了科右前旗天甲粉业专业合作社。2013年，合作社获得QS认证，同时，俄体粉条还通过了地理标识评审。朱天甲在学习粉条制作工艺的同时，认真学习文化知识，不断提高文化水平，弥补自己的不足，并提高自己的综合技能。

旗级传承人李廷功

朱天甲连续担任科右前旗十五届、十六届人大代表，并注册了"俄体粉条""富甲天下"商标，引领俄体粉条走上精包装道路，提升了产品形象和档次，增加了粉条附加值，进一步提高了农户的收入，并逐步建立粉业基地。2023年，合作社与102户农户签订了马铃薯订单，共收购400万斤土豆，可生产32万斤粉条，产值可达350万元左右，为俄体粉条取得原产地保护品牌作出了很大贡献。

如今，朱天甲的儿子朱之帅和儿媳李慧成为俄体镇马铃薯粉条制作工艺的第五代传承人。朱之帅，1987年1月出生，汉族，2004年从事马铃薯粉业加工，粉业技师，科右前旗天甲粉业专业合作社理事长。2022年，他被命名为科右前旗非物质文化遗产项目马铃薯制粉工艺传承人。李慧，女，满族，1984年10月出生。她从内蒙古水利学校毕业后，跟随父亲李廷功（1962年出生，2022年被命名为科右前旗非物质文化遗产项目马铃薯制粉工艺传承人）学习粉条加工技艺，现为粉业技师，科右前旗天甲粉业专业合作社理事。

微信扫码
享：云端精彩
查：文化名录
看：传承故事
游：草原盛景

蒙古族策格（酸马奶）酿制技艺代表性传承人

开 花

开花，女，蒙古族，1974年10月出生于兴安盟科右前旗乌兰毛都苏木勿布林嘎查，在乌兰毛都苏木从事牧业工作，2017年被选为乌兰毛都苏木第十八届人大代表、科右前旗第十七届人大代表。2018年，她被命名为兴安盟第五批非物质文化遗产项目蒙古族策格（酸马奶）酿制技艺代表性传承人。

开花制作策格（酸马奶）的技艺主要传承自她的奶奶和婆婆。开花的奶奶色乐玛（1914—1978年）是科右前旗乌兰毛都苏木勿布林嘎查牧民。以前，策格是札萨克图人生活中不可缺少的奶食饮品，因此当地妇女能熟练掌握制作策格技术。他们在生产生活当中传承给自己的儿女或亲友邻里，逐步传承到现在。开花的婆婆孟特是科右前旗乌兰毛都苏木勿布林嘎查牧民，一生制作奶食品和策格，是当地有名的巧手妇女。她将一生的经验技术传授给了开花。开花结婚后从婆婆那里认真学习制作策格技艺，并在实际生产过程中逐渐产生了浓厚的兴趣。她在熟练掌握传统制作策格技术的基础上，通过不断学习研究，翻阅大量书籍制作出了具有独特风格、营养价值较高的酸马奶。为传承与创新传统饮食，她不断摸索创业致富之路。2015年，她研制的酸马奶大规模生产，并投入市场，如今销售良好。

酸马奶味甜、酸、涩，是蒙古族的奶制品之一。蒙古族饮用酸马奶已有2000多年的历史。马奶分为生熟两种，生马奶即鲜马奶，熟马奶即酸马奶。酸马奶由马奶发酵制成，含有丰富的维生素、微量元素和多种氨基酸。

为了更好地制作酸马奶，开花于2015年到锡林郭勒盟阿巴嘎旗调研学习制作策格技术，提高了生产效

售卖酸马奶

制作酸马奶

开花挤马奶

率。2016年、2017年，她在乌兰毛都苏木"草原之夜"那达慕大会上发放策格，做了大量宣传推广工作，取得了良好效果。她做的奶食品纯正，在各种比赛中获得较好评价。她制作的酸马奶于2017年在科右前旗乌兰毛都苏木苏金宝力高奶制品专业合作社传统奶食品评比活动中获得一等奖。2017年，她在乌兰毛都苏木人代会上提出将策格列入非物质文化遗产的建议得到了相关部门的重视。

开花还将技艺传给了小姑子萨日娜（1980年生）。为了让蒙古族传统饮食手工艺得到传承与发展，同时带动其他农牧户发家致富，萨日娜带领扎巴、图力古尔、道尔吉、努恩达古拉等牧区妇女共同制作策格。

开花和她制作的奶制品

蒙古族策格(酸马奶)酿制技艺代表性传承人

舍楞那木吉拉

舍楞那木吉拉，男，蒙古族，1982年1月出生于兴安盟科右前旗桃合木苏木乌申一合嘎查，牧民。2020年，他被命名为兴安盟第六批非物质文化遗产项目蒙古族策格（酸马奶）酿制技艺代表性传承人。

舍楞那木吉拉制作酸马奶的技艺是向他的母亲桃拉学习的。桃拉，蒙古族，1956年出生于乌兰毛都苏木勿布林嘎查，后嫁到桃合木苏木乌申一合嘎查。奶食品是牧区妇女必会做的美食之一。桃拉从长辈那里学会制作奶食品。每年，她都会用传统方式制作发酵策格，并传承给自己的亲人和邻居。

舍楞那木吉拉是桃拉老人的大儿子，于2017年开始学习蒙古族策格（酸马奶）酿制技艺。他在熟练掌握传统制作工艺的基础之上，通过翻阅书籍、查阅资料，不断研究酸马奶批量发酵制作、销售的方法。舍楞那木吉拉最初只喂养了七八匹母马，开办了一个小作坊制作酸马奶。2018年，他注册创办了科右前旗阿拉坦特吉格乐养殖专业合作社，并建厂生产。2020年，他将厂房扩建至300多平方米，引进五六十万元的设备，在自己的牧点养殖200多匹蒙古马。伴随酸马奶产量的增加，他不断拓展销售市场，酸马奶不仅在乌兰浩特市、科右中旗、扎赉特旗等周边地区销量较好，还销往北京、大连、呼市等地。2022年，内蒙古民族大学附属医院订购了10多吨策格。

2018年，在科右前旗第八届蒙古族传统奶食品制作比赛中，舍楞那木吉拉制作的酸马奶荣获策格制作技艺二等奖。2018年，在札萨克图第九届传统奶食品制作大赛中荣获策格制作技艺

舍楞那木吉拉制作的酸马奶

舍楞那木吉拉的母亲桃拉

舍楞那木吉拉和他的母亲获奖

二等奖。在科右前旗首届蒙古族传统肉食品制作比赛中，他制作的策格荣获宝德格制作技艺一等奖。2019年9月，舍楞那木吉拉开办的科右前旗阿拉坦特吉格乐养殖专业合作社在科右前旗"四个100"工程中被评为2018—2019年度优秀专业合作社。2020年，合作社还被兴安盟农牧业局评为兴安盟农牧民专业合作社。2016年，他的创业合伙人满都呼研究总结他们制作酸马奶的

实践而撰写的《酸马奶产业化应用示范及推广》《酸马奶和马肉的过冷贮藏技术研究》两篇文章分别荣获2016年内蒙古自治区农牧业丰收奖二等奖、2017年吴常信院士动物遗传育种优秀墙报奖。

舍楞那木吉拉的加工厂

科尔沁根雕技艺代表性传承人

包格日乐图

包格日乐图，男，蒙古族，1970年1月出生于兴安盟科右前旗满族屯满族乡满都拉图嘎查。2018年，他被命名为兴安盟第五批非物质文化遗产项目科尔沁根雕技艺代表性传承人。

包格日乐图自幼喜爱母亲的画作和父亲的根雕。他受母亲的影响喜欢画画，常用画笔将草原的四季美景和牧人的生活进行呈现。他还经常帮助父亲制作勒勒车、马鞍、行李木箱、木窗户、根雕碗勺等。

初中毕业之后，包格日乐图开启放牧生活。他与屯中的牧户一起合伙游牧，一年四季赶着勒勒车、牛羊游牧在大草原上，深刻感受到了草原风光。于是，从2010年开始他更加追求自己的雕刻梦想，展示草原生活。他动手制作根雕、木雕、石雕和木制生活用品，但他最喜欢的还是根雕技艺。每当他把科尔沁草原风光、生活场景、草原上的生灵生动地呈现在根雕作品中时，他心里就感觉十分愉悦。经过多年努力，他从最初的一点点摸索，到现在看到某个木根就能想象出要雕刻的作品形态，并将形象完美展现出来。他的雕刻技艺逐渐成熟。他的代表作品有《狼》（根雕）、《牧家欢》（根雕）、《荷塘戏鱼》（根雕）、《雕花的马鞍》（木雕）等等。

近几年，包格日乐图多次参加当地举办的那达慕手工艺品大赛，与参赛的手工艺人探讨技能、心得，并获得了一些奖项。2017年，文化创意作品在庆祝内蒙古自治区成立70周年兴安盟首届文创产品大赛中荣获铜奖。

如今，他把技艺传承给了徒弟，并将科尔沁根雕技艺发扬光大作为他的理想。

包格日乐图的根雕作品

科尔沁根雕技艺代表性传承人

础古兰

础古兰，男，蒙古族，1976年8月出生于兴安盟科右前旗桃合木苏木好力保嘎查。2020年，他被命名为兴安盟第六批非物质文化遗产项目科尔沁根雕技艺代表性传承人。

础古兰的爷爷擅长做马鞍、马嚼子、马鞭等具有蒙古族特色的马具。础古兰从小受爷爷的影响，对手工制作非常感兴趣。在日常生活和外出游玩时，他发现一些精美的根雕手工艺品，想起家乡高山上的木头，与其任其自然腐朽，何不将其利用起来做成精美的根雕工艺品呢？于是，他萌生了制作根雕艺术品的想法。他自费前往赤峰、呼和浩特等地学习根雕技艺。他采用纯手工制作方法制作根雕手工艺品，除了使用角磨机，没有其他特殊工具。他平日里收集杏树、榆树、桦树的枯木根，然后根据其自然形状进行雕刻，家乡的山水、日常生活、马牛羊等都是他的创意来源。他的手工艺品质朴、韵味独特，因此被顾客当作收藏品。

他不仅参加了当地举办的赛事展演活动，还前往外地参赛。在赤峰市举办的一次活动中获得二等奖，在呼伦贝尔市举办的一次活动中获得一等奖。础古兰用实际行动不断传播科尔沁根雕技艺。

础古兰的根雕作品

好来宝代表性传承人

包苏德门

包苏德门，男，蒙古族，1959年8月出生于乌兰毛都苏木乌兰敖都嘎查，曾为教师，现已退休。2018年，加入科右前旗四胡协会，担任乐队演员。2014年6月，他被命名为兴安盟第三批非物质文化遗产项目好来宝代表性传承人。

包苏德门的家族和艺术有着剪不断的缘分，他的祖父、父亲和哥哥都是艺人，他们擅长拉四胡、唱民歌和说唱好来宝。由于这样的家庭背景，包苏德门自小便在艺术的熏陶下成长，10岁左右就开始接触四胡。家中每个人都能演奏四胡、唱民歌、说唱好来宝以及乌力格尔。

包苏德门加入科右前旗四胡协会，不仅担任乐队演员，还在协会中承担起多项演出任务。他曾多次登上当地春晚舞台拉四胡，还代表协会在区内外进行文化交流。他曾代表四胡协会前往西双版纳开展专场义务演出，引起了热烈反响。

包苏德门致力于创作好来宝，并不断强化自弹自唱的技能。他有着坚定的信心和决心，致力于将非遗文化遗产科尔沁民歌传承下去。

1977年，乌兰毛都中学乌兰牧骑合影（前排右三）

文艺宣传队合影（前排左一）

好来宝代表性传承人

陈福山

陈福山，男，蒙古族，1968年9月出生于今兴安盟乌兰浩特市葛根庙镇友谊嘎查。他曾在科右前旗哈拉黑职高音乐班学习，在桃合木苏木学校任教，后在桃合木苏木担任政府秘书、综治办主任、党委宣传委员、统战部委员、组织委员、武装部长等职。2014年，他被命名为兴安盟第三批非物质文化遗产项目好来宝代表性传承人。

陈福山在音乐氛围浓厚的家庭中成长，从小就对好来宝和四胡产生了浓厚兴趣。深受大哥拉四胡的影响，他从12岁就开始学习四胡，并很快熟练掌握了演奏民歌和好来宝的曲调。他还和朋友白百顺（科右前旗乌兰牧骑原四胡演奏员，国家一级演员）向现任内蒙古自治区歌剧院四胡演奏家、教授、国家一级演员赵长福和兴安盟歌舞团原国家一级演员、四胡演奏家阿古拉老师拜师学艺，提高自己的演奏技巧和说唱好来宝的水平。

1984年8月—1987年9月，他在科右前旗哈拉黑职高音乐班深造。毕业后他在桃合木苏木学校任教，教授音乐。陈福山积极参与文化交流，常与同仁交流学习四胡和说唱好来宝的方法，并多次参加惠民进乡村文艺汇演。2023年，他参加了由兴安盟文化馆、通辽市文化馆、吉林省和龙市文化馆举办的"同心共筑梦·石榴花更红"文化志愿者边疆万里行文化惠民演出活动。退休后，他加入科右前旗四胡协会，成为一名乐队演员。

陈福山不仅在舞台上表现突出，同时也是一位优秀的教育工作者。为提高说唱好来宝水平，他长期深入牧区研究马的嘶鸣声，从而提高四胡模仿马嘶叫的演奏技能。现在，他可以熟练演奏《牧马青年》《快乐的牧民》等高难度曲目。他的学生有的已经成为音乐人才，如北师大的芙蓉和锡盟歌舞团的玉壮等人。

巴拉根仓的故事代表性传承人

于达林台

于达林台,男,蒙古族,1963年3月出生于兴安盟科右前旗乌兰毛都苏木萨仁台嘎查,1985年从赤峰师专毕业后在察尔森中学工作至今。2014年,他被命名为兴安盟第三批非物质文化遗产项目巴拉根仓的故事代表性传承人。

于达林台的爷爷于全、母亲青艳,都擅长口述蒙古族民间故事。他出生和生活的村里老人也都愿意给小孩子讲述巴拉根仓的故事。在以前没电、没有网络的年代,讲述巴拉根仓的故事是人们消磨时间的主要手段之一,也是人们获取精神食粮的一种方式。于达林台就是在这样的环境下长大的,他从小就对民间故事产生了浓厚的兴趣,这种儿时的记忆与对民间故事的喜爱多年来一直影响着他。

于达林台为传承蒙古族民间故事一直努力着。他曾为《蒙古族民间故事——巴拉根仓》《兴安民间文学集锦》提供部分民间故事;参与编著《嫩科尔沁演变史·扎赉特旗卷》《嫩科尔沁演变史·科尔沁右翼后旗卷》;担任《诺颜呼图克图葛根庙堪布老布僧希日布扎拉森活佛》编委会重要成员,编写了大部分内容;采访多位民间艺人,参与编写《札萨克图民歌与民间艺人》一书;到长春、白城等地调研收集地名资料,为《科尔沁右翼前旗地名文化》提供了第一手素材;参与编写《科尔沁右翼前旗370年》一书。

巴拉根仓的故事代表性传承人

宝　顺

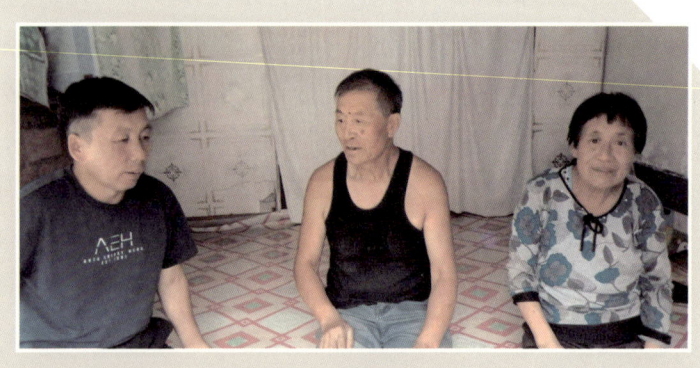

搜集巴拉根仓的故事

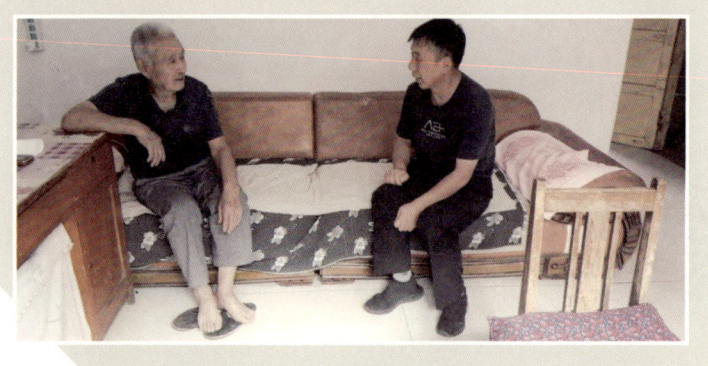

宝顺，男，蒙古族，1973年7月出生于兴安盟科右前旗德伯斯镇白音敖包嘎查。1996年从赤峰师专毕业到察尔森中学工作至今。2014年，他被命名为兴安盟第三批非物质文化遗产项目巴拉根仓的故事代表性传承人。

宝顺的姥爷是得力格日扎布，扎赉特旗宝力根花苏木人，擅长口述蒙古族民间故事。宝顺的父亲阿木莎那经常口述民间故事，其讲述的部分故事被录入《科尔沁民间故事丛书》。宝顺从小深受姥爷、父母、舅舅及周围人的影响，对民间故事产生了浓厚的兴趣。于是，他利用空闲时间向周围人讲述民间故事，他还为《蒙古族民间故事——巴拉根仓》一书提供部分资料。

旗级非物质文化遗产项目代表性传承人

科尔沁民歌代表性传承人

孟黎明

孟黎明，女，蒙古族，1971年7月出生于兴安盟科右前旗好仁苏木。1989年，她从天津音乐学院毕业到好仁中心校当音乐老师，而后在科右前旗进修学校、科右前旗第一幼儿园、科右前旗第四幼儿园任教，现为科右前旗教育督导评估中心音乐督导员。2022年，她被命名为科右前旗第七批非物质文化遗产项目科尔沁民歌代表性传承人。

孟黎明出生在一个热爱音乐的家庭，家里每一个人都擅长音乐。父亲不仅歌唱得好，拉的四胡也是毫不逊色，并且能够制作四胡。她的母亲也会唱歌，曾经是宣传队工作人员。她继承了父母的音乐基因，具有较强的音乐天赋。

孟黎明自小受父亲影响接触科尔沁民歌，从七八岁开始学唱科尔沁民歌。《新刷儿》是她学会的第一首民歌，她唱得最多、最熟悉的一首科尔沁民歌是《诺恩吉雅》。她觉得科尔沁民歌曲调自由、旋律优美、易于传唱、极具感染力，日常唱上一首能够抒发自己内心的情感。她对民歌有着深深的热爱，一生与音乐为伍。她觉得民歌需要人传承，应该重视这一文化遗产。她利用业余时间跟志同道合的爱乐人士组成音乐沙龙，畅谈音乐创作和传承问题，为民歌传承、创作而求索，希望能用自己微薄的力量传承科尔沁民歌艺术。

孟黎明不仅培养了很多音乐教师，她还多次参加民歌比赛，担任多场比赛评委。1990年，她在全盟第二届农村牧区业余文艺调演中获表演奖。1992年，在科右前旗庆"五一"教工文艺比赛中荣获演唱三等奖。1998年，在全盟蒙古族民歌业余歌手大赛中荣获二等奖。2005年，荣获"金红云杯"全盟职工歌手大赛非职业组民族唱法三等奖。2006年，演唱的歌曲《神圣的故乡》荣获自治区第九届精神文明建设"五个一工程"入选作品奖。2012年，论文《浅谈音乐欣赏中的音乐教学》被评为优秀教育科研论文一等奖。

担任札萨克图民歌大赛评委

科尔沁民歌代表性传承人

李常岁

李常岁，男，蒙古族，1964年10月出生于兴安盟科右前旗察尔森镇呼和础鲁嘎查，曾任察尔森敬老院院长，现工作于察尔森镇政府，科右前旗察尔森镇四胡协会会长。2020年，他被命名为科右前旗第六批非物质文化遗产项目科尔沁民歌代表性传承人。

李常岁在敬老院工作期间就非常关注群众文化，2013年他组织成立了镇级协会（艺术团），当时团队一共10人。2021年6月，正式组建察尔森四胡协会业余乌兰牧骑，其中包括广场舞20人，太极拳10人，四胡协会20人。李常岁立志让戏曲文化走进乡村，因此他积极参加各种曲艺大赛，和同仁交流，挖掘有利于戏曲传承发展的道路，使戏曲传承之路越走越宽。他带领乌兰牧骑艺术团成员参加多个节庆演出，如插秧节、登山节、环湖路比赛、敖包祭祀、丰收节、冬捕节、露营节等活动。除此之外，他们还多次参与惠民演出，给广大群众带去好听的民歌。他们表演的节目受到了广大群众的热烈欢迎，他们的艺术团也成为在田间地头宣传文化的一支队伍。

李常岁不仅带领艺术团参加演出活动，他还积极参加各种赛事活动。他在庆祝中华人民共和国成立70周年"琴韵芬芳，芳沐草原"四胡艺术大赛中荣获二等奖，在首届乌力格尔节"科尔沁酒业杯"蒙古族曲艺大赛中荣获二等奖，在科右前旗建党90周年"艺海琴行杯"四胡演奏比赛中荣获合奏二等奖和优秀奖，在科右前旗"四胡悠扬·助力五城同创"第二届分会文艺汇演中荣获组织奖。

察尔森四胡协会成员合影

科尔沁民歌代表性传承人

宁铁壮

宁铁壮（曾用名宁铁桩），男，蒙古族，1968年3月出生于兴安盟科右前旗额尔格图镇努布企嘎查。2020年，他被命名为科右前旗第六批非物质文化遗产项目科尔沁民歌代表性传承人。

宁铁壮的奶奶、姨姥、母亲都擅长民歌演唱，因此他从小就对扎萨克图民歌产生浓厚的兴趣，开始自学自拉自唱民歌。后来，他向张金虎（自治区级科尔沁民歌传承人）学习，并于2012年加入科右前旗四胡协会，参加各种形式的演出和比赛，提高自己的演唱技能。宁铁壮跟随其他民间乐队到通辽市、扎赉特旗、科右中旗等地参加民间文化艺术类演出活动，与当地的科尔沁民歌传承人交流学习，更加了解了各地长调民歌、抒情民歌演唱技巧和拉四胡的技巧。

同时，宁铁壮利用农闲时间组织同村村民和四胡爱好者，一起举办小型科尔沁蒙古族民歌演唱会，多次参加婚宴庆典，在群众当中产生了很好的影响力，聚集的四胡爱好者越来越多。

多年的热爱与努力，使宁铁壮取得了一些成绩。他在葛根庙叙事民歌交流演唱活动、满族屯举办的全盟民歌大赛、扎赉特旗举办的科尔沁民歌大赛、通辽市全区民歌大赛上均取得了优秀成绩。

学艺

科尔沁民歌代表性传承人

包玉龙

包玉龙，男，蒙古族，于1965年4月出生于兴安盟科右前旗满族屯满族乡白音乌拉嘎查，满族屯满族乡乌兰牧骑成员。2022年，他被命名为科右前旗第七批非物质文化遗产科尔沁民歌代表性传承人。

包玉龙的父亲擅长拉四胡，唱民歌。受父亲的影响，包玉龙从小就喜欢音乐，对唱民歌表现出浓厚的兴趣。20多岁时，他开始深入学习和演唱民歌。在父亲的传授下，他的演唱水平和琴艺都得到了显著提升。

包玉龙主要以演唱札萨克图民歌为主。他不仅会唱民歌，还对民歌背后的故事了然于胸，如歌曲《达雅波日》，他都能娓娓道来其背后的故事。包玉龙每年积极参加那达慕大会以及周边村庄各种活动，这使他得到了广大群众的喜爱和认可。此外，他也多次参与民歌大赛并荣获奖项。

包苏那

包苏那，男，蒙古族，1951年12月出生于兴安盟科右前旗满族屯满族乡满都拉图嘎查，为满族屯满族乡乌兰牧骑成员。2022年，他被命名为科右前旗第七批非物质文化遗产项目科尔沁民歌代表性传承人。

包苏那从10岁起就接触四胡、笛子和口琴等乐器。他在学生时代非常活跃，在校文艺活动中频频亮相，常唱民歌、拉四胡，表现了民歌演唱天赋。

音乐令他着迷，这份对民歌的挚爱也影响了他的家人，他将自己的演唱技艺传授给了儿女。

包苏那擅长演唱《别别昂阿》《高高日玛》《正月日玛》《莫莱玛》《乌云昂阿》等歌曲，多次在科右前旗札萨克图民歌业余歌手大奖赛中获特别奖。除了在音乐领域的贡献，包苏那也是社区的"绿化英雄"，1984—1986年，他自费栽植了十几万棵树苗，无偿为全乡绿化贡献自己的力量，由此他连续11年被满族屯满族乡授予劳动模范称号。

科尔沁民歌代表性传承人

拉斯嘎

拉斯嘎，男，蒙古族，1964年4月出生于兴安盟科右前旗满族屯满族乡特布格日乐嘎查。2022年，他被命名为科右前旗第七批非物质文化遗产项目科尔沁民歌代表性传承人。

拉斯嘎从16岁起就跟随父辈学唱民歌。在拉斯嘎家里唱歌就像呼吸一样自然，他的爷爷、父母都是村里有名的民歌爱好者。他从小就沉浸在这样的环境中，民歌对他来说，既是家的味道，也是心灵的归宿。拉斯嘎十分钟情于札萨克图民歌，民歌的悠扬旋律和丰富的情感表达是他唱歌时最为追求的艺术之处。他精通《洛阳》《新刷儿》《瘪瘪昂阿》等多种风格的民歌。

在拉斯嘎的心中，民歌不仅仅是旋律，更是一种生活方式。为此他在生活中不断传唱民歌，并教授身边人，是一位科尔沁民歌的热爱者。

科尔沁民歌代表性传承人

吴连山

吴连山，蒙古族，1964年2月出生于兴安盟扎赉特旗图牧吉哈达嘎查，1988年搬至兴安盟科右前旗额尔格图镇额尔敦嘎查五家户艾力。2022年，他被命名为科右前旗第六批非物质文化遗产项目科尔沁民歌代表性传承人。

吴连山的姥爷是当地有名的乌力格尔。他从13岁起就和舅舅、大哥、二哥学习演唱札萨克图民歌。初到额尔格图时，他常将四胡带在身上拉唱。2006年，他结识了张金虎，从此与张金虎经常切磋四胡技艺，并参加各种活动30多场次。他于2009年加入科右前旗四胡协会。2012年，首次参加乌兰浩特市首届"红云酒业杯"蒙古族民歌大赛，荣获三等奖。2021年5月，参加科右前旗第三届科尔沁民歌培训班进行学习。2023年，参加科右前旗第十二届札萨克图民歌业余歌手大奖赛并获鼓励奖。同年，参加中国音乐学院与科右前旗非遗保护中心座谈会。

连 壮

连壮，男，蒙古族。1974年4月出生于兴安盟科右前旗德伯斯镇乌拉斯台嘎查，现居住在德伯斯镇太平山嘎查，是德伯斯镇四胡协会会员。2022年，他被命名为科右前旗第七批非物质文化遗产项目科尔沁民歌代表性传承人。

连壮是在祖辈的歌声中长大的，他的爷爷和妈妈都是优秀的民歌爱好者。在他们的影响下，连壮对民歌产生了浓厚的兴趣。他学习的是低音四胡。

由于没有受过正规教育，连壮在学习民歌的道路上遇到了比常人更多的困难，记歌词对他来说尤为困难。但他凭借着顽强的意志和加倍努力，最终熟练地背诵歌词，将每一首民歌演唱得淋漓尽致。

谈及自己最喜爱的民歌，连壮眼中闪烁着独特的光芒。他特别钟情《莫力玛》《草原上升起不落的太阳》和《新刷儿》等歌曲。在他的心中，民歌不仅是情感的传递，更是心灵与自然的交流。

科尔沁民歌代表性传承人

梅 花

梅花，女，蒙古族，1970年2月出生于兴安盟科右前旗乌兰毛都苏木草根台嘎查。2022年，她被命名为科右前旗第七批非物质文化遗产项目科尔沁民歌代表性传承人。

梅花自小就被民歌这门古老的音乐艺术深深吸引，她的父母都是当地知名的长调民歌爱好者。在家人的熏陶和影响下，梅花从7岁起就学习吟唱长调民歌。那时每逢佳节或嫁娶等各种喜宴，只要细心聆听歌者婉转动听的长调民歌，梅花就能捕捉其中的精髓，并学以致用，融会贯通。

经过多年的潜心钻研和坚持不懈，梅花的长调民歌唱腔渐入佳境。在当地举办的各类非遗文化活动中，总能看到梅花的身影。她那嘹亮高亢、曲调优美的长调民歌，常常赢得人们的阵阵掌声。

对于长调民歌这门音乐瑰宝，梅花怀揣着孺子牛般的单纯热爱。出于对长调民歌的执着，她努力将这一传统的音乐形式介绍给更多人。

艾牡丹

艾牡丹，女，蒙古族，1968年1月出生于兴安盟科右前旗察尔森镇宝日嘎查。2022年，她被命名为科右前旗第七批非物质文化遗产项目科尔沁民歌代表性传承人。她是察尔森宝日艺术团成员，担任艺术团主持人一职。艾牡丹学唱民歌已有7年。她喜欢唱的民歌有《韩秀英》《包金花》《娜布其公主》等。她跟随艺术团多次参加演出，积极性高，是团里重点培养成员。她也跟随包金海团长学习四胡制作技艺。

好来宝代表性传承人

包金海

包金海，男，蒙古族，1967年5月出生于兴安盟乌兰浩特市葛根庙镇，科右前旗四胡协会察尔森分会艺术团宝日艺术团团长。2022年，他被命名为科右前旗第七批非物质文化遗产项目好来宝代表性传承人。

包金海平时带领艺术团多次参加大型演出活动和公益演出，深受群众的欢迎。他还在多个比赛中荣获奖项。包金海20多岁时跟随母亲学习拉四胡，闲暇时间拜师学习四胡制作技艺，多次参加制作胡琴的培训班，提高了制作技艺。他热爱演唱民歌，熟练掌握了《洛阳》《新刷儿》《都月》《达那巴拉》等群众喜爱的民歌。为更好地传承民歌，他无偿向民歌爱好者传授民歌、好来宝等。

为更好地进行表演，他为艺术团购置了扬琴、手风琴、三弦等乐器。他的这种对艺术的执着也感动了当地政府和嘎查，嘎查领导特别支持他，提供了一个20多平方米的制作四胡的厂房。闲暇时间，他多次请四胡艺术家指导团员学唱民歌，学唱好来宝，极大地提升了他们演唱民歌的技艺与表演能力。

吴玉兰

吴玉兰和丈夫同台演出

吴玉兰，女，蒙古族，1969年1月出生于兴安盟乌兰浩特市斯力很镇。2022年，她被命名为科右前旗第七批非物质文化遗产项目好来宝代表性传承人。她特别喜欢说唱好来宝，从收音机里、电视上学习好来宝，平时演出时她的爱人为她伴奏拉四胡。同时，她跟随艺术团参加演出，表演的节目深受观众喜爱。

好来宝代表性传承人

高海全

高海全，男，蒙古族，1954年11月出生于兴安盟科右前旗察尔森镇苏金嘎查。2022年，他被命名为科右前旗第七批非物质文化遗产项目好来宝代表性传承人。

高海全10多岁时跟随叔叔和父亲学习拉四胡，学唱好来宝等。他的叔叔是小有名气的说唱艺人云登（3岁时因为眼疾双目失明）。叔叔的说唱技艺高超，深深影响了高海全演唱好来宝的兴趣与技艺，再加之他本身就对说唱好来宝特别感兴趣，他在这条路上不断勤学苦练。同时他还传授说唱好来宝给一些年轻的学生，为传统说唱艺术的传承奉献出一份力。

他随艺术团多次参加各种演出，除此之外也参加了各种比赛。

那木拉

那木拉，男，蒙古族，1970年12月出生于兴安盟科右前旗归流河镇永安嘎查，现居住于德伯斯镇太平山嘎查。2022年，他被命名为科右前旗第七批非物质文化遗产项目好来宝代表性传承人。

那木拉的父母都是代日查好来宝和民歌演唱者，从小耳濡目染，使他对好来宝有着极为深刻的印象。2017年，他开始学习四胡，并成为德伯斯四胡协会一员。短短一年后，他在2018年说唱好来宝比赛中获得优秀奖。对好来宝的热爱，让他不仅钻研精进技艺，还拜师学艺，与一群志同道合的艺人交流学习，互帮互助。即使在农忙时节，他们也能挤出时间练习好来宝。对那木拉来说，学习好来宝不仅是对音乐的热爱，更是一种情感的寄托。在生活中，他向身边人积极教授四胡和好来宝，他的学生有40余人。

那木拉家中有一把1949年制作的四胡，这是他的老师吴恩巴雅尔传给他的。那木拉视这把四胡为珍宝，四胡也见证了他在音乐道路上付出的心血。

札萨克图刺绣代表性传承人

乌仁塔娜

乌仁塔娜，女，蒙古族，1952年7月出生于兴安盟科右前旗乌兰毛都苏木勿布林嘎查。2022年，她被命名为科右前旗第七批非物质文化遗产项目札萨克图刺绣代表性传承人。

乌仁塔娜从小就和母亲学习刺绣。2016年后，跟随敖特根其其格创办乌仁额吉团队，学习刺绣技艺。她积极参加团队的培训活动和当地举办的刺绣与服饰比赛及展演活动。

乌仁塔娜的针法特别细腻，传承了札萨克图刺绣的传统技艺，尤其是贴花、卷针技艺，针脚匀称，作品十分精美，并且色彩艳丽。乌仁塔娜很擅长制作传统蒙古族服饰。她的作品在各类比赛中多次获奖。

札萨克图刺绣代表性传承人

包正月

包正月，女，蒙古族，1965年2月出生于兴安盟科右中旗新佳木，1984年因工作原因在科右前旗乌兰毛都苏木勿布林嘎查并定居，2016年从科右前旗合作医疗系统退休。2022年，她被命名为科右前旗第七批旗级非物质文化遗产项目札萨克图刺绣代表性传承人。

包正月刺绣技艺传承自她的母亲。她8岁时就会制作绣花鞋，9岁时母亲进一步教她练习绣小动物，让她先用白线描着小鸭子、小鹅轮廓一圈一圈地缝，以此锻炼她的手艺，一点一点提高她的刺绣技艺。

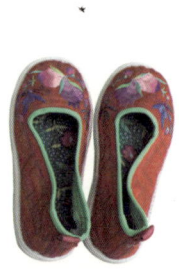

包正月的奶婆、婆婆、姑婆都是刺绣爱好者，且刺绣技艺高超。包正月的姑姑是自治区级刺绣传承人敖特根其其格，包正月从她那里学会了制作蒙古袍。目前，包正月能够自行设计制作各种蒙古族服饰。

包正月热爱刺绣，年轻时下了班就忙着回家做针线活。那时候乡下没有通电，她便在油灯下做活。她给同事的孩子做棉裤、上衣，且不收取任何费用。包正月热衷于绣集桃花、石榴、佛手于一体的图案，她说这个图案是她嫁人之后婆家奶奶绣的花。这三种图案象征着一个家里婆婆、媳妇、儿媳三代女人虽然来

孙女阿苏如在学艺

自不同地方，但成为一家人，幸福和睦地生活。包正月制作的传统绣花女靴在"绣美新时代·内蒙古刺绣礼物大赛"中荣获优秀作品奖，于2021年在内蒙古展览馆展出。

包正月积极参加盟、旗非物质文化遗产传承人培训活动和非遗宣传展示及比赛活动，取得了一些荣誉，在中国手工刺绣传承创新大会现场，因刺绣表演表现突出获得奖励；在第九届内蒙古自治区乌兰牧骑艺术节暨2022·兴安盟那达慕民族服装服饰和手工艺品大赛刺绣比赛中获二等奖；刺绣画《和谐中国》获兴安岭上兴安盟2023兴安文化节"赓续北疆文脉·谱写兴安华章"兴安盟民间文艺作品展二等奖。

包正月和婆婆、孙女一起刺绣

如今，包正月的孙女阿苏如在她的培养下7岁便学会绣花，她还带着孙女参加2019年中国手工刺绣传承创新大会现场刺绣表演。

札萨克图刺绣代表性传承人

乌日嘎

乌日嘎，女，蒙古族，1965年5月出生于兴安盟科右前旗乌兰毛都苏木草根台嘎查。2022年，她被命名为科右前旗第七批非物质文化遗产项目札萨克图刺绣代表性传承人。

在乌日嘎很小的时候，她的母亲病故，她被送到姥姥家。10多岁时她向舅妈学习刺绣，15岁时回到父亲身边生活。乌日嘎兄妹三人，她有两个哥哥，因此缝制一家人鞋的任务便落到了她的身上。生活的苦难一点没有给乌日嘎带来消极情绪，相反，她的作品充满了清新与活力。乌日嘎在配色上具有天赋，颜色搭配大胆，富于创新，整体作品呈现出明亮的色调。

2018年，参加科右前旗文化和自然遗产日暨第四届札萨克图民间刺绣手工艺传承展示活动荣获优秀奖。2019年，参加兴安盟蒙古族服装服饰手工艺品大赛获优秀奖。2020年，参加兴安盟那达慕蒙古族服装服饰手工艺品大赛获蒙古族刺绣纪念奖。2020年，参加兴安盟蒙古族服装服饰手工艺品大赛获蒙古族服装服饰组优秀奖。2020年，参加兴安盟那达慕蒙古族服装服饰手工艺品大赛获蒙古族手工艺品组纪念奖。2022年，获科右前旗非遗文创产品大赛札萨克图刺绣组优秀奖。

札萨克图刺绣代表性传承人

萨日那

萨日那,女,蒙古族,1968年8月出生于兴安盟科右前旗桃合木苏木朝日格图嘎查,曾经当过乡村教师。2020年,她被命名为科右前旗第六批非物质文化遗产项目札萨克图刺绣代表性传承人。

萨日那9岁时开始向母亲学习刺绣技艺,先学跑针绣,一开始刺绣时一针到头,后来学着穿插绣,使绣出的图案呈现不同层次。母亲去世后,她向奶奶、婶婶、姐姐们学习。每天,家中女眷挤完牛奶、收拾完屋子后,就集中到奶奶家一起刺绣,做鞋、做衣服和裤子等,她们相互学习,有说有笑,非常热闹。

萨日那是一位心灵手巧、性格文静的绣娘。她从纳鞋底开始学习,逐步练就了细致与精巧的针线活技能。尽管她出生在一个较为宽裕的家庭,但她仍烦恼于没有刺绣的丝线。于是,她

参赛获奖(右二)

将白色棉线染成各种颜色,将其当作丝线。当时的习俗是女子出嫁前要为男方家的女长辈准备一双鞋,然后男方家回以厚礼。所以会刺绣、做衣服鞋子等活计,是当地女子必备的一项技能。萨日那小的时候,奶奶就常叮嘱她好好学习刺绣技能。萨日那认真向长辈们学习技能,在结婚时她做了精美的鞋子送给丈夫家的长辈,她也由此获得了10来头牛的赠礼。

2018年后萨日那参加了刺绣培训班,使刺绣技艺得到了提高。萨日那

萨日那向女儿和外孙传授刺绣技艺

不仅把刺绣技艺传承给三个女儿,她还力所能及地为这门技艺的传承发挥着自己的作用。2017年,她组建了"兴安塔林萨日那"微信群,吸引盟内外的刺绣能人一起探讨刺绣技艺,大家相互学习、相互补充、相互成长,对传承与发展札萨克图刺绣技艺起到了积极的推动作用。

多年来,萨日那积极参加各种活动,并取得了一定的成绩,如参加科右前旗首届非物质文化遗产传承人培训班、兴安盟非物质文化遗产培训班。在蒙古族服饰评比、札萨克图服装服饰手工艺品大赛上,她分别获得札萨克图刺绣和札萨克图民间头饰三等奖。参加文化和自然遗产日暨第三、第四届札萨克图民间刺绣手工艺传承展示活动,参加兴安盟蒙古族服装服饰手工艺品大赛、兴安盟那达慕蒙古族服装服饰手工艺品大赛蒙古族刺绣比赛等,传播非遗文化。

札萨克图刺绣代表性传承人

达来其其格

达来其其格，女，蒙古族，1971年5月出生于兴安盟科右前旗乌兰毛都苏木草根台嘎查。2022年，她被命名为科右前旗第七批非物质文化遗产札萨克图刺绣代表性传承人。

达来其其格的奶奶是一位特别出色的绣娘，她的母亲扎力玛（盟级札萨克图刺绣代表性传承人）也是当地非常出色的刺绣能手。达来其其格受奶奶和母亲的影响，学会了刺绣。她在十三四岁时就帮助妈妈做针线活计。由于对刺绣的强烈爱好使然，达来其其格常常将刺绣用具带在身上，在干家务、打羊毛等活计的空当，拿出针线绣上几针。

如今达来其其格专事刺绣，制作靴子、皮大衣、棉袍等。她在两年内制作了100多件蒙古袍。达来其其格的刺绣线条清晰，构图简洁，颜色搭配淡雅，整体呈现一种质朴的美、清秀的美。

达来其其格多次参加刺绣与服饰展演和比赛活动。2021年，她参加苏木组织的庆祝中国共产党成立100周年活动。2023年，她参加中国（阿尔山）旅游大会——兴安盟那达慕兴安盟"织女计划"中国刺绣手工艺品展。

由于她积极参加活动，将刺绣融入生活，于2021—2022年乌兰毛都苏木举办的新时代文明实践志愿服务活动中被评为最美志愿者。

札萨克图刺绣代表性传承人

王扎拉嘎胡

王扎拉嘎胡,满族,1984年10月出生于兴安盟科右前旗满族屯满族乡满都拉图嘎查,毕业于内蒙古呼伦贝尔学院,现工作于满族屯满族乡图布台社区。2020年,她被命名为科右前旗第六批非物质文化遗产札萨克图刺绣代表性传承人。

王扎拉嘎胡的刺绣技艺传承于母亲包吉如格。2019年,她组织成立了科右前旗塔林艾丽民族用品合作社,并成为塔林艾丽民族用品合作社理事长,为喜欢刺绣的绣娘免费提供展示才华,增加家庭收入的创业就业平台。

塔林艾丽民族用品合作社成员由42位绣娘团结协作,携手经营。合作社主要经营民族用品、手工刺绣、旅游纪念品等。绣娘都是普通的家庭妇女,她们在做家务活和生产劳动的同时接受订单。绣娘们的刺绣作品多以荷包、首饰、首饰盒、胸针、抱枕等生活日用品和装饰用品为主,刺绣作品小巧灵动,富有时代气息和创新特色,将传统刺绣技艺与现代生活有机地融合在了一起。

王扎拉嘎胡带领绣娘们参加各种展演和比赛活动,绣娘们多次获得荣誉,塔林艾丽民族用品合作社也获得许多集体奖项。在兴安盟那达慕蒙古族服装服饰手工艺品大赛、2023年中国(阿尔山)旅游大会兴安盟那达慕国际服装服饰大赛中,绣娘的作品纷纷获奖。合作社获得了兴安盟巾帼脱贫示范基地和"札萨克图礼物"称号。她个人也荣获了许多荣誉,2019年获得2019年度旗级优秀党员荣誉称号,在2018—2019年度科右前旗"四个100"工程中被评为优秀妇女带头人,被授予2020年兴安盟城乡妇女岗位建功先进个人荣誉称号。

与合作社的姐妹合影

切磋技艺(右三)

札萨克图刺绣代表性传承人

张桂花

张桂花，女，蒙古族，1963年8月出生于兴安盟科右前旗阿力得尔苏木沙布台嘎查。2022年，她被命名为科右前旗第七批非物质文化遗产项目札萨克图刺绣代表性传承人。

张桂花的母亲是一位刺绣高手，画的画也好。张桂花从小受母亲的影响非常喜爱刺绣，一有时间就画刺绣图案，然后学着母亲拿起针线刺绣，只局限于为家人做的衣服、鞋等作品上刺绣图案。她嫁到勿布林嘎查后，在敖特根其其格（自治区级札萨克图刺绣代表性传承人）的影响下开始学习刺绣，在抱枕、鼻烟壶袋、衣服上刺绣图案。她曾到通辽专程学习牡丹花的刺绣方法，以求提升自己的技能。她尤其擅长锁边绣。

多年来，她多次参加盟、旗刺绣作品展演比赛活动并获奖。2020年，经她刺绣缝制的蒙古族服饰在兴安盟蒙古族服饰手工艺品大赛中获得三等奖。2021年，参加科右前旗第三届非物质文化遗产传承人培训班和乌兰毛都苏木庆祝中国共产党成立100周年活动。2023年，参加中国（阿尔山）旅游大会——兴安盟那达慕兴安盟"织女计划"巾帼刺绣及手工艺品展。同年，参加京蒙协作·自治区妇联北疆布丝瑰手工艺培训项目培训班学习，并荣获二等奖。

札萨克图刺绣代表性传承人

吴高娃

吴高娃，女，蒙古族，1968年7月出生于兴安盟科右前旗乌兰毛都苏木敖力斯台嘎查。2022年，她被命名为科右前旗第六批非物质文化遗产项目札萨克图刺绣代表性传承人。

吴高娃的长辈都是出色的绣娘，她的母亲不仅会绣也会画图案，婶婶们也都是做针线活的高手。据她回忆，小时候妈妈和婶婶们总是暗自较量着绣东西，看见妯娌绣得好就会羡慕。吴高娃从13岁时跟随母亲学习刺绣，16岁时刺绣技艺较为成熟，作品呈现极强的立体感。2019年，加入萨日朗巾帼民族手工艺品专业合作社后，开始大量刺绣，作品一般都赠给亲属。吴高娃曾多次代表合作社下乡教学，去过乌兰浩特市义勒力特、树木沟、巴日嘎斯台等17个嘎查村教授刺绣技艺。

吴高娃平时积极参加各种活动、刺绣培训班，提高刺绣技艺。2019年，参加文化和旅游部、教育部、人社部举办的中国非物质文化遗产传承人研修研习培训计划。2021年，参加北疆布丝瑰就业行动计划订单式培训班。2023年，参加京蒙协作·自治区妇联北疆布丝瑰手工艺培训项目培训班，因作品表现突出获得三等奖。

2019年，吴高娃参加兴安盟蒙古族服装服饰手工艺品大赛获优秀奖。2020年，获科右前旗致富带头人民族刺绣技能大赛三等奖。2020年，参加兴安盟蒙古族服装服饰手工艺品大赛蒙古族刺绣组三等奖。2021年，参加科右前旗文化和自然遗产日非遗宣传展示活动纪念奖。参加第九届内蒙古自治区乌兰牧骑艺术节暨2022·兴安盟那达慕民族服装服饰和手工艺品大赛刺绣比赛获优秀奖。参加2023中国（阿尔山）旅游大会——兴安盟那达慕兴安盟"织女计划"巾帼刺绣及手工艺品展获荣誉证书。

参加2021年文化遗产活动（左三）

札萨克图刺绣代表性传承人

乌 兰

乌兰，女，蒙古族，1980年1月出生于兴安盟科右前旗乌兰毛都苏木草根台嘎查。2022年，她被命名为科右前旗第七批非物质文化遗产项目札萨克图刺绣代表性传承人。

乌兰从小跟母亲学习盘花绣。用盘花绣绣出的靴子结实耐用，因此盘花绣成为乌兰学习的第一个针法。19岁时她的母亲去世，她便跟着姑姑、姨妈学习刺绣。近几年网络发达，乌兰利用网络学习刺绣。她还加入刺绣爱好者微信群学习刺绣，也参加当地培训班提高技艺。乌兰在绘画方面很有天赋，看一眼图案就能画下来，然后在作品上绣出来。她很有自己的想法，不会原模原样地照抄，而是根据自己的想法进行创新。乌兰的作品色彩搭配和谐。

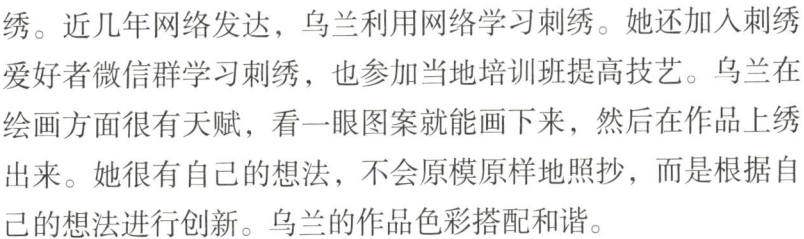

她的作品曾获2017年科右前旗札萨克图服装服饰手工艺品大赛札萨克图刺绣组优秀奖、科右前旗文化和自然遗产日暨第三届札萨克图民间刺绣手工艺传承展示活动优秀奖、科右前旗文化和自然遗产日暨第四届札萨克图民间刺绣手工艺传承展示活动优秀奖、科右前旗非遗文创产品大赛札萨克图刺绣优秀奖。

札萨克图刺绣代表性传承人

包那仁通拉嘎

包那仁通拉嘎，女，满族，1977年4月出生于兴安盟科右前旗满族屯满族乡乌兰敖都嘎查。2020年，她被命名为科右前旗第六批非物质文化遗产项目札萨克图刺绣代表性传承人。

包那仁通拉嘎从小就和母亲学习刺绣技艺。2019年，参加培训后她更加专注于刺绣技艺。同年，她加入塔林艾丽民族用品合作社，为服饰服装、生活日用品和装饰品刺绣图案。包那仁通拉嘎主要在香包、耳环、戒指、手镯、靴子、枕头和衣服上进行刺绣。她的刺绣技艺敦厚粗犷，颜色搭配靓丽，多体现蒙古族图案，并做到了创新，将刺绣技艺与时代接轨，实现了文化产品与产业的有效连接。

她先后参加了科右前旗首届和第二届非物质文化遗产传承人培训班、全区少数民族传统手工艺品制作培训班，并获得刺绣技能专业技术证书。她多次在兴安盟蒙古族服装服饰手工艺品大赛中获优秀奖。2021年，荣获"建功'十四五'·奋进新征程"全区手工刺绣职工职业技能比赛优秀奖。2023年，参加中国（阿尔山）旅游大会——兴安盟那达慕兴安盟"织女计划"巾帼刺绣及手工艺品展。

札萨克图刺绣代表性传承人

正 月

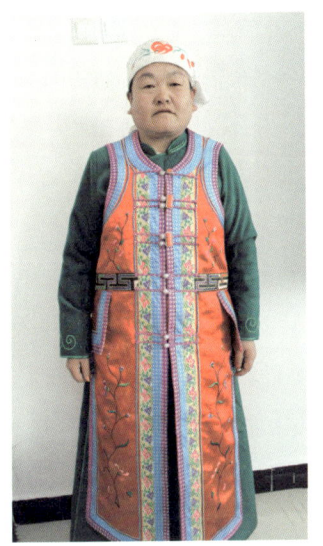

正月，女，蒙古族，1973年2月出生于兴安盟科右前旗乌兰毛都苏木勿布林嘎查。2010年，她被命名为科右前旗第一批非物质文化遗产项目蒙古族服饰代表性传承人。

正月的奶奶、姑姑都是蒙古族民族服饰制作技艺高手。12岁时她就向母亲乌仁花拉学习刺绣缝制技艺，17岁时熟练掌握刺绣技法，会缝制衣服，尤其擅长盘花绣。由于整个家族都擅长传统服饰制作，正月制作的服饰也传承了传统服饰做法。她制作的民族服饰在盟、旗比赛中多次获奖。

白结籽

白结籽，女，蒙古族，1969年2月出生于兴安盟科右前旗大石寨镇阿林嘎查。2022年，她被命名为科右前旗第七批非物质文化遗产项目札萨克图刺绣代表性传承人。

从十几岁起，白结籽就和姨奶、舅奶、妈妈学习刺绣，做一些小物件。2018年，她向良花、包春花老师学习，并通过微信和金莲老师学做蒙古族服饰。她曾去乌兰毛都萨日朗合作社学习，去乌兰浩特市乌兰哈达镇、赤峰等地学习。她参加了京蒙协作·自治区妇联北疆布丝瑰手工艺培训项目培训班、2023年中国（阿尔山）旅游大会——兴安盟那达慕兴安盟"织女计划"巾帼刺绣及手工艺品展。同时，她参加了北京市海淀区总工会助力扶贫札萨克图民间刺绣技能竞赛，并取得了第二名的好成绩。

札萨克图刺绣代表性传承人

白乌仁塔娜

白乌仁塔娜，女，蒙古族，1984年6月出生于兴安盟科右前旗德伯斯镇，后嫁到阿力得尔苏木。2022年，她被命名为科右前旗第七批非物质文化遗产项目札萨克图刺绣代表性传承人。

白乌仁塔娜的刺绣技艺传承自她的家中长辈，她的姥姥、奶奶、姨、母亲都是刺绣巧手。白乌仁塔娜从小跟着她们学习刺绣，一开始从刺绣靴子学起，14岁时学会了贴花。2019年，她看到达来其其格老师在线上教授刺绣，积极参加刺绣培训班，系统学习刺绣。白乌仁塔娜曾向温都日娜老师学习绣蝴蝶、花朵。她也曾参加过萨日朗巾帼民族手工艺品专业合作社开设的培训班，向牡丹老师学习刺绣萨日朗花。她在2020年、2021年参加科右前旗非物质文化遗产传承人培训班。2021年，她还参加了北疆布丝瑰就业行动计划订单式培训班。

白乌仁塔娜刺绣速度快且利落，目前在家利用闲暇时间制作刺绣。白乌仁塔娜学习能力、实践能力都较强。白乌仁塔娜将蚕丝线劈成很多根进行刺绣，她说这样绣出的作品更加栩栩如生。白乌仁塔娜的刺绣作品在2020年获札萨克图刺绣作品赛优秀奖，在北京市海淀区总工会助力扶贫札萨克图民族刺绣技能竞赛中获得第一名，在2021年度科右前旗第三届非物质文化遗产传承人培训班个人作品评比中荣获优秀奖。如今，白乌仁塔娜将技艺传承给村里的4名刺绣爱好者。

札萨克图刺绣代表性传承人

白长春

白长春，女，蒙古族，1973年3月出生于兴安盟扎赉特旗图牧吉。2020年，她被命名为科右前旗第六批非物质文化遗产项目札萨克图刺绣代表性传承人。

白长春是从母亲那儿传承的刺绣技艺，12岁时学会了制作靴子。白长春表示自幼喜欢刺绣，儿时总趁妈妈睡觉空当偷偷拿起母亲的刺绣作品绣几针。2018年，她向区级刺绣传承人良花老师有针对性地学习绣花叶技艺，弥补自己的短板。

白长春注重色彩搭配。她觉得刺绣时要用心做。比如绣花时，是从里到外还是从外到内，要有一定的顺序，花和叶子要对称、和谐。2022年5月30日—6月2日，白长春参加科右前旗妇女就业创业能力提升草艺草编、手工刺绣培训班，提高技艺。

兰青春

兰青春，女，蒙古族，1980年4月出生于兴安盟科右前旗察尔森镇宝日嘎查。2022年，她被命名为科右前旗第七批非物质文化遗产项目札萨克图刺绣代表性传承人。

兰青春从小就喜欢刺绣。2021年，她参加镇里举办的刺绣技艺培训班。她主要向包春花学习，后来又去科右中旗学习，主要刺绣挂件和旗袍上的花朵等。

札萨克图刺绣代表性传承人

包乌云其木格

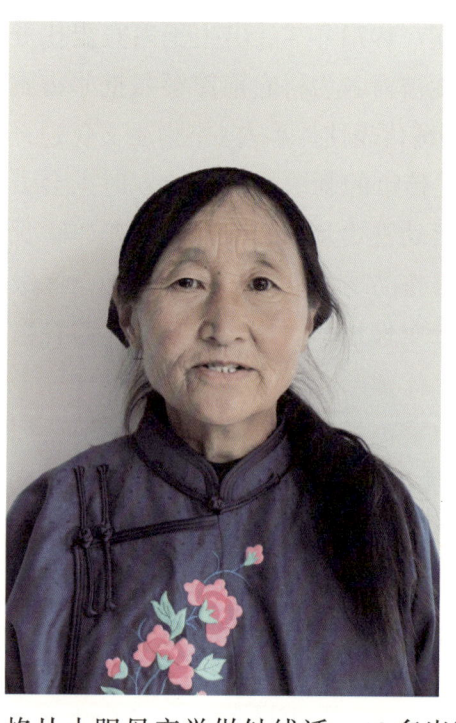

包乌云其木格,女,蒙古族,1962年2月出生于兴安盟科右前旗满族屯满族乡,塔林艾丽民族用品合作社绣娘。2022年,她被命名为科右前旗第七批非物质文化遗产项目札萨克图刺绣代表性传承人。

包乌云其木格从小跟母亲学做针线活,10多岁开始帮妈妈做家里人穿的靴子。包乌云其木格的作品以贴花、刻花为主,较好地传承了札萨克图刺绣针法,追求美观。

包乌云其木格前后参加7次培训班,通过不断学习,取长补短,增进了自己的刺绣技艺。她在北京市海淀区总工会助力扶贫札萨克图民族刺绣技能竞赛中获得第一名,在科右前旗文化旅游体育局举办的科右前旗第三届非物质文化遗产传承人培训班被评为优秀奖。2021年,她在科右前旗文化和自然遗产日非遗宣传展示活动中获纪念奖。

札萨克图刺绣代表性传承人

都达古拉

都达古拉，女，蒙古族，1980年6月出生于兴安盟科右前旗满族屯满族乡满族嘎查。2020年，她被命名为科右前旗第六批非物质文化遗产项目札萨克图刺绣代表性传承人。

都达古拉因为喜爱刺绣多次参加培训学习。2019年，她加入塔林艾丽民族用品合作社，一边学习一边工作。都达古拉的刺绣作品颜色鲜亮，以绣小朵花为多。她最喜欢杏花，觉得杏花是草原上最早盛开的花，因此作品多带杏花图案。

都达古拉多次参加培训和赛事活动。她于2019年3月参加了科右前旗文化旅游体育局举办的科右前旗首届非物质文化遗产传承人培训班。2019年12月，在天津工业大学参加中国非物质文化遗产传承人研修研习培训计划研修班。2019年，参加兴安盟蒙古族服装服饰手工艺品大赛获优秀奖。2019年，参加中国手工刺绣传承创新大会现场刺绣表演，因表现突出获荣誉证书。2020年，参加兴安盟那达慕蒙古族服装服饰手工艺品大赛蒙古族刺绣比赛获纪念奖。2023年，参加中国（阿尔山）旅游大会——兴安盟那达慕兴安盟"织女计划"巾帼刺绣及手工艺品展获荣誉证书。

布鞋绣片

札萨克图刺绣代表性传承人

龙 杰

20世纪80年代绣品

用于蒙古袍衣领和前襟上的绣片

龙杰,女,蒙古族,1977年9月出生于兴安盟科右前旗桃合木乌审一合嘎查。2012年,她被命名为科右前旗第二批非物质文化遗产项目札萨克图刺绣代表性传承人。

1996年,龙杰在职业高中学习了裁剪技术,掌握了服装裁剪的基础知识。在职业高中学习期满后,她在区级代表性传承人敖特根其其格老师开办的民族服装店当了3年学徒,基本学会了如何制作蒙古袍,回老家桃合木开办了服装店。在开服装店期间,她向姐姐桃拉(盟级札萨克图刺绣代表性传承人)学习了2年,主要学习札萨克图刺绣技艺。结婚成家后,她又向婆婆斯琴高娃(盟级札萨克图刺绣代表性传承人)学习,刺绣技艺更加成熟。

龙杰作品多以贴花、盘花为主,极大地保留了传统札萨克图刺绣特征。龙杰刺绣细致,严格遵循图案模板进行制作,并力求按照图案特征刺绣。龙杰缝制的靴子被非遗展馆收藏。

札萨克图刺绣代表性传承人

图　雅

图雅，女，蒙古族，1968年11月出生于兴安盟科右前旗满族屯满族乡满族屯嘎查，塔林艾丽民族用品合作社绣娘。2020年，她被命名为科右前旗第六批非物质文化遗产项目札萨克图刺绣代表性传承人。

图雅从小帮助妈妈干活，并跟母亲学习针线活，但那时刺绣少，她主要是帮妈妈在靴子上贴图案，以贴花为主。她从2015年开始学习刺绣，并多次参加培训班提升技艺。她于2019年3月参加科右前旗首届非物质文化遗产传承人培训班。2019年12月，在天津工业大学参加中国非物质文化遗产传承人研修研习培训计划研修班。2020年12月，参加科右前旗第二届非物质文化遗产传承人培训班。2021年，参加北疆布丝瑰就业行动计划订单式培训班学习。2022年5月，参加科右前旗妇女就业创业能力提升草艺草编、手工刺绣培训班。

通过培训学习，图雅的刺绣水平有了显著提升，她的作品在兴安盟蒙古族服装服饰手工艺品大赛、札萨克图刺绣作品大赛、兴安盟那达慕蒙古族服装服饰手工艺品大赛、中国（阿尔山）旅游大会——兴安盟那达慕兴安盟"织女计划"巾帼刺绣及手工艺品展览等赛事活动中获奖。

进修学习

胸针

札萨克图刺绣代表性传承人

王苏布达

王苏布达（曾用名珍珠），女，满族，1960年8月出生于兴安盟科右前旗满族屯满族乡满都拉图嘎查。2020年，她被命名为科右前旗第六批非物质文化遗产项目札萨克图刺绣代表性传承人。

王苏布达从小就向妈妈学习，开始绣枕头上的花。2019年，她加入塔林艾丽民族用品合作社。她主要刺绣枕头上的花、衣服上的花，还有一些小饰品等。她参加了"绿叶杯"兴安盟中国手工艺大赛，多次参加盟、旗组织的服装服饰比赛和非物质文化遗产培训班。

齐艳红

齐艳红，女，蒙古族，1979年12月出生于兴安盟科右前旗索伦镇。2022年，她被命名为科右前旗第七批旗级非物质文化遗产项目札萨克图刺绣代表性传承人。

齐艳红于2015年开始在培训班学习刺绣技艺。2019年，她加入塔林艾丽民族用品合作社担任绣娘。因牡丹"花中之王"的寓意，所以她最喜欢绣牡丹花。

齐艳红多次参加盟旗组织的服装服饰比赛和非物质文化遗产培训班。

札萨克图刺绣代表性传承人

乌日花拉

乌日花拉，女，蒙古族，1963年9月出生于兴安盟科右前旗桃合木苏木照日格图嘎查，曾在桃合木小学、阿力得尔小学教学，于2013年退休。2020年，她被命名为科右前旗第六批非物质文化遗产项目札萨克图刺绣代表性传承人。

乌日花拉从小就向巧手的母亲学习针线活，擅长贴绣。2015年，退休之后的她重拾刺绣技艺，开始学做蒙古族服饰。她自费去赤峰学习，向天花老师学习裁剪，随后在阿力得尔镇政府所在地开办了高娃民族服装店，陆续向区级刺绣传承人敖特根其其格等老艺人学习。

在向老艺人请教的同时，她也积极参加各种培训和赛事活动，提升自己的技能。她参加了中国非物质文化遗产传承人研修研习培训计划、科右前旗萨日朗巾帼民族手工艺品培训班、科右前旗第二、三届非物质文化遗产传承人培训班学习、京蒙协作·自治区妇联北疆布丝瑰手工艺培训项目培训班。在兴安盟乡村振兴职业技能大赛民族服饰制作项

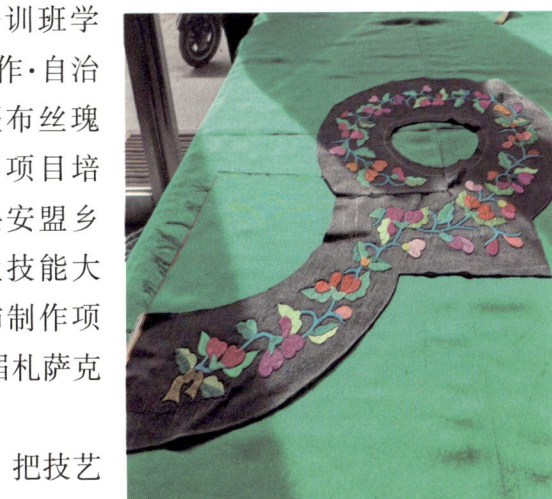

目、科右前旗文化和自然遗产日暨第二、三、四届札萨克图民间刺绣手工艺传承展示活动中获奖。

乌日花拉的刺绣与制作服装的技能日渐成熟，把技艺传给徒弟。

札萨克图刺绣代表性传承人

吴红格

吴红格，女，蒙古族，1982年6月出生于兴安盟乌兰浩特市乌兰哈达镇，后嫁到额尔格图镇兴牧嘎查。2020年，她被命名为科右前旗第六批非物质文化遗产项目札萨克图刺绣代表性传承人。

2008年，吴红格参加镇里妇联举办的培训班，向满族屯刺绣老师包春花学习刺绣技艺，学习各种针法、色彩搭配等。自此，吴红格便拾起了绣花针，开始了刺绣之路。她的作品主要以办公用品、车挂件、书签等为主。作品色彩搭配简约、风格年轻化，符合年轻人的审美需求。

吴红格于2019年荣获科右前旗首届文化旅游产品设计大赛民族手工艺品类二等奖，"绿叶杯"兴安盟巾帼手工艺品大赛入围奖，兴安盟蒙古族服装服饰手工艺品大赛优秀奖。于2020年获兴安盟蒙古族服装服饰手工艺品大赛蒙古族手工艺品组二等奖，科右前旗"致富带头人民族刺绣"技能大赛三等奖。于2021年在科右前旗第三届非物质文化遗产传承人培训班个人作品评比中荣获一等奖、参加科右前旗文化和自然遗产日非遗宣传展示活动获纪念奖。于2022年获科右前旗非遗文创产品大赛札萨克图刺绣组二等奖，参加第九届内蒙古自治区乌兰牧骑艺术节暨2022·兴安盟那达慕刺绣比赛获三等奖。

札萨克图刺绣代表性传承人

包都达古拉

包都达古拉，女，蒙古族，1983年出生于兴安盟科右前旗满族屯满都拉图嘎查。2021年，她被命名为科右前旗第六批非物质文化遗产项目札萨克图刺绣代表性传承人。

包都达古拉从2012年开始学习刺绣。她的奶奶、姥姥及母亲的刺绣技艺都非常厉害。她常趁大人们不在的空隙偷偷绣几针，被发现后因她绣得不好挨训。但这一切并没有影响她对刺绣技艺的热爱，她总是挤出时间练习刺绣，如今成为年轻一辈的佼佼者。

包都达古拉年轻好学有自己的想法，曾多次外出学习，她从来不描摹别人的图案样本，善于创新，作品上的图案都有独特的寓意。她追求细节，要求针法整齐，更注重文化内涵。她将传统和现代进行融合，作品不仅有传统耳帽、长马甲、烟袋等，还有文件袋、书签、杯垫等文创产品。从针法方面来说，以刻花、盘花、回针等针法为主的作品也有很多。她的作品在区、盟、旗等大赛中多次获奖。2023年，作品《出水芙蓉》被特邀入展兴安岭上兴安盟2023兴安文化节"赓续北疆文脉 谱写兴安华章"兴安盟民间文艺作品展。

包都达古拉努力为札萨克图刺绣技艺贡献自己的力量，自2023年3月开始，每周三她在科右前旗文体局非遗馆免费为大家授课。

蒙古族服饰代表性传承人

乌仁其木格

乌仁其木格，女，蒙古族，1965年5月出生于兴安盟科右前旗桃合木苏木。2022年，她被命名为科右前旗第七批非物质文化遗产项目蒙古族服饰代表性传承人。

乌仁其木格因为喜欢制作服饰，于是向老师学习如何制作蒙古袍，学成以后在老家桃合木开了一家民族服装店。后来，她向区级刺绣传承人良花学习当下流行的蒙古袍制作方式。如今，服装店已经开办34年，培养了6名学徒。

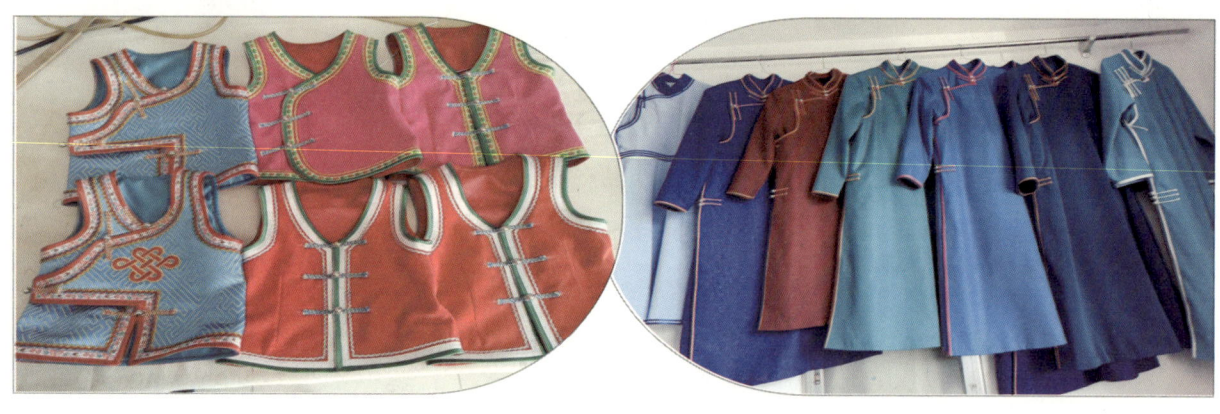

儿童马甲　　　　　　　　　蒙古袍

微信扫码
- 享：云端精彩
- 查：文化名录
- 看：传承故事
- 游：草原盛景

蒙古族服饰代表性传承人

闫晓杰

闫晓杰，女，蒙古族，1981年5月出生于吉林省，1997年搬至兴安盟乌兰浩特市，目前经营札萨克图民族服饰店。2022年，她被命名为科右前旗第七批非物质文化遗产项目蒙古族服饰代表性传承人。

闫晓杰于1997年搬到乌兰浩特市后便在民族服装店打工当学徒，做了将近三年，掌握了制作民族服饰的基本知识及蒙古族头饰制作技能。后来她结婚成家，丈夫是科右前旗阿力得尔人，她的婆婆擅长制作蒙古袍，于是闫晓杰跟随婆婆学习制作蒙古袍。2012年，她在居民楼里开办了一个民族服装店。最初两年都是自己做，后来随着人们消费水平的提高，闫晓杰的生意也是一步步好起来。2014年，闫晓杰在科右前旗开办了札萨克图民族服饰服装店。目前，闫晓杰的服装店内有员工7人，最多时达到15人。闫晓杰现在做的最多的是蒙古族头饰。她不断与时俱进，一有机会就实地学习各地蒙古袍制作技艺，不断创新产品。

制作的服饰

服装制作工作室

科尔沁蒙古族民间剪纸代表性传承人

杜 特

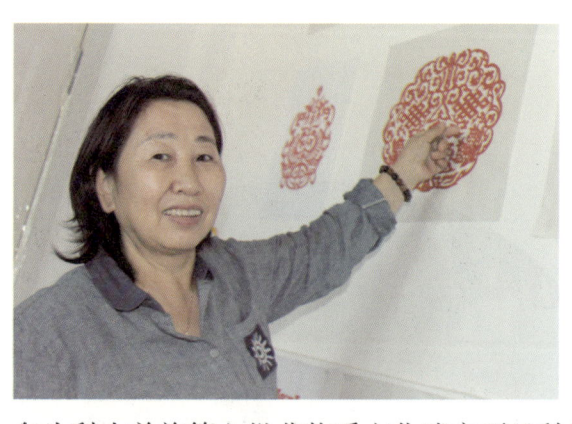

杜特，女，蒙古族，1966年10月出生于兴安盟科右前旗乌兰毛都苏木白音居力合嘎查，兴安盟翻译家协会会员，兴安盟文艺志愿者协会会员，兴安盟民间艺术家协会会员，兴安盟作家协会会员。1990年7月毕业于赤峰学院政史系，后就读于内蒙古师范大学政教系，曾在科右前旗乌兰毛都中学和科右前旗教师进修学校任教，现为科右前旗居力很小学高级教师。2020年，她被命名为科右前旗第六批非物质文化遗产项目科尔沁蒙古族民间剪纸代表性传承人。

杜特的母亲敖敦格日勒心灵手巧，对札萨克图刺绣、贴花、盘绣和民间剪纸样样精通，是旗级札萨克图刺绣传承人。在奶奶和母亲的熏陶下，杜特从小就对民间手工艺和蒙古族图案产生了浓厚兴趣。她从10岁开始在母亲的指导下，熟练掌握了很多蒙古族图案和札萨克图刺绣传统民间技艺。20世纪七八十年代每逢新春佳节，人们常用剪纸作品来装饰房屋。于是，每逢节日杜特常用红纸剪哈木尔纹、阿鲁汗贺、乌力吉贺和五角星组合成漂亮的图案贴在棚顶边角、挂灯座上，还剪出各种各样幸福吉祥的图案贴在窗户、门以及储物盒板上，寓意生活蒸蒸日上、幸福吉祥。

1990年7月，杜特参加工作后，利用业余时间在蒙古族服饰、靴子、枕头、烟袋、马鞍、头饰和鞋帽上绣或贴各式各样的图案。从2013年开始，她更专注于剪纸技艺。她经区级图案传承人巧云老师的耐心指导，掌握了很多图案的制作技艺及蒙古族传统纹样。2020年7月，她参加兴安职业技术学院承办、自治区文化和旅游厅、教育厅主办的自治区非物质文化遗产传承人研修研习剪纸培训班，有幸受到国家级非遗传承人段建珺老师的指导。

杜特努力传承和发扬前辈手工技艺，系统挖掘和整合图案的传统技艺工序，注重对这项传统技艺的保护和传承，宣传推广札萨克图手工技艺和图案。她还把

获奖作品《福星高照》　　　　　　　获奖作品《万众一心中华龙》

现场剪纸

此项文化遗产传授给青少年，在校内外给学生传授剪纸技艺并积极参加各项社会活动，广泛传授剪纸技艺和剪法。

杜特的剪纸作品曾被多次送往全国各地参加展览和比赛，或被收藏。2022年，她的剪纸作品《美丽的家乡》入选自治区文化馆和自治区剪纸协会主办的"庆祝三八妇女节——内蒙古剪纸作品展"，荣获优秀作品奖。2022年，剪纸作品《杭盖草原——乌兰毛都》在第六届内蒙古自治区乌兰牧骑艺术节暨2022年兴安盟那达慕手工艺品大赛中荣获三等奖。2022年，剪纸作品《辉煌一百年》入选自治区统战部、自治区文联、自治区民协主办的"喜迎党的二十大内蒙古剪纸作品展"，并入选内蒙古民间文艺家协会主编的《"同心向未来·奋进新时代"剪纸作品集》。2023年4月，她的《绿色兴安》《美丽的家乡》《吉祥、和谐、发展的内蒙古》3幅系列剪纸作品在自治区文化馆和内蒙古剪纸学会联合主办的"剪花如春·内蒙古剪纸艺术作品展"活动中获奖。2023年8月，这3幅系列剪纸作品在自治区文学艺术界联合会和内蒙古民间文艺家协会联合主办的"'四个100'中华优秀传统文化符号系列作品展"中获奖。她的教学论文《非遗剪纸进校园的做法与思考》及剪纸作品《福星高照》被录入《剪花烂漫》一书中，论文和作品分别被评为优秀论文和优秀作品。2023年，她被评为全区新时代

在居力很小学剪纸观摩课上讲解（左四）

文明实践文艺志愿者现场观摩点2023年度优秀文艺志愿者，同时被聘任为科右前旗党群服务中心兴科社区非物质文化遗产剪纸特聘教师。

2023年，杜特参加了由中国民族文化艺术基金会指导，由南京大学文化与自然遗产研究所主办，北京市朝阳区实验小学承办的第三届全国非遗进校园师生剪纸展暨教学研讨观摩大会。全国近100多名剪纸艺人参会，她成为内蒙古为数不多的代表者参加本次活动，并现场脱稿演示。2023年12月12日，她在母校的邀请下参加了赤峰学院美术学院举办的"'弘扬中华优秀传统文化·凝聚民族团结进步力量'杜特剪纸艺术展"，并且《交流交往交融》等8幅系列剪纸作品被赤峰学院永久收藏。

在研讨会上发言

2024年2月，她的剪纸作品《万众一心中华龙》在河南民俗博物馆举办的"祥龙贺岁——百人剪百龙"剪纸展览活动中入展，同时被洛阳民俗博物馆收藏并录入《"祥龙贺岁——百人剪百龙"剪纸展作品集》。她撰写的《关于札萨克图科尔沁部落服装服饰的图案》发表在《内蒙古艺术》杂志。她的事迹被央视频、《赤峰日报》、赤峰电视台和当地盟、旗融媒体报道。

杜特的剪纸作品内容丰富、构图新颖、工艺精湛、形象生动，既吸收了传统剪纸技法，又融入了其他民间艺术的表现手法，且结合其他造型艺术的表现形式，形式创新、色彩创新、语言创新，充分展现了民间剪纸艺术的独特魅力。

她的剪纸作品有以下几个方面的艺术特点：一是作品内容丰富，表现了各民族团结友爱的生产生活及文化民俗、自然风光、大好河山、花草树木等内容；二是作品造型独特，形象夸张，作品形体突出，姿势优美，富有节奏感；三是构图新颖，较多使用组合手法，在造型上夸张变形，运用图案的形式美，做对称、均齐、平衡、组合、连续等处理；四是形式多样，语言丰富，采用方形、椭圆形等形式，采用阳剪和阴剪的办法，产生了千刻不落、万剪不断的结构和独特的剪纸语言。

杜特将剪纸艺术视为对生活的一种抒发与表达，尤其是将民族团结、生活场景和生活习俗呈现在剪纸中。她的作品更多地体现了对现实生活的赞美，以及对家乡、对祖国的热爱之情。

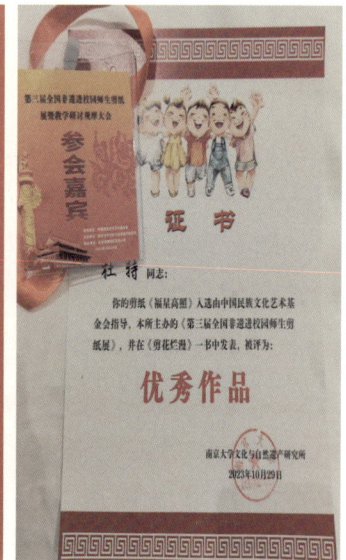

科尔沁蒙古族民间剪纸代表性传承人

施丽红

施丽红（曾用名施丽丽），女，汉族，1980年7月出生于今兴安盟科右前旗巴日嘎斯台乡古迹村，科右前旗美术协会会员。2010年，她被命名为科右前旗第一批非物质文化遗产项目科右前旗剪纸代表性传承人。

施丽红3岁时因生病打针致双腿残疾，她于12岁上学，小学毕业后，自学初高中课程。她从2000年开始自学书法、绘画，相继学习剪纸、手工制作，利用搜集到的碎布、羽毛、树皮、玉米叶等材料制作各种贴画。她的作品也由美术范围拓展到适合家居装饰的艺术品。作品曾在盟、旗举办的美术书法等比赛中多次获奖，她本人被科右前旗残联评为残疾人自强模范。2010年，剪纸作品《昭君出塞》在自治区第三届残疾人技能大赛中获得最佳优秀创意奖。2014年，在自治区第四届残疾人技能大赛中，剪纸作品《鹰击长空》获自主设计三等奖，并获得专项职业能力证书。2015年，她相继参加自治区残疾人美术书法大赛并多次获奖。兴安电台、内蒙古电视台等媒体对其做过专题采访。

作品《草原雄风》以阴阳技法完成，对马的形态把握和情景融入十分逼真，线条平滑、流畅，生动展现了骏马奔驰在草原上的如虹气势。

科尔沁哈日靶代表性传承人

王金花

王金花，女，蒙古族，1974年7月出生于兴安盟科右前旗德伯斯镇乌兰毛都嘎查，7岁时搬至桃合木苏木乌申一合嘎查。2022年，她被命名为科右前旗第七批非物质文化遗产项目科尔沁哈日靶代表性传承人。

王金花从少年时就对蒙古族射箭感兴趣，每每看到射箭比赛和那达慕等体育赛事，她就被深深吸引，但苦于身边没有人教。作为一名家庭妇女，拥有的学习机会很少，所以她一直没有机会接触哈日靶。直到后来在科右前旗牧区举办的一次那达慕大会上，她被邀请参加并进行短期训练，她的多年想射箭的梦想被点燃，并一发不可收。2018年，桃合木苏木邀请专业老师白晨光、韩双龙、布仁吉日嘎拉来教射箭，她立即报名参加。她掌握了射箭技法，兴致更加浓厚了，在牧业生产劳动和家务劳动之余刻苦练习。最初她常到苏木的广场练习，后来干脆在自家的院前竖射箭靶子，一有空闲就练习，由此她的射箭技艺增长得更快了。从最初的10米、15米、20米，到现在的30米，她练习的射程越来越远，箭术越来越高。

在自家院子里练习射箭

王金花一边练习一边不断地参加各种赛事活动，和各地学员切磋学习技艺。"桃合木"系蒙古语，意为"弓箭遗落的地方"，所以当地较重视射箭技艺的传承，近几年经常举办全国传统弓射箭比赛活动，王金花每次都积极参加。此外，她还自掏腰包前往外地参加比赛。她参加了科尔沁右翼前旗札萨克图科尔沁弓箭协会主办的第四届"鸣笛杯"比赛、兴安盟"豁尔臣"杯科尔沁哈日靶比赛、2020年内蒙古草原休

闲体育大会暨图什业图哈日靶比赛，荣获首届白狼镇"民族团结杯"传统弓箭射箭邀请赛个人邀请赛三等奖。她还荣获扎赉特旗首届"木华黎杯"传统弓箭、传统弓射箭比赛女子组一等奖，参加科右前旗"也松格"射箭俱乐部2020年度首届射箭训练活动获得女子赛第一名。她还远赴吉林省松原市参加中国·郭尔罗斯草原人民那达慕大会"松粮杯"哈日靶项目比赛，赴深圳参加第三届海上那达慕哈日靶个人比赛荣获第四名。

在王金花的影响带动下，她的弟媳包乌吉木斯、弟弟王金宝、女儿斯琴图雅纷纷学习哈日靶射箭技艺。她的女儿斯琴图雅在2019年中国桃合木弓箭会传统弓比赛儿童15米组比赛中取得第十四名的成绩。

参加那达慕射箭比赛获奖（右二）

科尔沁哈日靶代表性传承人

斯日古楞

斯日古楞，女，蒙古族，1978年5月出生于通辽市库伦旗，2002年至今在兴安盟科右前旗第一中学工作。2022年，她被命名为科右前旗第七批非物质文化遗产项目科尔沁哈日靶代表性传承人。

斯日古楞与白晨光（自治区级科尔沁哈日靶代表性传承人）和宝音达来（盟级科尔沁哈日靶代表性传承人）都是同事。在同事的带动下，斯日古楞从2015年开始学射箭（传统弓），并加入札萨克图科尔沁弓箭协会，从此走上了传承科尔沁哈日靶的道路。

斯日古楞十分努力训练，也表现出了较高天赋。她在2016年兴安盟乌兰毛都草原那达慕传统弓比赛女子组赛中取得第一名的好成绩。在同年举办的兴安盟蒙古族传统弓射箭训练及"也松格"杯蒙古族传统弓射箭比赛中荣获第一名。在2018年兴安盟首届"豁尔臣"杯传统弓射箭比赛20米、30米比赛、20+30米中荣获一等奖。2022年，她参加内蒙古哈日靶协会首次裁判员和社会体育指导员培训班，同年在呼和浩特举办的一级裁判员培训班比赛中获得优秀奖，获一级裁判员证书。2023年，经审核合格，她被批准为一级社会体育指导员。

此后，她在兴安盟科右前旗射箭、那达慕上多次担任裁判员，还在2016年兴安盟蒙古族传统弓射箭训练及"也松格"杯蒙古族传统弓射箭比赛、2022年一级裁判员培训班比赛中分别担任裁判员。

斯日古楞将技艺传给了儿子宏格尔。宏格尔在8岁时就开始学习哈日靶射箭技艺，平时在家里学习理论和练箭姿势，早晚或假期在训练场进行实践训练。宏格尔在兴安盟第二届"也松格"杯哈日靶大赛儿童比赛中以优异的成绩获得蒙古族传统弓射箭小小传承人称号，在科右前旗第一小学举办的校园那达慕射箭比赛中荣获第一名，并代表前旗第一小学参加了科右前旗中小学生乌兰毛都那达慕。宏格尔还在中国桃合木传统弓比赛儿童组15米比赛中获奖。斯日古楞还收王阿茹汗（2008年生）为徒。王阿茹汗10岁开始学习，先后参加校园射箭比赛及中国桃合木传统弓儿童比赛等。

斯日古楞女儿阿诺金及儿子宏格尔

科尔沁哈日靶代表性传承人

包乌吉木斯

包乌吉木斯，女，蒙古族，1982年1月出生于兴安盟科右前旗满族屯满族乡乌兰敖都嘎查，是科尔沁哈日靶传承人王金花的弟媳妇，是科尔沁哈日靶传承人王金宝的妻子。2022年，她被命名为科右前旗第七批非物质文化遗产项目科尔沁哈日靶代表性传承人。

包乌吉木斯在与大姑姐王金花交往中，看到王金花练习射箭技艺感觉很有趣，于是萌生了学习的想法，开始向王金花学习。2018年，她参加了苏木举办的哈日靶技艺培训班，对哈日靶射箭技艺产生了浓厚的兴趣并显露出较高天赋。

2019年，她参加科右前旗满族屯满族乡庆祝建乡35周年系列活动哈日靶射箭比赛获得第一名的好成绩。之后，她一有时间就跟随王金花去外地参加比赛，参加了2019年内蒙古草原休闲体育大会暨科尔沁草原传统弓射箭比赛、2020年科右前旗"也松格"骑射俱乐部首届射箭训练活动以及科尔沁右翼中旗哈萨尔蒙古族传统弓箭协会举办的赛事活动，还前往吉林省松原市参加中国·郭尔罗斯草原人民那达慕大会"松粮杯"哈日靶项目比赛，参加兴安盟第二届"豁尔臣"杯科尔沁哈日靶比赛，参加了首届白狼镇"民族团结杯"传统弓箭射箭邀请赛，在比赛中她均取得了较好的成绩。

科尔沁哈日靶代表性传承人

都 特

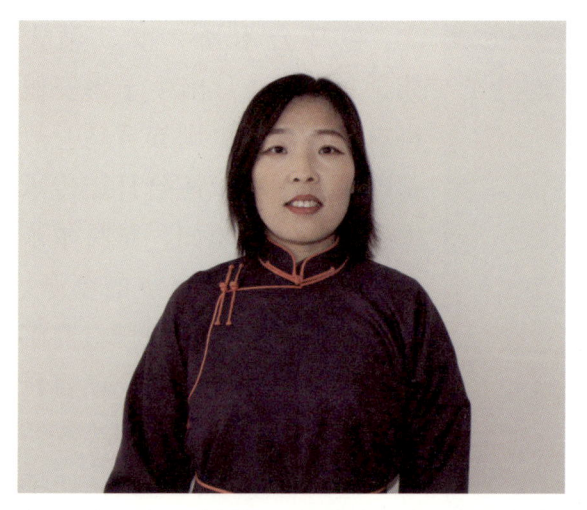

都特，女，蒙古族，1989年9月出生于兴安盟科右前旗桃合木苏木好力保嘎查。2022年，她被命名为科右前旗第七批非物质文化遗产项目科尔沁哈日靶代表性传承人。

都特在一些赛事上看到女子参加哈日靶比赛，觉得女子射箭很有魄力，便心生羡慕之情。2018年，桃合木苏木举办了哈日靶技艺培训班，她积极报名参加。培训结束后她同哈日靶爱好者一起训练，经过技术高超的前辈指点，她很快掌握了哈日靶技艺。2018年，她加入札萨克图弓箭协会。2019年，加入兴安盟豁尔臣蒙古族传统弓箭协。2020年，获得兴安盟豁尔臣蒙古族传统弓箭协会全国民族射箭大赛参赛资格证书，开始以协会成员身份参加各种比赛。

都特对自己严格要求，并不断向其他人学习。都特常通过用视频记录训练过程来进行查漏补缺。

近几年都特不仅在盟、旗内参加各种传统弓箭比赛，还到呼伦贝尔、通辽、赤峰、锡盟、乌兰察布等地参加比赛，均取得了较好的成绩。在兴安盟第三届"豁尔臣"杯传统弓箭比赛暨全区第十届少数民族传统体育运动会射箭项目选拔赛中获得女子组三等奖。2023年，在内蒙古自治区第十届少数民族传统体育运动会传统射箭女子布龙30米比赛中获得二等奖、全能三等奖、团体三等奖。

目前都特想培养能够长期坚持的徒弟，壮大科尔沁哈日靶队伍，把科尔沁哈日靶技艺传承、发扬好。

都特（左四）参加那达慕大会上的射箭比赛

科尔沁哈日靶代表性传承人

刘昌杰

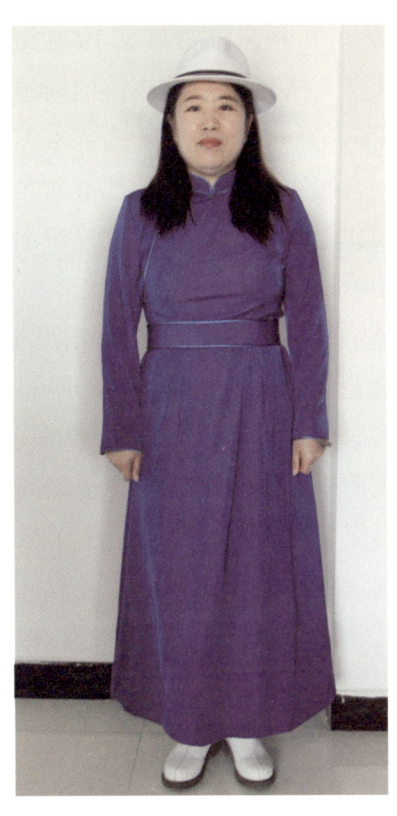

刘昌杰，女，汉族，1980年4月出生于兴安盟科右前旗阿力德尔苏木永安村。2022年，她被命名为科右前旗第七批非物质文化遗产项目科尔沁哈日靶代表性传承人。

2018年，桃合木苏木开办哈日靶培训班，刘昌杰参加了培训班。在这样的机缘巧合下，她开始接触哈日靶技艺并产生了很大的兴趣。于是，她便跟随志同道合的朋友一起练射箭，参加比赛。参加比赛得奖后，更加增强了她的自信心，于是她继续刻苦训练，期待下次能取得更好的成绩。

通过参加比赛，刘昌杰向技术好的参赛选手学习如何拉线、放线，学习射箭姿势等，弥补了自己的短板。

近几年，刘昌杰积极参加附近举办的那达慕、敖包祭祀活动中的哈日靶比赛。她于2019年获得首届白狼镇"民族团结杯"传统弓射箭邀请赛个人赛女子组四等奖。2022年，在兴安盟第五届"豁尔臣"杯科尔沁哈日靶比赛中荣获女子组五等奖。2023年，在第七届"森发杯"射箭比赛中荣获成人女子组第六名。

科尔沁哈日靶代表性传承人

王金宝

王金宝，男，蒙古族，1979年10月出生于兴安盟科右前旗德伯斯镇乌兰毛都嘎查，2岁时搬至桃合木苏木乌申一合嘎查。2022年，他被命名为科右前旗第七批非物质文化遗产项目科尔沁哈日靶代表性传承人。

王金宝的妻子包乌吉木斯和他的姐姐王金花都是科右前旗科尔沁哈日靶传承人。他本着继承和保护传统技艺的初衷萌生了学习的想法，于是向姐姐和妻子学习，并且对此产生了浓厚的兴趣。他和妻子在牧点上竖起一个靶子，夫妻二人一有空闲就练习，日积月累，他的技艺增长很快。

王金宝积极参加各种赛事活动。他参加了科右前旗2020年蒙古族传统射箭大赛、乌兰毛都草原农牧民那达慕射箭比赛、当地嘎查祭敖包活动，均取得了较好的成绩。同时，他去外地参加比赛。2019年，荣获首届白狼镇"民族团结杯"传统弓箭射箭邀请赛个人邀请赛三等奖。2020年，他参加了内蒙古草原休闲体育大会暨图什业图哈日靶比赛。2023年，赴吉林省松原市参加嫩科尔沁射箭联谊赛暨中国·郭尔罗斯第六届草原人民那达慕热身赛。同年，赴深圳参加第三届海上那达慕哈日靶个人比赛获第四名。在他们的带动下，他的儿子也在学习哈日靶射箭技艺。

在自家牧场安设的箭靶

蒙古象棋代表性传承人

王国镜

王国镜，男，蒙古族，1988年11月出生于兴安盟扎赉特旗白音乌兰苏木，毕业于内蒙古师范大学体育系，科右前旗第二中学教师，荣获盟级优秀教练员。2022年，他被命名为科右前旗第七批非物质文化遗产项目蒙古象棋代表性传承人。

王国镜从2009年开始接触蒙古象棋。蒙古象棋是体育教育专业课，他向老师乌力吉（内蒙古师范大学体育系老师，研究蒙古象棋30余年）学习蒙古象棋。此后他一直没有间断对蒙古象棋的学习与钻研。从2019年开始，王国镜在戴海玉（盟级蒙古象棋代表性传承人）的传授下，进一步学习了蒙古象棋技巧和理论知识，一直坚持至今。他还参加了一些小型比赛活动，通过交流，他下棋的思路与能力有了明显提升。他还积极参加比赛活动，2019年参加兴安盟蒙古象棋比赛获得第四名，2020年参加科右前旗社区文化活动蒙古象棋比赛获得第二名。

王国镜跟随戴海玉老师学习蒙古象棋，经常开展社团活动及兴趣班进行学习交流。

吴六斤

吴六斤（1960年2月—2022年8月），男，出生于兴安盟科右前旗满族屯满族乡，曾在科右前旗满族屯满族乡小学任教。2010年，他被命名为科右前旗第二批非物质文化遗产项目蒙古象棋代表性传承人。

吴六斤向父亲明根巴牙尔（1942—2007年）学习蒙古象棋技艺。2012年，他加入科尔沁右翼前旗蒙古象棋协会。2016年开始，给学生教授乌兰毛都草原蒙古象棋课程，如今学生有文波、文杰和达日汗。

他于2019年参加旗级蒙古象棋比赛和全盟第六届"兴安杯"喜塔尔比赛，均获得了较好的成绩。

传统中医（蒙医）中药（蒙药）代表性传承人

何娜布其

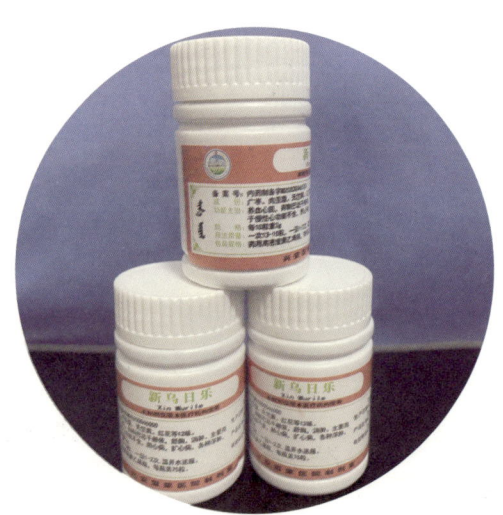

何娜布其，女，蒙古族，1970年9月出生于兴安盟乌兰浩特市葛根庙镇，毕业于内蒙古民族大学中医（蒙医）系，主任医师、内蒙古自治区名中医（蒙医）。曾在兴安盟残疾人中医（蒙医）职业学校任专职教师，后转任至兴安盟中医院（蒙医院）心内科、急诊科工作，现为兴安盟中医院（蒙医院）心病科主任。2022年，她被命名为科右前旗第七批非物质文化遗产项目传统中医（蒙医）中药（蒙药）代表性传承人。

何娜布其从事临床医疗工作近30年，对中医（蒙医）中药（蒙药）有着深入研究。在工作中她发现有些患者患有扩张型心脏病导致心衰，除了做换心脏手术外没有其他办法，而患者又承担不起昂贵的手术费。作为医生的她常常对此感到很无助，她常思索怎样让患者生活质量高一些，减轻症状，尽量延长他们的生命。于是何娜布其在做好繁重的临床医疗工作的同时，坚持专业理论及临床实践相结合，总结临床经验，从2000年开始研发中药（蒙药）新乌日勒（内药制备字M20200046000）和苏都林汤（国家内药制备字M20210249000）等疗效确切的验方，广泛应用于临床并得到非常好的疗效。新乌日勒是一款营养心肌，减轻心脏负担的药，对肺心病、冠心病、各种心脏功能不全症都有较好的疗效。一些严重的扩心病心衰患者服用了新乌日勒药后，不仅减轻了病痛，还保持了较好的生命状态。2016年，经过当地

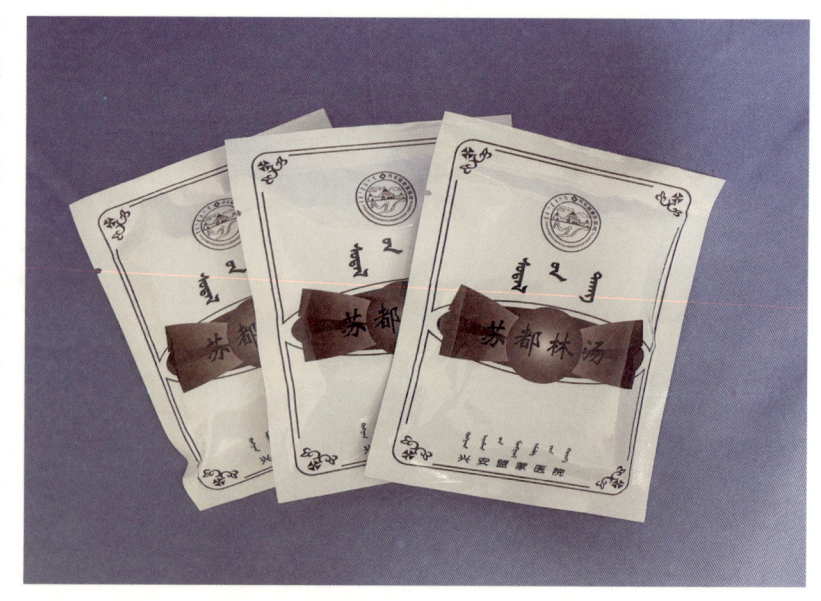

药监部门的同意，以一人一方的形式应用于临床，经过4年多临床应用，2000多例患者几乎没有发现不良反应，疗效显著，受到广大患者的好评。该药于2020年5月顺利通过国家、自治区的药品监督管理局的认定审批。苏都林汤填补了当地中药（蒙药）治疗原发性高血压病的空白，通过调节三根（赫依、稀拉、巴达干）及降血热，达到血压平稳。它与常规降压药物的区别为须按照疗程服药，血压正常后可以停药观察，不用长期服用。2018年，苏都林汤治疗原发性高血压病的临床研究课题上报为盟卫生健康委科研项目。以上两种药广泛应用于临床，为广大患者解除病痛的同时，也为当地医保统筹资金的节省支出作出了贡献。

内蒙古电视台中医药（蒙医药）栏目采访报道何娜布其

何娜布其平时也带教进修生和实习医生，无论临床带教还是理论讲授，她都做到尽职尽责、一丝不苟，体现了高尚的医德和精益求精的科研精神。

做客兴安广电栏目

何娜布其为此取得了许多成就。她任内蒙古中医药（蒙医药）学会心脏病专业委员会副主任委员，中国心脏联盟心血管疾病预防与康复专业委员会内蒙古联盟第一、二届常务委员，中国老年保健协会脏器康复专业委员会委员，内蒙古自治区中医药（蒙医药）学会康复学会心脏康复学组委员，国家心血管病中心兴安盟高血压专病医联体理事会常务理事，内蒙古自治区中医药（蒙医药）学会第七、八届理事会理事等。她获得了内蒙古自治区重点学科带头人、内蒙古第三批名中医（蒙医）、内蒙古自治区模范医生、内蒙古健康科普专家、兴安盟第二届最美医生、兴安盟健康卫士、兴安英才等荣誉称号，并被兴安盟行政公署特聘为专家。

传统中医(蒙医)中药(蒙药)代表性传承人

铁 明

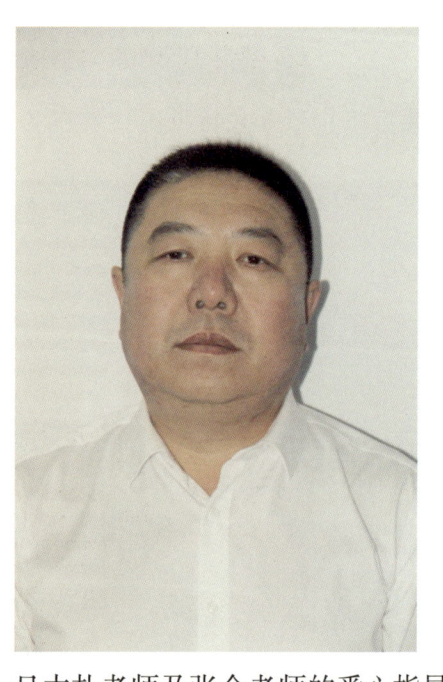

铁明,男,蒙古族,1974年4月出生于兴安盟科右前旗大石寨白音高老嘎查,毕业于兴安盟残疾人中医(蒙医)学校,为蒙古国阿奇医科大学硕士研究生。他曾是家乡的一名村医,后调至科右前旗好仁中心卫生院工作,现工作于科右前旗宇科社区卫生服务站。2022年,他被命名为科右前旗第七批非物质文化遗产项目传统中医(蒙医)中药(蒙药)代表性传承人。

铁明系旗级中医(蒙医)中药(蒙药)传承人张黎明弟弟,铁明没有像他的哥哥那样跟随父亲在家学习中医(蒙医)中药(蒙药)知识,更多的是进行临床带教,在实践中传承。铁明自幼生活在医药世家,自然而然地对中医(蒙医)中药(蒙药)产生了极大兴趣,因此大学便选择专业攻读中医(蒙医)中药学(蒙药学)。在校期间,他在阿日木扎老师及张全老师的悉心指导和教育下,系统学习并掌握了中医(蒙医)中药(蒙药)的基本知识。

铁明多用中医(蒙医)五疗,即贴敷疗法、针刺疗法、放血疗法、灸疗及按揉疗法为患者治疗,主治脑血管疾病及颈肩腰腿痛。多年来铁明不断进修,学习现代医学知识,同时也学习西医知识,让这些知识同中医(蒙医)知识相融合。为此他曾在国际中医(蒙医)医院传统内疗科进修,于2019—2021年参与国家重点研发计划,探讨民族医药发掘整理与学术的传承,研究各民族医药学术传承项目,拜内蒙古国际中医(蒙医)医院特木其乐院长为师,加入国家级传承人项目。

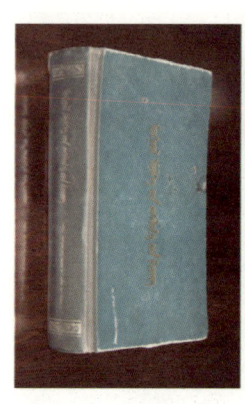 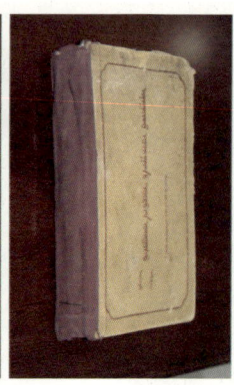  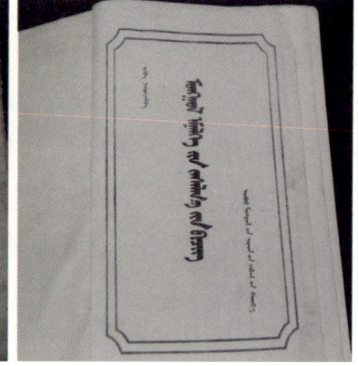

蒙医古籍

传统中医（蒙医）中药（蒙药）代表性传承人

张黎明

张黎明，男，蒙古族，1972年2月出生于兴安盟科右前旗大石寨镇白音高老嘎查，毕业于河北省石家庄市正定县红十字卫校。他曾在好仁苏木政府、嘎查工作过，在好仁哈日根台嘎查创办了诊所，曾在兴安盟康复医院工作过。从2021年至今，他在科右前旗宇科社区卫生服务站工作。2022年，他被命名为科右前旗第七批非物质文化遗产项目传统中医（蒙医）中药（蒙药）代表性传承人。

张黎明是医药世家第五代传人。第一代系张黎明高祖，当时其在辽宁省建平县的一个庙里当喇嘛，擅长医术。他的父亲是一名赤脚医生，10多岁时便开始从事医生行业。张黎明13岁时跟随父亲在家学习中医（蒙医）中药（蒙药）知识3年，白天上理论课，晚上制作中医（蒙医）药丸。他的父亲虽然是个乡村赤脚医生，但是接受过系统理论知识学习，16岁时在科右前旗卫校读了3年书，对中西医都有所了解，能给张黎明讲授解剖课。张黎明和父亲一起行医学习3年后，前往卫校接受更加系统的医学知识的学习。

张黎明擅长使用中医（蒙医）中药（蒙药）疗法救治病人。目前，张黎明主要治疗的是心脑血管疾病，脑血栓、脑出血等病症。多年来，张黎明一边工作一边学习，他并没有把自己束缚在中医（蒙医）中药（蒙药）范围内，一有机会便出去学习，博众家之长，将其与西医结合运用。他于2017年加入河南郑州中华汉方疑难病专家委员会，并在河南中医药大学仲景班学习中医现代新疗法——蝎毒疗法。2020年，他参加的"中医现代新疗法——蝎毒疗法治疗疑难病"课题项目，荣获中国中医药研究促进会2020年度技术发明奖二等奖。2021年，他个人作为课题组成员获得贡献奖。他还曾担任《国医大师唐祖宣谈蝎毒疗法与养生》一书编委，《中国基层好医生——当代优秀中医人物及案例选编》副主编。

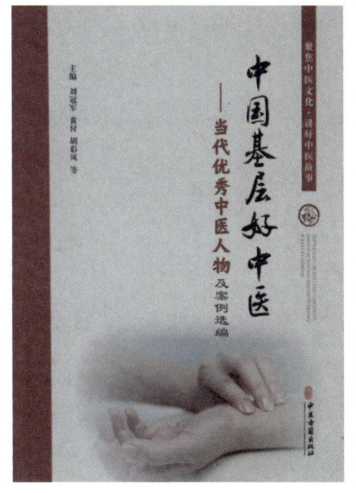 

参与编写的图书

传统中医(蒙医)中药(蒙药)代表性传承人

吴金宝

吴金宝，男，蒙古族，1953年3月出生于兴安盟科右前旗察尔森镇巴达嘎嘎查。2022年，他被命名为科右前旗第七批非物质文化遗产项目传统中医（蒙医）中药（蒙药）代表性传承人。

吴金宝的爷爷是一名村医，他受爷爷的影响对中医（蒙医）中药（蒙药）产生了浓厚兴趣。在他23岁时认识了当地一位医生贺七十五，更加激发了他学医的热情，他拜贺医生为师，开始了学医、就医之路。吴金宝对医学的追求达到了如痴如醉的状态。他和贺医生一同步行或坐牛车、骑马去往各个村屯行医，学到了许多实践知识。为了学习更多理论知识，他把家里的口粮卖掉，去新华书店购买相关书籍进行阅读。1988年，针对农村牧区医疗人员素质不高的实际，国家出台政策培养赤脚医生，吴金宝争取机会前往科右前旗卫校培训学习了2年。在学校学习期间，他十分刻苦，白天在课堂上没学会的知识就在晚上加紧复习，有时实在弄不懂他就向同学请教，直到学会为止。他在卫校学习期间不仅恶补了理论知识，也学会了一些中医、西医知识，比如中医的针灸、按摩技术，他还把西医与中医（蒙医）治疗技术进行了融合。多年来他一直坚持学习，甚至不惜花钱去外地学习，如今，即使已年过七旬，他仍然勤奋读书不倦。

吴金宝熟练掌握了治疗肺结核、布病、颈椎、腰间盘突出等疾病的方法和中医（蒙医）放血疗法。多年来，察尔森镇留下了他行医的脚步，他曾将浑身四肢发凉的人从死亡线上拉了回来，他曾无数次把村民从病痛中解救出来，为当地群众的生命安全作出保障。吴金宝也将中医（蒙医）知识带到了各地，他曾在扎赉特旗、乌兰浩特市以及吉林、北京等地坐诊医病，救治了很多病人。在他的影响下，他的女儿考入卫校成为一名医生。如今，为传承中医（蒙医）中药（蒙药）技艺，他正在把自己的医术传承给孙子。

20世纪80年代卖粮食买的医书

一直使用的医药箱

查干伊德代表性传承人

胡拉乌苏

胡拉乌苏，蒙古族，1988年10月出生于兴安盟科右前旗桃合木苏木照日格图嘎查。他毕业于内蒙古民族学院，曾当过翻译，2020年开始做奶食品。2022年，他被命名为科右前旗第七批非物质文化遗产项目查干伊德代表性传承人。

胡拉乌苏与爱人朝鲁门（蒙古族，1989年生，毕业于内蒙古民族学院，曾在科右前旗人民医院儿科工作）都出生并成长于乌兰毛都草原，从小就吃着奶食品长大，耳濡目染长辈的奶食品制作技艺，对传统奶食品有着深厚的感情，对奶食品制作技艺更是情有独钟。尽管他们在大学毕业后都有了各自的工作，但是仍放不下对奶食品的喜爱情结，于是2020年他们放弃各自工作开始做奶食品。

胡拉乌苏与妻子经过深入调研，对传统奶食品制作技艺、产品销售等情况进行了深入调研。于是他和妻子创新开发奶食品品种，创作出更加适应社会和人们需求的奶食品。起初他们是从经营小作坊开始探索前行，半年后注册了白音桃合木奶食品

朝鲁门（右二）向著名主持人敬一丹（左二）介绍奶食品

商标。2023年，他们将手工作坊搬迁至科右前旗奶食品产业园，并注册了兴安印象奶食品商标。他们经过长期探索，在传统奶食品工艺的基础上，研发了口感香甜、柔软，产品便于携带的奶皮子卷、奶皮千层、蜂蜜烤奶皮、锡纸奶豆腐、蔓梅果干、黄油饼干等20多个品种，深受各地消费者的喜欢。

2023年，他们生产的产品通过食品生产安全许可证（SC）的认证，并于2024年1月组建了科右前旗传统奶制品行业协会，带领全旗30家奶食品合作社共同发展。

他们生产的奶食品采用传统技艺，不加任何添加剂，自然发酵，打破了传统奶食品口味单一、品种少、不易存储、不便携带的弊端。他们研发的奶食品品种更加多样，口味更加香甜，样式更加丰富，携带更加方便，更加趋于零食化，由此备受市场青睐，产品远销全国各地。

加工奶食品

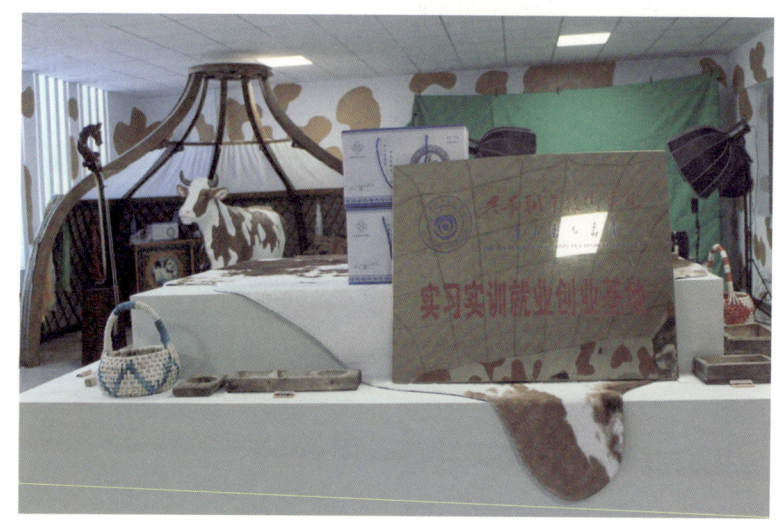

奶食品基地直播间

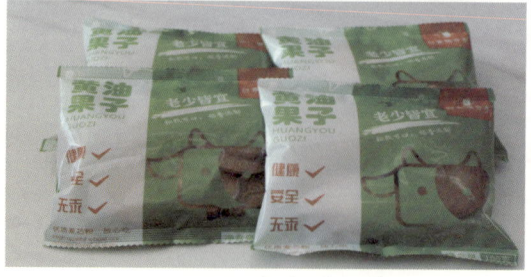
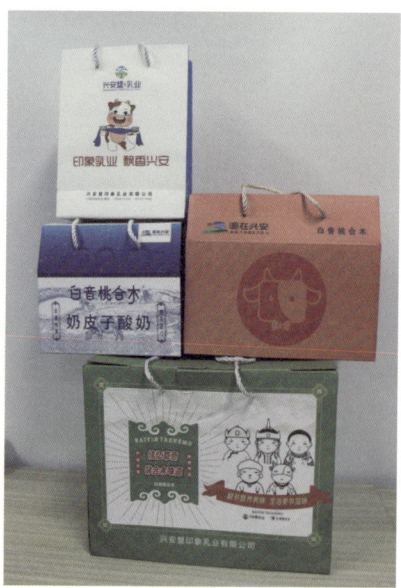

生产的奶食品

五月节祭祀代表性传承人

朝日吉乐

朝日吉乐，男，蒙古族，1969年1月出生于兴安盟科右前旗德伯斯镇阿日林一合嘎查，为阿日林一合嘎查党支部书记。从2014年至今，任德伯斯镇黑羊山地区旅游文化协会主任。2018年，任哈日雅玛图阿古拉协会会长。2022年，他被命名为兴安盟第三批非物质文化遗产项目五月节祭祀代表性传承人。

朝日吉乐的爷爷道尔吉（1904—1980年）为黑羊山地区牧民，在20世纪40年代负责当地牧民群众管理工作（村排长），对黑羊山地区自然生态环境的保护发挥了很大作用。他的父亲哈日意很（1926—2001年）于20世纪60年代担任阿日林一合大队牧业主任、大队书记等职务，非常注重对黑羊山生态保护工作，严禁上山破坏山林行为，保护绿水青山，给当地群众起了良好的带头作用。

五月节祭祀源自于一个传说。传说很久以前德伯斯当地有一只黑羊，它以保护草原牧民为使命。黑羊在一次与狼王的战斗中不幸身亡，死后它的头颅依然高高耸立目视前方并形成了黑羊山主峰。后来黑羊保护草原人民的故事被人们代代相传，流传至今。因此每年五月节牧民们都自发地去黑羊山参加祭祀活动，祈求黑羊保佑草原吉祥安康，风调雨顺，牛羊肥壮。

五月节祭祀活动的区域大多在牧区，主要分布在德伯斯、满族屯满族乡、乌兰毛都苏木、桃合木苏木、索伦镇一带。每年一次的黑羊山登山节祭祀活动是当地牧民群众最喜爱的一项大型活动，朝日吉乐每年五月初五组织并带领大家开展活动。

如今，朝日吉乐将这一文化项目传承给了居住在阿日林一合嘎查牧民的侄子宝音额尔敦、苏德毕力格。他的儿子呼日查毕力格于1992年大学毕业后，也一直在从事传承与保护地方传统民俗工作。

黑羊山风光

科尔沁根雕技艺代表性传承人

高奎永

高奎永，男，汉族，1967年3月出生于兴安盟科右前旗巴日嘎斯台乡哈拉黑民生村，是内蒙古兴安盟统战部新联会会员，兴安盟民间文艺家协会副秘书长，政协科右前旗第十五届委员会委员。2020年，他被命名为科右前旗第七批非物质文化遗产科尔沁根雕技艺代表性传承人。

高奎永的爷爷和三叔都是木匠，他从小对爷爷和叔叔做家具很感兴趣。由于家庭影响和兴趣使然，他喜欢上了绘画。在小学的课堂上，班里同学常常拿着画纸来求他帮助完成老师布置的绘画作业，有时候他在黑板上为大家作画。闲暇时，他拿出笔绘人物画像，他画得最多的是《西游记》里面的人物。多年的积累练就了他的绘画基本功，为他从事根雕事业打下了坚实的基础。

1998年，他举家搬迁到黑龙江省林区工作。茂密的丛林、高大的树木令他对根雕、木雕、浮雕产生了浓厚的兴趣。由于一个偶然机会，他还开始了对冰雕与雪雕艺术的探寻与求索。高奎永的根雕作品在继承传统根雕技艺的同时注重与时代结合，融进文化元素，并与时俱进不断创新。他的根雕作品从选题上与众不同，独立构思，表达主题，力求新颖不落俗套；在雕刻上更加注重精益求精，尽力做到尽善尽美。他的雕刻作品在粗犷的造型中融进了细腻刀法，体现了科尔沁根雕技艺的风格与特点。他不断钻研根雕技艺并将其传授给其他根雕爱好者。

多年来，他雕刻的根雕、木雕等作品或参展或被馆藏。他还创办了内蒙古森岳雕塑艺术有限公司，在东北三省，乃至于天津、河北、甘肃等地都有他的雕刻作品。他荣获了冰雪雕刻艺术高级大师资格证书，进入全国工艺美术大师师资信息库。

百蝶图

根雕工具

蒙古族安代舞代表性传承人

包斯琴格日乐

包斯琴格日乐，女，蒙古族，1962年6月出生于兴安盟科右前旗满族屯满族乡满都拉图嘎查。2022年6月，她被命名为科右前旗第七批非物质文化遗产项目蒙古族安代舞代表性传承人。她从小向母亲学习了安代舞的知识，并且小学时还向娜仁其木格老师系统学习安代舞。她经常参加各种业余舞蹈比赛，提高了舞技。她曾4次参加旗里举办的"千人安代舞"活动，获得过一等奖。

桂 兰

桂兰（曾用名谢桂兰），女，蒙古族，1957年8月出生于兴安盟乌兰浩特市葛根庙镇哈达那拉。2022年，她被命名为科右前旗第七批非物质文化遗产项目蒙古族安代舞代表性传承人。

从1977年开始桂兰在乌兰浩特市葛根庙镇小学哈申格日乐老师的指导下学习蒙古族安代舞，并坚持到现在。从2017年开始，她在舞蹈老师乌日力嘎的精心指导下系统学习了新式安代舞的跳法。她现在能够熟练掌握新旧安代舞的各项技艺，并参加多场演出。她在学习过程中刻苦训练，注重掌握各项技能，为发扬和传承蒙古族舞蹈付出了心血。

桂兰曾参加过盟、旗举办的多场文艺汇演，获得过各种奖项。她于2023年参加兴安盟那大慕大会"千人安代舞"表演并取得了较好的成绩。同时，她收了2名徒弟并利用学校寒暑假传授技艺。如今，她把技艺传给了孙女邰文静和外孙女高艺轩。

蒙古族拉弦乐器制作技艺代表性传承人

袁立伟

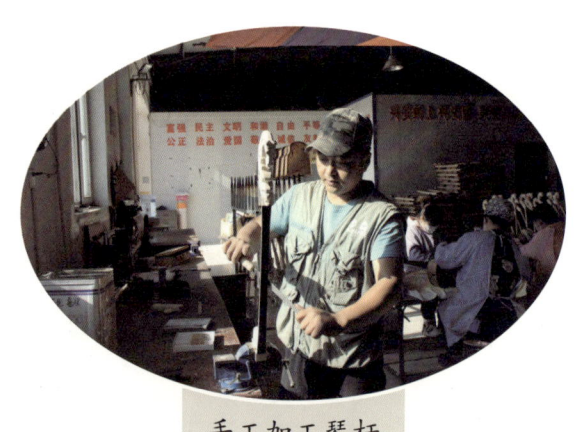

手工加工琴杆

袁立伟，男，蒙古族，1991年5月出生于兴安盟科右前旗阿力得尔牧场。2022年，他被命名为科右前旗非物质文化遗产项目蒙古族拉弦乐器制作技艺代表性传承人。

袁立伟从18岁开始，跟着哥哥白玉昆（旗级蒙古族拉弦乐器制作技艺传承人）学习制作蒙古族拉弦乐器技艺。最初，他在乌兰浩特市南滨河小区附近成立马头琴工作室。2018年，内蒙古金杭盖民族手工艺品制作有限公司落户科右前旗工业园区，于是他回到科右前旗继续制作蒙古族拉弦乐器。

蒙古族拉弦乐器制作技艺源远流长，经历了数百年的发展与传承。传统的蒙古族拉弦乐器有潮尔、马头琴、四胡、胡琴等。

这些乐器在制作过程中非常注重选材、制杆、切割、刻画等细节，每一道工序都需要精细的手艺。在选材方面，制作者通常会选用优质的木材，如枫树、红松、樟子松等，以确保乐器的音质纯正。在制杆过程中，制作者须按照乐器的比例制作杆，然后进行精细打磨和修饰、切割、刻画。这些程序需要制作者具备高超的刀工和细致的处理能力。最后一步，也是最关键一环，制作者需要进行音色调试和调整，以确保乐器的音质完美。经过多年的实践，袁立伟能独立制作马头琴，并且练就了对马头琴音色的调整技能。

介绍加工技艺

加工制作的马头琴

蒙古包制作技艺代表性传承人

于成林　于　林

于成林（左）、于林（右）

于成林，男，蒙古族，1982年2月出生，外出打工10多年后返乡创业，为传统手工艺品制作有限公司法人。于林，于成林的哥哥，蒙古族，1970年1月出生，曾做过多年俄罗斯边贸工作，熟悉俄罗斯出口产品，特别是木材。他们出生于阿力得尔牧场，2019年创办图沃吉公司，制作蒙古包。2022年，他们被命名为科右前旗第七批非物质文化遗产项目蒙古包营造技艺代表性传承人。

于成林哥俩从小就受到蒙古包制作技艺的熏陶。在他们的印象中，最深刻的就是大伯和父亲纯手工制作却严丝合缝的勒勒车。凭着对家乡的热爱，加之亲戚朋友的大力支持，于成林外出打工10多年后返乡创业。2019年3月，创办寓意经典、传承之意的图沃吉传统手工艺品制作有限公司。公司坐落于科右前旗工业园区，占地1万平方米，厂房2300多平方米。公司主要生产实木雕刻、钢木、全铁和传统毡包四种蒙古包，以及使用仿古实木雕刻家具、彩绘家具、普通家具、勒勒车、马鞍及与上述对应的极具观赏性的模型工艺品、纪念品等。

他们注重传统手工技艺，从选料、精截、砂光，到组装、打磨等十多道工序都亲自上手、全程参与，并将组装蒙古包的机械零部件做成标准件。他们做的蒙古包就算隔了三五年，也可以做到随时取用随时安装。

同时，他们不断对传统蒙古包进行改造创新，他们坚守传承创新宗旨，弘扬精益求精的工匠精神，力求生产精品、追求经典。他们制作的新型蒙古包室内空间大，开阔敞亮，卫生素雅，包顶有采光罩，轻巧方便，通风透气，壁板设有自由式百叶窗通风，家电及壁灯插座等装饰，地面是排放优良的保温铺板和地毯，既时尚又实用美观。

于成林一直认为虽然现在机械技术已然成熟，但是具有新意的作品才有生命，所以他们制作的每一座蒙古包都是独一无二的。伴随着科右前旗旅游业逐渐升温，于成林制作的蒙古包日渐走俏，他们生产的各式蒙古包已遍布盟内许多景区，特别是在乌兰浩特至阿尔山的沿途景区随处可见。金马鞍景区、牧云山顶景区、索伦乌墩、桃合木蓝班人牧场、德伯斯牧人部落等景区，都有图沃吉公司建造和改造升级的蒙古包。其中，7座蒙古包的哈那大胆创新，选用了特制PC板，其材质透明度如玻璃，坚韧度如钢板，赋予了传统蒙古包现代化的元素与功能，创新升级为蒙古包新样板，成为景区的亮点。在第九届内蒙古自治区乌兰牧骑艺术节暨2022年兴安盟那达慕大会期间，会场直径10米以上的蒙古包就是出自图沃吉公司，得到了与会人员和北京等地众多客人的高度评价。图沃吉公司生产的全实木雕刻豪华蒙古包辐射周边的黑吉辽三省以及海南、江苏等地。他们还在努力推动工厂研学基地共建，意在让蒙古包营造技艺在更多年轻人心中扎根。

图沃吉公司独家生产的豪华蒙古包有两个显著特点：一是整体框架全实木，二是实木全雕刻。蒙古包不仅雕工精美，而且选材严格，全部为木质优良的俄罗斯进口樟子松。传统实木雕刻家具和手工彩绘家具更是工艺精细、选材优良，一律选用进口红橡、赤杨、榆木、桦木A级材及面漆绿色环保。

于成林多次在蒙古族手工艺品大赛和创新创业大赛中获得佳绩。图沃吉公司在兴安盟第三届"创享青春"杯创业创新大赛暨2020年第四届"中国创翼"创业创新大赛内蒙古兴安盟选拔决赛中荣获创新组二等奖。2021年，于成林入选文化和旅游部乡村文化和旅游能人支撑项目。2022年6月，图沃吉公司被科右前旗人民政府命名为传统手工艺传承基地。

图沃吉传统手工艺品制作有限公司不断发展壮大，先后招用30余名员工，人年均增收3000余元。图沃吉公司和于成林的事迹，近年来先后被中央电视台、学习强国内蒙古频道、《兴安日报》等多家媒体宣传报道，品牌美誉度和市场影响力不断提升，公司形象和企业文化逐渐深入人心。

于成林、于林建造的蒙古包

附 录

科尔沁右翼前旗各级非物质文化遗产项目保护名录一览表

国家级非物质文化遗产名录1项				
序号	项目名称	项目批次	命名时间	命名文件号
1	巴音居日合乌拉祭	国家级第五批	2021年	国发〔2021〕8号

自治区级非物质文化遗产名录13项				
序号	项目名称	项目批次	命名时间	命名文件号
1	科尔沁蒙古族民间剪纸	区级第一批	2007年	内政发〔2007〕57号
2	满族文化	区级第一批	2007年	内政发〔2007〕57号
3	那达慕	区级第二批	2009年	内政发〔2009〕47号
4	札萨克图刺绣（乌兰毛都刺绣）	区级第三批	2011年	内政发〔2011〕97号
5	科尔沁民歌	区级第三批	2011年	内政发〔2011〕97号
6	蒙古族图案	区级第四批	2013年	内政字〔2013〕287号
7	查干伊德	区级第四批	2013年	内政字〔2013〕287号
8	巴音居日合乌拉祭	区级第五批	2015年	内政字〔2015〕310号
9	蒙古族长调民歌（科尔沁长调民歌）	区级第五批	2015年	内政字〔2015〕310号
10	乌兰伊德	区级第五批	2015年	内政字〔2015〕310号
11	札萨克图婚礼	区级第六批	2017年	内政字〔2018〕29号
12	科尔沁哈日靶	区级第六批	2017年	内政字〔2018〕29号
13	札萨克图传说故事	区级第七批	2022年	内政字〔2022〕37号

盟级非物质文化遗产名录52项				
序号	项目名称	项目批次	命名时间	命名文件号
1	蒙古族神话传说	盟级第一批	2008年	兴署字〔2008〕34号
2	科尔沁民歌	盟级第一批	2008年	兴署字〔2008〕34号
3	乌兰毛都草原那达慕	盟级第一批	2008年	兴署字〔2008〕34号
4	乌兰毛都马具制作技艺	盟级第一批	2008年	兴署字〔2008〕34号
5	科右前旗剪纸技艺	盟级第一批	2008年	兴署字〔2008〕34号
6	奶制品技艺（查干伊德）	盟级第一批	2008年	兴署字〔2008〕34号

7	敖包祭祀	盟级第一批	2008年	兴署字〔2008〕34号
8	满族屯民俗	盟级第一批	2008年	兴署字〔2008〕34号
9	蒙古族服饰	盟级第一批	2008年	兴署字〔2008〕34号
10	科尔沁右翼前旗山水传说	盟级第二批	2010年	兴署字〔2010〕79号
11	巴拉根仓的故事	盟级第二批	2010年	兴署字〔2010〕79号
12	满族太平鼓舞	盟级第二批	2010年	兴署字〔2010〕79号
13	蒙古象棋	盟级第二批	2010年	兴署字〔2010〕79号
14	科尔沁酒业酿造技艺	盟级第二批	2010年	兴署字〔2010〕79号
15	马铃薯制粉技艺	盟级第二批	2010年	兴署字〔2010〕79号
16	擀毡技艺	盟级第二批	2010年	兴署字〔2010〕79号
17	传统中医(蒙医)中药(蒙药)[哈斯巴根中医(蒙医)术]	盟级第二批	2010年	兴署字〔2010〕79号
18	札萨克图婚礼	盟级第二批	2010年	兴署字〔2010〕79号
19	满族婚礼	盟级第二批	2010年	兴署字〔2010〕79号
20	札萨克图饮食习俗	盟级第二批	2010年	兴署字〔2010〕79号
21	乌兰毛都草原年俗	盟级第二批	2010年	兴署字〔2010〕79号
22	札萨克图老人过寿礼仪	盟级第二批	2010年	兴署字〔2010〕79号
23	五月节祭祀	盟级第二批	2010年	兴署字〔2010〕79号
24	满族服饰	盟级第二批	2010年	兴署字〔2010〕79号
25	科尔沁土语	盟级第二批	2010年	兴署字〔2010〕79号
26	蟒古斯的故事	盟级第二批	2010年	兴署字〔2010〕79号
27	科尔沁右翼前旗好来宝	盟级第二批	2010年	兴署字〔2010〕79号
28	札萨克图刺绣(乌兰毛都草原蒙古族刺绣)	盟级第二批	2010年	兴署字〔2010〕79号
29	乌兰毛都草原蒙古族传统图案	盟级第三批	2013年	兴署字〔2013〕36号
30	乌兰毛都草原肉羊传统屠宰与加工技艺	盟级第三批	2013年	兴署字〔2013〕36号
31	札萨克图传说故事	盟级第四批	2015年	兴署字〔2015〕40号
32	满族屯的传说	盟级第四批	2015年	兴署字〔2015〕40号
33	科尔沁长调民歌	盟级第四批	2015年	兴署字〔2015〕40号
34	蒙古族搏克	盟级第四批	2015年	兴署字〔2015〕40号
35	蒙古族射箭(科尔沁哈日靶)	盟级第四批	2015年	兴署字〔2015〕40号

36	蒙古族面食制作技艺	盟级第四批	2015年	兴署字〔2015〕40号
37	札萨克图马具制作技艺	盟级第四批	2015年	兴署字〔2015〕40号
38	蒙古族乌兰伊德	盟级第四批	2015年	兴署字〔2015〕40号
39	巴音居日合乌拉祭	盟级第四批	2015年	兴署字〔2015〕40号
40	科尔沁祝寿仪式	盟级第四批	2015年	兴署字〔2015〕40号
41	札萨克图服饰	盟级第四批	2015年	兴署字〔2015〕40号
42	乌力格尔	盟级第四批	2015年	兴署字〔2015〕40号
43	科尔沁叶蜡石赏石艺术	盟级第五批	2017年	兴署字〔2017〕78号
44	科尔沁根雕	盟级第五批	2017年	兴署字〔2017〕78号
45	传统勒勒车制作技艺	盟级第五批	2017年	兴署字〔2017〕78号
46	科尔沁蒙古族布艺	盟级第五批	2017年	兴署字〔2017〕78号
47	蒙古族策格(酸马奶)酿制技艺	盟级第五批	2017年	兴署字〔2017〕78号
48	乌兰毛都牧区传统烤肉(炒肉)技艺	盟级第五批	2017年	兴署字〔2017〕78号
49	中医(蒙医)放血疗法	盟级第五批	2017年	兴署字〔2017〕78号
50	中医(蒙医)小儿巴日乎疗法	盟级第五批	2017年	兴署字〔2017〕78号
51	札萨克图祭火	盟级第五批	2017年	兴署字〔2017〕78号
52	满族屯义莫·甘珠尔经集会	盟级第五批	2017年	兴署字〔2017〕78号

旗级非物质文化遗产名录101项

序号	项目名称	项目批次	命名时间	命名文件号
1	蒙古族民歌	旗级第一批	2008年	旗政发〔2008〕159号
2	满族屯民俗风情	旗级第一批	2008年	旗政发〔2009〕131号
3	那达慕	旗级第一批	2008年	旗政发〔2009〕131号
4	祭祀敖包	旗级第一批	2008年	旗政发〔2009〕131号
5	奶制品(查干伊德)	旗级第一批	2008年	旗政发〔2009〕131号
6	蒙古族民间口头文学	旗级第一批	2008年	旗政发〔2009〕131号
7	蒙古族民俗	旗级第一批	2008年	旗政发〔2009〕131号
8	民族服饰	旗级第一批	2008年	旗政发〔2009〕131号
9	剪纸	旗级第一批	2008年	旗政发〔2009〕131号
10	巴拉根仓的故事	旗级第二批	2010年	旗政发〔2010〕55号

11	蟒古斯的故事	旗级第二批	2010年	旗政发〔2010〕55号
12	科尔沁右翼前旗谚语	旗级第二批	2010年	旗政发〔2010〕55号
13	札萨克图山水传说	旗级第二批	2010年	旗政发〔2010〕55号
14	科尔沁右翼前旗民间笑语	旗级第二批	2010年	旗政发〔2010〕55号
15	札萨克图胡日奇演艺	旗级第二批	2010年	旗政发〔2010〕55号
16	乌兰毛都草原马具制作技艺	旗级第二批	2010年	旗政发〔2010〕55号
17	擀毡技艺	旗级第二批	2010年	旗政发〔2010〕55号
18	满族服饰	旗级第二批	2010年	旗政发〔2010〕55号
19	科尔沁右翼前旗传统中医(蒙医)中药(蒙药)	旗级第二批	2010年	旗政发〔2010〕55号
20	科尔沁酒业酿造工艺	旗级第二批	2010年	旗政发〔2010〕55号
21	俄体马铃薯制粉业工艺	旗级第二批	2010年	旗政发〔2010〕55号
22	满族婚礼	旗级第二批	2010年	旗政发〔2010〕55号
23	札萨克图婚礼	旗级第二批	2010年	旗政发〔2010〕55号
24	札萨克图饮食习俗	旗级第二批	2010年	旗政发〔2010〕55号
25	乌兰毛都草原年俗	旗级第二批	2010年	旗政发〔2010〕55号
26	札萨克图老人过寿礼仪	旗级第二批	2010年	旗政发〔2010〕55号
27	乌兰毛都草原蒙古族直系亲属礼俗	旗级第二批	2010年	旗政发〔2010〕55号
28	重阳节祭长生天	旗级第二批	2010年	旗政发〔2010〕55号
29	五月节登山祭山水	旗级第二批	2010年	旗政发〔2010〕55号
30	满族那拉义莫·甘珠尔经集会礼节	旗级第二批	2010年	旗政发〔2010〕55号
31	札萨克图刺绣(乌兰毛都草原蒙古族刺绣)	旗级第二批	2010年	旗政发〔2010〕55号
32	乌兰毛都草原蒙古象棋	旗级第二批	2010年	旗政发〔2010〕55号
33	札萨克图布鲁	旗级第二批	2010年	旗政发〔2010〕55号
34	札萨克图赛马	旗级第二批	2010年	旗政发〔2010〕55号
35	札萨克图射箭	旗级第二批	2010年	旗政发〔2010〕55号
36	札萨克图搏克	旗级第二批	2010年	旗政发〔2010〕55号
37	满族太平鼓舞	旗级第三批	2010年	旗政发〔2010〕230号
38	科尔沁土语	旗级第三批	2010年	旗政发〔2010〕230号
39	科尔沁右翼前旗好来宝	旗级第三批	2010年	旗政发〔2010〕230号

40	满族屯的传说	旗级第四批	2013年	旗政发〔2013〕54号
41	蒙古族民间谚语	旗级第四批	2013年	旗政发〔2013〕54号
42	乌兰毛都草原肉羊传统屠宰与加工技艺	旗级第四批	2013年	旗政发〔2013〕54号
43	乌兰毛都草原图古拉汤的烹制技艺	旗级第四批	2013年	旗政发〔2013〕54号
44	札萨克图蒙古族馅饼的烹制技艺	旗级第四批	2013年	旗政发〔2013〕54号
45	乌兰毛都草原饲草饲料的加工技艺	旗级第四批	2013年	旗政发〔2013〕54号
46	乌兰毛都草原羊绒羊毛加工技艺	旗级第四批	2013年	旗政发〔2013〕54号
47	满族屯满族乡祝福大会	旗级第四批	2013年	旗政发〔2013〕54号
48	祝赞词	旗级第四批	2013年	旗政发〔2013〕54号
49	乌兰毛都蒙古族传统图案	旗级第四批	2013年	旗政发〔2013〕54号
50	札萨克图传说故事	旗级第五批	2015年	旗政发〔2015〕40号
51	科尔沁长调民歌	旗级第五批	2015年	旗政发〔2015〕40号
52	蒙古族搏克	旗级第五批	2015年	旗政发〔2015〕40号
53	蒙古族射箭	旗级第五批	2015年	旗政发〔2015〕40号
54	蒙古族面食制作技艺	旗级第五批	2015年	旗政发〔2015〕40号
55	札萨克图马具制作技艺	旗级第五批	2015年	旗政发〔2015〕40号
56	蒙古族乌兰伊德	旗级第五批	2015年	旗政发〔2015〕40号
57	巴音居日合乌拉祭	旗级第五批	2015年	旗政发〔2015〕40号
58	科尔沁祝寿仪式	旗级第五批	2015年	旗政发〔2015〕40号
59	札萨克图服饰	旗级第五批	2015年	旗政发〔2015〕40号
60	乌力格尔	旗级第五批	2015年	旗政发〔2015〕40号
61	兴安黄蜡石和玛瑙石赏石艺术	旗级第六批	2017年	旗政发〔2017〕75号
62	科尔沁叶蜡石技艺	旗级第六批	2017年	旗政发〔2017〕75号
63	科尔沁根雕技艺	旗级第六批	2017年	旗政发〔2017〕75号
64	传统勒勒车制作技艺	旗级第六批	2017年	旗政发〔2017〕75号
65	科尔沁蒙古族布艺	旗级第六批	2017年	旗政发〔2017〕75号
66	蒙古族策格(酸马奶)酿制技艺	旗级第六批	2017年	旗政发〔2017〕75号
67	乌兰毛都牧区传统烤肉(炒肉)技艺	旗级第六批	2017年	旗政发〔2017〕75号
68	中医(蒙医)放血疗法	旗级第六批	2017年	旗政发〔2017〕75号

序号	名称	级别	年份	文号
69	中医(蒙医)小儿巴日乎疗法	旗级第六批	2017年	旗政发〔2017〕75号
70	札萨克图祭火	旗级第六批	2017年	旗政发〔2017〕75号
71	札萨克图沙嘎游戏	旗级第七批	2020年	旗文旅体发〔2020〕246号
72	札萨克图赛马习俗	旗级第七批	2020年	旗文旅体发〔2020〕246号
73	蒙古族拉弦乐器制作技艺	旗级第七批	2020年	旗文旅体发〔2020〕246号
74	蒙古包营造技艺	旗级第七批	2020年	旗文旅体发〔2020〕246号
75	蒙古靴子制作技艺	旗级第七批	2020年	旗文旅体发〔2020〕246号
76	传统烟袋缝制技艺	旗级第七批	2020年	旗文旅体发〔2020〕246号
77	蒙古族枕头制作技艺	旗级第七批	2020年	旗文旅体发〔2020〕246号
78	蒙古族皮雕画	旗级第七批	2020年	旗文旅体发〔2020〕246号
79	中医药(蒙医药)制剂技艺	旗级第七批	2020年	旗文旅体发〔2020〕246号
80	蒙古族安代舞	旗级第七批	2020年	旗文旅体发〔2020〕246号
81	蒙古族幼儿摇篮习俗	旗级第七批	2020年	旗文旅体发〔2020〕246号
82	齐木合日习俗(去势)	旗级第七批	2020年	旗文旅体发〔2020〕246号
83	祝赞词	旗级第七批	2020年	旗文旅体发〔2020〕246号
84	蒙古马烙印	旗级第八批	2022年	旗文旅体发〔2022〕138号
85	察尔森渔猎习俗	旗级第八批	2022年	旗文旅体发〔2022〕138号
86	顶牛牌	旗级第八批	2022年	旗文旅体发〔2022〕138号
87	嘴和(咀和)	旗级第八批	2022年	旗文旅体发〔2022〕138号
88	马头琴音乐	旗级第八批	2022年	旗文旅体发〔2022〕138号
89	保门抻面制作技艺	旗级第八批	2022年	旗文旅体发〔2022〕138号
90	草编技艺	旗级第八批	2022年	旗文旅体发〔2022〕138号
91	中医传承外伤正骨药物	旗级第八批	2022年	旗文旅体发〔2022〕138号
92	哈日雅玛图乌拉祭	旗级第九批	2023年	旗文旅体发〔2023〕299号
93	查干敖包祭	旗级第九批	2023年	旗文旅体发〔2023〕299号
94	阿尔山布拉格祭	旗级第九批	2023年	旗文旅体发〔2023〕299号
95	传统陈氏太极拳	旗级第九批	2023年	旗文旅体发〔2023〕299号
96	八卦掌	旗级第九批	2023年	旗文旅体发〔2023〕299号
97	景泰蓝	旗级第九批	2023年	旗文旅体发〔2023〕299号

98	传统荞面饸饹	旗级第九批	2023年	旗文旅体发〔2023〕299号
99	牛粪香制作技艺	旗级第九批	2023年	旗文旅体发〔2023〕299号
100	中医(蒙医)手按疗法	旗级第九批	2023年	旗文旅体发〔2023〕299号
101	传统针灸疗法	旗级第九批	2023年	旗文旅体发〔2023〕299号

科尔沁右翼前旗各级非物质文化遗产项目代表性传承人一览表

自治区级非物质文化遗产代表性传承人（14人）							
序号	姓名	性别	民族	出生年月	代表性项目	命名时间	命名批次
1	道布沁	男	蒙古族	1945.04	乌兰毛都草原那达慕	2010年	第二批
2	巧 云	女	蒙古族	1943.12	科尔沁蒙古族民间剪纸技艺	2010年	第二批
3	张金虎	男	蒙古族	1967.08	科尔沁民歌	2012年	第三批
4	乌 云	女	蒙古族	1953.03	科尔沁民歌	2012年	第三批
5	敖特根其其格	女	蒙古族	1954.10	蒙古族刺绣（札萨克图刺绣）	2012年	第三批
6	玉 英	女	蒙古族	1948.01	蒙古族图案	2014年	第四批
7	白雪梅	女	蒙古族	1974.09	查干伊德	2014年	第四批
8	王宝力道	男	满 族	1963.09	满族婚礼	2014年	第四批
9	白音都冷	男	蒙古族	1974.03	科尔沁长调	2016年	第五批
10	那仁朝格图	男	蒙古族	1969.10	乌兰伊德	2016年	第五批
11	王焕柱	男	蒙古族	1966.05	巴音居日合乌拉祭	2016年	第五批
12	白晨光	男	蒙古族	1968.02	科尔沁哈日靶	2018年	第六批
13	额日很巴雅尔	男	蒙古族	1963.12	札萨克图婚礼	2018年	第六批
14	良花（包莲花）	女	蒙古族	1950.08	蒙古族刺绣（札萨克图刺绣）	2021年	第七批
盟级非物质文化遗产代表性传承人（136人）							
序号	姓名	性别	民族	出生年月	代表性项目	命名时间	命名批次
1	苏布格扎布（色格吉布）	男	蒙古族	1938.10	乌兰毛都马具制作	2010年	第一批
2	关格尔（高古日扎布）	男	蒙古族	1962.12	乌兰毛都马具制作	2010年	第一批
3	道布沁	男	蒙古族	1945.04	乌兰毛都草原那达慕	2010年	第一批
4	王照那木拉	男	满 族	1963.05	蒙古族神话传说	2010年	第一批
5	阿民巴图	男	蒙古族	1934.04	蒙古族神话传说	2010年	第一批
6	础古兰（宝音础古兰）	男	蒙古族	1947.10	蒙古族神话传说	2010年	第一批
7	斯琴（斯琴高娃）	女	蒙古族	1963.07	蒙古族服饰	2010年	第一批
8	布佰（金华）	女	蒙古族	1955.12	蒙古族服饰	2010年	第一批

序号	姓名	性别	民族	出生年月	项目名称	认定时间	批次
9	乌仁其其格	女	蒙古族	1948.12	蒙古族服饰	2010年	第一批
10	包散旦其其格（敖登其其格）	女	蒙古族	1947.01	蒙古族服饰	2010年	第一批
11	蔡代小（代晓）	女	蒙古族	1962.02	蒙古族服饰	2010年	第一批
12	莫得格（莫德格）	女	蒙古族	1960.10	蒙古族服饰	2010年	第一批
13	敖特根	女	蒙古族	1962.01	蒙古族服饰	2010年	第一批
14	王宋来（王松来）	男	满族	1955.01	满族文化	2010年	第一批
15	葛桂琴	女	汉族	1930.06	科尔沁蒙古族民间剪纸技艺	2010年	第一批
16	王淑兰	女	汉族	1952.01	科尔沁蒙古族民间剪纸技艺	2010年	第一批
17	额尔敦其其格	女	蒙古族	1964.11	查干伊德	2010年	第一批
18	白音塔拉	男	蒙古族	1970.12	乌兰毛都草原那达慕	2012年	第二批
19	色音乌其日图（包音达）	男	蒙古族	1954.12	乌兰毛都草原那达慕	2012年	第二批
20	哈日巴拉	男	蒙古族	1962.12	乌兰毛都草原那达慕	2012年	第二批
21	敖特根其其格	女	蒙古族	1954.10	蒙古族刺绣（札萨克图刺绣）	2012年	第二批
22	斯琴高娃	女	蒙古族	1956.04	蒙古族刺绣（札萨克图刺绣）	2012年	第二批
23	其其格	女	蒙古族	1971.12	蒙古族刺绣（札萨克图刺绣）	2012年	第二批
24	斯琴	女	蒙古族	1967.04	蒙古族刺绣（札萨克图刺绣）	2012年	第二批
25	乌仁其其格	女	蒙古族	1960.10	蒙古族刺绣（札萨克图刺绣）	2012年	第二批
26	温都日娜	女	蒙古族	1960.10	蒙古族刺绣（札萨克图刺绣）	2012年	第二批
27	敖敦格日乐	女	蒙古族	1981.04	蒙古族刺绣（札萨克图刺绣）	2012年	第二批
28	桃拉	女	蒙古族	1961.12	蒙古族刺绣（札萨克图刺绣）	2012年	第二批
29	包乌日其其格	女	蒙古族	1946.10	蒙古族刺绣（札萨克图刺绣）	2012年	第二批
30	塔娜	女	蒙古族	1970.11	蒙古族刺绣（札萨克图刺绣）	2012年	第二批
31	龙杰	女	蒙古族	1977.09	蒙古族刺绣（札萨克图刺绣）	2012年	第二批
32	白斯琴	女	蒙古族	1981.12	蒙古族刺绣（札萨克图刺绣）	2012年	第二批
33	阿如娜	女	蒙古族	1982.11	蒙古族刺绣（札萨克图刺绣）	2012年	第二批
34	呼其图	男	蒙古族	1984.07	蒙古族刺绣（札萨克图刺绣）	2012年	第二批
35	哈斯达来	男	满族	1981.03	科尔沁民歌	2012年	第二批
36	张金虎	男	蒙古族	1967.08	科尔沁民歌	2012年	第二批
37	福金将	男	蒙古族	1967.06	科尔沁民歌	2012年	第二批

38	布仁赛汗	男	蒙古族	1976.10	科尔沁民歌	2012年	第二批
39	白音塔拉	男	蒙古族	1986.04	科尔沁民歌	2012年	第二批
40	陈老虎	男	蒙古族	1951.12	科尔沁民歌	2012年	第二批
41	乌云	女	蒙古族	1953.03	科尔沁民歌	2012年	第二批
42	白那森乌日塔	男	蒙古族	1959.11	札萨克图饮食习俗	2014年	第三批
43	乌云毕力格	男	蒙古族	1969.12	札萨克图年俗(乌兰毛都草原年俗)	2014年	第三批
44	额日很巴雅尔	男	蒙古族	1963.12	札萨克图婚礼	2014年	第三批
45	苏日塔拉图	男	满族	1963.06	乌兰毛都草原肉羊屠宰与加工技艺	2014年	第三批
46	玉英	女	蒙古族	1948.01	蒙古族图案	2014年	第三批
47	包海全(包海泉)	男	蒙古族	1957.02	满族太平鼓舞	2014年	第三批
48	王宝力道	男	满族	1963.09	满族婚礼	2014年	第三批
49	王古日本	男	满族	1967.01	满族婚礼	2014年	第三批
50	朱天甲	男	汉族	1963.02	马铃薯制粉工艺	2014年	第三批
51	赛音吉雅	男	蒙古族	1935.05	科右前旗山水传说	2014年	第三批
52	特布吉雅	男	蒙古族	1967.09	科右前旗山水传说	2014年	第三批
53	蔡伊日格乐图	男	蒙古族	1974.09	科尔沁民歌	2014年	第三批
54	包陶特格(陶特格)	男	蒙古族	1966.11	科尔沁民歌	2014年	第三批
55	王贺希格吐	男	蒙古族	1970.09	科尔沁民歌	2014年	第三批
56	李海青	男	蒙古族	1964.02	科尔沁民歌	2014年	第三批
57	包富贵	男	蒙古族	1971.08	科尔沁民歌	2014年	第三批
58	王宝泉	男	蒙古族	1963.08	科尔沁民歌	2014年	第三批
59	孙树林	男	汉族	1946.06	科尔沁酒业酿造工艺	2014年	第三批
60	包苏德门	男	蒙古族	1959.08	好来宝	2014年	第三批
61	陈福山	男	蒙古族	1968.09	好来宝	2014年	第三批
62	额尔敦巴雅尔	男	蒙古族	1964.03	擀毡技艺	2014年	第三批
63	白雪梅	女	蒙古族	1974.09	查干伊德	2014年	第三批
64	斯日古冷	女	蒙古族	1975.12	查干伊德	2014年	第三批
65	于达林台	男	蒙古族	1963.03	巴拉根仓的故事	2014年	第三批
66	宝顺	男	蒙古族	1973.07	巴拉根仓的故事	2014年	第三批

67	那仁朝格图	男	蒙古族	1969.01	乌兰伊德	2016年	第四批
68	那申得力格尔	男	蒙古族	1988.06	乌兰伊德	2016年	第四批
69	得乐黑(德力黑其其格)	女	蒙古族	1953.11	蒙古族刺绣(札萨克图刺绣)	2016年	第四批
70	扎力玛(扎日玛)	女	蒙古族	1948.02	蒙古族刺绣(札萨克图刺绣)	2016年	第四批
71	良花(包莲花)	女	蒙古族	1950.08	蒙古族刺绣(札萨克图刺绣)	2016年	第四批
72	都达古拉	女	蒙古族	1962.06	蒙古族刺绣(札萨克图刺绣)	2016年	第四批
73	张斯来	女	蒙古族	1962.02	蒙古族刺绣(札萨克图刺绣)	2016年	第四批
74	苏布道	女	蒙古族	1954.01	蒙古族刺绣(札萨克图刺绣)	2016年	第四批
75	马永华	女	蒙古族	1990.03	蒙古族刺绣(札萨克图刺绣)	2016年	第四批
76	马江山	男	蒙古族	1961.10	蒙古族刺绣(札萨克图刺绣)	2016年	第四批
77	白晨光	男	蒙古族	1968.02	科尔沁哈日靶	2016年	第四批
78	韩双龙	男	蒙古族	1984.08	科尔沁哈日靶	2016年	第四批
79	包金山	男	蒙古族	1978.03	擀毡技艺	2016年	第四批
80	王焕柱	男	蒙古族	1966.05	巴音居日合乌拉祭	2016年	第四批
81	李毕力格图	男	蒙古族	1960.11	巴音居日合乌拉祭	2016年	第四批
82	包原鹰	男	蒙古族	1965.03	巴音居日合乌拉祭	2016年	第四批
83	包胡达古拉	女	蒙古族	1970.02	蒙古族图案	2016年	第四批
84	仁意	男	蒙古族	1967.12	蒙古文书法	2016年	第四批
85	吉日和	男	蒙古族	1972.10	蒙古象棋	2016年	第四批
86	白音都冷	男	蒙古族	1974.03	科尔沁长调	2016年	第四批
87	额尔敦套格特格	男	蒙古族	1989.02	科尔沁长调	2016年	第四批
88	白图雅	女	蒙古族	1963.10	札萨克图年俗(乌兰毛都草原年俗)	2018年	第五批
89	邓常福	男	蒙古族	1956.12	札萨克图祭火	2018年	第五批
90	希恩巴雅尔	男	蒙古族	1945.08	札萨克图祭火	2018年	第五批
91	包色音巴牙尔	男	蒙古族	1953.02	中医(蒙医)少儿巴日乎疗法	2018年	第五批
92	苏布敦格日乐	女	蒙古族	1969.01	蒙古族刺绣(札萨克图刺绣)	2018年	第五批
93	苏布敦格日乐	女	蒙古族	1967.09	蒙古族刺绣(札萨克图刺绣)	2018年	第五批
94	王阿日本合喜格	男	满族	1969.02	满族屯义莫·甘珠尔经集会	2018年	第五批
95	乌日嘎	女	蒙古族	1965.02	科右前旗剪纸技艺	2018年	第五批

96	马春红	女	蒙古族	1962.06	科尔沁蒙古族布艺	2018年	第五批
97	开花	女	蒙古族	1974.10	蒙古族策格(酸马奶)酿制技艺	2018年	第五批
98	包格日乐图	男	蒙古族	1970.01	科尔沁根雕技艺	2018年	第五批
99	白达来其其格	女	蒙古族	1963.12	擀毡技艺	2018年	第五批
100	布仁巴雅尔	男	蒙古族	1950.10	传统勒勒车制作技艺	2018年	第五批
101	金荣	女	蒙古族	1970.07	查干伊德	2018年	第五批
102	布和必力格	男	蒙古族	1973.08	查干伊德	2018年	第五批
103	白玉昆	男	蒙古族	1983.02	札萨克图马具制作技艺	2020年	第六批
104	阿拉坦巴根	男	蒙古族	1978.06	札萨克图马具制作技艺	2020年	第六批
105	乌云毕力格	男	蒙古族	1989.11	札萨克图婚礼	2020年	第六批
106	努恩都特	女	蒙古族	1981.03	札萨克图服饰	2020年	第六批
107	东春	男	蒙古族	1991.01	札萨克图服饰	2020年	第六批
108	布和白拉	男	蒙古族	1967.12	札萨克图传说故事	2020年	第六批
109	包宝音巴达拉胡	男	蒙古族	1979.12	乌兰伊德	2020年	第六批
110	宝连	男	蒙古族	1958.10	中医(蒙医)放血疗法	2020年	第六批
111	孟黎新	女	蒙古族	1975.03	蒙古族服饰	2020年	第六批
112	秋英	女	蒙古族	1967.09	蒙古族服饰	2020年	第六批
113	包春花	女	蒙古族	1983.11	蒙古族刺绣(札萨克图刺绣)	2020年	第六批
114	梅荣	女	蒙古族	1966.02	蒙古族刺绣(札萨克图刺绣)	2020年	第六批
115	舍楞那木拉	男	蒙古族	1982.01	蒙古族策格(酸马奶)酿制技艺	2020年	第六批
116	朝格图	男	蒙古族	1971.08	蒙古族搏克	2020年	第六批
117	呼格吉乐	男	蒙古族	1978.04	蒙古族搏克	2020年	第六批
118	戴海玉	男	蒙古族	1969.07	蒙古象棋	2020年	第六批
119	王乌拉给花拉	女	满族	1971.12	满族婚礼	2020年	第六批
120	王乌云达来	男	满族	1972.12	满族婚礼	2020年	第六批
121	鲁沙茹拉	女	蒙古族	1983.06	科尔沁蒙古族民间剪纸	2020年	第六批
122	包玉荣	女	蒙古族	1980.06	科尔沁蒙古族民间剪纸	2020年	第六批
123	乌支其木格	女	蒙古族	1961.11	科尔沁长调	2020年	第六批
124	萨仁格日乐	女	蒙古族	1982.02	科尔沁长调	2020年	第六批

125	查干呼	男	蒙古族	1987.07	科尔沁民歌	2020年	第六批
126	宝音达来	男	蒙古族	1979.10	科尔沁哈日靶	2020年	第六批
127	白佈仁吉日嘎拉	男	蒙古族	1986.03	科尔沁哈日靶	2020年	第六批
128	础古兰	男	蒙古族	1976.08	科尔沁根雕技艺	2020年	第六批
129	田喜	男	蒙古族	1964.11	科尔沁根雕技艺	2020年	第六批
130	包长海	男	蒙古族	1968.07	哈斯巴根中医(蒙医)术	2020年	第六批
131	文平	男	蒙古族	1989.02	哈斯巴根中医(蒙医)术	2020年	第六批
132	包银花	女	蒙古族	1975.11	擀毡技艺	2020年	第六批
133	乌云高娃	女	蒙古族	1981.02	查干伊德	2020年	第六批
134	白敖敦格日乐	女	蒙古族	1975.04	查干伊德	2020年	第六批
135	何锁柱	男	蒙古族	1972.12	巴音居日合乌拉祭	2020年	第六批
136	陈青山	男	蒙古族	1971.01	巴音居日合乌拉祭	2020年	第六批

旗级非物质文化遗产代表性传承人(338人)

序号	姓名	性别	民族	出生年月	代表性项目	命名时间	命名批次
1	吉雅图	男	蒙古族	1945.08	蒙古族神话传说	2010年	第一批
2	王照那木拉	男	满族	1963.05	蒙古族神话传说	2010年	第一批
3	阿民巴图	男	蒙古族	1934.04	蒙古族神话传说	2010年	第一批
4	础古兰(宝音础古兰)	男	蒙古族	1947.10	蒙古族神话传说	2010年	第一批
5	色日布	男	蒙古族	1938.06	蒙古族神话传说	2010年	第一批
6	那仁朝克图	男	蒙古族	1947.03	蒙古族神话传说	2010年	第一批
7	刘柱	男	蒙古族	1939.02	蒙古族神话传说	2010年	第一批
8	布仁德力格尔	男	蒙古族	1972.08	科尔沁民歌	2010年	第一批
9	王阿日本贺喜格	男	满族	1969.02	科尔沁民歌	2018年	第一批
10	乌云格日乐	男	满族	1995.01	科尔沁民歌	2010年	第一批
11	苏布敦格日乐	男	满族	1980.03	科尔沁民歌	2010年	第一批
12	乌吉斯古楞	男	蒙古族	1993.08	科尔沁民歌	2010年	第一批
13	查布根其	男	蒙古族	1915.06	乌兰毛都草原那达慕	2010年	第一批
14	道布沁	男	蒙古族	1943.08	乌兰毛都草原那达慕	2010年	第一批
15	棍扎布	男	蒙古族	1978.09	乌兰毛都草原那达慕	2010年	第一批

16	格日乐	男	蒙古族	1969.05	乌兰毛都草原那达慕	2010年	第一批
17	达胡巴雅尔	男	蒙古族	1972.02	乌兰毛都草原那达慕	2010年	第一批
18	朝格图	男	蒙古族	1972.03	乌兰毛都草原那达慕	2010年	第一批
19	葛桂琴	女	汉族	1931.01	科右前旗剪纸技艺	2010年	第一批
20	巧云	女	蒙古族	1943.12	科右前旗剪纸技艺	2010年	第一批
21	施丽红(施丽丽)	女	汉族	1980.07	科右前旗剪纸技艺	2010年	第一批
22	王淑兰	女	汉族	1952.01	科右前旗剪纸技艺	2010年	第一批
23	吕亮	男	汉族	1977.02	科右前旗剪纸技艺	2010年	第一批
24	吕泓滨	男	汉族	1975.05	科右前旗剪纸技艺	2010年	第一批
25	苏布格扎布(色格吉布)	男	蒙古族	1938.10	乌兰毛都马具制作技艺	2010年	第一批
26	关格尔(高古日扎布)	男	蒙古族	1963.12	乌兰毛都马具制作技艺	2010年	第一批
27	额尔德木图	男	蒙古族	1987.03	乌兰毛都马具制作技艺	2010年	第一批
28	额尔敦其其格	女	蒙古族	1964.11	奶制品技艺	2010年	第一批
29	金荣	女	蒙古族	1971.06	奶制品技艺	2010年	第一批
30	乌日娜	女	蒙古族	1971.03	奶制品技艺	2010年	第一批
31	努恩达古拉	女	蒙古族	1974.02	奶制品技艺	2010年	第一批
32	格日乐	女	蒙古族	1974.08	奶制品技艺	2010年	第一批
33	秀莲	女	蒙古族	1967.10	奶制品技艺	2010年	第一批
34	乌兰	女	蒙古族	1966.12	奶制品技艺	2010年	第一批
35	王阿日本贺喜格	男	蒙古族	1969.02	满族屯民俗	2018年	第一批
36	王宋来(王颂来)	男	满族	1956.01	满族屯民俗	2010年	第一批
37	王照那木拉	男	满族	1961.01	满族屯民俗	2010年	第一批
38	色音乌其日图(包音达)	男	蒙古族	1953.01	敖包祭祀	2010年	第一批
39	胡达古拉	男	蒙古族	1930.05	蒙古族服饰	2010年	第一批
40	斯琴	女	蒙古族	1963.07	蒙古族服饰	2010年	第一批
41	乌仁其其格	女	蒙古族	1948.12	蒙古族服饰	2010年	第一批
42	蔡代小(代晓)	女	蒙古族	1962.02	蒙古族服饰	2010年	第一批
43	莫得格	女	蒙古族	1960.10	蒙古族服饰	2010年	第一批

44	敖特根	女	蒙古族	1962.01	蒙古族服饰	2010年	第一批
45	斯琴高娃	女	蒙古族	1959.06	蒙古族服饰	2010年	第一批
46	白冬梅	女	蒙古族	1982.05	蒙古族服饰	2010年	第一批
47	正月	女	蒙古族	1974.07	蒙古族服饰	2010年	第一批
48	敖都呼	女	蒙古族	1975.09	蒙古族服饰	2010年	第一批
49	玉兰	女	蒙古族	1973.02	蒙古族服饰	2010年	第一批
50	梅荣	女	蒙古族	1971.07	蒙古族服饰	2010年	第一批
51	敖敦格日乐	女	蒙古族	1980.10	蒙古族服饰	2010年	第一批
52	莫其尔	女	蒙古族	1981.01	蒙古族服饰	2010年	第一批
53	萨如拉	女	蒙古族	1979.07	蒙古族服饰	2010年	第一批
54	牡丹	女	蒙古族	1969.01	蒙古族服饰	2010年	第一批
55	红燕	女	蒙古族	1969.10	蒙古族服饰	2010年	第一批
56	苏布达	女	蒙古族	1969.01	蒙古族服饰	2010年	第一批
57	呼出图	男	蒙古族	1983.06	蒙古族服饰	2010年	第一批
58	花拉	女	蒙古族	1965.04	蒙古族服饰	2010年	第一批
59	娜布其玛	女	蒙古族	1966.03	蒙古族服饰	2010年	第一批
60	其其格	女	蒙古族	1971.08	蒙古族服饰	2010年	第一批
61	银花	女	蒙古族	1980.05	蒙古族服饰	2010年	第一批
62	姑娘	女	蒙古族	1980.07	蒙古族服饰	2010年	第一批
63	金华	女	蒙古族	1954.12	蒙古族服饰	2010年	第一批
64	其其格	女	蒙古族	1963.09	蒙古族服饰	2010年	第一批
65	乌仁其其格	女	蒙古族	1956.07	蒙古族服饰	2010年	第一批
66	桂兰	女	蒙古族	1974.05	蒙古族服饰	2010年	第一批
67	桂莲	女	蒙古族	1975.08	蒙古族服饰	2010年	第一批
68	龙姐	女	蒙古族	1976.03	蒙古族服饰	2010年	第一批
69	敖特根	女	蒙古族	1981.12	蒙古族服饰	2010年	第一批
70	苏布达	女	蒙古族	1980.10	蒙古族服饰	2010年	第一批
71	玉平	女	蒙古族	1970.04	蒙古族服饰	2010年	第一批
72	高娃	女	蒙古族	1969.11	蒙古族服饰	2010年	第一批

73	白金花	女	蒙古族	1973.06	蒙古族服饰	2010年	第一批
74	敖特根	女	蒙古族	1961.03	蒙古族服饰	2010年	第一批
75	姑娘	女	蒙古族	1979.02	蒙古族服饰	2010年	第一批
76	敖都呼	女	蒙古族	1981.08	蒙古族服饰	2010年	第一批
77	斯琴	女	蒙古族	1969.03	蒙古族服饰	2010年	第一批
78	香荣	女	蒙古族	1974.04	蒙古族服饰	2010年	第一批
79	傲登其其格	女	蒙古族	1958.05	蒙古族服饰	2010年	第一批
80	敖特根其其格	女	蒙古族	1954.10	乌兰毛都刺绣	2012年	第二批
81	斯琴高娃	女	蒙古族	1956.04	乌兰毛都刺绣	2012年	第二批
82	其其格	女	蒙古族	1971.12	乌兰毛都刺绣	2012年	第二批
83	努恩都特	女	蒙古族	1981.03	乌兰毛都刺绣	2012年	第二批
84	斯琴	女	蒙古族	1963.07	乌兰毛都刺绣	2012年	第二批
85	塔娜	女	蒙古族	1970.11	乌兰毛都刺绣	2012年	第二批
86	乌仁其其格	女	蒙古族	1960.10	乌兰毛都刺绣	2012年	第二批
87	温都日娜	女	蒙古族	1960.10	乌兰毛都刺绣	2012年	第二批
88	龙杰	女	蒙古族	1977.09	乌兰毛都刺绣	2012年	第二批
89	莲花	女	蒙古族	1968.04	乌兰毛都刺绣	2012年	第二批
90	白斯琴	女	蒙古族	1981.12	乌兰毛都刺绣	2012年	第二批
91	阿如娜	女	蒙古族	1982.11	乌兰毛都刺绣	2012年	第二批
92	吉木舍	女	蒙古族	1959.01	乌兰毛都刺绣	2012年	第二批
93	敖敦格日乐	女	蒙古族	1981.04	乌兰毛都刺绣	2012年	第二批
94	呼其图	男	蒙古族	1984.07	乌兰毛都刺绣	2012年	第二批
95	桃拉	女	蒙古族	1961.12	乌兰毛都刺绣	2012年	第二批
96	施丽红（施丽丽）	女	汉族	1980.07	剪纸	2012年	第二批
97	敖特根其其格	女	蒙古族	1954.10	科尔沁民歌	2012年	第二批
98	白音都冷	男	蒙古族	1974.03	科尔沁民歌	2016年	第二批
99	哈斯达来	男	满族	1980.01	科尔沁民歌	2012年	第二批
100	白特布要斯图	男	蒙古族	1986.02	科尔沁民歌	2012年	第二批
101	王金山	男	蒙古族	1978.06	科尔沁民歌	2012年	第二批

102	赖伶柱	男	蒙古族	1942.12	科尔沁民歌	2012年	第二批
103	张金虎	男	蒙古族	1967.08	科尔沁民歌	2012年	第二批
104	福金将	男	蒙古族	1967.06	科尔沁民歌	2012年	第二批
105	布仁德力格尔	男	蒙古族	1972.08	科尔沁民歌	2010年	第二批
106	陈老虎	男	蒙古族	1950.09	科尔沁民歌	2012年	第二批
107	包德力格尔	男	蒙古族	1945.06	蟒古斯的故事	2014年	第三批
108	赛音吉雅	男	蒙古族	1935.05	科尔沁右翼前旗山水传说	2014年	第三批
109	于达林台	男	蒙古族	1963.03	巴拉根仓的故事	2014年	第三批
110	宝 顺	男	蒙古族	1973.07	巴拉根仓的故事	2014年	第三批
111	蔡伊日格乐图	男	蒙古族	1974.09	科尔沁民歌	2014年	第三批
112	包陶特格	男	蒙古族	1966.11	科尔沁民歌	2014年	第三批
113	贺喜格图	男	蒙古族	1970.09	科尔沁民歌	2014年	第三批
114	李青海	男	蒙古族	1964.02	科尔沁民歌	2014年	第三批
115	包富贵	男	蒙古族	1971.08	科尔沁民歌	2014年	第三批
116	王宝泉	男	蒙古族	1963.08	科尔沁民歌	2014年	第三批
117	包海全（包海泉）	男	蒙古族	1957.02	满族太平鼓舞	2014年	第三批
118	包苏德门	男	蒙古族	1959.08	科尔沁右翼前旗好来宝	2014年	第三批
119	陈福山	男	蒙古族	1968.09	科尔沁右翼前旗好来宝	2014年	第三批
120	永 金	男	蒙古族	1952.02	蒙古象棋	2014年	第三批
121	齐刘柱	男	蒙古族	1939.06	蒙古象棋	2014年	第三批
122	王宝力道	男	蒙古族	1963.09	满族婚礼	2014年	第三批
123	王古日本	男	满 族	1967.10	满族婚礼	2014年	第三批
124	白图雅	女	蒙古族	1963.02	科尔沁土语	2014年	第三批
125	额日很巴雅尔	男	蒙古族	1963.12	札萨克图婚礼	2014年	第三批
126	白那森乌日塔	男	蒙古族	1959.11	札萨克图饮食习俗	2014年	第三批
127	乌云毕力格	男	蒙古族	1969.12	乌兰毛都草原年俗	2014年	第三批
128	王焕柱	男	蒙古族	1966.05	敖包祭祀	2014年	第三批
129	那仁朝格图	男	蒙古族	1969.10	五月节祭祀	2014年	第三批
130	玉 英	女	蒙古族	1948.01	蒙古族图案	2014年	第三批

131	白达来其其格	女	蒙古族	1963.12	蒙古族图案	2014年	第三批
132	安布仁巴雅尔	男	蒙古族	1950.10	乌兰毛都马具制作技艺	2014年	第三批
133	白雪梅	女	蒙古族	1974.09	查干伊德	2014年	第三批
134	斯日古冷	女	蒙古族	1975.12	查干伊德	2014年	第三批
135	苏布敦格日乐	女	蒙古族	1969.01	查干伊德	2014年	第三批
136	孙树林	男	汉族	1946.06	科尔沁酒业酿造工艺	2014年	第三批
137	朱天甲	男	汉族	1963.02	马铃薯制粉工艺	2014年	第三批
138	额尔敦巴雅尔	男	蒙古族	1964.03	擀毡技艺	2014年	第三批
139	石长江	男	蒙古族	1968.07	乌兰毛都草原肉羊传统屠宰与加工技艺	2014年	第三批
140	王焕柱	男	蒙古族	1966.05	巴音居日合乌拉祭	2016年	第四批
141	李毕力格图	男	蒙古族	1960.11	巴音居日合乌拉祭	2016年	第四批
142	包原鹰	男	蒙古族	1965.03	巴音居日合乌拉祭	2016年	第四批
143	白音都冷	男	蒙古族	1974.03	科尔沁长调民歌	2016年	第四批
144	额尔敦套格特格	男	蒙古族	1989.02	科尔沁长调民歌	2016年	第四批
145	那仁朝格图	男	蒙古族	1969.10	乌兰伊德	2016年	第四批
146	那申得力格尔	男	蒙古族	1988.06	乌兰伊德	2016年	第四批
147	包金山	男	蒙古族	1978.03	擀毡技艺	2016年	第四批
148	包胡达古拉	女	蒙古族	1970.02	蒙古族图案	2016年	第四批
149	马永华	女	蒙古族	1990.03	乌兰毛都刺绣	2016年	第四批
150	得乐黑(德力黑其其格)	女	蒙古族	1953.11	乌兰毛都刺绣	2016年	第四批
151	扎力玛(扎日玛)	女	蒙古族	1948.02	乌兰毛都刺绣	2016年	第四批
152	良花(包莲花)	女	蒙古族	1950.08	乌兰毛都刺绣	2016年	第四批
153	都达古拉	女	蒙古族	1962.06	乌兰毛都刺绣	2016年	第四批
154	张斯来	女	蒙古族	1962.02	乌兰毛都刺绣	2016年	第四批
155	马江山	男	蒙古族	1961.10	乌兰毛都刺绣	2016年	第四批
156	苏布道	女	蒙古族	1954.01	乌兰毛都刺绣	2016年	第四批
157	吉日和	男	蒙古族	1972.10	蒙古象棋	2016年	第四批
158	白晨光	男	蒙古族	1968.02	蒙古射箭	2016年	第四批
159	韩双龙	男	蒙古族	1984.08	蒙古射箭	2016年	第四批

160	布仁巴雅尔	男	蒙古族	1950.01	传统勒勒车制作技艺	2018年	第五批
161	开　花	女	蒙古族	1974.10	蒙古族策格(酸马奶)酿制技艺	2018年	第五批
162	白达来其其格	女	蒙古族	1963.12	无缝毡服	2018年	第五批
163	乌云高娃	女	蒙古族	1981.02	查干伊德	2018年	第五批
164	金　荣	女	蒙古族	1970.07	查干伊德	2018年	第五批
165	布和必力格	男	蒙古族	1973.08	查干伊德	2018年	第五批
166	马春红	女	蒙古族	1962.06	科尔沁蒙古族布艺	2018年	第五批
167	邓常福	男	蒙古族	1956.12	札萨克图祭火	2018年	第五批
168	希恩巴雅尔	男	蒙古族	1945.08	札萨克图祭火	2018年	第五批
169	王阿日本贺喜格	男	蒙古族	1969.02	满族屯义莫·甘珠尔经集会	2018年	第五批
170	白图雅	女	蒙古族	1963.01	札萨克图年俗(乌兰毛都草原年俗)	2018年	第五批
171	包色音巴牙尔	男	蒙古族	1953.02	中医(蒙医)少儿巴日呼疗法	2018年	第五批
172	苏布敦格日乐	女	蒙古族	1969.01	札萨克图刺绣(乌兰毛都刺绣)	2018年	第五批
173	苏布敦格日乐	女	蒙古族	1967.09	札萨克图刺绣(乌兰毛都刺绣)	2018年	第五批
174	敖敦格日乐	女	蒙古族	1945.03	札萨克图刺绣(乌兰毛都刺绣)	2018年	第五批
175	包春花	女	蒙古族	1983.11	札萨克图刺绣(乌兰毛都刺绣)	2018年	第五批
176	乌日嘎	女	蒙古族	1965.02	科尔沁蒙古族民间剪纸	2018年	第五批
177	阿来胡	女	蒙古族	1964.03	科尔沁蒙古族民间剪纸	2018年	第五批
178	包格日乐图	男	蒙古族	1970.01	科尔沁根雕	2018年	第五批
179	础古兰	男	蒙古族	1976.08	科尔沁根雕	2018年	第五批
180	韩　虎	男	蒙古族	1975.01	蒙古族长调民歌(科尔沁长调)	2018年	第五批
181	宝音达来	男	蒙古族	1979.10	科尔沁哈日靶	2020年	第六批
182	白佾仁吉日嘎拉	男	蒙古族	1986.03	科尔沁哈日靶	2020年	第六批
183	白音宝力高	男	蒙古族	1981.02	科尔沁哈日靶	2020年	第六批
184	吴六斤	男	蒙古族	1960.02	蒙古象棋	2020年	第六批
185	戴海玉	男	蒙古族	1969.07	蒙古象棋	2020年	第六批
186	朝克图	男	蒙古族	1971.08	蒙古族搏克	2020年	第六批
187	额尔敦木图	男	蒙古族	1973.04	蒙古族搏克	2020年	第六批
188	呼格吉乐	男	蒙古族	1978.04	蒙古族搏克	2020年	第六批

189	朝日格乐	男	蒙古族	1990.09	蒙古族搏克	2020年	第六批
190	孟 和	男	蒙古族	1981.08	蒙古族搏克	2020年	第六批
191	阿莱胡	男	蒙古族	1964.03	蒙古族图案	2020年	第六批
192	包玉荣	女	蒙古族	1980.06	科尔沁蒙古族民间剪纸	2020年	第六批
193	杜 特	女	蒙古族	1966.10	科尔沁蒙古族民间剪纸	2020年	第六批
194	鲁沙茹拉	女	蒙古族	1983.06	科尔沁蒙古族民间剪纸	2020年	第六批
195	秋 英	女	蒙古族	1967.09	蒙古族服饰	2020年	第六批
196	孟黎新	女	蒙古族	1975.03	蒙古族服饰	2020年	第六批
197	努恩都特	女	蒙古族	1981.03	札萨克图服饰	2020年	第六批
198	东 春	男	蒙古族	1991.10	札萨克图服饰	2020年	第六批
199	乌兰斯琴	女	蒙古族	1983.10	查干伊德	2020年	第六批
200	德力格日玛	女	蒙古族	1970.03	查干伊德	2020年	第六批
201	龙拍其其格	女	蒙古族	1974.12	查干伊德	2020年	第六批
202	白敖敦格日乐	女	蒙古族	1975.04	查干伊德	2020年	第六批
203	沙仁格日乐	女	蒙古族	1974.09	查干伊德	2020年	第六批
204	义乐呼	女	蒙古族	1973.06	查干伊德	2020年	第六批
205	李图雅	男	蒙古族	1966.05	乌兰伊德	2020年	第六批
206	包宝音巴达拉胡	男	蒙古族	1979.12	乌兰伊德	2020年	第六批
207	白玉昆	男	蒙古族	1983.02	乌兰毛都马具制作技艺	2020年	第六批
208	阿拉坦巴根	男	蒙古族	1978.06	乌兰毛都马具制作技艺	2020年	第六批
209	王常山	男	蒙古族	1948.10	乌兰毛都马具制作技艺	2020年	第六批
210	舍楞那木拉	男	蒙古族	1982.01	蒙古族策格(酸马奶)酿制技艺	2020年	第六批
211	王桂珍	女	蒙古族	1979.01	擀毡技艺	2020年	第六批
212	包银花	女	蒙古族	1975.11	擀毡技艺	2020年	第六批
213	田 喜	男	蒙古族	1964.11	科尔沁根雕	2020年	第六批
214	白金花	女	蒙古族	1970.06	乌兰毛都草原面食手工技艺	2020年	第六批
215	包长海	男	蒙古族	1968.07	传统中医(蒙医)中药(蒙药)	2020年	第六批
216	文 平	男	蒙古族	1989.02	传统中医(蒙医)中药(蒙药)	2020年	第六批
217	何锁柱	男	蒙古族	1972.12	巴音居日合乌拉祭	2020年	第六批

218	陈青山	男	蒙古族	1971.01	巴音居日合乌拉祭	2020年	第六批
219	呼努斯图	男	蒙古族	1980.12	札萨克图婚礼	2020年	第六批
220	乌云毕力格	男	蒙古族	1989.11	札萨克图婚礼	2020年	第六批
221	王乌云达来	男	满族	1972.12	满族婚礼	2020年	第六批
222	王乌拉给花拉	女	满族	1971.12	满族婚礼	2020年	第六批
223	乌支其木格	女	蒙古族	1961.11	蒙古族长调民歌（科尔沁长调）	2020年	第六批
224	查干呼	男	蒙古族	1987.07	科尔沁民歌	2020年	第六批
225	李常岁	男	蒙古族	1964.10	科尔沁民歌	2020年	第六批
226	宁铁壮	男	蒙古族	1968.03	科尔沁民歌	2020年	第六批
227	佟石桩	男	蒙古族	1954.01	科尔沁民歌	2020年	第六批
228	白永顺	男	蒙古族	1964.07	科尔沁民歌	2020年	第六批
229	吴连山	男	蒙古族	1964.02	科尔沁民歌	2020年	第六批
230	敖汗其其格	女	蒙古族	1977.03	蒙古族刺绣	2020年	第六批
231	白梅花	女	蒙古族	1977.01	蒙古族刺绣	2020年	第六批
232	鲍凤珍	女	蒙古族	1966.03	蒙古族刺绣	2020年	第六批
233	白牡丹	女	蒙古族	1965.06	蒙古族刺绣	2020年	第六批
234	包都达古拉	女	蒙古族	1983.10	蒙古族刺绣	2020年	第六批
235	格根塔娜	女	蒙古族	1987.09	蒙古族刺绣	2020年	第六批
236	吴桂英	女	蒙古族	1989.11	蒙古族刺绣	2020年	第六批
237	金 花	女	蒙古族	1963.02	蒙古族刺绣	2020年	第六批
238	图 雅	女	蒙古族	1968.11	蒙古族刺绣	2020年	第六批
239	乌云格日乐	女	蒙古族	1973.12	蒙古族刺绣	2020年	第六批
240	赵永花	女	蒙古族	1968.01	蒙古族刺绣	2020年	第六批
241	乌义呼	女	蒙古族	1985.08	蒙古族刺绣	2020年	第六批
242	吴高娃	女	蒙古族	1968.07	蒙古族刺绣	2020年	第六批
243	何斯琴	女	蒙古族	1978.05	蒙古族刺绣	2020年	第六批
244	包金梅	女	蒙古族	1986.11	蒙古族刺绣	2020年	第六批
245	春 小	女	蒙古族	1958.06	蒙古族刺绣	2020年	第六批
246	德力黑	女	蒙古族	1955.07	蒙古族刺绣	2020年	第六批

247	肖金鸽	女	蒙古族	1970.04	蒙古族刺绣	2020年	第六批
248	包斯琴	女	蒙古族	1980.02	蒙古族刺绣	2020年	第六批
249	王扎拉嘎胡	女	蒙古族	1984.10	蒙古族刺绣	2020年	第六批
250	白努恩吉牙	女	蒙古族	1978.01	蒙古族刺绣	2020年	第六批
251	梅 荣	女	蒙古族	1966.02	蒙古族刺绣	2020年	第六批
252	都达古拉	女	蒙古族	1980.06	蒙古族刺绣	2020年	第六批
253	萨日那	女	蒙古族	1968.08	蒙古族刺绣	2020年	第六批
254	吴红格	女	蒙古族	1982.06	蒙古族刺绣	2020年	第六批
255	王淑兰	女	蒙古族	1978.02	蒙古族刺绣	2020年	第六批
256	赵春花	女	蒙古族	1956.03	蒙古族刺绣	2020年	第六批
257	包娜仁通拉嘎	女	蒙古族	1977.04	蒙古族刺绣	2020年	第六批
258	苏布达	女	蒙古族	1955.10	蒙古族刺绣	2020年	第六批
259	拉布心花拉	女	蒙古族	1968.01	蒙古族刺绣	2020年	第六批
260	白长春	女	蒙古族	1973.03	蒙古族刺绣	2020年	第六批
261	万 花	女	蒙古族	1968.08	蒙古族刺绣	2020年	第六批
262	王苏布达	女	蒙古族	1960.08	蒙古族刺绣	2020年	第六批
263	布 佰	女	蒙古族	1955.12	蒙古族刺绣	2020年	第六批
264	乌日花拉	女	蒙古族	1963.09	蒙古族刺绣	2020年	第六批
265	秀 云	女	蒙古族	1981.04	蒙古族刺绣	2020年	第六批
266	布和白拉	男	蒙古族	1967.12	札萨克图传说故事	2020年	第六批
267	宝 连	男	蒙古族	1958.10	中医（蒙医）放血疗法	2020年	第六批
268	达来其其格	女	蒙古族	1971.05	札萨克图刺绣	2022年	第七批
269	孟根图雅	女	蒙古族	1980.02	札萨克图刺绣	2022年	第七批
270	乌仁塔娜	女	蒙古族	1952.07	札萨克图刺绣	2022年	第七批
271	张桂花	女	蒙古族	1963.08	札萨克图刺绣	2022年	第七批
272	乌日嘎	女	蒙古族	1965.05	札萨克图刺绣	2022年	第七批
273	初 一	女	蒙古族	1981.10	札萨克图刺绣	2022年	第七批
274	乌 兰	女	蒙古族	1980.10	札萨克图刺绣	2022年	第七批
275	乌云格日乐	女	蒙古族	1956.08	札萨克图刺绣	2022年	第七批

序号	姓名	性别	民族	出生年月	项目名称	入选时间	批次
276	拉西玛	女	蒙古族	1960.04	札萨克图刺绣	2022年	第七批
277	包乌云其木格	女	蒙古族	1962.02	札萨克图刺绣	2022年	第七批
278	陈巧云	女	蒙古族	1981.10	札萨克图刺绣	2022年	第七批
279	齐艳红	女	蒙古族	1979.12	札萨克图刺绣	2022年	第七批
280	白结籽	女	蒙古族	1969.02	札萨克图刺绣	2022年	第七批
281	白乌仁塔娜	女	蒙古族	1984.06	札萨克图刺绣	2022年	第七批
282	包正月	女	蒙古族	1965.02	札萨克图刺绣	2022年	第七批
283	兰青春	女	汉族	1980.04	札萨克图刺绣	2022年	第七批
284	闫晓杰	女	蒙古族	1981.05	蒙古族服饰	2022年	第七批
285	乌仁其木格	女	蒙古族	1965.05	蒙古族服饰	2022年	第七批
286	刘占喜	男	蒙古族	1974.01	科尔沁民歌	2022年	第七批
287	佟所柱	男	蒙古族	1960.08	科尔沁民歌	2022年	第七批
288	代塔日根	男	蒙古族	1956.12	科尔沁民歌	2022年	第七批
289	白格日乐图	男	蒙古族	1957.02	科尔沁民歌	2022年	第七批
290	孟黎明	女	蒙古族	1971.07	科尔沁民歌	2022年	第七批
291	陶德	女	蒙古族	1949.11	科尔沁民歌	2022年	第七批
292	宝钢	男	蒙古族	1959.05	科尔沁民歌	2022年	第七批
293	格日乐图	男	蒙古族	1951.10	科尔沁民歌	2022年	第七批
294	包苏那	男	蒙古族	1951.12	科尔沁民歌	2022年	第七批
295	包玉龙	男	蒙古族	1965.04	科尔沁民歌	2022年	第七批
296	拉斯嘎	男	蒙古族	1964.04	科尔沁民歌	2022年	第七批
297	格日乐	男	蒙古族	1968.03	科尔沁民歌	2022年	第七批
298	连壮	男	蒙古族	1974.04	科尔沁民歌	2022年	第七批
299	齐双喜	男	蒙古族	1972.01	科尔沁民歌	2022年	第七批
300	艾牡丹	女	蒙古族	1968.01	科尔沁民歌	2022年	第七批
301	高海全	男	蒙古族	1954.11	好来宝	2022年	第七批
302	包金海	男	蒙古族	1967.05	好来宝	2022年	第七批
303	吴玉兰	女	蒙古族	1969.01	好来宝	2022年	第七批
304	那木拉	男	蒙古族	1970.12	好来宝	2022年	第七批

305	白努恩吉雅	女	蒙古族	1982.12	蒙古族长调民歌	2022年	第七批
306	苏德那木	男	蒙古族	1989.05	蒙古族长调民歌	2022年	第七批
307	梅花	女	蒙古族	1970.02	蒙古族长调民歌	2022年	第七批
308	包斯琴格日乐	女	蒙古族	1962.06	蒙古族安代舞	2022年	第七批
309	桂兰	女	蒙古族	1957.08	蒙古族安代舞	2022年	第七批
310	赖温都舍	男	蒙古族	1982.04	札萨克图马具制作技艺	2022年	第七批
311	金小福	男	蒙古族	1985.06	札萨克图马具制作技艺	2022年	第七批
312	朱之帅	男	汉族	1987.01	马铃薯制粉工艺	2022年	第七批
313	李廷功	男	汉族	1962.01	马铃薯制粉工艺	2022年	第七批
314	于林	男	蒙古族	1970.01	蒙古包营造技艺	2022年	第七批
315	于成林	男	蒙古族	1982.02	蒙古包营造技艺	2022年	第七批
316	袁立伟	男	蒙古族	1991.05	蒙古族拉弦乐器制作技艺	2022年	第七批
317	高奎永	男	汉族	1967.03	科尔沁根雕	2022年	第七批
318	乌云娜	女	蒙古族	1969.12	查干伊德	2022年	第七批
319	胡拉乌苏	男	蒙古族	1988.10	查干伊德	2022年	第七批
320	何娜布其	女	蒙古族	1970.09	传统中医(蒙医)中药(蒙药)	2022年	第七批
321	张黎明	男	蒙古族	1972.07	传统中医(蒙医)中药(蒙药)	2022年	第七批
322	铁明	男	蒙古族	1974.04	传统中医(蒙医)中药(蒙药)	2022年	第七批
323	吴金宝	男	蒙古族	1953.03	传统中医(蒙医)中药(蒙药)	2022年	第七批
324	玉龙	男	蒙古族	1986.02	科尔沁哈日靶	2022年	第七批
325	王金宝	男	满族	1979.10	科尔沁哈日靶	2022年	第七批
326	布仁满达	男	蒙古族	1985.10	科尔沁哈日靶	2022年	第七批
327	斯琴	女	蒙古族	1980.02	科尔沁哈日靶	2022年	第七批
328	刘昌杰	女	汉族	1980.04	科尔沁哈日靶	2022年	第七批
329	都特	女	蒙古族	1989.09	科尔沁哈日靶	2022年	第七批
330	包乌吉木斯	女	蒙古族	1982.10	科尔沁哈日靶	2022年	第七批
331	王金花	女	蒙古族	1974.07	科尔沁哈日靶	2022年	第七批
332	包金梅	女	蒙古族	1986.11	科尔沁哈日靶	2022年	第七批
333	好斯满都拉	男	蒙古族	1986.05	科尔沁哈日靶	2022年	第七批

334	斯日古楞	女	蒙古族	1978.05	科尔沁哈日靶	2022年	第七批
335	王国镜	男	蒙古族	1988.11	蒙古象棋	2022年	第七批
336	王满都呼	男	满族	1978.08	札萨克图传说故事	2022年	第七批
337	包 刚	男	蒙古族	1972.06	巴音居日合乌拉祭	2022年	第七批
338	朝日吉乐	男	蒙古族	1969.10	五月节祭祀	2022年	第七批

科尔沁右翼前旗各级非物质文化遗产项目保护工作大事记
（2006—2023年）

2006年

申报区级第一批非遗项目满族文化、科尔沁右翼前旗蒙古族民间剪纸技艺。

2007年

满族屯满族民俗、科尔沁右翼前旗蒙古族民间剪纸技艺公示区级第一批非遗项目。

2008年

2008年10月10日，兴安盟行政公署公示蒙古族神话传说、科尔沁民歌、乌兰毛都草原那达慕、乌兰毛都马具制作技艺、科右前旗剪纸技艺、奶制品技艺、敖包祭祀、满族屯民俗、蒙古族服饰9项盟级第一批非物质文化遗产名录。吉雅图等26人被命名为盟级第一批非遗传承人。

科尔沁民歌、乌兰毛都草原那达慕申报区级第二批非遗项目。

2009年

乌兰毛都草原那达慕被内蒙古自治区人民政府公示第二批区级非遗项目。

2010年

12月15日，兴安盟行政公署公示科尔沁右翼前旗山水传说、巴拉根仓的故事、满族太平鼓舞、蒙古象棋、科尔沁酒业酿造工艺、马铃薯制粉工艺、擀毡技艺、哈斯巴根中医（蒙医）术、札萨克图婚礼、满族婚礼、札萨克图老人过寿礼仪、札萨克图饮食习俗、乌兰毛都草原年俗、五月节祭祀、满族服饰、科尔沁土语、蟒古斯的故事、科尔沁右翼前旗好来宝、乌兰毛都草原蒙古族刺绣19项盟级第二批非遗名录。

2011年

科尔沁民歌、乌兰毛都草原蒙古族刺绣2个项目成功申报为第三批区级非物质文化遗产名录。

2012年

7月，举办科右前旗第三届札萨克图民歌业余歌手大奖赛。

11月，科右前旗文体局正式出版《蒙古族民间故事集》一书。

科右前旗人民政府公布第二批旗级非物质文化遗产项目代表性传承人27名。

兴安盟行政公署公布第二批盟级非物质文化遗产项目代表性传承人31名。

内蒙古自治区人民政府公布第三批自治区级非物质文化遗产名录代表性传承人：乌云、张金虎、敖特根其其格。

2013年

7月，在科右前旗乌兰毛都苏木、满族屯满族乡设立乌兰毛都草原那达慕传承基地、乌兰毛都草原蒙古族刺绣传承基地、科尔沁民歌传承基地并举行挂牌仪式。

8月，科右前旗人民政府举办科右前旗第四届札萨克图民歌业余歌手大奖赛。

科右前旗人民政府公布第四批旗级非物质文化遗产项目名录10项。

兴安盟行政公署公布第三批盟级非物质文化遗产项目名录2项：乌兰毛都草原蒙古族传统图案、乌兰毛都草原肉羊传统屠宰与加工技艺。

内蒙古自治区人民政府批准蒙古族图案、查干伊德2项第四批区级非物质文化遗产项目名录。

2014年

8月，玉英、白雪梅、王宝力道被命名为内蒙古自治区第四批非物质文化遗产名录代表性传承人。

科右前旗35人被命名为第三批盟级非物质文化遗产保护名录代表性传承人。

科右前旗人民政府公布第三批旗级非物质文化遗产项目代表性传承人33名。

科右前旗人民政府举办科右前旗第五届札萨克图民歌业余歌手大奖赛。

2015年

11月，举办科右前旗首届文化遗产日暨札萨克图民间刺绣工艺传承展览活动。

内蒙古自治区人民政府批准巴音居日合乌拉祭、蒙古族长调民歌（科尔沁长调）、乌兰伊德列入第五批区级非物质文化遗产项目名录。

兴安盟行政公署公布第四批盟级非物质文化遗产保护项目科尔沁长调民歌、蒙古族搏克等11个。

科右前旗人民政府公示第五批旗级非物质文化遗产名录项目札萨克图服饰等12项。

科右前旗人民政府举办科右前旗第六届札萨克图民歌业余歌手大奖赛。

2016年

6月7日，在乌兰毛都草原举办第十一届非物质文化遗产日暨第二届札萨克图民间手工刺绣展演活动。

7月17日，在乌兰毛都苏木举办"传承民族文化，展示传统艺术风采"蒙古族服饰评比活动。

8月17—18日，在满族屯乡举办科右前旗"满族屯杯"第七届札萨克图民歌业余歌手大奖赛。

王焕柱、白音都冷、那仁朝格图被命名为内蒙古自治区第五批非物质文化遗产名录代表性传承人。

兴安盟行政公署公布第四批盟级非物质文化遗产名录代表性传承人20名。

科右前旗人民政府公布第四批旗级非物质文化遗产名录代表性传承人20名。

根据《内蒙古自治区省级以上传承人技艺技能抢救性记录资料采集与整理工程》的要求，旗非遗中心工作人员多次下乡采访整理传承人资料，完成对乌兰毛都草原那达慕代表性传承人道布沁，乌兰毛都刺绣代表性传承人敖特根其其格，蒙古族图案代表性传承人玉英，科尔沁民歌代表性传承人乌云、张金虎，科尔沁蒙古族民间剪纸代表性传承人巧云，查干伊德代表性传承人白雪梅，满族婚礼代表性传承人王宝力道等8人的技艺技能抢救工程，每人制作4—5个小时的高清视频资料，收集60—100张照片及照片说明，编写第一手口述记录材料等，一并上报自治区文化厅非遗保护中心。

2017年

1月，在科右前旗文体局多功能活动中心举办"魅力内蒙古，唱响科尔沁"中国科尔沁民歌乌力格尔大赛科右前旗选拔赛。

4月，科右前旗人民政府公布旗级第六批非物质文化遗产名录10项。

6月，科右前旗文化和自然遗产日暨第三届札萨克图民间刺绣手工艺传承展示活动在乌兰毛都苏木举行。

8月15—17日，科右前旗札萨克图服装服饰手工艺品大赛在科右前旗乌兰毛都苏木那达慕赛马场举行。

9月，科右前旗人民政府举办科右前旗"满族屯杯"第八届札萨克图民歌业余歌手大奖赛。

内蒙古自治区人民政府批准札萨克图婚礼、科尔沁哈日靶2项为第六批区级非物质文化遗产名录。

兴安盟行政公署关于公布第五批盟级非物质文化遗产保护项目科尔沁根雕技艺等10项。

2018年

1月，在"魅力内蒙古，唱响科尔沁"中国科尔沁民歌乌力格尔大赛中，科右前旗非遗保护中心荣获优秀组织奖。

3月，科右前旗人民政府公布第五批旗级非遗名录代表性传承人21名。兴安盟行政公署公布盟级第五批非遗名录代表性传承人16人。

5月10—30日，科右前旗非遗保护中心分别到乌兰毛都中小学、桃合木小学、阿力得尔小学、察尔森小学、科右前旗第一小学等地开展非遗进校园活动。

5月20—30日，"文化进万家　助力奔小康"脱贫攻坚文化扶贫系列活动乌力格尔进社区活动在科右前旗兴科社区举行。

6月10日，是我国第十三个文化遗产日，开展了系列文化遗产日活动。

6月27日，乌兰毛都苏木被命名为札萨克图蒙古族民间刺绣之乡荣誉称号。

7月27日，由科右前旗文体广电局、科右前旗绿水种畜场联合主办的绿水种畜场首届札萨克图民间手工刺绣培训班在绿水种畜场举行。

8月3—4日，"筑梦满族屯　情系杭盖乡——相约草原·聆听天籁"第九届札萨克图民歌业余歌手大奖赛在满族屯满族乡举行。

8月13日，科右前旗札萨克图服装服饰手工艺品大赛在乌兰毛都苏木那达慕赛马场举行。

8月17—20日，科右前旗科尔沁长调民歌培训班在科右前旗乌兰毛都苏木举行。

10月15日，内蒙古自治区文化厅公布额日很巴雅尔、白晨光入选第六批自治区非物质文化遗产名录代表性传承人名单。

11月19—23日，在科右前旗兴科社区举办科右前旗首届四胡培训班。

2019年

3月12—18日，科右前旗首届非物质文化遗产项目名录代表性传承人培训班在满族屯乡举行。

6月8日，开展"第十四届非物质文化和自然遗产日暨科右前旗非物质文化遗产成果展"系列文化遗产日活动。

6月，内蒙古文化和旅游厅和内蒙古展览馆联合举办"绣美家乡时代风采——内蒙古最美绣娘评选大赛"，科右前旗非遗保护中心荣获优秀组织奖。

7月2日，在第十六届蒙古族服装服饰艺术节暨蒙古族服装服饰大赛兴安盟分赛中，科右前旗非遗保护中心荣获传统组一等奖。

7月20日，"草原弦音"首届马头琴演奏大赛在科右前旗绿水种畜场举行。

7月27—28日，"筑梦满族屯·情系杭盖乡"中国·满族屯科尔沁民歌文化艺术节在满族乡举行。

8月10日，兴安盟那达慕蒙古族服装服饰手工艺品大赛在乌兰毛都苏木那达慕赛马场举行。

8月，在兴安盟那达慕蒙古族服装服饰手工艺品大赛中，科右前旗非遗保护中心荣获二等奖。

4—8月，科右前旗非遗保护中心组织56名蒙古族刺绣传承人绣制完成70米蒙古族刺绣长卷。经上海大世界吉尼斯总部认证，该作品被命名为"最长的蒙古族刺绣长卷"，并打破吉尼斯世界纪录。

2020年

5月27—31日，科右前旗第二届科尔沁民歌培训班在乌兰毛都苏木开班。

6月13日，在兴安盟博物馆举行文化和自然遗产日活动启动仪式。科右前旗非遗保护中心共展览7个非遗项目，40多名非遗代表性传承人参加此次活动，参展作品达300多件。

7月12日，科右前旗节假日精品演艺文创和非遗进景区系列活动在科右前旗乌兰毛都苏木、绿水种畜场、哈日白辛等地拉开序幕。

8月10日，兴安盟那达慕蒙古族服装服饰手工艺品大赛在乌兰毛都苏木那达慕赛马场举行。

9月，兴安盟行政公署发放兴安盟非物质文化遗产代表性项目"那达慕保护传承基地"和"科尔沁民歌传承基地"称号牌匾。

11月16—17日，科右前旗第十一届札萨克图民歌业余歌手大奖赛在科右前旗文化旅游体育局一楼多功能活动中心举行。

12月12—16日，在科右前旗兴科社区举办科右前旗第二届非物质文化遗产传承人培训班。

印发《关于推荐申报第七批旗级非物质文化遗产代表性项目的通知》《关于开展第六批旗级非物质文化遗产代表性项目代表性传承人申报工作的通知》，通过各苏木乡镇推荐申报，完成13项非遗项目和87名旗级非遗代表性传承人的申报等各项工作。

兴安盟行政公署公布盟级第六批非遗名录代表性传承人35名。

2021年

2月3日，蒙古族刺绣（乌兰毛都刺绣）代表性传承人良花被评为第七批自治区级非物质文化遗产名录代表性传承人。

5月7—8日，在科右前旗政府广场举办科右前旗文化和自然遗产日非遗宣传展示活动。

5月24—28日，科右前旗第三届科尔沁民歌培训班在科右前旗满族屯乡文体中心开班。

6月10日，区级非遗项目巴音居日合乌拉祭，被文化和旅游部审批为第五批国家级非物质文化遗产代表性项目名录，科右前旗非遗项目首次荣获国家级非遗项目。

8月，搜集材料准备出版《札萨克图民歌精选——科右前旗区级非遗项目》书籍和录制光盘等。

9月14—18日，科右前旗第三届非物质文化遗产传承人培训班在桃合木苏木开班。

10月，出版发行《科尔沁右翼前旗非物质文化遗产概览》（18万字）、《札萨克图山水传说故事汇》（16万字）图书。

11月，在科右前旗文化体育多功能活动中心举办科右前旗第十二届札萨克图民歌业余歌手大奖赛。

2022年

科右前旗非遗保护中心开展了第七批旗级非物质文化遗产传承人、第八批旗级非物质文化遗产代表性项目推荐申报工作，对全旗境内现存的非物质文化遗产和传承人进行了摸底普查，最终拟定并公示了71位第七批旗级非物质文化遗产代表性项目、代表性传承人和8项第八批旗级非物质文化遗产代表性项目。

科右前旗非遗展示中心、非遗传承基地、非遗生活馆的建设以及布置、收集实物、展示活动等大量工作，活态传承非遗文化，做常态化管理。科右前旗非遗保护中心在科右前旗图书馆二楼开设：非遗传承基地，每周培训札萨克图刺绣、蒙古象棋；非遗民俗馆，主要展示国家级、区级非遗项目物品和图片说明；非遗生活馆，主要展示札萨克图礼物、文创作品、乌兰伊德、查干伊德制作技艺。

2023年

科右前旗自开设非遗生活馆、非遗展示中心、非遗传承基地以来，多次迎接学校、单位等参观游览。在传承基地开设札萨克图刺绣、剪纸、蒙古象棋等非遗保护传承公益培训班，培训全旗内非遗传承人、民间爱好者，促进非遗产品市场化。

根据《兴安盟文化旅游体育局关于推荐申报第七批盟级非物质文化遗产代表性项目的通知》要求，经科右前旗文化旅游体育局研究，在科右前旗第八批、第九批旗级非物质文化遗产名录里精心选拔，将传统体育传统陈式太极拳、八卦掌、嘴和（咀和），传统技艺景泰蓝、保门抻面制作技艺、传统荞面饸饹、牛粪香制作技艺、草编技艺，传统医药中医（蒙医）手按疗法，传统音乐马头琴音乐，民俗哈日雅玛图乌拉祭、查干敖包祭、阿尔山布拉格祭、察尔森渔猎习俗等14项申报为第七批盟级非物质文化遗产项目。

对全旗境内现存的非物质文化遗产进行了摸底普查，并经相关专家评审及公示，确定将哈日雅玛图乌拉祭、查干敖包祭、阿尔山布拉格祭、传统陈式太极拳、八卦掌、景泰蓝、传统荞面饸饹、牛粪香、中医（蒙医）手按疗法、传统针灸疗法等10项非物质文化遗产项目列入第九批旗级非物质文化遗产名录。

资料、图片提供

（排名不分先后）

那日苏　其木格　黄业超　佟艳红　王宏宇　马雁南　良　花　玉　英　道布沁　白晨光
白雪梅　乌　云　张金虎　王焕柱　朝格图　福金将　陈老虎　吴金宝　李海青　包富贵
葛桂琴　王淑兰　包玉荣　陈青山　包玉龙　白玲芝　于　林　何锁柱　金　荣　韩双龙
戴海玉　吉日合　包海泉　宝　连　包长海　文　平　王松来　邓常福　扎日玛　苏布道
布　佰　梅　荣　塔　娜　包春花　秋　英　孟黎新　敖特根　白玉昆　包银花　朱天甲
开　花　陈福山　宝　顺　包苏娜　孟黎明　李常岁　宁铁桩　包金海　高海泉　那木拉
艾牡丹　吴玉兰　连　壮　梅　花　包正月　萨日那　张桂花　吴高娃　乌　兰　白结籽
白长春　白图雅　兰青春　龙　杰　齐艳红　图　雅　吴红格　闫晓杰　杜　特　施丽丽
都　特　刘昌杰　王金花　王国镜　铁　明　张黎明　高奎永　桂　兰　袁立伟　于成林
白海顺　韩斯琴　刘玉山　拉斯嘎　敖特根其其格　那仁朝格图　白音都冷　阿拉坦巴根
乌日嘎（剪纸）　础古兰（桃合木苏木）　王贺喜格吐　础古兰（满族屯满族乡）
乌日嘎（刺绣）　王宝力道　包陶特格　阿民巴图　鲁沙茹拉　包都达古拉　乌云其木格
宝音达来　哈斯达来　王古日本　朝日吉乐　斯日古楞　包斯琴格日乐　额尔顿套格特格
努恩都特　斯琴高娃　包苏德门　于达林台　乌仁塔娜　王苏布达　乌日花拉　何那布琪
胡拉乌苏　李毕力格图　王照那木拉　希恩巴雅尔　包格日乐图　达来其其格　苏日古嘎
王扎拉嘎胡　白乌仁塔娜　乌仁其木格　包乌吉木斯　额日很巴雅尔　色音乌其日图
白敖敦格日乐　那申德力格尔　白怖仁吉日嘎拉　王阿日本合喜格　包色音巴雅尔
白那森乌日塔　白达来其其格　舍楞那木吉拉　包那仁通拉嘎　乌仁其其格（1960年生）
包乌云其木格　都达古拉（满族屯满族乡）　乌仁其其格（1948年生）　苏布敦格日乐
斯　琴（1963年生）　斯　琴（1967年生）　都达古拉（乌兰毛都苏木）　包胡达古拉
齐国平　洪园园

参考书目及资料

1.牡兰.札萨克图刺绣工艺田野调查报告[J].开封教育学院学报,2019,39(10):243—244.

2.图雅,著.乌云斯琴,译.蒙古族图案的前世今生[J].内蒙古画报,2023.

3.王鑫,赵聪寐.蒙古族哈木尔纹的形式特征探析[J].美与时代(上),2017,6:34—36.

4.侯月琴,桑振.探析草原文化下的蒙古族犄纹艺术特征与表现方法[J].工业设计,2020,2:138—139.

5.梁一儒,宫承波.民族审美心理学[M].北京:中央民族大学出版社,呼和浩特:内蒙古大学出版社,2003.

6.阿木尔巴图.蒙古族图案[M].呼和浩特:内蒙古大学出版社,2005.

7.鄂·苏日台.蒙古族美术史[M].海拉尔:内蒙古文化出版社,2005.

8.忽思慧.饮膳正要[M].海拉尔:内蒙古文化出版社,2013.

9.散普拉敖日布.蒙古族饮食文化[M].沈阳:辽宁民族出版社,1997.

10.群可加.蒙古羊肉食文化研究——青海蒙古羊肉食为例[M].沈阳:辽宁民族出版社,2014.

11.郭雨桥.蒙古族服饰文化研究[M]//吴团英.草原文化研究丛书(第二辑).呼和浩特:内蒙古教育出版社,2016.

12.徐福玲.蒙古族文化探寻(青少版)[M].呼和浩特:内蒙古人民出版社,2018.

13.兰英.传承——蒙古族、达斡尔族、鄂伦春族、鄂温克族服饰[M].呼和浩特:内蒙古人民出版社,2014.

14.乔玉光.内蒙古蒙古族传统服饰典型样式[M].呼和浩特:内蒙古人民出版社,2014.

15.图雅.兴安民间文学集锦[M].海拉尔:内蒙古文化出版社,2010.

16.陈玲,张塔娜.科右前旗民间传说故事汇[M].海拉尔:内蒙古文化出版社,2022.

17.斯钦都楞.札萨克图婚礼[M].海拉尔:内蒙古文化出版社,2018.

18.图雅.传统文化赏阅[M].海拉尔:内蒙古文化出版社,2021.

19.王旺盛,包胡格吉勒图.科尔沁右翼前旗文化史[M].海拉尔:内蒙古文化出版社,2007.

20.王其格.草原敖包文化研究[M].呼和浩特:内蒙古教育出版社,2016.

21.王旺盛.科尔沁右翼前旗370年[M]//科尔沁右翼前旗文史丛书.呼和浩特:内蒙古教育出版社,2008.

22.王旺盛.科尔沁右翼前旗地名文化[M]//科尔沁右翼前旗文史丛书.呼和浩特:内蒙古教育出版社,2008.

23.王旺盛.札萨克图民歌与民间艺人[M]//科尔沁右翼前旗文史丛书.呼和浩特:内蒙古教育

出版社，2008.

24.王旺盛.札萨克图郡王旗满族那拉[M]//科尔沁右翼前旗文史丛书.呼和浩特：内蒙古教育出版社，2008.

25.图雅.科尔沁文化的摇篮乌兰毛都[M].呼和浩特：远方出版社，2012.

26.斯钦都楞.札萨克图传统刺绣工艺集锦[M].北京：民族出版社，2015.

27.博彦和什克.博彦和什克蒙古族民间图案集[M].海拉尔：内蒙古文化出版社，1998.

28.敖特根其其格.札萨克图传统缝制技艺详解[M].海拉尔：内蒙古文化出版社，2010.

29.阎淑兰.科尔沁蒙古族民歌100首[M]//科尔沁右翼前旗历史文化丛书.海拉尔：内蒙古文化出版社，2006.

30.阿古拉，白宝力道.兴安民歌·经典版[M].海拉尔：内蒙古文化出版社，2010.

31.阿音.阿音影像·满族屯[M].北京：中国图书出版社有限公司，2015.

32.兴安盟文化旅游体育局，兴安盟非物质文化遗产概览（2012—2021），内部资料。

33.庞伟，蒙古族民间故事集，内部资料。

34.札萨克图旗王氏满族那拉家谱，内部资料。

35.蒙古族建筑文化，2010年第8期。

36.科尔沁右翼前旗非物质文化遗产概览，内部资料。

37.科尔沁右翼前旗导游词，内部材料。

38.魅力前旗——科尔沁右翼前旗民族团结纪实，内部资料。

39.马刚.用精美蒙古包装点草原——说说全国乡村文化和旅游能人于成林及他的公司[N/OL].兴安日报，2023-08-17（12447）http://paper.xingandaily.cn:81/epaper/xarb/2023/08/17/A03/14490778.shtml.

后记

《科尔沁右翼前旗文史资料（第十一辑）——科尔沁右翼前旗非物质文化遗产保护名录》，是对科右前旗非物质文化遗产的一次集中收集、整理，也是对这片兴安岭脚下科尔沁草原上世代居住群众生产、生活、文化、智慧、热爱以及对美好孜孜求索的回忆与记录。斗转星移，岁月可变迁，沧海可桑田，但他们的思索从未停止。因而孕育于这片土地上的文化没有被岁月的河流带走，没有被时间的尘埃掩埋，就似一簇簇璀璨的火，一盏盏温暖的灯，在历史的长河里熠熠生辉，为一代又一代札萨克图人照亮前行的路。由此科尔沁右翼前旗非物质文化也使科右前旗成为中华优秀传统文化的一处发展繁荣之地，让这片土地充满暖与爱，充满蓬勃不息的前进力量与信念。

本书在皑皑白雪下孕育，在春寒料峭之时萌动，在炽热骄阳下渐渐成长，在秋收丰获时节渐渐有了初容，而后又经历春夏秋冬，共历时两年，才得以面世。坦率地说，在初拟编撰此书时，并没有想到两年时间如此紧迫。伴随编撰工作的逐步深入，我们遇到的困难逐渐凸显：不是行家要做行家事挺难；现有资料不完整，非物质文化遗产项目各具形态，涉及内容多，涉及面广；非遗传承人人数众多；传承时间跨度较长；百分之九十以上的项目在牧区，百分之八十以上的传承人在牧区生活；下乡采访路途远，山区信号弱，不便联系，传承人忙于农牧业生产生活，无暇顾及采写之事……但无论遇到怎样的困难，采编人员始终坚定要把此事做成的信心，在各有关单位的大力支持、在各相关领导的关心下，在大家的真诚帮助下，在各位非遗传承人的鼎力配合下，克服困难，逐步推进工作开展。在此向科右前旗文化旅游体育局、向科右前旗非物质文化遗产保护中心和乌兰毛都、满族屯满族乡、桃合木、察尔森、德伯斯、额尔格图、归流河、巴日嘎斯台等苏木乡镇致以真诚的感谢！向各有关单位部门负责人，向各苏木乡镇负责人、统战委员、文化工作者和学者致以真挚的谢意！尤其是乌兰毛都苏木，因三分之二的传承人在此苏木，所以频繁前往，致谢！

在科右前旗人民的心中，乌兰毛都草原就像一颗明珠镶嵌在茫茫科尔沁草原上，被拥入大兴安岭向松嫩平原过渡带的怀抱里，使人们拥有了有高山、有树木、有河流的草原，有了让心灵休憩的静谧空间；拥有了民族风情浓郁、地域文化特色突出的家园。这里各族人民团结合作，和谐共生，勤劳淳朴，崇尚自然。每位生活在草原上的人都在那么真诚地面对草原。每每采写时，我们都被传承人的智慧所惊叹，被他们的内心的美好、善良、豁达、勇敢而感动。

本书对我旗现有国家级、区级、盟级、旗级非物质文化遗产项目进行了全面梳理，因篇幅有限，通过整合与筛选，挑选了更能体现札萨克图风情且具深厚文化内涵的44项非物质文化遗产代表性项目和2个文化艺术之乡进行了系统整理。在本着充分尊重每位非遗传承人的原则下，对300多位非物质文化遗产项目代表性传承人个人传承情况进行梳理。在与非遗传承人进行联系沟通的情况下，并通过征求本人意见，最终为149位区、盟、旗级非物质文化遗产项目代表性传承人书写了人物小传。一切只为客观、真实、系统、全面反映科右前旗非物质文化遗产项目历史与现状，以及传承人传承状况，使本书成为科右前旗记录非物质文化遗产的真正文史，使其发挥存史借鉴，激励后人，留存文化根脉的作用，这也是本辑文史编者的初衷。

就如同每一项非物质文化遗产是一代又一代生活在这片土地、这片草原上人们集体智慧与力量的结晶一样，本辑文史的付梓出版也是所有支持者、参与者集体智慧与力量的结晶。在本辑文史资料的编撰、出版过程中，得到了旗委、旗政府，得到了科右前旗政协第十五届委员会在人力、物力和财力上给予的大力支持与关心！得到了专家学者的热心帮助！得到了各位传承人的大力支持！也包含了出版社和设计工作人员的艰辛劳动！在此，再次向所有给予本书支持、关心、帮助的单位、领导、参与者和付出辛勤劳动的编纂人员表示由衷而诚挚的谢意！

从最初拟定出版此文辑开始，到整理资料、下乡采写、统筹稿件、核校稿件等环节，我们一直在要求自己：一定要力求本书客观准确，呈给世人一本可读性强、具有人文历史价值的文史，但由于能力和时间有限，在具体编选、撰述、补遗、配图以及史实考证等方面仍有不够精确、疏漏之处，希望各位读者批评指正。

编　者

二〇二四年十月